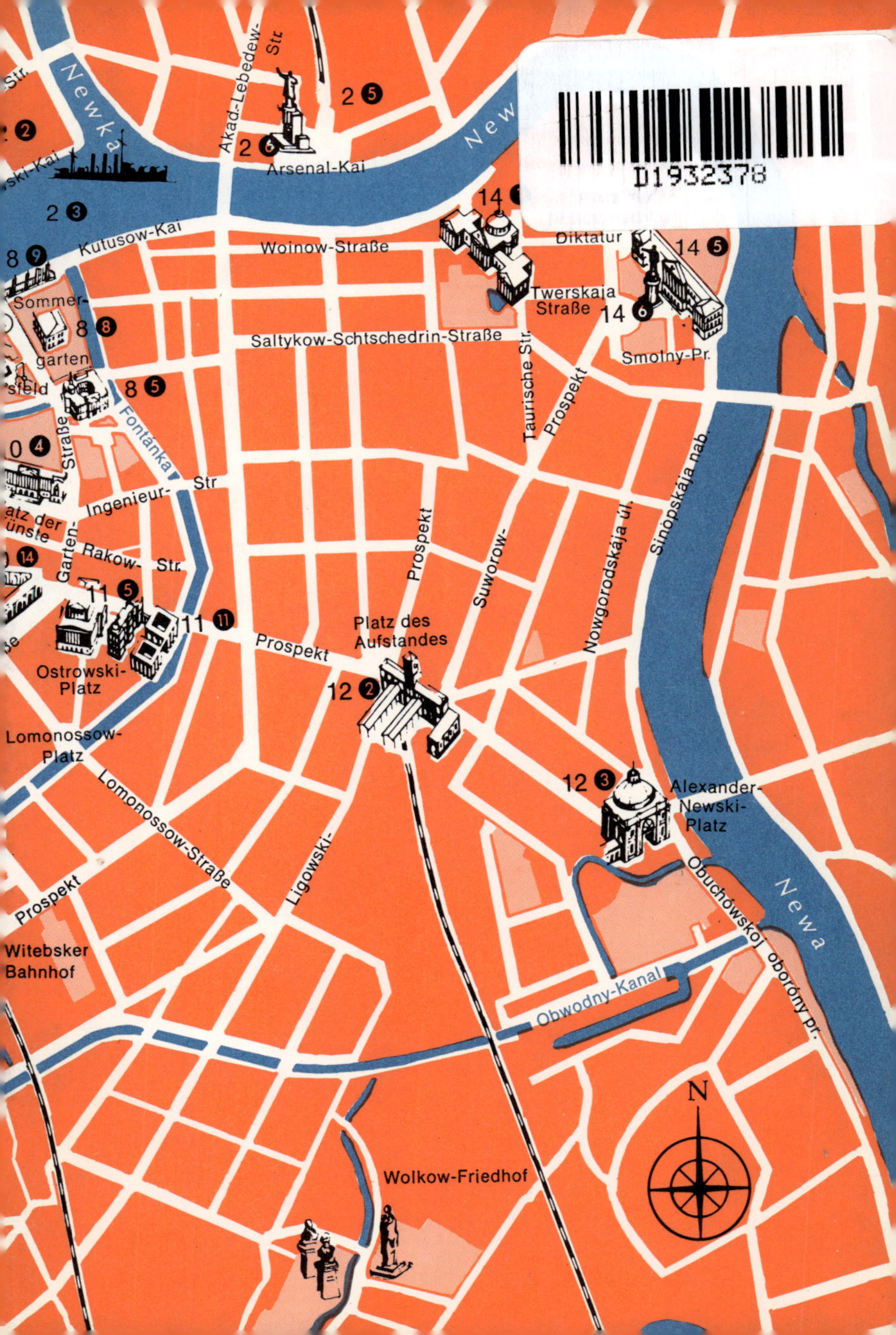

Newka
Akad.-Lebedew-Str
2 5
2 6
Arsenal-Kai
Newa
2 3
Kutusow-Kai
8 9
Woinow-Straße
14
Diktatur
14 5
Sommer-garten
8 8
Twerskaja Straße
14 6
Saltykow-Schtschedrin-Straße
Smolny-Pr.
8 5
Taurische Str.
Prospekt
Fontanka
Straße
0 4
Ingenieur-Str
Sinopskaja nab.
Nowgorodskaja ul.
Prospekt
Suworow-
Garten-
Rakow-Str.
14
11 5
11 11
Prospekt
Platz des Aufstandes
Ostrowski-Platz
12 2
Lomonossow-Platz
12 3
Alexander-Newski-Platz
Lomonossow-Straße
Ligowski-
Prospekt
Obuchowskoj oborony pr.
Newa
Witebsker Bahnhof
Obwodny-Kanal
N
Wolkow-Friedhof

Kohlhammer
Kunst- und
Reiseführer

Ingrid Parigi

Leningrad

und die Schlösser der Umgebung

Ein Kunst- und Reiseführer
mit Landeskunde

Mit 26 Abbildungen, 22 Karten und Plänen
und 3 mehrfarbigen Übersichtskarten

Verlag W. Kohlhammer GmbH
Stuttgart Berlin Köln Mainz

Stuttgart Berlin Köln Mainz
Verlagsort: Stuttgart
Einband: hace
Zeichnungen: Rudolf Misliwietz, Reutlingen
Karten und Pläne: Hans Joachim, Stuttgart
Gesamtherstellung: W. Kohlhammer GmbH
Grafischer Großbetrieb Stuttgart
Printed in Germany
ISBN 3-17-002575-9

Es soll eine gut gebaute moderne Stadt entstehen mit allen Annehmlichkeiten und mit geraden Straßen, die dicht gesäumt sind von Backsteinhäusern und großen Gärten.

PETER DER GROSSE
Richtlinien für den Bau Petersburgs

Vergangen ist ein Jahrhundert – die junge Stadt,
des nordischen Landes Zier, erhebt in stolzer Pracht sich
aus der Wälder Dunkel, aus Sumpf und Nebel ...
Felsen und Türme säumen aufragend die belebten Ufer
und reich belad'ne Schiffe ziehn aus aller Welt zum Hafen.
Granitgestade fassen streng die Newa, von vielen Brücken überspannt,
und dunkelgrünen Gärten gleich – die Inseln.
Das alte Moskau muß der neuen Hauptstadt weichen,
der jungen, die fortan das Zepter schwingt ...

Ich liebe dich, des Peters Schöpfung!

ALEXANDER PUSCHKIN
»Der eherne Reiter«

Im Sommergarten, Text S. 145, **8** ⑤ *u.* ❾

VORWORT

Dem flüchtigen Besucher, der sich nicht etwas auf den Besuch Leningrads vorbereitet hat, zeigt die alte Hauptstadt an der Newa gern in kühler Zurückhaltung nur ihre schöne Fassade. In den meisten Standard-Gruppenreise-Programmen nach der Sowjetunion – wenn sie nicht gerade »Fünf weiße Nächte« vorsehen – wird Leningrad etwas stiefmütterlich behandelt. Meistens werden nur zweieinhalb Tage von einem achttägigen Moskauprogramm abgezwackt; und da ein halber Tag für die stets langwierigen Vorbereitungen der Wiederabreise benötigt wird, bleiben für die eigentliche Besichtigung nur zwei Tage übrig. Eine so kurze Zeit, daß sie nur derjenige optimal ausschöpfen kann, der einen verläßlichen »Führer« zur Hand hat.

Die Absicht dieses Studienreiseführers ist es denn auch – und er folgt damit dem seit Jahren bewährten »Gesetz« der im Hans E. Günther Verlag neugeschaffenen »Reihe für den anspruchsvollen Reisenden« –, dem Besucher zu helfen, auch bei kurzen Aufenthalten möglichst viel und vor allem das Wesentliche der behandelten Gebiete, Stätten und Sehenswürdigkeiten kennenzulernen und sich in einer ihm fremden Welt und der noch unbekannten Mentalität ihrer Bevölkerung leichter zurechtzufinden. Der Tourist ist dabei in Leningrad, dank der klaren, übersichtlichen Stadtplanung dieser einzigartigen »Metropole« am Finnischen Meerbusen, in der glücklichen Lage, sich schnell orientieren zu können. Aber außer seinem großartigen Stadtbild, bietet das alte Petersburg eine Fülle von interessanten Baudenkmälern, von Kirchen und Museen – vor allem die berühmte Eremitage im ehem. Winterpalais der Zaren. Die Theater und Konzertsäle Leningrads stehen denen von Moskau in nichts nach, und auch das Kírow-Ballett kann sich ohne weiteres mit dem »Bol'schój« der Hauptstadt messen. Neben den »klassischen« Bauten aus der Zarenzeit finden sich – an der Peripherie – zahlreiche Beispiele moderner sowjetrussischer Planung. Die Newa und der Leningrader Hafen (mit 7 Mill. Tonnen Frachtumschlag im Jahr das »Tor« der UdSSR zum Westhandel) bilden einen imposanten Anblick, und in der näheren Umgebung der Stadt befinden sich die schönsten und prachtvollsten der ehem. Zarenschlösser.

Wie schon in unserem Studienführer »Moskau und Sagorsk« wurde dem eigentlichen Stadtführer ein kurzer *geschichtlicher Abriß* vorangestellt, der sich jedoch hier nicht mit der allgemeinen Geschichte Rußlands befaßt, sondern nur mit der Zeit von 1703 bis 1919, d. h. *von der Gründung der Stadt durch Peter den Großen bis zur Rückverlegung des Regierungssitzes nach Moskau durch Lenin.* Außerdem haben wir diesmal auf besondere Kapitel über die Entwicklung der *Kunst, Literatur* und *Musik* verzichtet und verweisen auf die im Band »Moskau« enthaltenen Abschnitte. Dafür wird der Leser *Kurzbiographien* in alphabetischer Ordnung der wichtigsten in diesem Band genannten Künstler, seien es Architekten, Dichter, Maler oder Musiker finden. Der Eremitage ist ein gesondertes und ausführliches Kapitel im Stadtführer selbst gewidmet, andere Kapitel beschreiben die sehenswerten Schlösser in der Umgebung.

Im Abschnitt *»Was man vor der Reise wissen muß«* ist wieder alles zusammengetragen und alphabetisch geordnet, was an praktischen Ratschlägen und notwendiger Kenntnis für die Durchführung von Nutzen sein wird. Der Tourist findet hier auch die Liste der Hotels, Restaurants und Theater. Groß-Leningrad wurde von uns der besseren Übersicht wegen in einzelne **Bezirke** eingeteilt und zwar nach ihrer Entstehungszeit, d. h. wir haben bei der Beschreibung mit dem ältesten Teil der Stadt, der sog. Petersburger Seite – Peter-und-Pauls-Festung Plan **1** – begonnen, dann die Wassíljewski-Insel (Pläne **3** und **4**) folgen lassen usw. bis zum größtenteils neu gestalteten Moskauer Prospekt (Plan **15**).

Die **vordere Vorsatzkarte** ist mit einem **Übersichtsplan,** die **hintere Vorsatzkarte** mit dem **Metronetz** bedruckt, beide mehrfarbig. Eine Verbesserung bringt der Führer auf dem Sektor der *Bezirkspläne*. Sie sind nicht nur ein einfacher Grundrißplan, sondern *mit perspektivischen, einfachen Aufrissen* der einzelnen Gebäude und Sehenswürdigkeiten versehen, die das Zurechtfinden und die Orientierung wesentlich erleichtern. Versehen sind diese informativen Zeichnungen mit auffälligen positiven (schwarzen) Kreisziffern für Straßen, Plätze, Brücken (z. B. Kírow-Prospekt ② auf Plan **1**) und mit negativen (weißen) Ziffern (in schwarzem Kreis) für Bauten und Sehenswürdigkeiten (z. B. Johannes-Tor ❶ auf Plan **1**). Unter dieser Kreisziffer findet man das »Objekt« in der Planunterschrift genannt und im Textteil beschrieben. – Auch in diesem Band haben wir bewußt unterlassen, eine »Führungsroute« vorzuschreiben bzw. einzuzeichnen, weil erfahrungsgemäß die Ausgangspunkte zu einer solchen für die einzelnen Besucher verschieden liegen, die Interessen verschieden geartet sind und die vorhandene Zeit verschiedenes Ausmaß hat. Der Benutzer des Reiseführers wird jedoch ständig auf die zahlreich gegebenen *Querbezüge* und Hinweise stoßen, die es ihm leichtmachen, *überall* in eine Besichtigungs»runde« einzusteigen. Dabei bedeutet eine fette Ziffer (bei Kleindruck eine *schräge* Ziffer) die Planzahl, die dann folgende Kreisziffer das Objekt: also **3** ❸ weist auf das im Abschnitt **Plan 3:** Wassíljewski-Insel, »Strelka« behandelte Literatur-Museum hin.

Wir haben jedoch einen Vorschlag unter der Überschrift: »*Was kann man in Leningrad in zweieinhalb Tagen sehen?*« gemacht, dem ein zweiter: »*Was man in sechs Tagen in Leningrad sehen kann*« folgt. Letzterer, weil sich während der Herstellung des vorliegenden Studienführers erfreulicherweise die Tendenz, auch achttägige Reisen nach Leningrad durchzuführen, verstärkt hat. So ist unser Band, der das Rüstzeug für eine umfassende, in die Details gehende Besichtigung anbietet, auch in dieser Beziehung von Wert. Bei den Vorschlägen – und daüber hinaus besonders mit dem im Anhang gebrachten **Verzeichnis der Sehenswürdigkeiten** – wollen wir durch eine »Interessen-Gliederung« helfen, daß der Freund von Geschichte und Vergangenheit zu den entsprechenden Museen, der Kunstliebhaber zu den richtigen Sammlungen, der Feinschmecker in die speziellen Lokale und der mehr den Menschen oder der Landschaft zuneigende an die dafür geeigneten Plätze kommt.*

Für die *deutsche Schreibweise* russischer Eigennamen und zu ihrer *Aussprache* (siehe S. 57) gilt sinngemäß, das im Band »Moskau« auf Seite 9 und 10 Gesagte. Es bedeutet in Kürze, daß die eingedeutschte Form, z. B. Górki-Straße, nicht wörtlich der russischen Bezeichnung Górkowo úliza entspricht. Dies heißt nämlich nicht etwa Górkowo-Straße, sondern »Straße des Górki«, weil eben Górkowo die Genitiv-Endung von Górki ist, wobei dann aber noch das vom Deutschen abweichende Geschlecht verschiedener russischer Bezeichnungen zu berücksichtigen ist, z. B. der Platz ist die plóschtschad' (weiblich und daher Genitivendung »aja«, z. B. in Isaákijewskaja pl. = Isaaks-Platz, **Plan 6**), oder die Brücke ist der most im Russischen.

* Die Öffnungszeiten sind mit aller Sorgfalt zur Zeit der Drucklegung geprüft worden. Da sie sich jedoch kurzfristig oder zeitweise ändern könnten, empfiehlt sich, wenn möglich, eine vorherige Anfrage bei »Intourist«.

Als Hilfe für eine richtige *Betonung der Eigennamen* haben wir wiederum ein Akzentzeichen (′) verwendet – auf den Plänen aus technischen Gründen nicht durchgeführt –, das die betonte Silbe kennzeichnet. Es steht nicht bei deutschen Formen, die unmittelbar dem russischen Ausdruck vorangehen (z. B. Kirow-Prospekt, Kírowskij pr.), bei dem diese Akzentuierung dann vorgenommen wurde (siehe außerdem unten Hinweis zur Aussprache). Für ständig wiederkehrende *Begriffe* (siehe S. 66) wurden Abkürzungen verwandt, z. B. Straße = (úliza) úl. oder Kai = (nábereshnaja) náb. u. dgl.

Ingrid Parigi

Hinweis zur Aussprache

Personen- und Ortsnamen, die auch im Deutschen geläufig sind, haben wir nur vereinzelt (zur Auffrischung des Gedächtnisses) oder gar nicht mit einem Akzentzeichen versehen. Damit der Leser jedoch wegen der richtigen Betonung sicher sein kann, geben wir nachstehend einige Wörter mit Akzent an:

Gógol, Górki, Lénin, Lérmontow, Prokófjew, Rachmáninow, Schostjakówitsch, Sowjét, Stálin, Strawínski, Swerdlów, Tolstói, Tschéchow.
Chárkow, Fontánka, Kalínin, Kasán, Kíew, Leningrád, Móika, Néwa, Nówgorod, Púschkino.

INHALTSÜBERSICHT

Anhang

LANDESKUNDE

Das Smólny-Auferstehungs-Kloster, einer der schönsten Kirchenbauten Leningrads, Text S. 181, **14** ❸

GESCHICHTLICHER ÜBERBLICK

von Peter dem Großen bis zur Gegenwart

Peter der Große

Peter I. (1672–1725), der Gründer der Stadt St. Petersburg, die heute Leningrad heißt, war der dritte Románow auf dem russischen Thron. Sein Großvater, *Michaíl Fjódorowitsch,* aus adligem Bojarengeschlecht, aber kein Fürst, nur über seine Urgroßmutter mit dem alten Zarengeschlecht verwandt, war nach einer Zeit schwerer politischer Wirren und Kriege im Jahre 1613 vom Sémski Sobór, einer aus Bojaren, Vertretern der Kirche und der Städte zusammengesetzten Volksvertretung, zum Zaren gewählt worden. Das angestammte Herrschergeschlecht der Rjurikiden war mit dem Tode der Söhne *Iwán Grósnyjs* (des Schrecklichen) erloschen.

Peters Vater, *Alexéj Micháilowitsch,* der Sohn des vorigen Zaren, hatte aus zwei Ehen im ganzen 16 Kinder, von denen aber viele früh starben. Nur fünf von ihnen sind volljährig in Erscheinung getreten: die Tochter Sofíja und die Söhne Fjódor und Iwán aus erster Ehe, sowie Peter und die Töchter Natálija und Feodóra aus zweiter Ehe. Peter wurde am 9. 6. 1672 im Kreml in Moskau geboren und sein Erscheinen als gesunder jüngster Zarensohn wurde sogleich mit einem großen Dankgottesdienst im Uspénskij Sobór feierlich begrüßt.

Nach dem Tode Alexéjs, 1676, folgte ihm sein ältester, sehr kränklicher Sohn Fjódor Alexéjewitsch auf dem Thron. Er starb aber nach einer unbedeutenden Regierungszeit schon 1682. Da er ohne Bennennung eines Nachfolgers gestorben war, mußte der Sémskij Sobór, wie schon 1613, zusammentreten, um den neuen Zaren zu wählen. Er stimmte für den damals zehnjährigen Peter, weil sein älterer Halbbruder Iwán als schwachsinnig und nicht regierungsfähig galt.

Sofíja

Da der neue Zar minderjährig war, kam es nach einem erbitterten Machtkampf der Familien der beiden Zarenmütter (Miloslâwakij und Narýschkin) zu einer Regentschaft der intelligenten und ehrgeizigen Halbschwester Peters, der damals 25jährigen *Sofíja,* die sieben Jahre lang regierte. Sie setzte es auch durch, daß ihr Bruder Iwán, trotz seiner offenkundigen Geistesschwäche, zum »Älteren Zaren« neben Peter ausgerufen wurde. Er trat in der Folge aber wenig in Erscheinung, obwohl sein Bruder Peter ihn stets respektierte, und starb schon 1696. Während dieser Zeit wuchs Peter teils am intrigenreichen Zarenhof in Moskau, teils auf der ländlichen Sommerresidenz der Zarinmutter, Preobrashénskoje, auf. Das war von großer Bedeutung für seine Entwicklung. Einerseits war er in Moskau schon im Kindesalter Zeuge blutiger Machtkämpfe geworden. Andererseits kam er auf dem Landsitz schon früh mit einer ganz anderen Welt in Kontakt, indem er auf seinen Streifzügen den sog. »deutschen« Stadtteil kennenlernte, die »Njemézkaja Slobodá«. Dort lebten Holländer, Schotten, Deutsche und Schweizer, die als Kaufleute, Handwerker, Architekten und Ärzte tätig waren, und die das technisch zurückgebliebene russische Reich damals für seine Entwicklung brauchte. Sie durften aber nicht in Moskau selbst wohnen, sondern bildeten am Rande der Stadt ein Gemeinwesen für sich, das freilich dem Charakter einer westeuropäischen Stadt näher stand als dem damaligen Moskau. Das Wort »njémez« = Deutscher leitet sich von »njemói« = stumm ab und wurde von den Russen damals noch für alle Ausländer (mit Ausnahme der Polen) gebraucht, weil ihre Sprache ihnen unverständlich war. Aus dieser Zeit stammt Peters lebenslange Freundschaft mit dem 20 Jahre älteren

Franz Lefort aus calvinistischem Genfer Geschlecht, dem späteren Admiral und General, und mit dem Sohn eines bescheidenen Hofbedienten, Alexander Danílowitsch Ménschikow, der später zum Fürsten erhoben und allmächtiger Günstling des Zaren wurde. Mit diesen Freunden schuf sich Peter schon früh eine jugendliche Truppe nach militärischem Vorbild, die sog. »Bombardierer«, mit der er Kriegsspiele und bald immer größer angelegte Manöver übte. Gleichzeitig hatte er Gelegenheit, sein enormes technisches Interesse und Verständnis zu praktizieren, das ihn bis auf den Grund seines Wesens durchdrang. Auf einem See in der Nähe Moskaus erlernte er die Kunst des Segelns. Daraus mag sich der Keim seiner Leidenschaft für die Seefahrt entwickelt haben, die ihn während seiner ganzen Regierungszeit beherrschte.

Erste Ehe Peters

Mit 16 Jahren verheiratete man Peter mit *Jedowkíja Lopúchina,* einer traditionell erzogenen Bojarentochter, mit der er nur eine kurze Ehe führte. Nach der Geburt eines Sohnes, Alexéj, trennte er sich von ihr und sie verschwand bald, wie es damals üblich war, in einem Kloster. Dasselbe Los ereilte auch die regierende Schwester Sofíja, als Peter mit 17 Jahren mündig wurde. Bis zum Tode seines kranken Bruders Iwán, regierte er mit ihm zusammen. Trotz seiner Krankheit hat auch dieser Bruder geheiratet und eine seiner Töchter wurde die spätere Zarin Anna.

Peter I., den die Nachwelt mit Recht den Großen nannte, auf der Schwelle zu einer neuen Zeit geboren, war eine jener schöpferisch-genialen Persönlichkeiten, die den Gang der Geschichte nachhaltig beeinflussen. Seine Bedeutung für die russische Geschichte ist unvergleichlich. Begabt mit einem klaren Blick für die machtpolitischen Erfordernisse wie für die praktische Reformbedürftigkeit des alt-moskowitischen Lebens und angetrieben von seinem mächtigen Temperament, wollte er sein Land aus der Isolierung führen und dem Westen angleichen, auch wenn das zum großen Teil in einem so forcierten Tempo nur mit Gewalt und gegen immer wieder aufsteigenden Widerstand im Volk geschehen konnte. Ansätze zu einer Wandlung der alten Bräuche, des alten religiös bedingten Weltbildes hatte es schon seit Iwán Grósnyj und unter *Borís Godunów* gegeben, auch Peters Vater hatte sich darum bemüht, aber erst unter seiner Regierung nahmen die Reformen wirklich Gestalt an. Der Impuls, den er dieser Entwicklung gab, wirkte, wenn auch abgeschwächt und in mancher Hinsicht verfälscht, in allen seinen Nachfolgern weiter und bestimmte die Richtung der russischen Politik des 18. und 19. Jh.s.

Peters Reise ins Ausland 1697–1698

Die Öffnung nach dem Westen begann mit der in der damaligen Zeit sensationell wirkenden anderthalbjährigen Reise des jungen Zaren und seiner Begleitung durch das damals noch schwedische Livland nach Preußen, Holland, England, Österreich und Sachsen. Er kehrte erst 1698 zurück, um an den Strelitzenregimentern, die während seiner Abwesenheit in Moskau einen Aufstand angezettelt hatten, blutige Rache zu nehmen.

Die einmal eingeschlagene Entwicklung wurde im »Nordischen Krieg« gegen Schweden, der von 1699 bis 1721 andauerte, fortgesetzt. Er endete mit dem Sieg der Russen (Schlacht bei Poltawa 1709), die dadurch endlich den – schon von Peters Vorgängern angestrebten – Zugang zum baltischen Meer erreichten. Im Nystädter Frieden (1721) erhielt Rußland nicht nur Ingermanland und Karelien, sondern auch Estland und Livland. Gemäß seiner pro-westlichen Einstellung und weil ihm Beamte, Lehrer, Ausbilder für sein Heer usw. fehlten, ließ Peter die baltische bzw. deutsche Oberschicht unangetastet und gewährte den neuen Provinzen eine autonome Selbstverwaltung. Er versuchte auch durch Heiraten russischer Prinzen und Prinzessinnen mit Mitgliedern deutscher Fürstengeschlechter die »europäische« Entwicklung Rußlands voranzutreiben. Seit Peter dem Großen sind alle Gemahlinnen der Zaren und Großfürsten Deutsche gewesen (mit Ausnahme der Mutter des letzten Zaren, die eine dänische Prinzessin war) und russische Prinzessinnen wurden oft deutsche Landesmütter. Dabei ließ er jedoch keineswegs die Expansion Rußlands nach Osten aus dem Blick. 1723 eroberte er Derbént und Bakú und die Westküste des Kaspischen Meeres. Einschneidend für sein Land wurden seine innerrussischen Reformen, auf die im Rahmen dieser kurzen Zusammenfassung nur ganz flüchtig eingegangen werden kann. Nach Beendigung des Nordischen Krieges nahm Peter den Titel des Allrussischen Imperators an *(Gossudár Imperátor Wsjerossíjskij)*, die alte Bezeichnung »Moskowien« oder »Rus« wurde durch »Rossíja« = Rußland ersetzt. Ab 1700 führte er die neue Zeitrechnung ein. Er verbot den Bojaren das Tragen der traditionellen langen Bärte und wünschte seine männliche Umgebung nach westlicher Mode gekleidet. Erstmalig am russischen Hof wurden Frauen bei Festen zugelassen. Unter seiner Regierung erschien 1703 zuerst in Moskau und später auch in Petersburg die erste russische Zeitung. Peter reorganisierte mit ausländischen Instrukteuren die Armee und baute eine Flotte. Bei seinem Tod besaß Rußland in der Ostsee 48 Linienschiffe und fast 800 Galeeren. In den Jahren 1722–1724 wurden die Privilegien der 500 im Lande existierenden, unermeßlich reichen Klöster eingeschränkt und die Mönche gezwungen, eine nutzbringende Arbeit zu verrichten, zeitweise wurde sogar der Eintritt in die Klöster untersagt. Nach dem Tode des Patriarchen Hadrian 1700, ernannte Peter keinen neuen Patriarchen, sondern schuf ein geistliches Kollegium, die sog. *»Heilige Dirigierende Synode«* und beschränkte die Zahl der Metropoliten von 13 auf nur 3. Peter war ferner besonders bemüht, eine leitende russische Klasse heranzuziehen, welche die von ihm geplanten Reformen auch zu verwirklichen vermochte. Er gründete sog. Ziffernschulen, deren Besuch für die Söhne der Adligen, der gehobenen Schichten und der Geistlichkeit

Peter Imperator

Reformen

vom 10. bis 15. Lebensjahr obligatorisch sein sollte, den Bauernsöhnen hingegen verboten war. Außerdem rief er Fachschulen ins Leben. Er gründete auch eine »Gelehrtenschule für Kavaliere« in Moskau, der der deutsche Pastor Glück aus Livland vorstand. Die Verlegung des Verwaltungszentrums von Moskau nach der neuen Hauptstadt St. Petersburg war eine weitere, einschneidende Veränderung. Für alle Adligen wurde ohne Unterschied der Staatsdienst eingeführt, in den aber auch Nichtadlige eintreten konnten. Nach der Auffassung Peters war jedermann in seinem Reich zur Arbeit verpflichtet. Diese – ursprünglich staatsethische – Rechtfertigung des »Zwanges zur Arbeit« wurde von seinen Nachfolgern nur für die Bauern und Leibeigenen beibehalten, also weitgehend verfälscht, und trug dadurch zu der immer größer werdenden Verschlechterung der sozialen Verhältnisse im späteren Rußland bei. Von Peter stammt auch die bis 1917 in Kraft gebliebene »Rangtabelle«, nach der alle Ämter im Staatsdienst eingeteilt waren. Von einem gewissen Rang beginnend wurden Nichtadlige geadelt und der russischen Aristokratie so stets neues Blut zugeführt.

Opposition um den Thronfolger

Es ist verständlich, daß derart durchgreifende Reformen, die z. T. gegen das Volksempfinden gingen und einen Bruch mit der Tradition darstellten (Bartscheren, »deutsche« Kleidung etc.) verbunden mit einem durch die langen Kriege hervorgerufenen drückenden Fiscalgesetz, dem energischen Vorgehen gegen die Privilegien der Kirche, dem grausamen Durchgreifen bei Vergehen, auch eine starke Opposition auf den Plan riefen. Ein tragisches Verhängnis wollte es, daß sich dann diese um den schwachen Thronfolger *Alexéj* scharte. An einem Zeitpunkt sah Peter sein ganzes Lebenswerk in Gefahr. Nur so ist das rigorose Vorgehen gegen seinen einzigen Sohn zu verstehen, das mit dessen tragischen Tod durch die Folter am 26. Juni 1718 endete. Peter überlebte ihn nur um sieben Jahre. Er starb am 28. Januar 1725, erst dreiundfünfzigjährig, ohne sein grandioses Werk beendet zu haben, aber der Impuls war doch stark genug, um diesem für die nächsten 200 Jahre die Fortdauer zu sichern, obwohl die von Peter gewollten Veränderungen teilweise in Äußerlichkeiten steckenblieben, die sozialen Konfliktstoffe immer größer wurden und der Kampf zwischen alt und neu fortdauerte.

Katharina I. Regierungszeit 1725–1727

Katharina I. (1684–1727). Nach dem Tode Peters bis zur Thronbesteigung seiner Tochter Elisabeth machte das russische Reich eine fünfzehn Jahre dauernde, von Hofintrigen, Palastrevolutionen und Wirren gekennzeichnete Periode durch. Zuerst bestieg Peters zweite Frau, Katharina I., den Thron. Bei ihrer Geburt war sie evangelisch auf den Namen Martha getauft worden. Den Vatersnamen Skawrónski scheint man ihr später zugelegt zu haben. Sie stammte aus Litauen, war in erster Ehe mit einem schwedischen Dragoner verheiratet gewesen und diente als Magd in Livland bei jenem Pastor Glück, den Peter später zum Leiter seiner Gelehrtenschule machte. Im schwedischen Krieg fiel sie in die Hände der Russen, war zuerst Ménschikows Geliebte und lebte dann, seit 1703, mit Peter zusammen. Beim Übertritt zum orthodoxen Glauben nahm sie den Namen Katharina an. Sie gebar dem Zaren 11 Kinder: fünf Söhne und sechs Mädchen. Von ihnen überlebten nur zwei: Anna und Elisabeth. Katharina I. war vollständig ungebildet, sie konnte gerade ihren Namen schreiben, besaß jedoch einen natürlichen Verstand und ein gutes Herz. Auf Peter übte sie einen wohltuenden Einfluß aus und bei seinen häufigen Krampfanfällen wirkte sie beruhigend auf ihn. Er nahm sie überall, auch auf die Kriegsschauplätze mit, heiratete sie 1712 in Petersburg und ließ sie sogar im Mai 1724 in Moskau zur Kaiserin krönen. Dennoch hatte er nie daran gedacht, sie zur Nachfolgerin zu bestimmen. Wir besitzen über sie eine besonders boshafte Beschreibung der Schwester Friedrichs des Großen, der Markgräfin von Bayreuth: »Die Zarin – kann man dort nachlesen –

war klein und untersetzt, sehr braun von Antlitz und hatte weder Anstand noch Grazie. Man brauchte sie nur ansehen, um ihre niedere Herkunft zu erraten ... Ihr Gewand war wie auf dem Trödelmarkt gekauft, à l'antique und sehr mit Silber und Schmutz bedeckt ...« Beim Volk war sie jedoch beliebt und die Machenschaften, mit denen Ménschikow sie mit Hilfe der Garden zur regierenden Kaiserin machte, trafen auf keinen nennenswerten Widerstand. Es war das erstemal in Rußland, daß eine Frau regierende Kaiserin wurde und nicht nur Regentin, wie Sofíja und andere vor ihr. Der überaus unbeliebte *Ménschikow,* der es in steilem Aufstieg, 1705 sogar bis zu einem vom deutschen Kaiser verliehenen Fürstentitel und zu unermeßlichem Reichtum gebracht hatte, verfolgte mit dieser Thronerhebung ganz persönliche Ziele. Unter seiner Leitung erklärte die Kaiserin, Peter Alexéjewitsch, den einzig überlebenden Románow, den damals 8jährigen Sohn des an der Folter gestorbenen Alexéj Petrówitsch, zu ihrem Nachfolger. Vielleicht hoffte Ménschikow eine seiner Töchter an ihn verheiraten zu können, um so weiter Einfluß auf den Thron zu nehmen. Doch Katharinas Regierungszeit dauerte nur zwei Jahre. Sie starb schon 1727 mit dreiundvierzig Jahren.

Peter II.

Peter II. Alexéwitsch (1715–1730) war drei Jahre vor dem gewaltsamen Tod seines Vaters geboren und hatte seine Mutter, Charlotte von Braunschweig-Wolfenbüttel, eine Schwester der Gemahlin Kaiser Karls VI., kurz nach seiner Geburt verloren. Der kleine Peter wurde, wie Katharina I., ein Instrument des maßlosen Ehrgeizes Ménschikows, der aber die Situation nicht mehr vollständig beherrschte. Schon bald wurde der verhaßte Emporkömmling von der Adelspartei unter dem Fürsten Dolgorúkij gestürzt und mit seinen Töchtern nach Sibirien verbannt, wo er 1729 starb. Aber dem Versuch der altrussischen Partei, das Steuer herumzureißen, Moskau wieder als alte Hauptstadt einzusetzen und die petrinischen Neuerungen rückgängig zu machen, war kein Erfolg beschieden, denn der kleine Peter starb bereits 1730 an den schwarzen Pocken in Moskau und in dem nun entfesselten Machtkampf um den Thron siegte zuerst die sog. »zaristische« Partei, die sich für die Nachkommen des Zaren Iwán einsetzte, über die »petrinische«, die »kaiserliche«, das heißt die Partei der direkten Nachkommen Peters des Großen.

Anna
Regierungszeit
1730–1740

Anna Iwánowna (1693–1740). Durch eine Revolte der ihr ergebenen Mitglieder des Hochadels wurde Anna 1730 auf den Thron gehoben und verlegte kurz danach die Hauptstadt wieder nach St. Petersburg. Im Zuge seiner Heiratspolitik hatte Peter der Große 1711 seine Nichte mit dem achtzehnjährigen Wilhelm von Kurland verheiratet, der jedoch kurz nach den strapaziösen Hochzeitsfeierlichkeiten in Petersburg starb. Auf Wunsch Peters blieb die junge Witwe in Kurland, das damals polnisches Lehnsherzogtum war. Unter der Regierung Annas nahm die Günstlingswirtschaft ihren Fortgang. Statt Ménschikow regierte nun ihr Favorit *Bíron,* der – da Nichtrusse – noch unbeliebter war als Ménschikow. Er stammte aus Kurland, änderte seinen deutschen Namen von Bühren in den russischer klingenden Bíron um und führte eine Gewaltherrschaft; 1737 erhielt er vom deutschen Kaiser den Titel eines Herzogs von Kurland, weil er im polnischen Erbfolgekrieg Rußland der Partei Österreichs zuführte. Auch die Schwester der Zarin, Katharina Iwánowna, war von Peter an einen deutschen Fürsten, Leopold von Mecklenburg, verheiratet worden, mit dem sie eine Tochter, Anna, hatte. Da die Zarin Anna kinderlos war, ließ sie jetzt ihre Nichte, Anna Leopoldowna, samt Gatten, Anton von Braunschweig, und deren kleinen Sohn Iwán, den sie als ihren Nachfolger bestimmte, nach Petersburg kommen. Die Zarin Anna starb 1740 und prompt wurde Bíron durch die übliche Palastrevolution gestürzt. Wieder war es ein Deutscher, der die Hand im Spiel hatte, und zwar der Feldmarschall Bernhard Münnich, der sich unter Peter dem

Großen ausgezeichnet hatte. Er war aus Oldenburg gebürtig. Bíron wurde 1741 nach Sibirien verbannt.

Iwán VI.

Iwán VI. (1736–1764). Die Regierung des vierjährigen Iwán VI., unter der unfähigen Regentschaft seiner Eltern, die weder russisch sprachen noch die russischen Verhältnisse kannten, und des Feldmarschalls Münnich, der zwar ein ausgezeichneter Soldat, aber kein Politiker war, dauerte nur sechs Monate. Münnich wurde sogar schon vorher gestürzt und nach Sibirien verbannt. Sein Nachfolger war wiederum ein Deutscher, wenn auch von ganz anderem Format. Der aus Bochum stammende Pastorensohn *Ostermann* war zum Russentum und zum orthodoxen Glauben übergetreten, sprach fließend russisch und hatte eine russische Frau. Wegen seiner Verdienste bei den Verhandlungen um den Nystädter Frieden und dessen Ausfertigung hatte ihn Peter der Große als einen der ersten Ausländer mit dem Dienstadel belohnt. Unter der Zarin Anna leitete er das Kabinett der Minister. Doch auch dieser überaus fähige und intelligente Mann wurde von der »antideutschen« Welle hinweggespült, die bei der nun folgenden Thronbesteigung Elisabeths eine so große Rolle spielte. In Sibirien sah er seine beiden Vorgänger, Bíron und Münnich wieder. Doch während diese beiden später zurückkehrten, starb Ostermann, wie Ménschikow, in der Verbannung. Die Eltern des kleinen Iwán beendeten ihr Leben in Cholmogóry: die Herzogin starb schon nach fünf Jahren, nachdem sie weiteren vier Kindern das Leben geschenkt hatte, der Herzog von Braunschweig erst nach dreißig Jahren; gegen Ende seines Lebens verzichtete er auf eine Begnadigung, um sich nicht von seinen Kindern trennen zu müssen. Der unglückliche kleine Zar verschwand in der Festung Schlüsselburg, ein russischer Kasper Hauser, Gefangener ohne Namen oder Gefangener Nr. 1, dem verboten war, jemanden zu sehen oder mit jemandem zu sprechen. Er lebte bis 1764, als er im zweiten Regierungsjahr Katharinas II.

von seinen Wächtern bei einem Befreiungsversuch ermordet wurde. Katharina, die noch mehr als Elisabeth diesen legitimen Nachfolger der Zaren fürchtete, hatte genaue Befehle gegeben, ihn bei einem Befreiungsversuch unverzüglich zu erschießen.

Die »petrinische«, die »kaiserliche« Partei hatte damit endgültig über die »zaristische« gesiegt.

Elisabeth I. Regierungszeit 1741–1761

Elisabeth I. (1709–1761). In der alten Peter-und-Pauls-Kirche in St. Petersburg steht ihr Sarkophag zwischen dem ihrer Mutter, Katharina I. und dem ihres Vaters, Peter I. Mit dieser jüngsten Tochter des großen Peter war nach fünfzehnjährigen Wirren wieder eine relativ ruhige Zeit angebrochen. Elisabeth spielte mit Geschick die nationale, die russische Karte aus, enthob alle »Deutschen« ihrer Stellungen, besetzte die Ämter mit Russen und verbrachte die Hälfte des Jahres im Moskauer Kreml. Die Ironie des Schicksals wollte es, daß sie dennoch bald wieder deutsche Verwandte an den Hof ziehen mußte, um für einen Thronfolger zu sorgen. Die Günstlingswirtschaft hörte unter ihrer Regierung auf, da sie ihrem Favoriten – *Alexéj Razumówski* –, einem mit einer herrlichen Stimme begabten Dnjepr-Kosaken, keinen Einfluß auf die Regierungsgeschäfte einräumte, die fest in den Händen ihres fähigen Kanzlers Betúschew-Rjúmin lagen. Die Kaiserin Elisabeth war ebenso trinkfest wie ihre Vorgängerinnen. Sie hatte einen ausgeprägten Hang, ihre Liebhaber aus niederen Kreisen zu wählen. In der Jugend war sie sehr schön gewesen, später neigte sie zur Fülle. Sie war oberflächlich, hatte ein dürftige Bildung, was aber an einem Hof, wo nur die Hälfte der Menschen lesen und ein Drittel schreiben konnte, nicht ins Gewicht fiel. Sie besaß eine natürliche Intelligenz, ein majestätisches Auftreten und viel persönlichen Charme. Sie war exzentrisch, ihre Putzsucht kannte keine Grenzen, sie liebte rauschende Feste und Maskenbälle, war eine unermüdliche Tänzerin und gute Reiterin. Als junges Mädchen hatte ihr Vater sie mit einem Prinzen Holstein-Gottorp verlobt, der jedoch vor der Hochzeit starb. Während der Regierung ihrer Kusine Anna machte sie trübe Zeiten durch, lebte vernachlässigt und immer in der Furcht, eines Tages doch in ein Kloster gesteckt zu werden.

1755 erste russische Universität in Moskau

Unter ihrer Regierung beteiligte sich Rußland am Siebenjährigen Krieg auf der Seite Österreichs gegen Preußen. In Moskau wurde auf Betreiben Lomonóssows die erste russische Universität mit drei Fakultäten, Medizin, Jura, Philosophie, gegründet, in St. Petersburg die erste Akademie der schönen Künste ins Leben gerufen und mit dem Bau des Winterpalais begonnen, das aber erst im Todesjahr der Kaiserin fertiggestellt werden konnte. Ihre Baumeister, allen voran der Italiener Bartolomeo Rastrelli, gaben der neuen Hauptstadt ein besonderes Gesicht. Elisabeth hat während ihrer Regierungszeit wohl grausame Strafen verhängt, aber nie ein Todesurteil vollstrecken lassen. Die industrielle Produktion, vor allem die des Gußeisens, stieg, Bergbau und Außenhandel entwickelten sich. Der ausländische Einfluß am Hof war immer noch stark, besonders überwiegend nun der französische. Trotz Rückschlägen war die Politik Peters des Großen fortgesetzt worden. Rußland war ein Militär- und Polizeistaat mit einem riesigen Beamtenapparat. Eine sehr dünne Oberschicht von höchstens 10 % der Bevölkerung führte ein überaus luxuriöses Leben, der größte Teil des Volkes lebte in dienender Stellung bedürfnislos und in großer Armut. Die Aristokratie war nach wie vor die privilegierte Klasse, die sich wenig um die von Peter dem Großen geforderten Pflichten dem Staat gegenüber kümmerte und bemüht war, ihre Privilegien auf Kosten der übrigen Bevölkerung, vor allem der Bauern, zu erweitern. Die sozialen Konfliktstoffe, die sich daraus ergaben, schwelten weiter.

Peter III.

Peter III. (1739–1762). In der steten Furcht, die »zaristische« Partei könne sich noch zu ihren Lebzeiten um den kleinen Iwán VI. scharen, war Elisabeth schon ein

Jahr nach ihrer Thronbesteigung gezwungen, den einzig noch lebenden Enkel ihres Vaters nach Rußland zu holen. Ihre älteste Schwester Anna, drei Monate nach der Geburt ihres Sohnes Peter an Tuberkulose gestorben, war von Peter dem Großen an den Herzog Karl-Friedrich von Holstein-Gottorp verheiratet worden. Auch dieser starb früh und der kleine Peter wurde von Verwandten erzogen. Dieser unglückliche Mensch, den niemand mochte, wird stets als geistig minderwertig, infantil und degeneriert hingestellt. Er war darüber hinaus ein tragischer und bedauernswerter Charakter. Übersensibel, kontaktarm, kränklich, unschön (mit sechzehn Jahren durch Blattern entstellt) wurde er von gewalttätigen Erziehern auf »preußisch« gedrillt und seelisch grausam verbogen. Als Knabe schon zu einer Rolle verpflichtet, die er sich nicht ausgesucht hatte und für die seine schwachen geistigen Kräfte nicht ausreichten, ist er eine zutiefst bedauernswerte Figur. Als Dreizehnjähriger an den russischen Hof gebracht, haßte er zeitlebens alles Russische und verzehrte sich vor Heimweh nach seinem Holstein. Die achtzehn bis zum Tode der Kaiserin Elisabeth verbrachten Jahre waren für ihn, als dem charakterlich schwächeren, noch viel demütigender und grausamer als für seine ihm an Intelligenz und Charakterstärke überlegene Frau Katharina. Besonders am Anfang, aus Furcht, das junge Großfürstenpaar könne gegen sie intrigieren, entfernte Elisabeth jeden Freund, jeden Spielgefährten, an den sich der unglückliche Peter anlehnte oder dem er und Katharina Sympathie bezeugten. Katharina hat in ihren Memoiren ein lebendiges Bild von jenen Jahren entworfen, das auch die Leiden ihres jungen Gatten widerspiegelt. Er war siebzehnjährig mit ihr, seiner Kusine Sofia von Anhalt-Zerbst, die ein Jahr jünger war als er, verheiratet worden. Beim Tode seiner Tante, der Kaiserin Elisabeth, war Peter 34 Jahre alt, weitgehend durch Alkohol ruiniert, immer noch infantil, ungeduldig darauf wartend, selbst regieren zu können. Wegen seiner stets offen zur Schau getragenen Verachtung alles Russischen war er, im Gegenteil zu Katharina, außerordentlich unbeliebt. Besonders in den Kreisen der Armee vergab man ihm nicht, daß er – der zugleich Fürst von Holstein geblieben war – sich nur mit Deutschen umgab und in Oranienbaum ein ganzes Holsteinisches Regiment installiert hatte. Und dies während des verlustreichen Krieges mit Friedrich II., in dem Rußland allein in der Schlacht von Zorndorf 10 000 Tote, darunter 1 200 Offiziere, zu beklagen hatte. Peter III. regierte nur sechs Monate lang, in denen er es verstand, sich mit fast allen Kreisen der russischen Gesellschaft zu überwerfen: Er begnadigte die beiden unbeliebten Deutschen Bíron und Münnich, versuchte die Privilegien der Kirche zu beschneiden, verbot Ikonen in den Kirchen und Privatkapellen, hob den Bann gegen die Altgläubigen auf und gestattete freie Ausübung des lutherischen Glaubens. Besonders einschneidend für die Zukunft war ein Gesetz, das den Adel von der Pflicht zum Dienst am Staate enthob und das tragische Folgen haben sollte. Vor allem aber versuchte Peter III. einen vollständigen Kurswechsel der russischen Politik – zugunsten seines Idols Friedrich des Großen und sehr zum Nachteil seines Landes – vorzunehmen. Wahrscheinlich hatte er auch die Absicht, Katharina ganz auszuschalten und seine Geliebte, die Gräfin Worontzówa zu heiraten. Als er zu guter Letzt auch noch das Regiment Preobrashénskij in deutsche Uniformen steckte und sich anschickte, mit seinen Holsteinern nach Deutschland zu ziehen, um Schleswig zu erobern, wurde er bei einer Palastrevolution der Katharina treuen Garden abgesetzt und unter dunklen Umständen entweder vergiftet oder erdrosselt.

Katharina d. Gr. Regierungszeit 1762–1796

Katharina II. (1729–1796) wurde als Sofia Auguste Friederike von Anhalt-Zerbst am 2. Mai 1729 in Stettin geboren. Als die Kaiserin Elisabeth nach einer geeigneten Partie für den Thronfolger Umschau hielt, lag es nahe, daß ihr Blick auf Sofia fiel, eine arme Prinzessin ohne Anhang, mit deren Onkel mütterlicherseits sie verlobt gewesen war. Beim Übertritt zum orthodoxen Glauben nahm Sofia den Namen Katharina Alexéjewna an, denn Elisabeth wollte nicht an die ungeliebte Tante Sofíja erinnert werden und Christiánowna – Sofíjas Vater hieß Christian – klang wahrscheinlich zu deutsch. In den Jahren am russischen Hof ist die junge Großfürstin, wie sie in ihren Memoiren schrieb, »weder verrückt geworden noch vor Kummer gestorben«. Mit bewunderungswürdiger Zielstrebigkeit versuchte sie, sich anzupassen und Russin zu werden. Nie vergaß sie, daß sie dereinst als Gattin eines russischen Kaisers über Russen herrschen sollte. Zum Unterschied von ihrem Gatten oder den braunschweigischen Regenten lernte sie schon früh die russische Sprache, wurde nach dem Übertritt eine devote Tochter der orthodoxen Kirche, umgab sich stets mit Russen, achtete russische Bräuche und Gewohnheiten. Es darf angenommen werden, daß Peter III. infolge schwerer Krankheiten in der Jugend impotent war, denn auch seine Geliebte gebar ihm keine Kinder. Ebenso ist anzunehmen, daß die Kaiserin Elisabeth davon unterrichtet war und daß bei ihr die Furcht überwog, die altzaristische Linie könne doch wieder ans Ruder kommen. Sie duldete daher das Verhältnis Katharinas mit Sergéj Saltyków, wenn sie es nicht sogar unterstützte. Nach zwei Fehlgeburten kam 1754 ein gesunder Knabe zur Welt, der den Namen Paul erhielt und von Elisabeth sofort mit Beschlag belegt wurde, ebenso wie Katharinas zweites Kind, eine Tochter. Der Vater dürfte diesmal Stanislaus Poniatówski, der spätere König von Polen gewesen sein. Die Kleine starb nach einem Jahr. Katharina bekam später noch drei Kinder von *Grigórij Orlów,* doch nur das erste, Alexéj, der spätere Graf Bóbrinskij, wurde anerkannt. Er erbte beim Tode seines Vaters dessen immenses Vermögen. Grigórij war einer der fünf Brüder Orlów, die ausschlaggebend bei Katharinas Thronbesteigung beteiligt gewesen waren. Enkel jenes mutigen Strelitzen, den Peter der Große auf dem Schaffott begnadigte, weil er seine Fassung im Angesicht des Todes bewunderte, wurden sie später von Katharina geadelt und fürstlich beschenkt.

Katharina war 33 Jahre alt, als sie mit Hilfe der Armee und der Brüder Orlów den Thron bestieg, um ihn 34 Jahre lang zu behaupten. Sie wird sich Zeit ihres Lebens der Unrechtmäßigkeit dieser Handlung bewußt geblieben sein. Von dem ersten der rechtmäßigen Erben, ihrem Mann, dem Zaren Peter III., befreite sie der älteste Orlówbruder, Alexéj; *Iwán VI.* wurde bei jenem mißglückten Versuch, ihn aus dem Gefängnis zu befreien, umgebracht. Katharina belohnte die beiden Gefängniswärter hoch und ließ den jungen Offizier, der sich des unglücklichen Zaren erbarmt hatte, hinrichten. Der ungeliebte Sohn Saltykóws, Paul, der offizielle Erbe, war bei der Thronbesteigung erst sechs Jahre alt. Sie umging ihn einfach.

Katharina II. war zweifellos eine außergewöhnliche Persönlichkeit. Autokratin reinsten Wassers, wurde sie dennoch überall in Europa ob ihrer Liebe zur Aufklärung, der damals herrschenden Geistesrichtung, gefeiert und war wegen ihres Briefwechsels mit allen Freigeistern (Grimm, Diderot, Voltaire u. a.) populär. Friedrich der Große schrieb ihr einmal: »Gott spricht, es werde Licht und es ward Licht. Sie sprechen, und die Welt schweigt vor Ihnen.«

Daß ihre großartigen Ideen über Völkerbefreiung und Menschenrechte, was Rußland anbetraf stets platonisch blieben, focht sie nicht an und sie verstand sie stets gut zu verbergen. In Rußland wanderte jeder, der unbedacht von Freiheit sprach oder Kritik übte, ins Gefängnis.

Katharina war intelligent und gebildet, fleißig und gründlich, herrschsüchtig und ehrgeizig, lebensfroh, verschwenderisch und leidenschaftlich, eine unermüdliche Arbeiterin, die jedes zu unterzeichnende Dokument selbst lesen wollte und daneben noch Zeit zu einer umfangreichen Korrespondenz, zum Entwerfen von Dekreten, ja zur Abfassung einer russischen Grammatik für den Schulgebrauch fand. Die Folgen ihrer Innenpolitik jedoch waren zum Teil tragisch und auch ihre Außenpolitik bleibt, trotz des riesigen Gebietszuwachses, umstritten. Andererseits fand unter ihrer Regierung ein steiler Kulturaufschwung statt, es entwikkelte sich eine eigenständige russische Literatur, es festigte sich die Position Rußlands als Großmacht in Europa und Petersburg blühte zu der schönsten, der elegantesten, der reichsten Hauptstadt der Welt auf, wo Katharina u. a. den Grundstock zu der herrlichen Sammlung der Eremitage legte.

Bündnis mit Preußen, Türkenkriege

Es kann hier nur ganz kurz auf die wichtigsten Daten ihrer Regierungszeit eingegangen werden: 1764 Bündnis mit Preußen. Zwei siegreiche Kriege gegen die Türkei, welche Rußland die Don-, Dnjepr- und Bugmündungen, freie Schiffahrt durch die Dardanellen, Benützung der türkischen Gewässer, die Krimhalbinsel und eine Art Schutzrecht über die christlichen Untertanen des osmanischen Reiches einbrachten. Katharina erweiterte ihr Gebiet um Moldau und Walachei, Georgien und die Ukraine. Bei der Teilung Polens unter Preußen, Österreich und Rußland gewann Katharina Litauen, Wolhynien und Kurland, Podolien und das ganze Gebiet östlich der Düna und des Dnjepr. Zwischen 1773 und 1774 konnte sie nur mit Hilfe des Generals *Suwórow,* den sie vom türkischen Kriegsschauplatz holen mußte, der großen Kosaken- und

Pugatschów und die Bauernaufstände

Bauernaufstände Herr werden, die *Jemelján Pugatschów* am südlichen Ural entfacht hatte. 1787 begann dann jene legendär gewordene Reise der Kaiserin entlang des Dnjepr durch die Südprovinzen ihres Reiches, unter der Regie ihres Günstlings *Potémkin,* der während der Fahrt jene berüchtigten, nach ihm benannten Dörfer aufbaute. »Tausende von Dörfern wurden teilweise entvölkert, die Bewohner mit ihren Herden an bestimmte Stationen versetzt und genötigt, Trug-Dörfer am Ufer des Dnjepr zu bauen ... War die Kaiserin vorbeigefahren, trieb man die Unglücklichen zurück und viele sind an den Folgen dieser Reise zugrunde gegangen« berichtete der spätere Generalgouverneur dieser Provinzen, Langeron. Katharina versuchte mehrmals die ihr zugefallenen Gebiete zu besiedeln, vor allem mit Ausländern, denen sie 30 Jahre Steuererlaß, Befreiung vom Militärdienst und Religionsfreiheit versprach. Viele Deutsche folgten diesem Ruf. Es entstanden in der Folge jene blühenden Dorfgemeinden, vor allem an der Wolga, die aber privilegierte Fremdkörper im russischen Reich blieben und im Zweiten Weltkrieg zerschlagen wurden. 1795 führten die schon fast größenwahnsinnig zu nennenden Pläne die alternde Kaiserin zu einem Krieg mit Persien. Am 6. November 1796 überraschte sie, vollkommen unerwartet im Alter von 67 Jahren der Tod.

Ansiedlung von Volksdeutschen

Tod Katharinas II.

Im Blickwinkel einer so kurzen Zusammenfassung, erscheint ihre Regierungszeit als eine Reihe glänzender Siege. Doch hinter der prunkvollen Fassade verbarg sich viel Unzulängliches. Professor von Rimscha zitiert in seiner »Geschichte Rußlands« die Depesche des preußischen Gesandten von Tauentzien an seine Regierung nach dem Tode der Zarin: »Die Regierung der unsterblichen Katharina, des Phantoms von Ruhm und Größe entkleidet, hinterläßt in Wahrheit nur ein unglückliches Reich und eine in allen ihren Zweigen verderbliche Verwaltung.«

Der erste türkische Krieg hatte 47, der zweite 90 Millionen Rubel gekostet. Für ihre Günstlinge gab Katharina jährlich im Durchschnitt 1½ Millionen Rubel aus. Die Hofhaltung und der Luxus der Hauptstadt verschlangen Unsummen. Am Ende ihrer Regierung war Katharina gezwungen, Assignaten (ungedecktes Papiergeld) drucken zu lassen. Die von ihrer Regierung »beglückten« Teile des Volkes umfaßten lediglich den

Dienstbefreiung des Adels

Adel und die Oberschicht. Katharina hatte nicht gewagt, jenes unselige Gesetz ihres Gatten, Peter III., über die Dienstbefreiung des Adels rückgängig zu machen. Damit war eine der Grundpfeiler der von Peter dem Großen eingeführten Staatsordnung zerstört; 1785 erweiterte Katharina dieses Gesetz noch um jenen berüchtigten »Gnadenbrief für den Adel«, der nach Schtscherbátow – »die moralische Einheit des Volkes zerstörte«. Zur Zeit Peters des Großen war der Adel noch verpflichtet gewesen, mit allen seinen Söhnen dem Staat zu dienen, Militärdienst zu leisten und Abgaben zu entrichten. Mit dem »Gnadenbrief« enthob Katharina den Adel aller seiner Verpflichtungen. Darüber hinaus erkannte sie ihm das Recht zur Körperstrafe an seinen Leibeigenen zu, die ihm nun erblich gehörten, nicht mehr an den Boden gebunden waren, sondern beliebig verschenkt, verkauft oder anderweitig eingesetzt werden konnten. Die Willkür gegenüber den ihren Herren überlassenen Leibeigenen nahm krasse Folgen an. Zur Zeit Peters des Großen hatte es auf 5 Millionen Bauern 3 Millionen Leibeigene gegeben, außerdem 1 Million Klosterbauern und eine halbe Million fast freier, nur der Krone unterstellter Bauern; in der Ukraine gab es außerdem keine Leibeigenen. Am Ende von Katharinas Regierung gab es keine freien Bauern mehr. Aus ihren Krongütern hatte sie 400 000 »Seelen« verschenkt, in der Ukraine war die Leibeigenschaft eingeführt worden und der größte Teil auch der Klosterbauern anderen Beschäftigungen zugeführt. Es gab aber auch Leibeigene, die Künstler, Architekten, Schauspieler und Apotheker wurden. Jeder der großen Herren hatte außer seinen leibeigenen Bauern einen Hofstaat in der Stadt, manchmal von einigen hundert »Seelen« (Frauen und Kinder nicht inbegriffen), die ihnen die herrlichen Schlösser bauten, die prachtvollen Gewänder nähten; ihren Schmuck entwarfen. Besonders begabte Leibeigene wurden sogar nach Italien geschickt, um dort das Handwerk zu lernen oder Musik zu studieren. Der reiche Graf Scherémétjew heiratete sogar seine leibeigene Schauspielerin. An Opposition hatte es, auch von der Kirche aus, unter Katharinas Regierung nicht gefehlt, doch sie konnte immer beherrscht werden. Unbequeme Leute wurden beseitigt, wie der Verfasser der »Reise von Petersburg nach Moskau«, der Aristokrat Aleksándr Radíschtschew, der kurz nach Ausbruch der französischen Revolution eine schonungslose Kritik der Zustände veröffentlichte und zuerst zum Tode verurteilt und dann zu 20 Jahren Sibirien begnadigt wurde. Daß es trotz dieser Lebensbedingungen der Großzahl der Bevölkerung mit Rußland bergauf ging, ist nur – um wieder Professor von Rimscha zu zitieren – ». . . dem begabten, geduldigen, zähen und widerstandsstarken russischen Volk zuzuschreiben, das es seinen Herrschern und besonders seinen Kaiserinnen erstaunlich leicht gemacht hat, erfolgreich zu regieren.«

Paul I. Regierungszeit 1796–1801

Paul I. Petrowitsch (1754–1801). Es scheint, Katharina habe die Absicht gehabt, die Nachfolge zugunsten ihres Enkels Alexander zu ändern und ihren Sohn vollständig zu übergehen. Ihr plötzlicher Tod hat das verhindert. Als Paul I. mit zweiundvierzig Jahren den Thron bestieg, war er schon ein von nahendem Wahnsinn gezeichneter Mann. Das gestörte Verhältnis von Mutter und Sohn hatte wie ein Schatten über seinem ganzen Leben gelegen. Er idealisierte seinen angeblichen Vater und seine erste Staatshandlung war, ihn aus dem vergessenen Grab im Alexander-Néwski-Kloster zu exhuminieren, um ihn in einem makabren Staatsbegräbnis bei offenen Sarkophagen neben Katharina in der Peter-und-Pauls-Kathedrale beisetzen zu lassen. Paul I. hat zweimal geheiratet. Seine erste Frau starb kinderlos. Die zweite, Sophia Dorothea von Württemberg, die den Namen Maria Fjódorowna annahm, gebar ihm neun gesunde und begabte Kinder. Pauls Regierung war nur ein Zwischenspiel und der Versuch, »alles anders zu machen«, als es seine Mutter gemacht hatte. Er unterbrach den Kontakt mit dem Westen, verbot Auslandsreisen und ein Studium im Ausland, was indirekt übrigens zur Gründung einer deutschen Universität in Dorpat führte. Er nahm große Personalveränderungen vor, entließ z. B. 7 Feldmarschälle und 300 Generäle, hing – wie sein Vater – preußisch-strengen Idealen nach, was ihn bei der Armee außerordentlich unbeliebt machte. Er änderte auch das Erbfolgerecht in dem Sinne, daß nunmehr allein die männlichen Nachkommen zur Thronfolge berechtigt waren. Und seine zunehmende geistige Umnachtung ließ ihn groteske Verordnungen erlassen. Eine zeitgenössische Karikatur stellt ihn dar, in jeder Hand ein Blatt Papier haltend: auf dem einen steht »Verordnung«, auf dem anderen »Gegenordnung« und auf der Stirn »Unordnung«. Bald entfernte sich der Zar auch von seiner Gattin und seinen Kindern. Bis dahin war das Familienleben des »jungen Hofes« in Gátschina bei St. Petersburg ein Vorbild an Sparsamkeit, Moral und Zurückhaltung gewesen und hatte sich vorteilhaft von dem Günstlings-Treiben in Katharinas Umgebung abgehoben. Nun wurde es immer klarer, daß die Krankheit des Zaren unheilbar war. Als es so schien, als wolle er Rußland in einen nutzlosen Krieg zerren, bildete sich eine Verschwörung, der der Militärgouverneur von Petersburg, Graf Peter Pahlen, vorstand, um den umnachteten Zaren zu stürzen. Der Sohn und Nachfolger war über die Absichten der Verschwörung unterrichtet worden. Er hatte unter der Bedingung zugestimmt, daß seinem Vater kein Leid geschähe. Graf Pahlen wußte jedoch zu genau, daß solche halben Lösungen nur neues Unglück über das Land gebracht hätten. In der Nacht vom 23. auf den 24. März 1801 wurde der Zar mit einer seidenen Schärpe erdrosselt. Es war die letzte Palastrevolution am russischen Zarenhof.

Alexander I.

Alexander I. Páwlowitsch (1777–1825). Dem vierundzwanzigjährigen Herrscher schlugen bei seiner Thron-

Regierungszeit 1801–1825

besteigung alle Herzen entgegen und große Hoffnungen wurden auf ihn gesetzt. Er hat sie auch bis zu einem gewissen Grad erfüllt. Besonders die Außenpolitik des jungen Zaren war außerordentlich geschickt und stärkte das russische Ansehen und Prestige in Europa. Innenpolitisch war er weniger erfolgreich, aber das lag, außer im Charakter des jungen Herrschers, auch in der Natur der Dinge. Er nahm den von seinem Vater unterbrochenen Kontakt mit dem Westen wieder auf und erlaubte das Studium im Ausland. In seine Regierungszeit fallen die Gründung der Universitäten von Petersburg, Warschau, Kasán und Chárkow. Madame Vigée-Lebrun wurde Mitglied der Petersburger Akademie. Alle ohne ein gültiges Rechtsurteil verbannten Adligen (unter anderen Radíschtschew) erhielten die Erlaubnis zur Rückkehr nach Petersburg. Alexander umgab sich mit jungen Leuten seiner Generation, denen die Übelstände des Landes wohl bewußt waren und die von der Umwandlung Rußlands in einen Rechtsstaat träumten. Viele Projekte wurden geschmiedet. Um die Lage grundsätzlich zu ändern, fehlte es Alexander allerdings an Ausdauer und Beständigkeit. Doch kann man sagen, daß sich die Lage der Bauern unter seiner Regierung nicht verschlechterte. Er sah davon ab, Landverschenkungen vorzunehmen, wie dies sonst bei Thronbesteigungen üblich war. 1803 erließ er dann ein Gesetz, das man mit Recht als ersten Schritt zur Bauernbefreiung ansehen darf, da es eine Art von privater Freilassung vorsah. Gegen vertraglich festzusetzende Entschädigung oder Arbeit konnten die Bauern einzeln aus der Leibeigenschaft entlassen werden. Bedauerlicherweise machte der russische Adel von dieser Möglichkeit wenig Gebrauch, nur ungefähr ein halbes Prozent aller Leibeigenen wurde so befreit. Hingegen erlangten die Bauern des baltischen Adels in den Ostseeprovinzen zwischen 1814 und 1817 zum größten Teil die Freiheit. Die allgemeinen, von Alexander am Anfang sei-

Erster Schritt zur Bauernbefreiung

ner Regierung geplanten Reformen aber blieben in Entwürfen stecken, denn bald zogen die Weltereignisse, und besonders Napoleons Siegeszug durch Europa, Rußland und seinen jungen Zaren in ihren Strudel. Alexander beteiligte sich zuerst am Koalitionskrieg, der mit dem völligen Sieg Napoleons und dem Frieden in Tilsit endete. Nach einer vorübergehenden Verständigung kam es zum Krieg Napoleons mit Rußland, 1812, aus dem der Korse, trotz seiner Siege und der Einnahme Moskaus, als Verlierer mit nur 20 000 Mann seiner 600 000 Mann starken Armee zurückkehrte. Alexander wurde zum Befreier Europas vom napoleonischen Joch. Der Idealist und Schwärmer Alexander war mit seinen Ideen von einer gemeinsamen Politik der europäischen Völker seinen Zeitgenossen ein gutes Jahrhundert voraus. Eine territoriale Erweiterung Rußlands lag ihm nicht im Sinne. Dennoch wurden die letzten Regierungsjahre des Kaisers eine Enttäuschung für sein Land. An diesem ersten großen »Vaterländischen Krieg« hatte sich wirklich das gesamte russische Volk beteiligt: Leibeigene und Freie, Adlige und Kaufleute, jung und alt. Viele hatten große Hoffnungen auf eine Änderung ihrer Lebensbedingungen daran geknüpft; die junge russische Generation der Frontkämpfer hatte in Europa die dortigen Staatsformen, die öffentlichen Einrichtungen, die Rechte der Völker kennengelernt und hoffte, im eigenen Land viel davon verwirklichen zu können. Aber um die hochfliegenden, idealistischen Pläne des Zaren war es still geworden, er hatte großen Widerstand nicht nur im konservativen Adel, sondern auch in seiner nächsten Umgebung gefunden. Unter diesem Druck entließ er seinen reformfreudigen und deswegen exponierten und angefeindeten Minister Speránskij und ersetzte ihn durch den Erzkonservativen Araktschéjew, von dem keine Besserung der sozialen Lage oder eine geistige Öffnung nach dem Westen zu erwarten war. Auch die Lösung der polnischen Frage hatte dem Kai-

1. Vaterländischer Krieg

ser viel Kritik eingebracht. Er hatte in Polen das Königreich, in Personalunion mit Rußland, wiederhergestellt, eine Verfassung und ein eigenständiges Heer bewilligt, dessen Oberkommandierender sein Bruder Konstantin wurde, der mit einer Polin verheiratet war. Ganz plötzlich, am 9. November 1825, starb der Kaiser in Taganrog. Von seiner sanften Gattin Lusie von Baden (Jelisawéta Alexéjewna) hatte er keine Kinder. Die Nachfolge jedoch war unter den Brüdern geregelt worden: Konstantin hatte zugunsten des um 20 Jahre jüngeren Nikolaj verzichtet.

Um den unerwarteten Tod des Zaren rankten sich bald Legenden und Gerüchte, denen zufolge er nicht gestorben, sondern in ein Kloster gegangen sei. Es ist nicht zu beweisen. Der von den Bolschewiken später geöffnete Sarkophag Alexander I. enthielt keine Leiche.

Nikoláj I. Regierungszeit 1825–1856

Nikoláj I. Páwlowitsch (1796–1856) war im Todesjahr seiner Großmutter Katharina II. geboren und also nicht mehr von ihr erzogen worden wie seine älteren Geschwister. Er war auch noch zu jung gewesen, um die Tragik seines Vaters bewußt mitzuerleben und wuchs in harmonischen Verhältnissen bei seiner Mutter auf. Auch er heiratete eine deutsche Prinzessin, Charlotte von Preußen (Alexandra Fjódorowna), eine Tochter der Königin Luise. Er sah ebenso gut aus wie sein Bruder Alexander, war aber geistig und körperlich sehr viel robuster, nüchtern und illusionslos, eine unkomplizierte und ungeistige Natur. Alexander hatte diesem seinem jüngsten Bruder, der mit 29 Jahren Zar wurde, eine schwere Erbschaft hinterlassen. Einmal die polnische Frage, die seiner Regierung später schwer zu schaffen machte, weil es in Polen zu Aufständen kam,

Krieg gegen Polen

was dann zu einem sich durch 20 Jahre hinziehenden Krieg führte, der Polen alle unter Alexander errungenen Freiheiten kostete. Vor allem aber sah sich der junge Zar, schon im Monat nach seiner Thronbesteigung, mit jenem Aufstand konfrontiert, der unter dem

Dekabristen-aufstand

Namen »Dekabristenaufstand« (nach »dekábr = Dezember) in die Geschichte eingegangen ist. Träger dieses mißlungenen Revolutionsversuches war die Generation der aristokratischen Kriegsteilnehmer, junge Gardeoffiziere, die der napoleonische Krieg nach Europa geführt, wo sie die soziale Rückständigkeit ihres eigenen Landes begriffen hatten. Es war des jungen Zaren eigene Generation, ja zum Teil waren es seine Kriegskameraden, die 25- bis 35jährigen. Es war eine nur auf die adlige Oberschicht begrenzte Revolte, von der die sowjetrussische Geschichtsauffassung mit Recht meint, daß deren Scheitern wohl durch den mangelnden Rückhalt im Volk bedingt war. Es war ein idealistisch-romantischer Aufstand für die Freiheit des Geistes gegen den Ungeist. Es war für Nikolaj nicht schwer des Aufstandes Herr zu werden, doch dieser belastete seine ganze Regierungszeit wie ein Schatten und war mit der Grund für sein scharfes Polizeiregime, das durch Bespitzelung und Überwachung die Wiederholung solcher Revolten von vornherein unmöglich machen sollte. Von 40 ausgesprochenen Todesurteilen wurden nur 5 vollstreckt, die anderen 35 Offiziere wurden ihres Adelstitels für verlustig erklärt und zur Zwangsarbeit verurteilt; die jungen Frauen der Offiziere folgten ihren Gatten in die Lager. Nach 12 Jahren wurde ihre Strafe in Verbannung nach Sibirien umgewandelt. Erst 30 Jahre später, nach dem Tode des Zaren wurden die Überlebenden begnadigt.

Nikolaj I. war das, was man heute einen Mann von »law and order« nennen würde. Außenpolitisch verfolgte er weiter die Ziele Peters des Großen: in zwei siegreichen Feldzügen besiegte er Persien und die Türkei und gewann große Gebietsteile für Rußland. Zusätzlich empfand er es als seine Pflicht, überall dort in Europa nach dem Rechten zu sehen, wo sich gefährliche revolutionäre Bestrebungen zeigten. So unterstützte er z. B. Kaiser Franz Joseph bei der Niederschlagung des ungarischen Freiheitskampfes unter Kos-

Krieg gegen Persien und die Türkei

suth. An eine Gebietserweiterung in Europa dachte er jedoch nicht. Herzen hat ihn einmal den »Gendarm Europas« genannt; und als solcher war er unbeliebt.

In der Innenpolitik gelang es ihm endlich, die russischen Finanzen, die noch unter den Folgen von Katharinas verantwortungsloser Finanzpolitik litten, in Ordnung zu bringen. Er entließ den unbeliebten Araktschéjew und holte Speránski zurück in die Regierung, der damit beauftragt wurde, eine neue Gesetzessammlung herauszugeben. Doch wagte er sich noch nicht daran, das brennendste innenpolitische Problem: die Leibeigenschaft direkt anzupacken. Zwar verbesserte er das Los seiner eigenen, d. h. der Krone unterstehenden Bauern. Sie erhielten eine dörfliche Selbstverwaltung,

»Mir«

den sog. »Mir«, konnten einen »Ältesten« ernennen, aber die Opposition der übrigen »Seelenbesitzer« konnte oder wollte er nicht brechen. Im großen und ganzen blieben die Dinge, wie sie vorher gewesen waren. Auslandsstudien waren wieder verboten, jedoch wurden die russischen Lehranstalten verbessert, vermehrt und auch niederen Schichten zugänglich. Die von ihm ins Leben gerufene »Dritte Abteilung« der Polizei bespitzelte, wie gesagt, seine Untertanen und überwachte freiheitliche Gelüste, dennoch entwickelte sich gerade unter Nikoláj I. die russische Dichtung und Literatur zur Weltbedeutung.

Krimkrieg

In dem kurz vor seinem Tod begonnenen Krimkrieg (1854–1859) – Nikoláj hatte auf alter Tradition fußend die Schutzherrschaft über die griechischen Christen im osmanischen Reich gefordert – sah sich der Kaiser einer französisch-englischen Koalition gegenüber, die den Sultan unterstützte. Er starb noch vor dem Fall der von einer alliierten Flotte eingeschlossenen Seefestung Sewastópol. Sein Sohn und Nachfolger mußte im Frieden von Paris die Donaumündung abtreten und die Festung Kars an die Türkei zurückgeben.

Bevor wir das Kapitel über Nikoláj I. abschließen, sollen noch ganz kurz jene Kreise und ihre Bewegung

»Intelligenzia«

erwähnt werden, die außerhalb des offiziellen staatlichen Lebens agierend über ein ganzes Jahrhundert bis zu den Bolschewiken mit dem Sammelbegriff der russischen »Intelligenzia« bezeichnet werden. Der Impuls dieser Strömung war in den dreißiger Jahren des 19. Jh.s von dem jungen Adel, den »Dekabristen«, ausgegangen, schied sich zunächst in die Gruppe der Slawophilen – eine »rechte«, von Offizieren getragene Richtung – und die der Westler – eine »linke« Bewegung – der die Studenten angehörten. Später gab es rechts wie links viele Untergruppierungen: die Anarchisten, auf der äußersten linken Seite, unter den Aristokraten Bakúnin und Kropótkin; eine sozialistische Partei, der Herzen nahestand und die in den 90er Jahren immer mehr marxistische Züge annahm und sich später in Menschewiken, Bolschewiken (Lenin) und Trotzkisten spaltete: es gab reine Terrororganisationen wie die »Naródnaja Wólja« (Nationale Freiheit); weltfremde Idealisten wie die sog. Naródniki, die das Volk, besonders die Bauern radikalisieren wollten; und endlich Nihilisten. Die Slawophilen ihrerseits hatten einen extrem konservativen panslawistischen Flügel und umfaßten Strömungen, die dem europäischen Liberalismus nahestanden. Durch das Fehlen einer soliden intellektuellen Mittelklasse rekrutierten sich Anhänger der »Intelligenzia« aus allen Kreisen; zuerst waren es die durch Nikoláj I. kaltgestellten jungen Adligen, später Studenten, Juden, Polen, Bauern. In den folgenden Kapiteln wird noch öfter von ihnen die Rede sein, denn unter dem strengen Polizeiregime Nikolájs, das überall auch bei harmlosen Gedankenäußerungen durchgriff, traten besonders die »linken« Gruppen der »Intelligenzia« nur wenig in die Öffentlichkeit, während es ihnen unter dem anfänglich sehr viel milderen und von gutem Willen beseelten Regime seines Nachfolgers gelang, die russische Jugend und die Studenten zu radikalisieren und vollständig in ihren Bann zu ziehen.

Alexander II. Regierungszeit 1855–1881

Alexander II. Nikolájewitsch (1818–1881). Mit ihm begann die sog. liberale Ära in Rußland. In die Geschichte ist er als der »Zar-Befreier« eingegangen, als der Befreier nicht nur der Bauern, sondern auch der griechisch-orthodoxen Christen von der türkischen Oberherrschaft. Er war mit Maria von Hessen-Darmstadt (Maria Alexándrowna) verheiratet, deren Bruder Alexander in morganatischer Ehe ihre polnische Hofdame, Baronin von Hauke, heiratete, deren Nachkommen zum Geschlecht der Battenberg (in England später Mountbatten) wurden.

Russ.-türk. Krieg 1877–1878

Außenpolitisch fiel unter Alexanders II. Regierungszeit ein nochmaliger russisch-türkischer Krieg. Anlaß waren die Ausschreitungen gegen die christliche Bevölkerung in der Herzegowina, in Montenegro, Serbien und in Rumänien, das mit Rußland verbunden war. Der Krieg brachte die Russen bis fast in die Nähe Konstantinopels. Durch die Opposition Englands, das die Türken unterstützte (und bei dieser Gelegenheit von ihnen Cypern erhielt) kam Rußland teilweise um die Früchte seines Sieges. Immerhin wurden Bulgarien, Rumänien, Serbien und Montenegro unabhängige Staaten. Fast ohne militärischen Einsatz gelang es Rußland, seine Positionen in Asien zu verbessern. 1858 kamen das heute umstrittene Amurgebiet und 1860 die Küstenprovinzen des Ussúri-Gebietes an Rußland. 1868 Samarkand und Buchara. Taschkent war schon früher, 1845, in russischen Besitz übergegangen, 1875 folgte Sachalin. Unter die Regierungszeit Alexanders II. fällt auch der Verkauf (1867) von Alaska, dem damals keine besondere strategische Bedeutung beigemessen wurde, an Amerika – für 7,2 Millionen Dollar.

1861 Bauernbefreiung

Fast sofort nach seiner Thronbesteigung jedoch hatte Alexander II. eine Kommission einberufen lassen, um das überfällige, aber außerordentlich komplizierte Problem der Bauernbefreiung zu studieren. Im übrigen Europa waren die Bauern bis zum Jahre 1848 mehr oder weniger frei geworden. In Nordamerika wurde erst drei Jahre nach der Aufhebung der Leibeigenschaft in Rußland die Sklavenbefreiung in die Wege geleitet. Nirgendwo aber hatten die befreiten Bauern Land bekommen, während Alexander zur Existenzsicherung eine Landzuteilung vorsehen wollte. Hier setzte der große Widerstand der adligen »Seelenbesitzer« ein, die sich weigerten, ihr Land ohne Entschädigung herzugeben. Am 19. Februar 1861 wurde das Manifest der Befreiung von der Leibeigenschaft veröffentlicht, das 47 Millionen Menschen (einschließlich der Frauen) betraf. Sie wurden persönlich frei, konnten nicht mehr getauscht und verkauft werden, ihnen war gestattet frei zu heiraten, Eigentum zu besitzen, Handel und Gewerbe zu treiben. Die anfängliche Begeisterung der liberalen Kreise machte bald einer Enttäuschung Platz. Solange die Bauern in Leibeigenschaft arbeiteten, hatten sie ein Stück Land, wofür ihnen meistens drei Tage der Woche zur Bearbeitung freistanden. Sie wurden nun mit diesem Land befreit, mußten jedoch dem Besitzer ein Entgelt dafür zahlen. Dieses übertraf fast um 100 % den wirklichen Wert des Landes, so daß die Bauern im Tausch gegen die persönliche Freiheit ihren ehemaligen Besitzern insgesamt 200 Millionen Rubel zahlen mußten. Erst wenn ein Bauer sich losgekauft hatte, wurde er ein wirklich freier Mann. Denen, die nicht zahlen konnten, schoß die Regierung den Betrag vor, rückzahlbar in 49 Jahren. Bald zeigte es sich, daß der wirkliche Nutznießer der »Bauernbefreiung« wiederum der Adel war. Es gab außerdem viel zu wenig Land für die schnell anwachsende Bauernbevölkerung, die zudem höher als ihre ehemaligen Herren besteuert wurde. Es ging den Bauern rechtlich besser, aber wirtschaftlich schlechter.

Andere Reformen folgten: eine von der liberalen »Intelligenzia« vorangetriebene Reform der Selbstverwaltung der Landbezirke; eine Gerichtsreform; die Herabsetzung der Dienstpflicht von 20 auf 15 Jahre (sechs

Jahre aktiv und neun in der Reserve), die nun endlich auch auf den seit der Zeit Katharinas davon befreiten Adel ausgedehnt wurde. Auslandsreisen wurden wieder gestattet; es gab keine Buchzensur mehr; Schulen und Hochschulen durften von allen Ständen besucht werden. Großer Wert wurde – mehr als im übrigen Europa – auf eine gute Ausbildung der Frauen gelegt. Unter der dem Radikalismus verschriebenen Jugend findet man daher eine ausreichend große Anzahl von Studentinnen. Die russische Literatur, die schon unter Nikoláj I. Weltgeltung erlangt hatte, entfaltete sich nun zu großer Blüte.

Ein tragisches Geschick wollte es, daß Hand in Hand mit diesen Reformen und Reformversuchen des liberalen Zaren, der sich der Rückständigkeit Rußlands dem übrigen Europa gegenüber bewußt war und ehrlich versuchte, Abhilfe zu schaffen, ein geradezu fanatischer sozialrevolutionärer Terror einsetzte, der als logische Konsequenz natürlich wieder die Reaktion auf den Plan rief und damit alle jene Kräfte, die jeder Reform aus Prinzip und von vornherein abhold waren und nun alles daransetzten, diese zu unterbinden. Die russische Sozialdemokratie sollte später mit Recht sagen, daß die Aktivität der Terroristen, »nicht nur die Entwicklung des Volkes gehemmt habe, sondern auch den demokratischen Kampf gegen den Zarismus«.

Alexander II. fiel am 11. März 1881 einem Attentat zum Opfer. Die Ironie des Schicksals wollte es, daß er am Vortag ein Dekret unterzeichnet hatte, das seinem Volk so etwas wie eine Verfassung geben sollte. Die erste der geworfenen Bomben explodierte unter seinem Wagen und verletzte nur die Pferde und die Bedienten. Als Alexander ausstieg, warf ein zweiter Attentäter eine Bombe vor seine Füße. Das Attentat war von einer Adligen, Sofíja Perówskaja, der Tochter eines Gouverneurs vorbereitet und die Bomben von einer Jüdin, Hesja Helfmann, hergestellt worden. Die beiden Attentäter waren Studenten.

Alexander III.
Regierungszeit
1881–1894

Alexander III. Alexándrowitsch (1845–1894), der sechsunddreißigjährig den Thron bestieg, hatte als einziger Zar seit Peter dem Großen keine deutsche Prinzessin, sondern Dagmar von Dänemark (Maria Fjódorowna), die Braut seines älteren, verstorbenen Bruders geheiratet, und blieb der einzige Zar, der Rußland in keinen Krieg hineinziehen ließ. Er besaß Bärenkräfte – man erzählt von ihm, er habe Silberteller und Eisenstangen mit Leichtigkeit gebogen – und einen unermüdlichen Arbeitseifer. Von mißtrauischer und eher beschränkter Natur, war er jedem Prunk und Luxus abhold und äußerst sparsam. Er war betont antideutsch, antienglisch, ein überzeugter Antisemit und ein fanatischer Panslawist. Königin Viktoria von England sagte einmal von ihm, er sei zwar ein Herrscher, aber kein »gentleman«. Sein Glaube an den Absolutismus, an die »heilige Macht des Zaren«, war vermutlich auch noch durch seinen Haß gegen die Attentäter seines Vaters bedingt. Eine Persönlichkeit, die nicht nur einen großen Einfluß auf den Kaiser ausgeübt hat (als sein Lehrer und der Lehrer des Thronfolgers), sondern seiner Regierungszeit das Gepräge gab, war Konstantín Petrówitsch Pobedonószew, Oberprokureur des Heiligen Synods, von dem es schon 1877 beim Erscheinen von Tolstois Anna Karénina geheißen hatte, er habe Modell zu jener unsympathischen Figur des Gatten, Alexéj Karénin, gestanden. Sohn eines Popen und Jurist war er ein Eiferer, der Andersgläubige und Andersdenkende mit Haß verfolgte. Er stand auch hinter der Exkommunikation Tolstois aus der Orthodoxen Kirche (1901). Nach ihm konnte z. B. das Judenproblem in Rußland nur gelöst werden, wenn ein Drittel der Juden auswanderte, ein Drittel sich bekehrte und ein Drittel verschwand. Die Pogrome gegen die Juden nahmen denn auch unter Alexander III. tragisches Ausmaß an. Mit der Teilung Polens waren viele Juden an Rußland gefallen, unter den Polen waren sie zum Teil Steuereintreiber gewesen (da als einzige der Landbevölkerung des Lesens und Schreibens kundig) und erfreuten sich demzufolge geringer Sympathie bei den Bauern. Es war ein leichtes, die allgemeine Unzufriedenheit auf diese Sündenböcke abzuleiten. Pobedonószew führte für sie zusätzlich den Numerus clausus in Schulen und Universitäten ein und verhinderte und erschwerte in Hunderten von Sondergesetzen ihren Aufstieg. Besonders energisch ging die Innenpolitik Alexanders, ober besser die »Ära Pobedonószew«, mit strengen Polizeimaßnahmen gegen Revolutionäre, aber auch Liberale vor. Das Polizeispitzelwesen wurde in geradezu unwahrscheinlicher Weise ausgebaut, organisiert von dem Innenminister, dem Ostpreußen Plehwe, der 1904 einem Attentat zum Opfer fiel. Vielen Liberalen und Revolutionären blieb nur das Exil. Auch jene berühmte Vera Figner, die unzählige Attentate der Terrororganisation »Naródnaja Wólja« vorbereitet hatte, wurde damals gefaßt, zum Tode verurteilt und dann zu lebenslänglicher Zwangsarbeit begnadigt. Sie hat 20 Jahre Kasematten überlebt und starb hochbetagt erst 1942, während des Zweiten Weltkrieges. Ein weiteres Ziel der Innenpolitik war die rigorose Russifizierung, die sich besonders stark in den Ostseeprovinzen auswirkte. Die Amtssprache wurde hier russisch, es gab nur noch russische Schulen, die deutsche Universität Dorpat wurde zur russischen Universität Júrjew. Ebenso wurden in Finnland alle von Alexander II. gewährten Sonderrechte aufgehoben, auch in Polen und Litauen. Andererseits bemühte sich die Regierung, die schlimmsten Notstände der schnell fortschreitenden, auch durch die Einführung hoher Schutzzölle bedingten Industrialisierung zu beheben, obwohl sie gerade hier auf den Widerstand des liberalen Unternehmertums stieß. Es wurde aber wenigstens ein Verbot für Kinderarbeit (unter 12 Jahren!) erlassen, die Arbeit der 12- bis 15jährigen auf 8 Stunden, der Erwachsenen auf 11½ festgesetzt. Nachtarbeit wurde für Frauen und Kinder verboten.

Russifizierung der Ostseeprovinzen

In der Außenpolitik griff Rußland aktiv in die bulgarische Krise ein, was zum Sturz des Königs Alexander von Battenberg führte, und es wandte sich nach der Nichterneuerung des Rückversicherungsvertrages mit Deutschland Frankreich zu. Unter der Regierung Alexanders III. wurde 1891 mit dem Bau der Transsibirischen Eisenbahn begonnen, der 1905 beendet wurde. Der Zar starb ziemlich unerwartet – erst 50 Jahre alt – am 1. 11. 1894. Man nimmt an, daß er sich bei einem Eisenbahnunglück – wahrscheinlich durch ein Attentat hervorgerufen – innerliche Verletzungen zugezogen hat, als er mit seinen breiten Schultern das Dach des Abteils hochstemmte, um seine Familie zu retten.

Bau der Transsibirischen Eisenbahn

Nikoláj II. Regierungszeit 1894–1917

Nikoláj II. Alexándrowitsch (1868–1918). Der letzte Nachkomme Katharinas und der letzte Zar auf dem russischen Thron war die für diese Rolle am wenigsten vorbereitete und am wenigsten geeignete Persönlichkeit. Von einem autoritären Vater, der mit 50 Jahren noch nicht ans Sterben gedacht hatte, in keinerlei Regierungsgeschäfte eingeweiht, sah sich der 26jährige Nikoláj Problemen gegenüber, die wahrscheinlich auch ein begabterer und energischerer Mann als er es war, nicht mehr hätte lösen können. Der Innenminister Witte sagte einmal von ihm, er litte an einem bedauerlichen Mangel an Willenskraft, besäße eine merkwürdige Kurzsichtigkeit historischen Ereignissen gegenüber und habe eine ausgeprägte Tendenz zur Verstellung. Darüber hinaus gehörte Nikoláj II. zu jener Kategorie von Schüchternen, die im gegebenen Fall eine unnachgiebige und uneinsichtige Halsstarrigkeit entwickeln können und die mit schlafwandlerischer Sicherheit in jeder Lage jeweils das Falsche tun. Schon seine Krönungsfeierlichkeiten standen unter einem unseligen Stern. Am Morgen waren, offiziell 1 597, inoffiziell an die 10 000 Menschen, meist Frauen und Kinder, auf dem Chodýnkowo-Feld vor den Toren Moskaus zu Tode getreten worden, als sie sich dort zur Verteilung der Geschenke an das Volk versammelt hatten. Nikoláj wollte dennoch am Abend nicht den festlichen Krönungsball absagen. Zeit seines Lebens stand er zudem unter dem Einfluß seiner energischen, aber exaltierten Gattin, der in England erzogenen deutschen Prinzessin Alix von Hessen-Darmstadt (Alexándra Fjódorowna), der es nie gelang, wirklich beliebt zu werden oder in der russischen Gesellschaft Fuß zu fassen. Ihr ist zum großen Teil die Isolierung zuzuschreiben, in der das Kaiserpaar lebte.

1904–1905
Jap.-Russ. Krieg

Außenpolitisch verbesserte Nikoláj zuerst die Beziehungen zu Deutschland und Österreich in einem Balkanabkommen und gab 1899 die Anregung zur ersten Friedenskonferenz in Den Haag. Bald kam es wegen Port Arthur zu Spannungen mit Japan und (1904–1905) zum Krieg gegen Japan, den Rußland verlor (Seeschlacht bei Tsushima). Unter Nikoláj II. wurde die Russifizierung Finnlands fortgesetzt; mit England einigte er sich 1907 über die asiatische Einflußsphäre und schloß ein Bündnis mit Frankreich. Innenpolitisch hatte ihm die Ära Pobedonószews, den er von seinem Vater übernommen hatte, ein böses Erbe hinterlassen. Eine forcierte, zum Teil überstürzte Entwicklung zum Hochkapitalismus, dem Rußland plötzlich durch eine rasche Industrialisierung zustrebte, hatte in den Städten zudem jenes Arbeiterproletariat geschaffen, das für die virulenten Ideen der »Intelligenzia« den fehlenden Nährboden abgab, den sie bisher vergeblich auf dem Lande unter der Bauernschaft gesucht hatte. 1898 bildete sich die erste illegale Sozialdemokratische Partei. Die »Intelligenzia« beherrschte schon große Teile der Gebildeten und Halbgebildeten, aber die Massen hatten gefehlt. Als nach dem verlorenen Russisch-Japanischen Krieg, 1905, die Revolution aufflammte, waren Mißernten vorangegangen. Unter der stockenden Versorgung hatten zuerst die Armen in den Städten zu leiden. Es gab 10 Millionen landloser armer Bauern, und das Los der Arbeiter, die von der neuen Bourgeoisie schamlos ausgenützt wurden, besaß alle tragischen

Aspekte des Frühkapitalismus. Der Anlaß zu jenem »blutigen Sonntag« (9. Januar 1905), der als der Anfang der russischen Revolution gilt, waren Entlassungen in den Putílow-Werken in Petersburg gewesen. Unter Führung eines jungen Popen, Gapón, strömten ungefähr 200 000 Menschen mit Heiligenbildern, Fahnen und Bildern des Zaren zum Winterpalais, um eine Bittschrift zu überreichen. Der Zug war vorangekündigt gewesen, die Menschen waren im Vertrauen auf den Zaren gekommen, den sie »über ihre traurige Lage aufklären wollten«. Wieder tat Nikoláj das Falsche. Er entfernte sich aus Petersburg und seine, vielleicht von Panik ergriffene, vielleicht mit Absicht agierende Polizei schoß auf die wehrlose Menge. Die Sowjetrussische Geschichtsschreibung gibt die Zahl der Toten mit 1 000 an. Offiziell wurden damals 97 zugegeben, aber man sprach von 500. Ganz geklärt wurde der blutige Sonntag niemals. Gapón ging ins Ausland und man sagte später, er sei ein Polizeispitzel gewesen. Die Reaktion war überall ungeheuer. Es kam zu dem ersten Streik in der russischen Geschichte, der Terror der Attentate verstärkte sich. Während die aus Japan heimkehrenden Soldaten treu blieben, kam es zu einem Aufstand auf dem Panzerkreuzer »Potémkin«. Unter dem Druck der Ereignisse und der öffentlichen Meinung und sehr gegen seine Überzeugung, erließ Nikoláj am 17. Oktober 1905 jenes berühmte Manifest, das eine Verfassung verhieß, die die Freiheit der Presse, Versammlungsrecht, Schutz gegen Polizeiwillkür gewährleisten sollte. Man war der Revolution noch einmal Herr geworden. Lenin, Trotzkij und Stalin wurden verbannt. Praktisch war Rußland zu einer konstitutionellen Monarchie geworden. Der liberale Stolýpin (1906–1911) begann mit durchgreifenden Reformen, deren bedeutendste und umstrittenste die Umwandlung des bäuerlichen Gemeinbesitzes (MIR) in bäuerliches Einzeleigentum war. Vielleicht hätten sich dadurch mit der Zeit die Gegensätze ausgleichen lassen.

»Blutiger Sonntag« 9.1.1905

Erster Streik

Verfassung

Grundbedingung jedoch zu einer allmählichen Entwicklung in demokratischer Richtung wäre – wie dies Stolýpin schon 1908 betonte – die Erhaltung des Friedens gewesen. Stolýpin wurde jedoch 1911 ermordet und der Zar tat wiederum das Falsche, indem er drei Jahre danach den Kriegstreibern in seiner Umgebung sein Ohr lieh und Rußland in den Ersten Weltkrieg eintreten ließ.

Rußlands Eintritt in den 1. Weltkrieg

Einer der Faktoren, der zum Sturz der Monarchie, zu ihrer Unterhöhlung beitrug, war der verhängnisvolle Einfluß, den Rasputin, dank der Protektion der Zarin, am Hof gewann.

Rasputin

Grigorij Rasputin war ein sibirischer Bauer von ausschweifendem Lebenswandel, nach der Ansicht der Zarin jedoch ein von Gott geschickter Mann, der durch magische Kräfte dem an der Bluterkrankheit leidenden Zarewitsch helfen konnte. Sein Einfluß am Hof wuchs mit den Jahren und wurde durch Intriganten und Bittsteller ausgenützt. Es kam zu Skandalen, Rasputin wurde zeitweilig vom Hofe entfernt, aber immer gelang es der Zarin wieder, ihn zurückzurufen.

Der Eintritt in den Krieg machte jede demokratische Entwicklung hinfällig und sollte sich verhängnisvoll für die Monarchie auswirken. Allein die kleine bolschewistische Gruppe hatte sich gegen den Kriegseintritt erklärt, selbst die Sozialdemokraten stellten Patriotismus über Internationalismus. Es ist interessant, daß von den bekannten Persönlichkeiten der russischen Geschichte der damaligen Jahre nur zwei im allgemeinen Taumel der Begeisterung entschieden gegen den Eintritt Rußlands in den Krieg gewesen waren und schon im Juli 1914 die düstersten Prophezeiungen für den Ausgang des Krieges und die Monarchie formuliert hatten. Der eine war der ehem. Minister Witte, dessen Äußerungen der französische Gesandte am Zarenhof entrüstet in sein Tagebuch notierte. Frankreich hatte allen Grund, den Kriegseintritt Rußlands und eine Offensive Rußlands gegen Deutschland zur Erleichterung des Druckes auf Frankreich zu wünschen. Der andere war merkwürdigerweise Rasputin, im Juli 1914 durch ein Attentat in Sibirien ans Bett gefesselt. In einem Telegramm an den Zaren beschwor er ihn: »Trete nicht in den Krieg ein, der das Ende Rußlands und von Euch allen sein wird, bis zum letzten Mann werdet Ihr Eure Soldaten verlieren.«

Die Rückschläge an der Front änderten bald die Lage. Nach den verlorenen Schlachten von Tannenberg (1914), an den Masurischen Seen (Februar 1915) und bei Gorlice-Tarnow (Mai 1915) übernahm der Zar selbst den Oberbefehl und ließ die Zarin als seine Stellvertreterin in Petersburg zurück; doch als auch die Durchbruchsversuche im März 1916 und die drei Gegenoffensiven Brussílows im Dezember desselben Jahres scheiterten, begann man offen den Ministerpräsidenten der Unfähigkeit (die tapfer kämpfenden russischen Soldaten waren ohne Nachschub und ohne Munition geblieben) und versteckt die Zarin des Verrates anzuklagen. Ende 1916 stürzte die Duma die Regierung. Rasputin wurde durch den Fürsten Jussúpow und seinen Kreis ermordet, aber auch das konnte die sterbende Monarchie nicht mehr retten und hatte auf den Ausgang des Krieges keinen Einfluß. In der sog. Märzrevolution 1917 zwang eine bürgerlich-radikale Koalition Nikoláj zur Abdankung, die er, auch für den kranken Sohn, im Hauptquartier von Pleskau unterzeichnete. In Petersburg hatte sich unterdessen, nach dem Vorbild von 1905, ein Sowjet der Arbeiter und Soldaten gebildet, doch die Liberal-Radikalen unter Kerénski, die den Krieg an der Seite der Alliierten weiterführten, wiegten sich in der Illusion, mit der Abdankung des Zaren der Revolution Herr geworden zu sein. Bald brach jede Autorität zusammen. In der

Oktoberrevolution

Oktoberrevolution 1917 errangen die Bolschewiken unter ihrem Führer Lenin (den die Deutschen in einem plombierten Wagen aus der Schweiz nach Rußland durchreisen ließen, da sie am Zusammenbruch der

Ostfront interessiert waren) den Sieg. Lenin schloß im März 1918 den Frieden von Brest-Litowsk, der Deutschland und Österreich nur eine kurze Atempause vor dem Ende verschaffte. Im Juli desselben Jahres erreichte den letzten Zaren zusammen mit seiner Familie in Jekaterinenburg ein tragisches Schicksal.

Sankt Petersburg, das man ab 1915 Petrograd genannt hatte, wurde 1924 zum Andenken an die Oktoberrevolution in Leningrad umbenannt. 1919 hatte es aufgehört Hauptstadt zu sein. Lenin und die Regierung waren wieder nach Moskau zurückgekehrt. Für Petersburg-Petrograd-Leningrad hatte sich ein historischer Zyklus geschlossen. Eine neue Ära war angebrochen.

KLEINES VOKABULAR

KLEINES VOKABULAR

Vorbemerkung

Um dem Leser die Lektüre verständlicher zu machen, haben wir zum Teil die russischen Hauptwörter groß absetzen lassen, wenn auch im Russischen nur Eigennamen, Städte-, Fluß-, Gebirgsnamen und Satzanfänge groß geschrieben werden. Außerdem ist *die deutsche Schreibweise* der russischen Wörter nicht normiert, sie können also an anderer Stelle auch anders geschrieben sein, z. B. Gérzena úliza = Gertsena ulitsa, Muśéj = Muzej usf.

Für die *verdeutschte Aussprache* benutzten wir nicht ein (kompliziertes) phonetisches Alphabet, sondern eine einfache deutsche Umsetzung. Dabei gilt etwa folgendes:

Bei der *Aussprache* des »e« gibt es Abwandlungen. Meist wird es wie »je«, manchmal wie »e«, oft wie »jo« ausgesprochen; z. B. wie »je« in Breschn*je*w, wie »jo« in Chruschtsch*jo*w, [auch Rubl*jo*w], wie »e« in nitsch*e*wo. Das unbetonte »o« wird vor der betonten Silbe wie ein »a« ausgesprochen, man sagt also »Talstoi« und »Balschoj« etc. Wir haben dies in der dritten Spalte durch ein schräggestelltes »o« gekennzeichnet. Das »g« wird vor einem »o« in der Endsilbe stets wie »w« ausgesprochen (Gorko*w*o oder nitsche*w*o), sonst wie »g« (*g*dje? – Wo?). Das Erweichungszeichen Ь (s. S. 58 unten) gibt dem vorangehenden Konsonanten eine weiche (palatale) Aussprache. Es klingt *wie ein eng mit ihm verschmolzenes* [keinesfalls selbständiges] i/j (etwa die Endung in »Marseille«), in der Umschreibung durch ein Apostroph ’ gekennzeichnet, z. B. ploschtschad’ oder pam’átnik. – Beim »S« unterscheiden wir das weiche З (ś) und das scharfe С (s oder ss).

Die erste und größte Schwierigkeit des Russischen ist das kyrillische Alphabet, das wir daher auf der nächsten Seite bringen. Wir empfehlen, sich vor allem damit vertraut zu machen; der Reisende wird dann beim *Lesen* (s. S. 66) vieler ominöser russischer Wörter feststellen, daß z. B. стоп einfach »stop« heißt, аптека eine »Aptéka«, also eine Apotheke ist; mit ресторан »Restorán« – unser Restaurant gemeint ist; билет – »Bilét« –

unser Billett, die Fahrkarte, bedeutet; метро die »Metró«, also die Untergrundbahn ist, usw. Das Russische hat keinen Artikel, aber es gibt wie im Deutschen männliche, weibliche und sächliche Hauptwörter. Im Präsens wird das Hilfsverb »sein« nicht gebraucht. Man sagt also: Ich – Deutscher; Bier – warm; Wein – teuer. Nur in der Vergangenheitsform und im Futur wird »sein« konjugiert. Als Infinitiv (есть = jést') findet es sich in der Besitzform: Für »ich habe ein Buch« sagt der Russe: »bei mir ist Buch«: у меня есть книга = u menjá jést' kníga.
Die *Betonung der russischen Wörter* bietet eine zusätzliche Schwierigkeit, es wurden daher überall *Akzente* gesetzt. (Ausnahmen siehe Hinweis auf S. 10). Manchmal ändert sich auch der Akzent in der Pluralform.

Im nachfolgenden Kleinen Vokabular haben wir das in allen anderen Studienreiseführern vorhandene Kapitel »Ankunft im Hotel« fortgelassen, denn der Rußlandreisende wird nie in die Lage kommen, sich ein Zimmer in einem Hotel suchen zu müssen, da ihm dieses – sei er nun ein Einzeltourist oder Gruppenreisender – nur über den INTOURIST-Dienst vermittelt wird. Reisenden, die eine gründlichere Unterhaltung führen möchten, empfehlen wir, sich einen der handelsüblichen kleineren oder größeren Sprachführer zu kaufen.

Das russische Alphabet

А	а	a	П	п	p
Б	б	b	Р	р	r
В	в	w	С	с	s [ss, scharf]
Г	г	g [w in der Endsilbe owo]	Т	т	t
Д	д	d	У	у	u
Е	е	e, je [jo]	Ф	ф	f
Ё	ё	jo	Х	х	ch
Ж	ж	sh [weiches »sch«]	Ц	ц	z [ts]
З	з	ś [s, weich]	Ч	ч	tsch
И	и	i	Ш	ш	sch [scharf]
Й	й	j	Щ	щ	schtsch
К	к	k	Ы	ы	y
Л	л	l	Э	э	e
М	м	m	Ю	ю	ju
Н	н	n	Я	я	ja
О	о	o [a]	Ь	ь	Erweichung [i/j = ']

Russisch heißt es so:

Von Mensch zu Mensch:

Ja	да	da
Nein	нет	njét
Nichts	ничево	nitschewó
Bitte	пожалуйста	p*o*shálujsta
Danke	спасибо	spassíbo
Guten Morgen!	доброе утро	dóbroje útro
Guten Abend!	добрый вечер	dóbryj wétscher
Gebräuchlichste Begrüßungsform für den ganzen Tag:	здравствуйте	śdrástwujtje!
Auf Wiedersehen!	до свидания	d*o*swidánija
Ich bin deutscher Tourist	я немецкий турист	ja njemézkij turíst
Ich bin deutsche Touristin	я немецкая туристка	ja njemézkaja turístka
Ich spreche nur Deutsch	я говорю только по-немецки	ja g*o*w*o*rjú tól'ko p*o* – njemézki
Ich verstehe nicht Russisch	я не понимаю по-русски	ja nje p*o*nimáju p*o*-rússki
Zum Wohl! (Gesundheit)	на здоровье	na śd*o*rów'je

Verwandtschaft	родство	rodstwó
Vater	отец	*o*tjéz
Mutter	мать	mat'
Bruder	брат	brat
Schwester	сестра	sestrá
Sohn	сын	syn
Tochter	дочь	dotsch'

Großmütterchen (Oma)	бабушка	Bábuschka
Großväterchen (Opa)	дедушка	djéduschka
Mann	мущина	muschtschína
Frau	женщина	sh*e*nschtschína
Ehemann, Gatte	муш, супруг	mush, suprúg
Ehefrau, Gattin	жена, супруга	shená, suprúga

Fragen:

Wer?	кто?	kto?
Wie?	как?	kak?
Wo?	где?	gdje?
Warum?	почему?	p*o*tschemú?
Was?	что?	tschto?
Wohin?	куда?	kudá?
Wann?	когда?	k*o*gdá?
Wieviel?	сколько?	skól'ko
Wieviel Uhr? (welche Stunde?)	который час?	k*o*tóryj tschass?
Wieviel kostet?	сколько стоит?	skól'ko stóit?
Sagen Sie bitte,	скажите пожалуиста,	skashíte, p*o*sháluista,
wo – Metrostation?	где станция метро?	gdje stánzija Metró?
geradeaus	прямо	prjámo
links	налево	naléwo
rechts	направо	napráwo
Wo (ist die) Toilette?	где туалет?	gdje – tualjét?
Wo (ist das) Klosett?	где уборная?	gdje – ubórnaja?
Achtung:	**М** = Herren;	**Ж** = Damen
Wo – Taxi-Platz?	где стоянка такси?	gdje st*o*jánka Táksi?
(Sind) Sie frei?	свободны ли вы?	sw*o*bódny li wy?
Fahren Sie mich	везите меня в . . .	weśíte menjá w . . .
nach . . .	на . . .	(oder) na . . .

Ankunft:

Flugplatz	аэропорт	aeropórt
Flugzeug	аэроплан	aeroplán
Abflug	отлёт	*o*tljót
Um wieviel Uhr? (Welche Stunde?)	который час?	k*o*tóryj tschass
Anreise	приезд	prijéśd
Ankunft	прибытие	pribýtije
Abfahrt	отъезд	*o*t'jéśd
Abreise	отбытие	*o*tbýtije
Empfang	приём	prijóm
Hier – mein Paß	вот — мой паспорт	wot moj passpórt
Hotel	гостиница oder отель	g*o*stínitsa oder otél[j]
Hotelzimmer	номер	nómer
Zimmer	комната	kómnata
Schlüssel	ключ	kljutsch
Aufzug	лифт	lift
Wo (ist der) Lift?	где лифт?	gdje lift?
Wo – Stecker?	где штепсель?	gdje – schtépsel?
Bad	ванная	wánnaja
Lampe	лампа	lámpa
(elektrische) Birne	лампочка	lámpotschka
Fenster	окно	*o*knó
Schließen Sie bitte das Fenster	пожалуйста закройте окно	p*o*shálujsta śakrójte *o*knó
Das Fenster aufmachen	огкрыть окно	*o*tkrýtj *o*knó
Etage	етаж	etásh

Zahlen:

Null	нуль	nul'
eins	один	*o*dín
zwei	два	dwa

drei	три	tri
vier	четыре	tschjetýre
fünf	пять	pját'
sechs	шесть	schest'
sieben	семь	sjem'
acht	восемь	wóssjem'
neun	девять	djéwjat'
zehn	десять	djésjat'
elf	одиннадцать	*o*dínnadtsat'
zwölf	двенадцать	dwenádtsat'
dreizehn	тринадцать	trinádtsat'
vierzehn	четырнадцать	tschetýrnadtsat'
fünfzehn	пятнадцать	pjatnádtsat'
sechzehn	шестнадцать	schestnádtsat'
siebzehn	семнадцать	sjemnádtsat'
achtzehn	восемнадцать	wossjemnádtsat'
neunzehn	девятнадцать	djewjatnádtsat'
zwanzig	двадцать	dwádtsat'
einundzwanzig	двадцать один	dwádtsat' *o*dín etc.;
dreißig	тридцать	trídtsat'
vierzig	сорок	sórok
fünfzig	пятьдесят	pjatdesját
sechzig	шестьдесят	schest'desját
siebzig	семьдесят	sjém'desjat
achtzig	восемьдесят	wóssjem'desjat
neunzig	девяносто	djewjanósto
hundert	сто	sto

Farben

der blaue*...	синий	sínij
der gelbe...	жёлтый	shjóltyj

* Männliche Form des deklinierten Adjektivs

der grüne ...	зелёный	śeljónyj
der rote ...	красный	krásnyj
der schwarze ...	чёрный	tschjórnyj
der weiße ...	белый	bjélyj

Post – Zeitung:

Post	почта	pótschta
Wie komme ich zur Post?	как пройти на почту?	kak projtí na pótschtu?
Brief	письмо	pis'mó
Marken	марки	márki
Telegramm	телеграмма	telegrámma
Postkarte	открытка	*o*tkrýtka
Ansichtskarte	видовая открытка	widowája *o*tkrýtka
Zeitung	газета	gaśjéta
»Einschreiben« (als Briefaufschrift)	заказное	śakaśnóje
Flugpost (par Avion)	авиа	áwia

Im Restaurant:

Kellnerin	девушка	djéwuschka
Kellner (Herr Ober!)	официант	ofiziánt
Bringen (Sie) bitte ...	подайте, пожалуйста ...	p*o*dájtje, p*o*shálujsta
Teller	тарелка	tarélka
Gabel	вилка	wílka
Messer	нож	nósh
Löffel	ложка	lóshka
Serviette	салфетка	salfétka
Frühstück (kleiner Imbiß)	завтрак	śáwtrak
Tee	чай	tschaj
Milch	молоко	m*o*l*o*kó

Kaffee	кофе	kófe
Joghurt	кефир	kefír
Ei	яйцо	jajzó
Butter	масло	máslo
Wurst	колбаса	k*o*lbassá
Zucker	сахар	sáchar
Salz	соль	sól'
Pfeffer	перец	pjérets
Brot	хлеб	chljeb
weißes	белый	bjélyj
schwarzes	чёрный	tschjórnyj
Honig	мёл	mjol
Vorspeise	закуска	śakússka

Getränke

Flasche	бутылка	butýlka
helles Bier	светлое пиво	swjétloje píwo
dunkles Bier	тёмное пиво	tjomnoje píwo
Champagner	шампанское	schampánskoje
roter	красное	krásnoje
weißer	белое	bjéloje
süßer	сладкое	sládkoje
trockener	сухое	suchóje
Wasser	вода	w*o*dá
Wein	вино	winó
Wodka	водка	wódka

Auswahl russischer Speisen:

Fleisch	мясо	*mjáso*
Deutsches Beefsteak	биток	bitók
Plinsen (Buchweizengebäck)	блины	bliný

42267 „21" ______ 1982 г.

Шифр объекта обслуживания
328

Адрес:

______________ дом ______ к. ______ кв. ______

Фамилия ______________ ______________
(телефон)

Время приема	Такси подать		Табельный номер дисп. приема	Подпись
____ ч. ____ м.	____ ч. ____ м.		0-30	
Такси подано	**№ такси**	**Номер стоянки**	**Табельный номер дисп. исполнения**	**Подпись**
____ ч. ____ м.			1	
____ ч. ____ м.			2	
Для заметок	Шифр обслуживания		Табельн. № информ.	
			3	

рпп-II з. 404-1 млн. 16-IV-79 г.

38-26

kleine Piroggen oder Pastetchen mit Fleisch, Kohl, Pilzen etc. gefüllt	пирожки	prioshkí
längliche Pastete mit Reis-, Fleisch- oder Fischfüllung	кулебяка	kulebjáka
Spanferkel mit saurem Rahm	поросёнок со сметаной	p*o*rosjónok so smetánoi
mit Kohl und Fleisch (auch mit Sauerrahm, Quark oder Beeren) gefüllte Teigtäschchen	вареники	waréniki
Suppe	суп	*sup*
Rotebetensuppe	борщ	bórschtsch
kalte Rotebetensuppe mit Kwas, Gemüsen und Fischen	ботвинья	b*o*twín'ja
Fleisch- oder Fischsuppe mit Salzgurken	рассольник	rassól'nik
Fischsuppe	уха	uchá
Kohlsuppe	щи	schtschi
Fisch	рыба	*rýba*
Kaviar	икра	ikrá
saurer Fischsalat	винегрет из рыбы	winegrét iś rýby
Lachs(fleisch)	лоссосина	l*o*ssossína
Stör(fleisch)	осётрина	*o*sjótrina
kleiner Stör	стерлядь	sterljád'
Sprotten	шпроты	schpróty
Languste	лангуста	langústa

Was man lesen können sollte:

Achtung!	Внимание!	Wnimánije!
Eingang	вход	wchod
Ausgang	выход	wýchod
Übergang	переход	perechód
stop	стоп	stop
Parken	стоянка	st*o*jánka
nicht gestattet!	воспрещена!	w*o*sspreschtschjená!
Rauchen nicht gestattet!	Не курить!	Nje kurítj!
stoßen	толкать	t*o*lkátj
ziehen	тянуть	tjanútj
namens*	имени	imeni (im.)
Bahnhof	вокзал	w*o*ksál
Boulevard	бульвар	bul'wár
Brücke	мост	most
Fluß	река	reká
Garten	сад	sad
Gasse	переулок	pereúlok
Kai	набережная	nábereshnaja (náb.)
Kathedrale	собор	sobór
Kirche	церковь	zérkow'
Kloster	монастырь	m*o*nastýr'
Kreml	Кремль	Kréml'
Museum	музей	muśéj
Platz	площадь	plóschtschad' (pl.)
Prospekt	проспект	prospékt [Avenue] (pr.)
Straße	улица	úliza (úl.)
Tor	ворота	woróta
Turm	башня	báshnja

* *im.* kommt im Zusammenhang mit Gebäuden und Anlagen vor, z. B. *Sad im. M. Gorkowo 5* ④, ein Garten namens (nach dem Namen des) M. Gorki = Gorki-Garten (Park).

STUDIENFÜHRER

WAS MAN VOR DER REISE WISSEN MUSS

Anreise, allgemeine

Alle Reisen in die Sowjetunion werden durch das staatliche Reisebüro INTOURIST, bzw. seine Vertragspartner in den einzelnen Ländern vermittelt. Dank dem ständig zunehmenden Touristenverkehr ist heute jedes Reisebüro in der Bundesrepublik, in Österreich oder in der Schweiz in der Lage, seinen Kunden eine große Auswahl von Einzel- oder Gesellschaftsreisen vorzuschlagen.

Anreise mit dem Auto

Bei einer Anreise mit dem eigenen Auto muß die Reiseroute zuvor mit der INTOURIST-Organisation vereinbart werden, da die Fahrt nur über Orte zulässig ist, wo INTOURIST-Zweigstellen bestehen, die die Gesamtbetreuung übernehmen und Gutscheine für Hotel, Verpflegung, Camping, Benzin u. a. ausgeben. Ein Abweichen von der einmal festgelegten Reiseroute ist nicht zulässig. Es gibt noch nicht auf allen Straßen Tankstellen und Reparaturwerkstätten.
Seit dem Jahr 1973 gibt es für Autotouristen, die zu zweit reisen und ein Minimum von 10 Tagen in Hotels 1. Kategorie gebucht haben, 100 Liter Benzin gratis. Der Gutschein dafür wird direkt von den Intouristbüros beim Antritt der Reise ausgehändigt.
Die kürzeste Anfahrt nach LENINGRAD ist die von Finnland über JULIVIPULA und Wiborg; außerdem gibt es weitere vier Grenzübertrittstellen für den Autoverkehr aus Mitteleuropa nach Moskau: von Polen über BREST, von der Tschechoslowakei und Ungarn über TSCHOP; von Rumänien über PORUBNOJE oder LEUSENY.
Von Moskau aus fährt man dann über Kalínin (das ehemalige Twer) oder über Nówgorod nach Leningrad.

Autofahrten sind wegen der geringen Benzinkosten besonders vorteilhaft. Der Preis für 10 l Benzin beträgt:

Oktanzahl 72	=	0,70 Rbl.
Oktanzahl 76	=	0,75 Rbl.
Oktanzahl 95 und mehr	=	1,02 Rbl.

Alle 200 bis 250 km findet man auf den vorgesehenen Straßen Tankstellen; Reparaturwerkstätten nur in den Großstädten. Es ist daher ratsam sich einige Ersatzteile mitzunehmen, denn es ist fraglich, ob Ersatzteile für ausländische Wagen vorhanden sind.
Für den Autofahrer gelten alle in Deutschland, Österreich und der Schweiz gültigen Regeln. Die Vorfahrt hat der von rechts Kommende, überholt wird auf der linken Seite. Bei der Einreise sind erforderlich: Zulassung, Führerschein, Nationalitätsschild. Die grüne Internationale Versicherungskarte wird von der Sowjetunion hingegen nicht anerkannt. Versicherung ist nicht obligatorisch. Es ist aber ratsam, an der Grenze eine Versicherung abzuschließen. Die russischen Autostraßen sind gut asphaltiert und sehr breit; in der Stadt darf die 60 km-Geschwindigkeit nicht überschritten werden.

Anreise mit der Bahn

Die Reise nach Leningrad mit der Bahn führt meist über Moskau. Von Berlin-Ostbahnhof gibt es eine tägliche direkte Verbindung nach Moskau über Poznàn (Posen), Warschau und Brest (30 Stunden – 1 886 km). Ebenso ab Wien-Ostbahnhof (34 Stunden – 2 007 km). An den Grenzstationen ist kein Umsteigen in russische Wagen nötig, da der Radabstand des Schlafwagens der russischen Spurweite angepaßt wird. Der Reisende aus Berlin und Wien kommt in Moskau am *Weißrussischen Bahnhof* (Belorússkij wokśál) an. In Richtung Leningrad (6 Stunden mit dem Schnellzug) geht der Zug vom *Leningrader Bahnhof* (Leningrádskij wokśál) an der Komsomólskaja Plóschtschad' weiter.
Von Helsinki aus gibt es einen durchgehenden Nachtschnellzug mit Schlafwagen nach Leningrad. *Abfahrt* in Helsinki um 20.00 Uhr, *Ankunft* in Leningrad, Finnischer Bahnhof (Finl'ándskij wokśál) **2** ❺ um 8.04 Uhr. Der *Fahrpreis* beträgt für 1. Klasse Schlafwagen FM (Finnmark) 91,20.

Anreise mit dem Flugzeug

Am bequemsten und schnellsten erreicht man Leningrad mit dem Flugzeug. Die Flüge gehen entweder *über Moskau* oder *über* (Stockholm/Kopenhagen) *Helsinki*. In Moskau und Helsinki muß umgestiegen werden. Im Flugpreis inbegriffen sind 30 kg *Freigepäck* in der 1. Klasse und 20 kg in der (Economic-) Touristenklasse.
Die Flugpreise betragen zur Zeit der Drucklegung für den Hin- und Rückflug (einfache Strecke die Hälfte):

	Touristenklasse	*1. Klasse*
Hamburg – Leningrad (über Helsinki)	DM 1 002.–	1 480.–
Frankfurt – Leningrad (über Moskau oder Helsinki)	DM 1 074.–	1 480.–
München – Leningrad (über Moskau)	DM 1 104.–	1 582.–
Stuttgart – Leningrad (über Frankfurt)	DM 1 152.–	1 684.–
Wien – Leningrad (über Moskau)	DM 1 023.–/7 424 öS	1 317.–/9 564 öS
Zürich – Leningrad (über Moskau)	DM 1 205.–/1 384 sfr	1 765.–/2 028 sfr

Kinder bis zu 2 Jahren zahlen 10 %, von 2 bis 12 Jahren 50 % des Flugpreises. Für *Gruppen* ab 10 Personen gibt es 5 %, für solche ab 15 Personen 10 % Ermäßigung. Außerdem bestehen noch *Sondertarife* für Affinitätsgruppen (Interessenverbände und Vereine) ab 9 Personen. Hierfür gelten besondere Bedingungen. Näheres und Preis auf Anfrage bei der Deutschen Lufthansa.
Der Nonstop-Flug Frankfurt – Moskau dauert ca. 3 Stunden. Von Moskau nach Leningrad 1 Stunde; von Helsinki nach Leningrad 1 Stunde 55 Minuten.

Anreise per Schiff

Der Tourist kann selbstverständlich Leningrad auch mit dem Schiff erreichen. Die sowjetischen Schiffe der Baltischen Reederei laufen Leningrad, Riga, Tallinn (Reval), Helsinki, Stockholm, Kopenhagen, Bremerhaven, London und Le Havre an.
Richtpreis Bremerhaven – Leningrad (4 Tage) DM 920.– bis 1 360.–. Ab 29. April 1973 hat außerdem die TT-Linie (Travemünde – Trelleborg)

eine neue Fährlinie (Passagier- und Autofährdienst) von Travemünde nach Danzig und Leningrad eingerichtet. In der Vorsaison (vom 29. 4. bis 27.5.) werden Danzig und Leningrad gemeinsam angefahren. In der Hauptsaison sind die Dienste getrennt. Die Fahrt dauert ab Travemünde 46 Stunden nach Leningrad. Auskunft darüber gibt die TT-Touristik GmbH, 2 Hamburg 11, Mattenwiete 8, ☎ 3 49 74 48.
Auch deutsche Reedereien veranstalten mehrmals im Jahr Sonderreisen nach Leningrad.
Oder man benutzt eine Schiffslinie nach Helsinki und fährt von dort per Bahn oder Autobus weiter.

Arzt siehe **Medizinische Betreuung** S. 77

Bahnhöfe

Moskauer Bahnhof (Moskówskij wokśál) **12** ❷ am Platz des Aufstandes (Wosstánija pl.) **12** ①. – Für alle Züge von und nach Moskau.
Baltischer Bahnhof (Baltíjskij wokśál) **15** ❹ am Obwodny-Kanal-Kai 120 (Obwódnowo kanála náb.).
Warschauer Bahnhof (Warscháwskij wokśál) **15** ❺ am Obwódny-Kanal-Kai 118.
Witebsker Bahnhof (Witébskij wokśál) am Sagorodny-Prospekt (Śagoródnyj pr.).
Finnländischer Bahnhof (Finl'ándskij wokśál) **2** ❺ am Lenin-Platz (Pl. Lénina).

Botschaft siehe **Konsularvertretung** S. 77

Camping und Motels

Entlang den offiziellen Auto-Reiserouten sind in den letzten Jahren Camping-Plätze entstanden, die 150–200 Reisende und ca. 50–60 Wagen und Omnibusse aufnehmen können. Sie haben Kalt- und Warmwasseranschluß, Licht, Duschen und auch Waschmaschinen. Küchen sind vorhanden. Meist befinden sich dort auch Lebensmittelläden und ein Post- und Telegraphenbüro. Das Übernachten in Zelten zu zwei oder vier Betten kostet 2 Rbl. pro Kopf incl. ein Ausflug und Eintritt in die Museen.
Motels gibt es auch schon eine ganze Reihe, doch meist nur in der Nähe der Großstädte.

Einkäufe in Leningrad (siehe auch: **Preise, S.** 79)

In Leningrad kauft man gut ein. Kenner wollen sogar wissen, daß die Auswahl hier größer sei als in Moskau. Auf alle Fälle ist es dem Touristen hier leichter gemacht als dort, denn beinahe alle infrage kommenden Geschäfte befinden sich auf dem Néwski-Prospekt oder in einer der anliegenden Straßen. Außerdem hat jedes Ausländerhotel seinen eigenen Berjóska-Laden, wo man mit ausländischer Valuta preiswert einkaufen kann. Im Mai 1973 wurde im Hotel »Sowjétskaja« der größte und erste **self-service-Berjóska** eröffnet. Die beliebtesten Souvenirs sind auch hier neben den *Matrjóschkas* (den buntbemalten Holzpuppen, die immer kleiner werdende Püppchen ineinandergeschachtelt enthalten), die aus Cholóma stammenden rot, gold und schwarz bemalten *Löffel, Schalen, Pokale* oder die in Paléch hergestellten, schwarzlackierten und mit Märchenbildern oder Blumen bemalten *Schatullen*. Ferner *Bernsteinschmuck*, der aus Litauen stammt; *Schallplatten* mit russischer klassischer Musik, besonders preiswert und mit reichem Repertoire. Daneben *Balalaikas* und andere *Musikinstrumente* (in Leningrad gibt es eine berühmte Fabrik dafür); schwarzer *Kaviar, Wodka* (man wähle auch einmal den bernsteinfarbenen und wird es nicht bereuen), *Krimsekt*, oder *Teppiche*, echte *Pelze, Smaragde, Schmuck* und *Antiquitäten*. In Leningrad gibt es außerdem eine große Auswahl an wertvollem *Porzellan* aus der berühmten Porzellanmanufaktur »Lomonóssow«, gute *Reproduktionen* der Eremitage-Gemälde, *Kunsthefte* und *Kunstalben*, russische *Kartenspiele, Notizblocks* sowie *Andenken* aus Silber und Email mit Leningrader Motiven und *Parfüms* der Leningrader Parfüm-Fabrik »Aurora Borealis«. Besonders hübsch, wenn auch in einer höheren Preiskategorie *Teelöffel* aus vergoldetem Messing für eine Portion Tee in einer aus buntem Email gefertigten Kapsel oder große bunte *Teekannenwärmer* in Form von Trachtenpuppen in zwei Ausführungen. Für Kenner ist es außerdem immer noch ab und zu möglich, interessante *Antiquitäten* in den sog. »Kommissionsgeschäften« zu finden oder seltene *Buchausgaben* bei den Buchantiquariaten. Wir geben hier einige der bekanntesten Geschäfte der Stadt an:

Am Néwski-Prospekt:

Nr. 9, ein *Berjóska*-Laden.
Nr. 28, das »Haus des *Buches*« (Dom knígi 9 ⑦), führt auch ausländische Bücher.
Nr. 34, Leningrads größter Laden für *Schallplatten*.

Nr. 52, »Kommissionsgeschäft« für *altes Porzellan, Bronzen, Antiquitäten, Gemälde.* Hier wird über eine staatliche Organisation echter, für die Ausfuhr freigegebener Privatbesitz verkauft.
Nr. 51, *Andenken* und Geschenkartikel.
Nr. 55, *Teppiche.*
Nr. 56, Leningrads größtes *Lebensmittel*geschäft, der sog. »Eliséjev-Laden«.
Nr. 76, Russische *Parfüms* und *Kosmetik*artikel.

Außerdem befinden sich auf dem Néwski-Prospekt auch die großen Leningrader **Warenhäuser** wie die **»Passage«** (Nr. 48) und **»Gostíny Dwor«** (Nr. 35) **10 ⓮**.
In einer Seitenstraße, Herzen-Straße Nr. 24 **6** ③ und **7** ⑥ Leningrads *Juwelier*laden mit der größten Auswahl.

Öffnungszeiten der Geschäfte
In der Sowjetunion sind die Geschäfte durchgehend geöffnet: Entweder von 8.00 bis 18.00 oder von 11.00 bis 22.00 Uhr. Geschäfte, die den Touristen interessieren, fallen meistens unter die letztere Gruppe. Auch der Berjóska-Laden des Hotels wird selten früher geöffnet. Man wappne sich daher auch hier mit Geduld.

Festtage

Als offizielle Festtage gelten in der Sowjetunion: 1. Januar/Neujahr; 8. März/Frauentag; 1. Mai/Tag der Arbeit; 9. Mai/Siegestag; 7./8. November/Tag der Oktoberrevolution und 5. Dezember/Tag der Konstitution. Am Sonntag sind die Geschäfte für Industriewaren geschlossen mit Ausnahme der Kioske auf Flughäfen, in Bahnhöfen, Hotels und Parks.

Fotografieren

Fotografieren und Filmen ist überall gestattet. Nur Grenzgebiete, Militär-, Industrie-, Verkehrsanlagen und Rundfunkstationen dürfen nicht aufgenommen werden. Es ist geraten, sich genügend Filmmaterial mitzunehmen, weil die Beschaffung in der UdSSR manchmal auf Schwierigkeiten stößt und es z. B. Polaroid-Filme nicht gibt.

Fundbüros und Auskunftsstellen

Fundbüro der Eisenbahn: Gepäckaufbewahrung der Bahnhöfe.
Fundbüro der Metro: an der Station »Technologisches Institut« (**15 ❷**).

Fundbüro der Trolleybusse, Autobusse, Tram: an den Endstationen der Linien.
Auskunft über *verlorenen Paß oder Personalpapiere:* Fundbüro der Miliz auf dem Schloß-Platz (Plan **7**) Nr. 6, ☎ 19 78 04.
INTOURIST-Zentralstelle: Bródski-Straße (**10** ②) Nr. 1/7, ☎ 12 06 78.

Fußgänger

sollten in Leningrad wenigstens ein russisches Wort lesen lernen, nämlich » переход « (sprich perechód), das Übergang bedeutet und überall da angebracht ist, wo keine Verkehrsampel oder keine Zebrastreifen das Überqueren anzeigen. Man findet das Wort auf einem richtunggebenden Pfeil. Ein anderes Wort ist » стоп « (sprich: stop) für die Autofahrer.

Geld siehe auch **Valuta** und **Zollvorschriften** S. 86

Die sowjetische Währung ist der Rubel (Rbl.); 1 Rubel = 100 Kopeken (Kop.). Im Verkehr sind *Metallmünzen* im Werte von 1, 2, 3, 5, 10, 15, 20 und 50 Kopeken sowie von 1 Rubel und *Geldscheine* zu 1, 3, 5, 10, 25, 50 und 100 Rubel.

Die Paritäten sind:

1 Rubel =	4 DM	/	1 DM	= 0,25 Rubel
1 Rubel =	29 öS	/	100 öS	= 3,4 Rubel
1 Rubel =	4,5 sfr	/	1 sfr	= 0,22 Rubel
1 Rubel =	1,25 $	/	1 $	= 0,82 Rubel

Es ist zu beachten, daß die Wechselkurse Schwankungen unterworfen sind, deshalb ist es ratsam, sich kurz vor Abreise noch einmal genau zu informieren.

Gesellschaftsreisen

Die unkomplizierteste und preiswerteste Methode, Leningrad zu besuchen – vornehmlich für jene, die die Sprache nicht beherrschen oder zum ersten Mal nach der UdSSR reisen –, ist die Buchung für eine der vielen Gesellschaftsreisen, die jedes Reisebüro heute in verschiedenen Preisklassen für seine Kunden bereithält.

Gottesdienste

In Leningrad sind heute noch 16 Gotteshäuser dem Kult geöffnet. Vier Kathedralen: Dreifaltigkeits-Kathedrale (Tróitskij sobór) **12** ❽, Nikolaj-Marine-Kathedrale (Nikól'skij morskój sobór) **13** ❹, Fürst-Wladimir-Kathedrale (Knjás Wladímirskij sobór) siehe S. 104, Spáso-Preobrashénskij-Kathedrale. / Acht Kirchen bei den *Friedhöfen.* / Eine katholische Kirche in der Kowensky-Gasse (Kowénskij pereúlok) Nr. 7 nördlich vom Platz des Aufstandes **12** ①. / Eine Baptistenkirche in der Bol'schaja Ósjernaja 29. / Die Moschee (Metschét) **1** ⓳ / Die Synagoge **13** ❼.

Hotels, s. auch S. 296

In Leningrad kann man als Einzelreisender oder Gruppenreisender (ab 7 Personen) in der 1. Klasse (Zimmer mit ein oder zwei Betten mit Bad) oder in der Touristenklasse (zwei oder drei Betten ohne Bad, aber mit Waschgelegenheit) untergebracht werden. Leningrad bietet gute Hotels in jeder Kategorie.

Hier die wichtigsten Touristenhotels der Stadt:
Zu den Hotels 1. Klasse gehören: das noch aus der Zarenzeit stammende »Astoria«, Herzen-Straße (Gérzena úl.) 39, **6** ❻; das moderne »Sowjétskaja«, Lermontowski-Prospekt (Lérmontowskij pr.) nördlich vom Baltischen Bahnhof **15** ❹; das Ende 1971 eröffnete Luxushotel »Leningrad«, Pirogowski-Kai (Pirogówskaja náb.) 7, **2** ❹; ferner die Hotels »Jewropéjskaja«, Bródski úl. 1/7, **10** ❷, »Rossíja«, Moskówskij pr. 163, südlich vom Siegespark (Park pobédy) **15** ⑤; »Baltískaja«, Néwski-Prospekt 57, »Oktjábrskaja«, Néwski-Prospekt 118; »Leningradskaja«, Majórow-Prospekt 10–24.

Als *Einzelreisender* muß man bei der Ankunft im Hotel seinen Paß abgeben und ein Formular ausfüllen. Für *Touristengruppen* wird diese Formalität von der INTOURIST-Betreuung erledigt. Der Paß wird meist am Vortage des Rückfluges, manchmal auch früher, zurückgegeben. Der Zimmerschlüssel wird nicht beim Portier gelassen, sondern bei der Etagenleiterin, deren Büro meist dem Fahrstuhl gegenüber liegt. Da es keine Klingel im Zimmer gibt, müssen etwaige Wünsche ebenfalls am Etagenbüro geäußert werden. Nach 23 Uhr hört jeder Restaurations- oder Barbetrieb auf, man kann aber im Büro (jedes hat einen Kühlschrank) noch nichtalkoholische Getränke und Mineralwasser erhalten und sofort bezahlen. Das Etagenbüro ist die ganze Nacht hindurch zugänglich.

INTOURIST-Büros

In jedem Hotel gibt es eine Intourist-Zweigstelle, der man seine Wünsche vortragen kann. Das Personal ist mehrsprachig ausgebildet. Man kann dort Fahrkarten, Theaterkarten, Tischplätze für die bekannten Restaurants (dies ist besonders in der Hochsaison nötig) etc. buchen, sich für zusätzliche Stadtrundfahrten anmelden, Taxi bestellen usw. Auch alle Änderungen der Reiserouten müssen für die Einzelreisenden über diese INTOURIST-Büros laufen. Für die Inanspruchnahme eines Dolmetschers bis zu drei Stunden sind 8 Rubel zu entrichten, für jede folgende Stunde 4,50 Rubel. Dies gilt für Einzelreisende; bei Gesellschaftsreisen sind Dolmetscher und Fremdenführer im Pauschalpreis inbegriffen.
Sollte der Reisende nach seiner Ankunft in der UdSSR wünschen, von der Touristenklasse in die 1. Klasse oder in die Luxuskategorie überzuwechseln, kann er das auch unter Bezahlung der Differenz durch INTOURIST im Hotel machen lassen, wenn Platz vorhanden ist. Dagegen ist es nicht möglich, sich in eine billigere Kategorie versetzen zu lassen.

Konsularvertretung

Seit 1972 besteht wieder ein Konsulat der BRD in Leningrad. Zur Zeit der Drucklegung ist es im Hotel Astoria untergebracht **6** ❻, siehe S. 76, ☎ 19 11 22; 19 11 24.
Das Generalkonsulat der UdSSR in der BRD befindet sich in 2000 Hamburg 20, Gaedechenweg 4, ☎ 0 40 / 46 23 61.
Eine österreichische oder Schweizer Konsularvertretung gibt es z. Z. in Leningrad nicht.

Konzerte siehe **Theater** S. 84 f. und 312

Medizinische Betreuung (siehe auch *Krankenhäuser*, S. 299)

Nur die Medikamente sind zu bezahlen. Die ärztliche Betreuung in der UdSSR ist kostenlos. In Krankheitsfällen wird das Bedienungspersonal einen Arzt verständigen.

Museen und sonstige Sehenswürdigkeiten siehe S. 300 und S. 308

Paß und Visa

Für *Einzelreisende* gibt es neuerdings in die UdSSR außerordentlich günstige Inclusive-Tours. Diese sind vor allem solchen Reisenden zu empfehlen, die sich zu einer Zweitreise nach der Sowjetunion entschlie-

ßen, entweder um mehr in Ruhe das anzusehen, was ihnen auf der ersten Gesellschaftsreise entging, oder die in Leningrad z. B. die Museen, vor allem die Eremitage besser studieren möchten. Die Vorbereitung zu einer solchen Reise ist sehr einfach. Die Reiseagentur erledigt alles mit INTOURIST. Es ist nicht mehr nötig, selber bei einer Konsularvertretung ein Visum anzufordern, dies wird, wie bei Gesellschaftsreisen, von der Agentur erledigt. Inclusive-Tours sehen ein Minimum von 7 Tagen Aufenthalt in der Sowjetunion vor. Auf diese Weise ermäßigt sich der Preis einer Flugreise um 30 %. Eine Inclusive-Tour bietet Unterbringung in einem Hotel 1. Klasse mit Frühstück sowie den Transport in Personenwagen vom Flughafen zum Hotel und zurück und eine Stadtbesichtigung mit Führer in Personenwagen. Die restliche Gestaltung des Aufenthaltes ist dem Touristen überlassen. Evtl. Ausflüge – von Leningrad z. B. einen Tagesausflug nach Nówgorod – bestellt man tunlichst schon vor der Reise. Diese Inclusive-Tours sind besonders Reisenden mit Orts- und Sprachkenntnissen zu empfehlen.
Bei *Gesellschaftsreisen* besorgt ebenfalls das Reisebüro das erforderliche Visum; wie bei den Einzelreisen sind dazu nötig: ein gültiger Reisepaß für Bürger der BRD und für andere Ausländer, oder der Personalausweis für Westberliner; ferner drei Lichtbilder (Format 4 × 4, schwarz-weiß) und zwei vollständig ausgefüllte Visaanträge der UdSSR. Da mindestens zwei Wochen vor Reiseantritt alle Unterlagen bei der Visumantragstelle vorliegen müssen, ist frühzeitige Anmeldung beim Reisebüro ratsam.

Post, Telegraf, Telefon

In jedem Hotel gibt es entweder ein Postamt oder man kann die Briefmarken am Stand für Zeitungen und Postkarten kaufen.

Postgebühren für den Auslandverkehr

Briefe	6 Kopeken
Luftpostbriefe	16 Kopeken
Eilluftpostbriefe	34 Kopeken
Einschreibbriefe (Luftpost)	28 Kopeken
Postkarten	4 Kopeken
Luftpostkarten	14 Kopeken
Eilluftpostkarten	32 Kopeken
Einschreibkarten (Luftpost)	26 Kopeken

Es lohnt sich nicht, für Ansichtskarten den Zuschlag von 10 Kopeken für Luftpostbeförderung auszugeben. Die Erfahrung hat bewiesen, daß die mit 4 Kopeken frankierten Karten ebenso schnell und sicher ankommen.

Wer Adressen auf russisch beschriftete Karten oder Briefumschläge setzen muß oder Post in der Sowjetunion selbst verschicken will, muß hinter das vorgedruckte Wort »КУДА« (kudá = wohin?) zuerst das Land bzw. in der Sowjetunion die Republik, dann den Bestimmungsort und die Straße setzen; hinter das Wort »КОМУ« (komú = an wen?) den Namen des Empfängers. Die Adresse des Absenders wird am Fuß des Umschlages unter »Адрес« (ádres = Adresse) geschrieben. An Ausländer gerichtete postlagernde Briefe nach Leningrad müssen »postlagernd C 4000« an das Hotel »Oktjábrskaja« Néwski-Prospekt 118 adressiert werden.

Das Leningrader Hauptpostamt (Gláwnyj potschtámt) **6** ❽, Tag und Nacht geöffnet, befindet sich auf der *Sojúsa sw'ási* úl. 9, **6** ⑤.
Telegramme werden Tag und Nacht in allen Postämtern angenommen. Nach der BRD kostet ein Wort 15 Kopeken, nach Österreich 14 Kopeken.
Ferngespräche kann man durch das Bedienungspersonal des Intourist im Hotel anmelden lassen. Ein Dreiminutengespräch nach der BRD kostet 3,33 Rubel.
Ortsgespräche in Leningrad sind vom Hoteltelefon aus frei. Telefonautomaten können nach Einwurf eines 2-Kopeken-Stückes benutzt werden. Die Nummern sind bei Langton zu wählen; kurze Zeichen bedeuten: besetzt.

Preise

Touristen, die eine Gesellschaftsreise buchen, um Leningrad zu sehen, haben nicht allzuviel Gelegenheit, ihre Rubel loszuwerden: erstens werden sie reichhaltig und gut in den Hotels verpflegt, und zweitens kaufen sie in den Berjóska-Läden günstiger mit ausländischer Valuta. Einzelreisende können schon im Reisebüro ihres Heimatortes Gutscheine für Mahlzeiten in den Restaurants buchen, wenn sie es nicht vorziehen, erst in Leningrad ihre Valuta einzuwechseln, um selbst auf Entdeckungsreisen auszugehen (siehe auch »Restaurants« S. 81). Dennoch seien hier einige Preise angegeben, aber es sei darauf aufmerksam gemacht, daß auch in der Sowjetunion diese jedes Jahr ein wenig steigen. Wer zusätzlich ein Museum oder eine Bildergalerie, die nicht auf dem Programm steht, besichtigen möchte, braucht nicht tief in die Tasche zu greifen, es kostet zwischen 20 und 30 Kopeken; Ansichtskarten gibt es in Paketen zu 12 oder 24 Stück, von 32 Kopeken bis zu 1,10 Rbl. Der Preisunterschied ist durch die Qualität bedingt, es gibt jetzt wirklich gute farbige Karten, wenn man sich die Mühe macht, ein wenig zu suchen. Ein komplettes Abendessen mit Wein und Wodka in einem Luxusrestaurant kommt auf ca. 20 bis 25 DM pro Person. Den Einzelreisenden ein guter Rat: man kann auch *sehr gut* für sehr viel *weniger* speisen. Besonders in den sog. Imbißstuben oder Cafès (wo kein Alkohol ausgeschenkt wird). Ein Extrawodka im Hotel nach dem Essen: 40 Kopeken; ein Glas Tee: 15 Kopeken. Bier ist außerhalb der Hotels schwer zu bekommen, die Flasche kostet 37 Kopeken die billigste Sorte, die teuerste 57 Kopeken; Wodka: Halbliterflasche = 3,62 Rbl., Extra = 4,12 Rbl. Die Weine sind teurer, ab 1,50 Rbl. Russischer Champagner kostet 5 Rbl. In den oben genannten Imbißstuben oder Cafès – meist als »Selbstbedienungs-Lokale« aufgezogen, kann der Tourist sich das Menü selbst zusammenstellen, gleich bezahlen und braucht keinen Dolmetscher. Es sei jedoch darauf hingewiesen, daß sie in den Stoßzeiten meist überfüllt sind. Unbesorgt kann man auch überall das hygienisch verpackte Speiseeis essen. Besonders schmackhaft sind die Eisrollen mit Schokoladeguß. Der Preis liegt je nach Größe und Qualität zwischen 5 und 22 Kopeken.

Andenken gibt es in Fülle, und die Ausführung wird mit jedem Jahr besser und gediegener. Likörbecherchen aus bemaltem Metall, schwarz oder rotgrundig $ 1,50*, das dazu passende bemalte Metallbrett $ 4,50. Besonders hübsche Trachtenpüppchen je 6 bis 12 in einer bunten Schachtel $ 14 bzw. $ 28. Große Trachtenpuppen als Teekannenwärmer ab $ 5. Schwarzlakkierte Kästchen, je nach Größe, ab $ 5; Cholóma-Holzarbeiten ab $ 0,50; drei Kartenspiele $ 3,25; eine Porzellantasse in Leningrader Porzellan $ 2,50; Teelöffel aus vergoldetem Messing $ 8 bis 10; die typisch russischen Matrjóschkas, je nach Größe, ab $ 4,50.

Musikinstrumente gibt es besonders in Leningrad in mannigfaltiger Auswahl. Balalaikas ab 5 Rubel.

Pelzwaren sind besonders preiswert, doch sei zum Kauf von losen Fellen geraten, da fertige Mäntel oder Jacken nicht ganz unserem Geschmack entsprechen. Pelzmützen hingegen können sehr hübsch sein, Nerzmützen ab 10 Rubel.

* Die Preise in den Berjóska-Läden sind oft in Dollar ausgezeichnet, die Verkäuferinnen aber nehmen jede Valuta an und rechnen mit großer Schnelligkeit den Preis in jede Währung um.

Schallplatten gibt es in großer Auswahl. In den Berjóska-Läden im Hotel oder auf dem Flugplatz kann man sie sich nicht vorspielen lassen, hingegen ist das in den Schallplattenläden der Stadt wohl möglich. Die großen 30-cm-Platten kosten zwischen 1,50 und 2 Rubel.
Schmuck (vor allem aus Bernstein und Silber): Bernsteinarmbänder ab 11 Rubel; Bernsteinketten ab 110 Rubel.
Wodka in kleinen Fläschchen zu 0,50 Rubel; die Literflasche der besten Marke zu 7 Rubel.

Rauchen

In den Leningrader Untergrundbahnen, Kinos und Museen wird nicht geraucht. Der Tourist ist daher gut beraten, wenn er dieser Regel folgt.

Übrigens: Rauchen auf der Straße ist in Leningrad erst seit etwa 100 Jahren gestattet!

Reisekleidung

Leningrad hat ein feuchteres Klima als Moskau. Im Sommer ist es gut, leichte Kleidung und einen Regenmantel mitzunehmen, im Winter jedenfalls warme Unterwäsche, feste Schuhe, einen warmen Mantel oder Pelz und eine Pelzmütze.

Reisezeiten

Im Leningrader Seeklima liegen die Durchschnittstemperaturen im Januar um – 8° und im Sommer um + 18°, doch kann es im Winter auch Tiefsttemperaturen um – 35° geben und im Sommer Temperaturen bis + 37°. Herbst und Frühling sind oft feucht. *Die günstigste Reisezeit* für Leningrad reicht von Juni bis September. Von Mitte Juni bis Mitte Juli ist die Zeit der »Weißen Nächte«.

Restaurants – Speisen und Getränke

Der Gruppenreisende wird in seinem Hotel gut, reichlich, zuvorkommend, aber leider mit jedem Jahr »westlicher« verköstigt. Wenn hier trotzdem ein Abschnitt über russische Küche folgt, so geschieht dies aus zwei Gründen. Einmal, um die Aufmerksamkeit auf *russische Spezialitäten* zu lenken, die für Feinschmecker »wohl eine Reise wert sind« und dann, weil ein Abendessen in einem Restaurant so ziemlich die einzige

Gelegenheit für den westlichen Reisenden ist, etwas Kontakt mit den russischen Menschen zu bekommen. In seinem Hotel speist er mit seiner Gruppe zu einer festgesetzten Zeit. Russen werden in seinem Hotel meistens in einem anderen Raum essen. In den Restaurants der Stadt jedoch sitzt er neben ihnen. Musik und Tanzorchester erleichtern den Kontakt. Auch hier ist es geboten, den hilfreichen INTOURIST zu bitten, einen Tisch zu bestellen, man riskiert sonst in der Hauptsaison, keinen Platz zu finden. Im Hotel werden zum Frühstück serviert: Kaffee, Tee, nach Wunsch auch Kakao, Marmelade und Butter, zweierlei Brot (das weiße und das schwarze, das typisch russisch ist und ganz frisch, leicht säuerlich schmeckt). Dann auch schon eine kräftige Speise: Omeletts, Fleischklößchen oder ein Fischgericht. Hotels mit amerikanischem Besuch servieren auch Fruchtsäfte. Das Frühstück wird immer im Speisesaal eingenommen und kann nicht im Zimmer serviert werden. Die Hauptmahlzeit besteht mittags wie abends aus drei bis vier Gängen. Als Vorspeise: Eierspeisen, Fleisch- oder Wurstaufschnitt, Krabben-, Gurken- und Fischsalate, roter oder schwarzer Kaviar. Nur selten noch werden im Hotel die ausgezeichneten *Piróggen* serviert: Hefe oder Blätterteig-Taschen mit Fisch, Fleisch, Eiern oder Geflügel gefüllt, in Schmalz rösch gebacken und heiß serviert. Dann folgt oft eine Suppe. Die Russen sind Suppenspezialisten und es gibt unzählige Varianten. Am bekanntesten ist der *Borschtsch* (eine Rote-Rüben-Fleischsuppe mit saurem Rahm), der aber nicht jedermanns Geschmack ist. Allgemeinen Beifall findet meist die *Soljánka* (eine Suppe mit Geräuchertem, Schinken oder Wurst), der *Rassólnik* (Nierensuppe mit sauren Gurken), dann Hühnersuppen, Fleischklößchensuppen etc. Hingegen wird man selten die *Okróschka,* eine typisch russische Sommersuppe, die kalt serviert wird, zu essen bekommen. Sie wird aus allerlei leckeren Fleischresten, wie Zunge oder Schinken, auch harten Eiern zusammengestellt, mit Dill, Estragon und Lauch gewürzt und mit Sauerrahm und »Kwas« übergossen. Das Hauptgericht besteht aus Rinder- oder Schweinebraten, Geflügel, Wild oder Fisch (hauptsächlich Stör, Zander und Sterlett) mit Kartoffeln, seltener mit Reis. Zum Nachtisch gibt es meist Speiseeis, das in Rußland ausgezeichnet und sehr abwechslungsreich ist, Kuchen und Kekse.

Getränke: Es gibt eine große Auswahl an Weinen (u. a. georgische Trokkenbeerenauslesen, ukrainische Dessert-Weine) – ausgezeichnet sind die Champagnersorten, trocken, halbtrocken, halbsüß, süß, doch auch die »trockenen« Sorten sehr viel süßer als bei uns. Bier ist selten gekühlt. Und selbstverständlich gibt es überall *Wodka*. Von den russischen Limonaden sei eher abgeraten, in der letzten Zeit gibt es jedoch gute Fruchtsäfte. Wer im Sommer Durst verspürt, sollte wenigstens einmal den russischen *Kwas* versuchen, der überall auf den Straßen feilgeboten wird. Sicher wird er es nicht bereuen, auch wenn am Anfang die wenig anziehenden Bütten, aus denen geschöpft wird, kein Vertrauen einflößen sollten. Kwas wird aus Roggen, Buchweizen und Malz hergestellt und ist ein säuerlich schmeckendes, außerordentlich erfrischendes und durststillendes Getränk. Für zwei Kopeken bekommt man schon ein großes Glas voll. Die russische Küche wird durch die Spezialitäten der vielen Völker der Sowjetunion bereichert.

Hier die **Liste der bekanntesten Lokale** in Leningrad, die besondere Spezialitäten bereithalten:

Es sei darauf aufmerksam gemacht, daß in russischen Restaurants die Garderobenabgabe obligatorisch aber gratis ist. Im Restaurantraum selbst ist keine Möglichkeit, Mäntel oder Hüte irgendwo hinzuhängen.

METROPÓL, Sadówaja Úliza 22, befindet sich im Zentrum in einer Seitenstraße des Néwski-Prospekts. Es ist Leningrads ältestes und schon in der Zarenzeit bekanntestes Schlemmerlokal. In der Innenausstattung hat es den Stil der Jahrhundertwende beibehalten. Außer dem großen Speisesaal gibt es eine ganze Reihe kleiner intimer Räume. Das Lokal ist bekannt wegen seiner ausgezeichneten Fisch- und Fleischgerichte und seiner berühmten Torten. In einem mit dem Restaurant verbundenen Delikatessenladen kann man feine Spezialitäten kaufen.

KAWKÁSKI, Néwski-Prospekt 25, hält kaukasische Gerichte bereit. Es ist eines der beliebtesten Lokale Leningrads. Man findet dort »Schaschlik« auf kaukasische Art aus Schaffleisch zubereitet; ein Hühnergericht, »Tabaká« benannt; den Fleischpudding »Ceburék« und noch viele andere delikate Dinge mit unaussprechlichen Namen und mit Gewürzen, die direkt aus dem Süden eingeflogen werden.

NÉWA, Néwski-Prospekt 44–46, ist Leningrads größtes Restaurant, in dem 1 000 Gäste Platz finden. Dort serviert man einen besonders gehaltvollen Salat, »Leningrad« getauft und in dem zum Restaurant gehörenden Cafè »SÉVER« (»Norden«) sollte man unbedingt das »Séver-Eis« probieren.

MOSKWÁ, ebenfalls auf dem Néwski-Prospekt, 49, gelegen, hat spezifisch russische, d. h. Leningrader und Moskauer Küche.

Außerdem befinden sich natürlich in jedem großen Hotel gut geführte Restaurants mit einer sehr reichhaltigen Speisekarte.

SADKÓ, Ecke Bródski-Straße und Néwski-Prospekt, ist heute das Lokal »en vogue«, zum Essen spielt ein gutes Orchester auf (kein Tanz); das Menü ist sehr vielseitig, man kann in Rubel oder anderer Valuta bezahlen.

Es sei hier noch darauf hingewiesen, daß vor 9 Uhr kein Frühstück im Großen Speisesaal serviert wird, dafür gibt es aber ab 7 Uhr ein solches in den Etagen-Buffets, die besonders Einzelreisenden warm empfohlen seien; dort sitzt man gemütlicher und kann sich sein Frühstück besser zusammenstellen als es ein verlorener Einzelreisender inmitten großer Reisegruppen könnte. Die Frühstücksbons des Intourist haben den Wert von 1 Rubel, verspeist man weniger, wird die Buffet-Dame den Rest in Kopeken herausgeben.
Jeder Restaurationsbetrieb, auch in den Hotels, endet um 23.00 Uhr.

Nacht-Klub
Nach dem Muster des »Metropol« in Moskau gibt es jetzt auch in Leningrad zwei Lokale, die nach 23.00 Uhr geöffnet sind: auf dem Dachgarten des Hotels »Leningrad« und im Hotel »Sowjétskaja«.

Sehenswürdigkeiten siehe S. 308

Stromstärke

Im Gegensatz zu Moskau (120 Volt) ist Leningrad auf 220 Volt genormt. Dies für den Touristen, der einen elektrischen Rassierapparat hat oder morgens nicht auf die gewohnte Tasse selbstgebrühten Kaffee verzichten möchte.

Tankstellen in Leningrad

Dnjepropetrówskaja Úliza 18 (für Busse) Tag und Nacht für Tanken offen, Wagenpflege und Reparatur hingegen (ohne Ersatzteile) von 9.00 bis 16.00 Uhr, beides auf Intourist-Gutscheine.
Lenin-Park (Park Lénina) **1** ③.
Moskówskij pr. 100, Plan **15** (Tag und Nacht geöffnet), Benzinabgabe gegen Barzahlung.
Staroderewénskaja Úliza 5 (sonntags geschlossen).

Die Gutscheine für Benzin und Wartung von Wagen und Omnibussen werden im INTOURIST-Bedienungsbüro der Hotels verkauft.

Taxi siehe **Verkehrsmittel,** städtische S. 86 f.

Theater und Konzertsäle (siehe auch S. 312 ff. mit *Adresse* und *russischer Bezeichnung)*

Auch Leningrad ist – wie könnte es bei seiner glanzvollen Vergangenheit anders sein – gleich Moskau eine kulturfreundliche Stadt, reich an Theatern, Opernhäusern und Konzertsälen. Nachfolgend die bekanntesten:

Theater und Opernhäuser

Akademisches Kírow-Opern- und Ballett-Theater – Opern/Ballette **13** ❻.
Kleines Opern- und Ballett-Theater – Opern und Ballette **10** ❻.
Púschkin-Dramen-Theater – Schauspiele und Dramen **11** ❺.
Großes akademisches Górki-Schauspielhaus – Schauspiele und Dramen **11** ❾.
Komödien-Theater – Komödien, Lustspiele **11** ❿.
Operetten-Theater (Musikalische Komödie) – Operetten **10** ❾.
Leningrader Estraden-Theater (Varieté) – Operetten, Varieté **9** ❺.
Theater des Leninschen Komsomol – Schauspiele **1** ㉒.
Komissárshewskaja-Schauspielhaus – Schauspiele, Dramen **10** ❿.
Großes Puppentheater – Puppenspiele.
Jéwgeni Demmeni's Marionetten-Theater – Marionettenspiele.
Theater der Jugend.
Freilichtbühne.

Konzertsäle

Leningrader Philharmonie – Großer Saal – **10** ❽.
Leningrader Philharmonie – Kleiner Glínka-Saal.
Staatliches Rímski-Kórsakow-Konservatorium – Opernsaal – **13** ❷.
Konzerthalle.
Staatlicher Glínka-Chor **7** ❹.

Es ist zu beachten, daß die INTOURIST-Büros für Ausländer meistens nur Karten für Opern, Ballette und den Zirkus vermitteln, daß man für Theater- oder Kinovorstellungen jedoch Schlange stehen muß wie die Einheimischen.
Vorverkauf für Theater und Oper: Néwski-Prospekt 42, ☎ A-4-02-59.
Theater- und Opernvorstellungen beginnen in der UdSSR meistens um 19.00 Uhr, um vor Mitternacht zu enden. Die Konzerte beginnen um 19.30 Uhr. (Nicht vergessen, daß man seine Garderobe abgeben muß, der Garderobendienst ist kostenlos.) Die Lichtspieltheater beginnen schon am Vormittag, die Plätze sind numeriert, die Vorstellung dauert meist nicht länger als zwei Stunden, Garderobe ist hier nicht abzulegen. Es gibt keine durchgehenden Programme. Die Tanzlokale schließen um 23.00 Uhr.

Trinkgeld

Trinkgelder sind vor 50 Jahren offiziell abgeschafft worden. Doch werden kleine Aufmerksamkeiten, besonders wenn sie *diskret überreicht* werden, gern angenommen. Es ist angebracht, vor einer Reise an ein paar kleine

Geschenke zu denken, wie Nylonstrümpfe, Kugelschreiber oder andere Kleinigkeiten, mit denen man der Etagenfrau, dem Zimmermädchen, der Dolmetscherin oder dem Fremdenführer danken kann.

Unterhaltung siehe Nacht-Klub S. 84, Lichtspieltheater und Tanzlokale S. 85, **Theater und Konzertsäle** S. 84 f. und S. 312 ff., **Zirkus** S. 88 und S. 314.

Valuta und Zollvorschriften siehe auch **Geld** S. 75

Die Einfuhr von Valuta in die UdSSR ist in jeder Höhe gestattet, hingegen die Ausfuhr von Rubel untersagt. Bei der Einreise muß ein Formular (es gibt sie in allen Sprachen) ausgefüllt und unterzeichnet werden, in welchem die Summe der mitgenommenen Valuta anzugeben ist. Dieses Dokument ist von größter Wichtigkeit, denn ohne es kann kein Geld eingewechselt werden.

In Leningrad gibt es neben der Staatsbank (Fontánki rekí náb. 72) noch andere Wechselstuben bzw. Gelegenheiten, Valuten umzutauschen: In den Hotels »Astoria«, Gérzena úl. 39, **6** ❻, »Jewropéjskaja«, Bródskowo úl. 1/7, **10** ② und »Oktjábrskaja«, Néwskij pr. 118 sowie am Flughafen.

Es ist ratsam, am Anfang nur kleine Summen einzuwechseln, da Ausländer in vielen Läden, besonders in den erwähnten »Berjóska«-Läden, ihre Andenken mit eigener Valuta bezahlen können und die Waren dort billiger als in den anderen Läden angeboten werden. Auch ist die Auswahl sehr viel größer. In jedem Hotel der Luxusklasse befindet sich heute ein »Berjóska«-Laden.

Unverzollt dürfen 400 g Kaviar, ein Pelz, ein Fotoapparat, zwei Taschenuhren und ein Tee- oder Kaffeeservice ausgeführt werden. Ebenso Wodka und Wein. Bei etwaiger Kontrolle genügt es, für alle anderen Gegenstände – Antiquitäten oder Bilder – die Quittungen der Geschäfte als Beweis vorzulegen, daß diese Gegenstände legal in Rußland gekauft wurden. Auch Andenken und Schmuckstücke sind zollfrei.

Verkehrsmittel, städtische

Für den Touristen kommt vor allem TAXI-Dienst in Frage. Jedes Taxi ist durch einen Karostreifen an der Karosserie leicht erkenntlich. Brennt ein grünes Lämpchen in der oberen linken Ecke hinter der Windschutzscheibe, ist das Taxi frei. Der Fahrpreis beträgt 10 Kopeken pro Kilometer.

Es ist allerdings in Leningrad fast noch schwieriger eine Taxe aufzutreiben als in Moskau. Das neue Hotel »Leningrád« hat daher z. B. einen Mini-Bus-Verkehr zwischen dem Hotel und dem Néwski-Prospekt (dort Haltestelle neben dem großen Warenhaus Gostíny Dwor) eingerichtet. Preis 10 Kopeken. Der Bus hält nicht auf einer Zwischenstation und verkehrt alle 15 Minuten. Sonst tut man gut, sich die Taxe vom Hotel aus zu bestellen. Meist macht dies ein Fräulein am Empfang. Extragebühr 30 Kopeken – man erhält die Nummer des Wagens, welche man dann dem Chauffeur zeigen muß. Dies in jenen Hotels, wo die Taxi-Haltestelle etwas entfernt liegt. Beim »Astoria« gibt es eine schräg gegenüber; vor dem Hotel »Sowjétskaja« sind meist genügend Taxen vorhanden. Ebenso bei dem billigeren Touristenhotel »Spútnik«.

Das schnellste und bequemste Verkehrsmittel in Leningrad ist die 1955 erbaute METRO, auch wenn sie nicht ganz so luxuriös wie die Moskauer ist. Dennoch ist z. B. die Station »Awtoko« sehenswert, mit Glassäulen, Marmorfußboden und Kronleuchtern. Eine Fahrt mit Umsteigerecht kostet 5 Kop., die an der Sperre in einen Durchlaßautomaten eingeworfen werden müssen. Wer kein Kleingeld hat, kann an Wechselautomaten oder an Schaltern wechseln.

Trolleybusse, Autobusse und Tram (Straßenbahnen) verkehren auch in Leningrad innerhalb der Stadt ohne Schaffner. Man wirft das Fahrgeld in die Kasse (je eine ist am Anfang und am Ende des Wagens installiert) und entnimmt der Spule den Fahrschein. Eine Trolleybusfahrt kostet 4 Kop., eine Autobusfahrt 5 Kop. und die Tram 3 Kop. Der Transferbus nach dem 17 km außerhalb der Stadt gelegenen Flugplatz kostet 50 Kop.

Motorschiffe – Tragflächenboote. Zwischen Mai und Oktober verkehren auf der Newa und der Kronstädter Bucht Motor- und Tragflächenboote. Im Stadtbezirk gibt es drei Linien, die von der »Großen Seite« zu den Inseln fahren, siehe S. 189. – Außerdem werden verschiedene *Rundfahrten* auf der Newa veranstaltet. Besonders hübsch ist eine solche am Abend, z. B. vom Dekabrísten-Platz **5** ③ zum Smólny-Kloster **14** ❸ und zurück.

Verwaltung

Die UdSSR ist ein Bundesstaat mit 15 Sozialistischen Sowjetrepubliken. Höchstes Staatsorgan und einziger Gesetzgeber ist der Oberste Sowjet; er besteht aus *Unionsrat* und *Nationalitätenrat*. Oberstes Organ der Vollzugsgewalt und Verwaltung ist der Ministerrat. Eigentliche Trägerin der politischen Macht, auch im Staate, ist die KPdSU. Sie trug bis zum Jahre 1952 den Zusatz »Bolschewikí«. Hauptorgan der Partei ist der mindestens alle 5 Jahre tagende Parteikongreß; das von diesem gewählte *Zentralkomitee* (ZK) wählt als engsten Führungskreis sein Präsidium, dem die Mitglieder des Ministerrats-Präsidiums angehören, das sog. Politbüro, und sein Generalsekretariat, dessen 1. Sekretär die ausschlaggebende Rolle spielt. Staatsoberhaupt ist der Vorsitzende des Präsidiums des Obersten Sowjets.

Wagenverleih

Für Fahrten in und um Leningrad und in seine weitere Umgebung verleiht INTOURIST auch Wagen zu folgenden Bedingungen:

PKW »Wolga« (4 Plätze)	pro Stunde 2,50 Rubel
PKW »Tscháika« (6 Plätze)	pro Stunde 4,50 Rubel

Zeitrechnung und Zeitunterschied

Die UdSSR übernahm 1923 den westlichen Gregorianischen Kalender. Aus diesem Grunde gibt es bei gewissen historischen Ereignissen ein »altes« und ein »neues« Datum. Der Unterschied beträgt in unserem Jahrhundert 12 Tage. Die Oktoberrevolution fand nach dem »alten«, dem Julianischen Kalender am 25. Oktober 1917 statt, nach dem »neuen« aber am 7. November, an welchem Datum heute auch die Jahresfeiern der Revolution begangen werden.
Zwischen unserer Mitteleuropäischen Zeit (MEZ) und der Moskauer oder Leningrader Zeit beträgt der Unterschied zwei Stunden, d. h. wenn es in Mitteleuropa 12 Uhr Mittag ist, entspricht dies 14 Uhr Moskauer Zeit.

Zigaretten, siehe auch **Rauchen** S. 81

Die teuersten russischen Zigaretten sind »Java«, 25 Stück = 24 Kopeken. Am beliebtesten sind die »Weißmeer-Kanal«-Zigaretten (Bjelomórskije papiróssy), die von einer Leningrader und einer Rigaer Firma hergestellt werden. Kenner behaupten, daß die Leningrader weitaus besser seien: 25 Stück = 22 Kop., am billigsten sind die »Schipka«-Zigaretten: 20 Stück = 14 Kop.

Zirkus

Leningrad hat nur einen Zirkus, den Gostśirk **8 ❼**, Fontánki rekí náb. 3 (Fontanka-Kai).

Ein kleines Kapitel zum östlichen Zeitbegriff

Im Studienführer »Moskau und Sagorsk« haben wir das Kapitel »Was man vor der Reise wissen muß« mit einer kurzen Ermahnung zur Geduld abgeschlossen. Diesmal möchten wir ein paar Worte zu dem Zeitbegriff des russischen Menschen sagen. *»Time is money« – »Zeit ist Geld«* ist die Devise im Westen. Nichts ist deshalb zermürbender als stundenlang »tatenlos« vor der Abfahrt oder dem Abflug noch im Hotel herumsitzen zu müssen, wie es leider oft der Fall ist. Wieviel Interessantes hätte man in dieser Zeit noch ansehen können? Was hätte man evtl. noch einkaufen, besuchen, erleben können? Mit diesen Fragen und Gedanken ärgern wir uns selbst und machen die Wartezeit zur Qual. Daß nachher doch alles klappt, erscheint uns als Nebensache, was uns auf die Nerven geht und bei einem Kurzbesuch mit Standardprogramm um so mehr, als die Zeit hier eben tatsächlich knapp bemessen ist, ist dieses »Erleben« der »vertrödelten« Zeit. – Hier gibt es nur eine Hilfe. Eine andere (weisere?) Einstellung der Zeit gegenüber. Und bei längerem oder einem wiederholten Aufenthalt im Osten wird man erfahren, daß hier die Zeit keineswegs Geld bedeutet, sondern einfach und schlicht Zeit geblieben ist: etwas unaussprechlich Kostbares, das wir nicht mehr kennen, das uns die Hetze des technischen Zeitalters gestohlen hat. Zeit, einem Freund zuhören zu können; Zeit, einen ausgiebigen Schwatz zu halten; Zeit, stundenlang im Park den Schachspielern zuzusehen; Zeit, eine ganze Nacht hindurch zu diskutieren (darin hat sich seit Dostojéwski nichts geändert). »Wir haben noch mehr Zeit und mehr Einsamkeit zum Sich-Besinnen als die Menschen im Westen« – sagte kürzlich der sowjetrussische Dichter Andréj Wos'njéwski während eines Interviews in New York. Infarkt durch »Streß« als Todesursache – erklärte mir eine sowjetrussische Ärztin – gäbe es in Rußland nur selten.

Wie wär's, wenn wir uns also einmal bemühten, die »unnötige« Zeitvergeudung als Therapie anzusehen und den bekannten Slogan *»mach mal Pause«* in *»gönne dir Zeit bei einer Reise in den Osten«* abzuwandeln?

Blick von der Newa-Brücke zur Peter-und-Pauls-Kathedrale, Text S. 97, 1 ❻

Reiseteil

DIE STADT

Pitersburch – Pitjer – St. Petersburg – Pjetrograd – Leningrad

Mit rund 3,8 Millionen Einwohnern – vornehmlich Großrussen – ist Leningrad heute die zweitgrößte Stadt der Sowjetunion und einer ihrer bedeutendsten Häfen. Die nördlichste Millionenstadt der Welt am Finnischen Meerbusen (nur wenig unter dem 60. Breitengrad) bedeckt eine Fläche von 389,04 qkm, umfaßt 101 Inseln und verfügt über 365 Brücken (bzw. 600, wenn man auch die der Vorstädte dazurechnet). Die Brücken überspannen nicht nur die drei Hauptarme der Newa, sondern auch jene unzähligen Nebenarme, Kanäle und Flüßchen, die der Stadt ihr besonderes Gepräge geben. An der breitesten Stelle erreicht die Newa 600 m; ihr Flußlauf durch das Stadtgebiet ist 13 km lang. Zwanzig Brücken sind beweglich, um den Hochseeschiffen die Durchfahrt zu erlauben, denn Leningrad ist durch großartige Fluß- und Kanalanlagen mit der Ostsee und dadurch mit dem Weltmeer verbunden und ist Endstation oder Ausgangsort eines komplizierten Binnenschiffahrtssystems. Von Leningrad aus können Schiffe bis zu 5 000 t das Weiße, das Kaspische, das Schwarze und das Polarmeer erreichen. Von Hamburg z. B. brauchen See-Frachten vier Wochen bis Bakú am Kaspischen Meer, wobei die Landschwelle zwischen den Flußgebieten der Newa und der Wolga durch das neue 361 km lange Kanalsystem Wolga-Ostseee überwunden wird.
Die Gründung der Stadt – 1703 – geht auf den eisernen Willen eines einzigen Mannes, Peters des Großen, zurück. Als ihm während des Nordischen Krieges gegen Schweden (1700–1721) das Newagebiet zufiel, welches Rußland ein Jahrhundert vorher verloren hatte, beschloß er, es durch eine Festung gegen neue Angriffe zu sichern. Er baute aber nicht, was naheliegend gewesen wäre, das eroberte schwedische Nyen, östlich des Newa-Knies aus, sondern schuf auf der Haseninsel (Sájatschij Óstrow), im Newadelta, eine neue Festung, die er nach den Aposteln Peter und Paul benannte. Sie lag strategisch an einem außerordentlich günstigen Punkt, stellte aber die Architekten vor schier unüberwindliche Schwierigkeiten, da das Gebiet sehr versumpft und periodischen Überschwemmungen aus-

gesetzt war. Tausende von Balken mußten in den Morast getrieben werden, damit ein Pfahlrost für die Häuser entstand, und es war nötig, in den ersten Baujahren die Todesstrafe für Holzdiebe festzusetzen. Peter aber wollte nicht nur eine Festung bauen, er wollte eine neue Hauptstadt, er wollte ein sichtbares Zeugnis schaffen, das der Welt die Abkehr vom »Moskowitischen« und den Aufbruch Rußlands in die Neuzeit deutlich machen sollte. Selten ist wohl eine einzige Stadt mit soviel »Blut und Tränen« gebaut worden wie das alte **Pitersburch.** Peter der Große wollte es nach holländischer Art ausgesprochen haben (**»Pitjer«** kürzten es die Russen dann volkstümlich ab), und Holland und vor allem Amsterdam schwebten ihm als Modell bei der Gründung vor. Es zeigte sich bald, daß die Tausende zu Zwangsarbeit verurteilten Verbrecher, die man zum Bau von St. Petersburg heranzog, nicht im entferntesten ausreichten. Man ging daher sehr bald zu richtiggehenden Aushebungen über, die in ganz Rußland wie Rekrutierungen gehandhabt wurden. Peter überwachte persönlich die Arbeiten, studierte die Entwürfe und kümmerte sich um alles und jedes, er wollte in einer möglichst kurzen Zeit das Riesenprojekt verwirklichen. Weder an Menschen noch an Material noch an Geld wurde gespart. Soldaten bewachten die Arbeiter, von denen viele immer wieder zu fliehen versuchten. Mangelnde Organisation im Proviantnachschub – jede russische Provinz mußte für ihre Arbeiter auch den Lebensunterhalt stellen, denn in den Sumpfgebieten des Deltas wuchs damals wie heute nichts – ließ Tausende an Skorbut sterben und die periodisch einsetzenden Überschwemmungen, wenn der Wind vom Meer her blies, verursachten zusätzliche Ausfälle. Es grenzt fast an ein Wunder, wenn trotzdem in so kurzer Zeit die neue Stadt aus dem Sumpf erwuchs. Neue Errungenschaften der Technik – wie Schubkarren und Windmühlen, die Gattersägen oder Pumpen zur Entwässerung bewegten –, wurden eingesetzt und trugen dazu bei, den Bau schneller voranzutreiben. Peter wünschte eine Stadt aus Stein, und um das Material zu erhalten, wurde im großen russischen Reich ab sofort der Bau mit Steinen verboten. So erklärt es sich, daß auch berühmte Paläste und Schlösser aus dieser Zeit, wie z. B. in Ostánkino an der Peripherie von Moskau, Holzbauten sind, die nur mit Stuck verkleidet wurden, um einen Steinbau vorzutäuschen. Alle Beamten und Würdenträger des Hofes wurden gezwungen, sich ein Steinpalais in der neuen Stadt zu bauen. 1710 zählte St. Petersburg schon 8 000 Einwohner, neben den 40 000 Fronarbeitern. Der Technik der damaligen Zeit war es noch nicht möglich, Brücken von der »Petersburger Seite« zu der »Großen Seite« zu schlagen. Hier verkehrten Segelboote, nur über die schmäleren Wasserarme gab es bewegliche Brücken aus Kähnen. Die älteste Steinbrücke führte von der Wassíljewski-Insel zum heutigen Kai der Roten Flotte und trägt jetzt den Namen eines Helden der Revolution von 1905: Leutnant Schmidt, die neueste Brücke, die 1965 beendet wurde, ist auch die längste und breiteste (35 m), die Kírow-Brücke, die den Kírow-Prospekt verlängert und den Petrówski-Kai mit dem Kutúsow-Kai verbindet.

Die Stadt, die 1712 offiziell Hauptstadt wurde, hat viele Baumeister gehabt. Man spürt holländischen, italienischen, deutschen und französischen Einfluß in ihrem Aufbau, der jedoch zu einem harmonischen, unnachahmlichen Ganzen zusammenwuchs. Bereits 1703 hatte der russische Gesandte am dänischen Hof den aus Lugano stammenden, aber in Kopenhagen lebenden Architekten *Domenico Trezzini* angeworben. Sein Werk sind die Peter-und-Pauls-Feste, sowie, zusammen mit dem Russen *Senjáwin,* die ersten Pläne der Stadt. Er baute im Stil des Frühbarocks und in Backstein nach holländischem Vorbild mit hohen spitzen Nadeln auf barocken Turmhelmen. Die beiden Architekten sahen in ihrer Planung auch schon die Ausdehnung der Stadt von der sog. »Petersburger Seite« nach den gegenüberliegenden Inseln der »Großen Seite« vor und die Bebauung des Südufers der Newa, wo die Straße nach Nówgorod und Moskau abzweigt. So wurden schon das Néwski-Kloster, der Sommergarten, das Sommer- und das Winterpalais von ihnen geplant. Anders sah es der Franzose *Leblond,* der 1716 mit einem ganzen Gefolge französischer Meister nach Petersburg kam, aber schon drei Jahre danach starb. Er war ein Schüler des berühmten Le Nôtre und wollte die zukünftige Stadt in einem weiten Oval auf die »Petersburger Seite« unter Einbeziehung der »Wassíljewski-Insel« begrenzen. Peter jedoch verwarf diesen Plan und blieb den Vorschlägen Trezzinis und Senjáwins treu. Die Newa blieb so Mittelpunkt der Stadt. Der Strom war ursprünglich durch Holzmauern eingedämmt worden, doch schon unter Katharina II. begann man mit dem Bau der mächtigen Kaimauern aus Granit. Von *Leblonds* Plan wurde nur die Bebauung der Wassíljewski-Insel übernommen. Die Baumeister wechselten, jeder Herrscher setzte seinen Ehrgeiz darein, die neue Hauptstadt zu verschönen. Unter der Tochter Peters des Großen, der Kaiserin Elisabeth, schuf der Italiener *Rastrelli* den berühmten *»Petersburger Barock«* mit Anlehnung an französisches Rokoko und deutsche Ornamentik. Der Stil Ludwigs XVI.

hielt mit dem Franzosen *de la Motte* und den Italienern *Quarenghi* und *Rinaldi* unter Katharina II. Einzug. *Sachárow,* der bei dem Erbauer des Arc de Triomphe in Paris gelernt hatte, baute unter Alexander I., zwischen 1806 und 1813, die Admiralität. Unter Nikolái I. war es wieder ein Italiener, *C. Rossi,* der die Stadt mit neuen Gebäuden schmückte. Der Hochadel, über unermeßliche Mittel verfügend, wetteiferte mit den Zaren und baute Paläste, die oft an Luxus die der Herrscher übertrafen (Ménschikow und Potémkin), nur durfte kein Palast höher als das Winterpalais werden. Schon 30 Jahre nach seiner Gründung begann St. Petersburg an Schönheit den westlichen Hauptstädten den Rang abzulaufen. Bismarck, Preußens Gesandter von 1851 bis 1859, meinte, die Petersburger Salons überträfen auch an weltmännischem Schliff die Pariser und Londoner. Heute ist Leningrad vielleicht die einzige Stadt auf der Welt, wo kein moderner Bau die Harmonie der Barockfassaden des 18. oder die klassizistischen Linien des frühen und die Prunkbauten des ausgehenden 19. Jh.s stört und wo jeder Kai noch seine ursprüngliche Besonderheit bewahrt. Denkmalpflege wird in Petersburg sehr ernst genommen und nichts wird geändert, was unter Peter und seinen Nachfolgern entstanden ist. Auch die furchtbaren Zerstörungen des Zweiten Weltkrieges (900 Tage Belagerung, eine Million Tote, ständiger Artilleriebeschuß) wurden so behutsam und so geschickt behoben, daß sich heute die wiederaufgebauten oder renovierten Paläste nicht von den erhalten gebliebenen unterscheiden. Nur in den Schlössern der Umgebung ist manchmal der Prunk noch etwas neu und zu golden: die Zeit genügte noch nicht, um Patina anzusetzen. Am 1. September 1914 wurde **St. Petersburg** in **Pjetrograd** umbenannt; 1919 hörte es auf, die Hauptstadt des Landes zu sein; 1924, nach dem Tode Lenins, wurde es in **Leningrad** umbenannt.

Nach der Revolution und der Nach-Kriegszeit entwickelte sich die Stadt hauptsächlich im Südwesten. Alle neuen Viertel werden seit 1924 über dem Niveau des höchsten in Leningrad bekannten Wasserstandes gebaut, so daß sie sicher vor Überschwemmungen sind. Die Armenviertel, einst am Rande der strahlenden Hauptstadt gelegen, sind verschwunden, sie haben nüchternen, hellen, modernen Quartieren Platz gemacht, mit weiten Grünflächen für Sport- und Kinderspielplätzen, bequem durch die Metro mit dem Zentrum verbunden. St. Petersburg war Rußlands älteste Industriestadt. Ein Streik bei den Putílowwerken löste die Revolution von 1905 aus. *»Großvater der russischen Fabriken«* nennt man die heute so genannten Shdánow-Werke. Sie bauen Walzstraßen, Ausrüstungen für Com-

puterzentren, Röhren etc. Bedeutend ist Leningrads Elektroindustrie, seine Feinmechanik und seine Chemie. Die Kírow-Werke (ehem. Putílow) im Süden der Stadt stellen Traktoren, Kräne, Lokomotiven, Waggons her. Das Staatliche Porzellanwerk »Michaíl Lomonóssow« setzt die Tradition der Kaiserlichen Petersburger Porzellanmanufaktur fort. Der Stolz der Leningrader aber sind ihre vielen Werften.
Oft hört man den Satz, Leningrad sei eine *»unrussische Stadt«,* nichts ist ungenauer. Leningrad ist vielmehr – wie dies R. Wittram so ausgezeichnet formulierte – »eine Stadt, in der das »Russische« neue Seiten entwickelte und reich genug war, auch das Neuzeitliche und Westliche auf seine Weise auszudrücken.« – Auch ein kurzer Aufenthalt wird bestätigen: Diese Stadt ist nach einer großartigen Planung weiträumig, klar und elegant gebaut. Die oft kilometerlangen und breiten Straßenzüge imponieren durch die Einheitlichkeit der vorwiegend klassizistischen Häuserfronten, denen auch die später entstandenen Bauten gut angepaßt worden sind. Immer wieder bieten sich überraschende Durchblicke auf die Türme und Kuppeln riesiger Kirchen, auf Palastfronten in hellen Pastellfarben, oder auf die Weite des Newastromes. Eine lebhafte Abwechslung im Stadtbild bewirken die vielen Kanäle und Brücken. Und alles erscheint eingetaucht in das weiche nordische Licht.

PETERSBURGER SEITE

(Petrográdskaja storoná)

Pläne 1 und 2

Zur »Petersburger Seite« gelangt man von der »Großen Seite« (Bol'schája storoná) über die Kirow-Brücke (Kírowskij most) *2* ①, die vom Sommergarten (Létnyi sad) – *Plan 8* – zum Petrowski-Kai (Petrówskaja náb.) *2* ② führt. *Metrostation:* Górkowskaja *1* ⓴ / *Autobus:* 1, 19, 45, 46 / *Tram:* 2, 3, 4, 6, 12, 17, 25, 26. Haltestelle: Revolutions-Platz (Rewol'uzii pl.) – Kirow-Prospekt (Kírowskij pr.).

Peter-und-Pauls-Festung (Petropáwlowskaja krépost') / **Plan 1**

Geöffnet: donnerstags–montags von 10.00 bis 18.00 Uhr, dienstags von 10.00 bis 16.00 Uhr.

Geschlossen: mittwochs und jeden letzten Dienstag des Monats.

Eintritt: frei; Karten für die Besichtigung der Kathedrale (30 Kop.) und der Museen (30 Kop.) sind rechts am *Peters-Tor* ❷ zu lösen.

Wir beginnen die Beschreibung Leningrads mit der Peter-und-Pauls-Festung, denn von hier hat die Stadt ihren Anfang genommen. Als die Grundsteinlegung am 16. Mai 1703 mit Salutschüssen über die Haseninsel (Sájatschi óstrow) gefeiert wurde, schallte der Kanonendonner weit über die einsamen, versumpften Inseln des Newadeltas. Die ersten Pläne zu der Festung hatte Peter I. selbst entworfen. 20 000 Arbeiter wurden gleichzeitig beschäftigt und in wenigen Monaten war eine erdene Plattform geschaffen worden. Ab August 1704 bis 1728 lag die Bauleitung in Händen des Architekten *Domenico Trezzini*. Zuerst wurde eine Festung mit Erdwällen errichtet, aber schon Ende Mai 1706 nahm man den Steinbau in Angriff. Aus Ziegeln und Steinen wurden sechs durch gerade Mauern miteinander verbundene Bastionen gebaut. Sie sind 9 bis 12 m hoch und 16 bis 20 m breit. Im Frühjahr 1707 wurde zusätzlich am Nordufer des Wasserarms (heute: Kronwerk-Kanal – Krónwerkskij prolíw ⑤), der die Haseninsel von der Petersburger Seite trennt, eine Außenbefestigung angelegt. In der Mitte des 19. Jh.s wurde diese durch einen hufeisenförmigen roten Ziegelbau ersetzt, in dem jetzt das Kronwerk-Artillerie-Museum (Zentrál'nyj Wojénno-istorítscheskij muséj artillérii inshenérnych wójsk i wójsk sw'ási) ㉑ seinen Platz gefunden hat. In den 30er und 40er Jahren des 18. Jh.s kamen das Ioánnowskij- und das Alexejewski-Ravelin (Alekséjewskij rawelín) ⓯ dazu, um die Festungseinfahrten im Westen noch besser zu schützen.

Vom städtischen Zentrum der Petersburger Seite führt die Zufahrt zum Festungseingang heute vom Revolutions-Platz (s. S. 95) aus über die schmale Holzbrücke ① des Kronwerk-Kanals ⑤ durch das 1740 errichtete Johannes-Tor (Ioánnowskije woróta) ❶ und über breite Bastionen zum Osteingang der Feste, dem sog. Peters-Tor (Petrówskije woróta) ❷.

Dieses wurde noch von *Trezzini* 1718 gebaut und ist seither unverändert geblieben. Über dem Eingang ist immer noch der russische Doppeladler mit Zepter, Krone und Wappen zu sehen. In den Nischen die Statuen der Göttinnen des Krieges und der

Weisheit. Das große Basrelief über dem Doppeladler stellt den »Sturz Simon des Weisen« dar, der nach der Legende durch ein Gebet Petrus' wieder aus dem Himmel auf die Erde zurückgeholt wurde. Es ist ein Werk *K. Osners*. Die Holzreliefs sind von *Pineau* und feiern Rußlands Sieg über die Schweden.

Ein Gefühl der Stille und Ruhe umfängt den Besucher, sowie er das Tor durchschritten hat, nichts erinnert mehr an die düstere Geschichte der Festung. Man fühlt sich ins 18. Jh. zurückversetzt. Linker Hand steht das schon 1748 entstandene Ingenieurhaus (Inshenérnyi dom) ❸, das heute Archive und Werkstätten enthält, und auf der rechten Seite das Artilleriearsenal (Artilleríjskij tsejchgáus) ❹, ein Bau aus den ersten Jahren des 19. Jh.s; daran schließt die am Anfang des 20. Jh.s erbaute Gruft (Usypát'niza) ❺ an, ein Werk der Architekten *A. Tómschiko* und *L. Benoit* nach einem Entwurf von *D. Grimm*.
Wir besichtigen als erstes die Peter-und-Pauls-Kathedrale (Petropáwlowskij sobór) ❻.

Die Kirche ist seit 1924 Museum. *Trezzini* baute sie zwischen 1712 und 1733 in holländischem Frühbarock. Peter der Große erlebte ihre Fertigstellung nicht mehr. Nach einem Brand wurde sie 1750 von *Rastrelli* und *Tschewakínski* neu gestaltet. Die Kathedrale ist 122,5 m hoch und war lange nicht nur das höchste Gebäude Petersburgs, sondern auch ganz Rußlands. Heute wird sie in Leningrad nur vom Fernsehturm überragt. Der 62 m hohe Glockenturm hat eine 60 m hohe vergoldete Spitze (für deren Vergoldung 10 000 Dukaten verwendet wurden), mit einer Wetterfahne in Form eines Kreuzes und eines Engels, dessen Flügelweite 4 m beträgt. 97 Jahre nach der Fertigstellung der Kirche wurde das Kreuz von einem Blitz getroffen. Ein Gerüst zu bauen, um die Wetterfahne zu reparieren, wäre zu kostspielig geworden, aber es fand sich ein mutiger Bauer, dessen Namen der Nachwelt überliefert ist – *Pjotr Tjolúschkin*. Er erklomm die Spitze bis zur Kugel, auf der das Kreuz steht, und brachte die Wetterfahne wieder in Ordnung. Ursprünglich war die Spitze aus Holz gewesen und mit vergoldeten Messingplatten belegt, aber ohne Blitzableiter gab es häufige Brände. Später baute man die Spitze neu aus Stein und versah sie mit einer Wendeltreppe bis zur Falltür, die sich nach oben öffnet, von dort führt eine Leiter über die Kugel zur Basis des Kreuzes. Es ist aber immer noch schwierig, bis ganz hinauf zu klettern. Als man sich entschloß, die Spitze neu zu vergolden, brauchten zwei zünftige Bergsteiger zwei Stunden, um den Engel mit dem Kreuz zu erreichen. Von jedem Punkt Leningrads aus ist diese Spitze zu sehen, sie ist das Wahrzeichen der Stadt. Viermal am Tag (morgens um 6 Uhr, zu Mittag, um 6 Uhr nachmittags und um Mitternacht) läßt das Glockenspiel die sowjetrussische Nationalhymne erklingen.
Die Kathedrale ist das Mausoleum der Zaren. Seit Peter dem Großen sind hier alle Herrscher und Herrscherinnen, mit Ausnahme Peters II., der in Moskau starb und in der Erzengel-Kathedrale (Archángelskij sobór) beigesetzt wurde, des unglücklichen Iwán VI. und Nikoláj II. und seiner Familie hier begraben. Besonders sehenswert ist die wundervolle Ikonostasis aus vergoldetem Holz mit dem üppigen »Portal des Zaren« in der Mitte. Die Zeichnung stammt von *Iwán Sarúdnyj*,

fünf Jahre lang dauerte die Arbeit. Rechts und links erheben sich ziemlich niedrig über dem Boden Kanzeln, zu denen kurze geschwungene Treppen führen; sie haben reich verzierte Baldachine, vergoldete Apostelstatuen an der Seite und in die Kanzelwände eingelassene Gemälde. Rechts vom »Portal des Zaren«, unter drei den Schweden abgenommenen Fahnen, stehen hinter einem vergoldeten Gitter sechs gleich große Marmorsarkophage. In der vorderen Reihe von rechts nach links: Peter I., seine Tochter, die Kaiserin Elisabeth, seine Gemahlin Katharina I. Dahinter, wieder von rechts nach links die Kaiserin Anna, Kaiser Peter III. und Katharina die Zweite, die die Nachwelt die Große nannte. Auf der andern Seite links vom Eingang fallen zwei Monumentalsärge durch ihre unterschiedliche Form und verschiedenes Material auf: es sind die Sarkophage des Zarbefreiers Alexander II. und seiner Gemahlin, der hessischen Prinzessin Maria Alexandrowna. Der eine Sarg ist aus Jaspis vom Altai und wiegt 5 t, der andere ist ein seltener Stein aus dem Ural und wiegt 6,5 t. Man brauchte 17 Jahre, um die Särge anzufertigen.

Tritt man aus der Kirche, zieht sogleich ein kleiner barocker Pavillon mit weißen Säulchen die Blicke auf sich. Es ist das sog. Bootshaus Peters I. (Dom bótika Petrá I.) ❼, 1765 erbaut, und enthielt jenes alte Boot, mit dem er als Junge seine ersten Segelversuche in der Umgebung Moskaus unternahm. Man nennt es den »Großvater der russischen Flotte«. Heute wird es im Zentralen Marinemuseum (3 ❶) aufbewahrt. Der Kirche gegenüber befindet sich auch der Münzhof (Monétnyj dwor) ❽. Schon 1724 war auf Befehl Peters die Münzanstalt aus Moskau nach Petersburg gebracht worden. Das Gebäude jedoch wurde erst zwischen 1800 und 1806 errichtet. Seit 1922 werden hier russisches Hartgeld sowie Orden und Medaillen geprägt. Wenn wir uns aus der Kathedrale kommend nach links wenden, treffen wir auf eine Reihe Verwaltungsgebäude, die zwischen schattigen Bäumen mit Bänken darunter gelagert sind. Neben dem Ingenieurhaus liegt die Hauptwache (Gauptwáchta) ❾, 1749 errichtet, aber 1907–1908 umgebaut. Daneben das Kommandantenhaus (Komendántskij dom) ❿, in welchem die politischen Gefangenen verhört wurden. Es stammt aus den 40er Jahren des 18. Jh.s. Der Hauptwache gegenüber befindet sich das mächtige Tor zur Kommandanten-Anlegestelle (Komendántskaja prístan) ⓫. Auf der Naryschkin-Bastion (Bastión Narýschkina) ⓬, dem Kommandantenhaus gegenüber, war schon 1723 nach einem Entwurf *Trezzinis* ein Turm mit einem Fahnenmast errichtet worden. Dort zog man am 25. Oktober 1917 eine Laterne mit rotem Glas auf: es war das vereinbarte Signal für den Sturm auf das Winterpalais. Auf der Bastion steht auch die Signalkanone (Signál'naja púschka), die jeden Mittag einen Schuß abfeuert. Die Leningrader richten ihre Uhren danach. Früher wurde die genaue Zeit vom Kirchturm abgelesen, aber seit Mitte des 19. Jh.s wird sie elektrisch vom Pulkowo-Observatorium übermittelt.

Alte Leningrader nennen den Mittagsschuß scherzhaft die »Admiralsstunde«; man erzählte sich, daß um diese Zeit der Admiral ein Glas Wodka als Auftakt des Mittagessens zu sich nähme.

Unter diesen Bastionen haben die Jahre viel Sand angeschwemmt. Hier ziehen sich deshalb die Plätze des Leningrader Strandbades (Pl'ash) ⓭ hin. Obwohl die Temperatur des Newa-Wassers auch im Hochsommer nicht über 20° steigt, ist das Bad in den Sommermonaten stets gut besucht.
Hinter dem Münzhof liegen die berühmt-berüchtigten Gefängnisse (Tjur'mý Trubetskówo bastióna) ⓮ aus der Zarenzeit.

Kurz nach der Fertigstellung verlor die Festung ihre militärische Bedeutung und wurde für 200 Jahre zum Staatsgefängnis, aus dem es kein Entfliehen gab. Man kann die Gelasse, die im Zustand von 1872 erhalten blieben, heute besuchen, und es erscheint fast unwirklich, daß Menschen darin Jahrzehnte überleben konnten. Eine tragische Ironie des Schicksals wollte es, daß der erste in dieser Festung hingerichtete Gefangene Peters einziger Sohn *Alexéj* gewesen ist. Die Reihe der berühmten Gefan-

Textfortsetzung S. 102

Plan 1: Peter-und-Pauls-Festung (Petropáwlowskaja krépost'), S. 100/101

❶ Johannes-Tor (Ioánnowskije woróta) ❷ Peters-Tor (Petrówskije woróta) ❸ Ingenieurhaus (Inshenérnyi dom) ❹ Artilleriearsenal (Artilleríjskij tsejchgáus) ❺ Gruft (Usypát'niza) ❻ Peter-und-Pauls-Kathedrale (Petropáwlowskij sobór) ❼ Bootshaus Peters I. (Dom bótika Petrá I.) ❽ Münzhof (Monétnyj dwor) ❾ Hauptwache (Gauptwáchta) ❿ Kommandantenhaus (Komendántskij dom) ⓫ Kommandanten-Anlegestelle (Komendántskaja prístan) ⓬ Narýschkin-Bastion und Signalkanone (Bastion Narýschkina i signál'naja púschka) ⓭ Strandbad (Pl'ash) ⓮ Gefängnisse (Tjur'mý Trubetskówo bastióna) ⓯ Alexéjewski-Ravelin (Alekséjewski rawelín) ⓰ Sotow-Bastion (Sótowa bastión) ⓱ Nikolaj-Tor (Nikól'skije woróta) ⓲ Denkmal der Matrosen des Torpedobootes »Stereguschtschij« (Pám'atnik mor'akám minonóska Steregúschtschij) ⓳ Moschee (Metschét') ⓴ Metrostation Górkowskaja ㉑ Kronwerk-Artillerie-Museum (Zentrál'nyj Wojénno-istorítscheskij muséj artillérii inshenérnych wójsk i wójsk sw'ási) ㉒ Theater des Leninschen Komsomol (Teátr Léninskowo komsomóla) ㉓ Planetarium (Planetárij) ㉔ Zoo (Śoopárk) – ① Holzbrücke ② Kirow-Prospekt (Kírowskij pr.) ③ Lenin-Park (Park Lénina) ④ Gorki-Straße (Górkowo úl.) ⑤ Kronwerk-Kanal (Krónwerkskij prolíw).

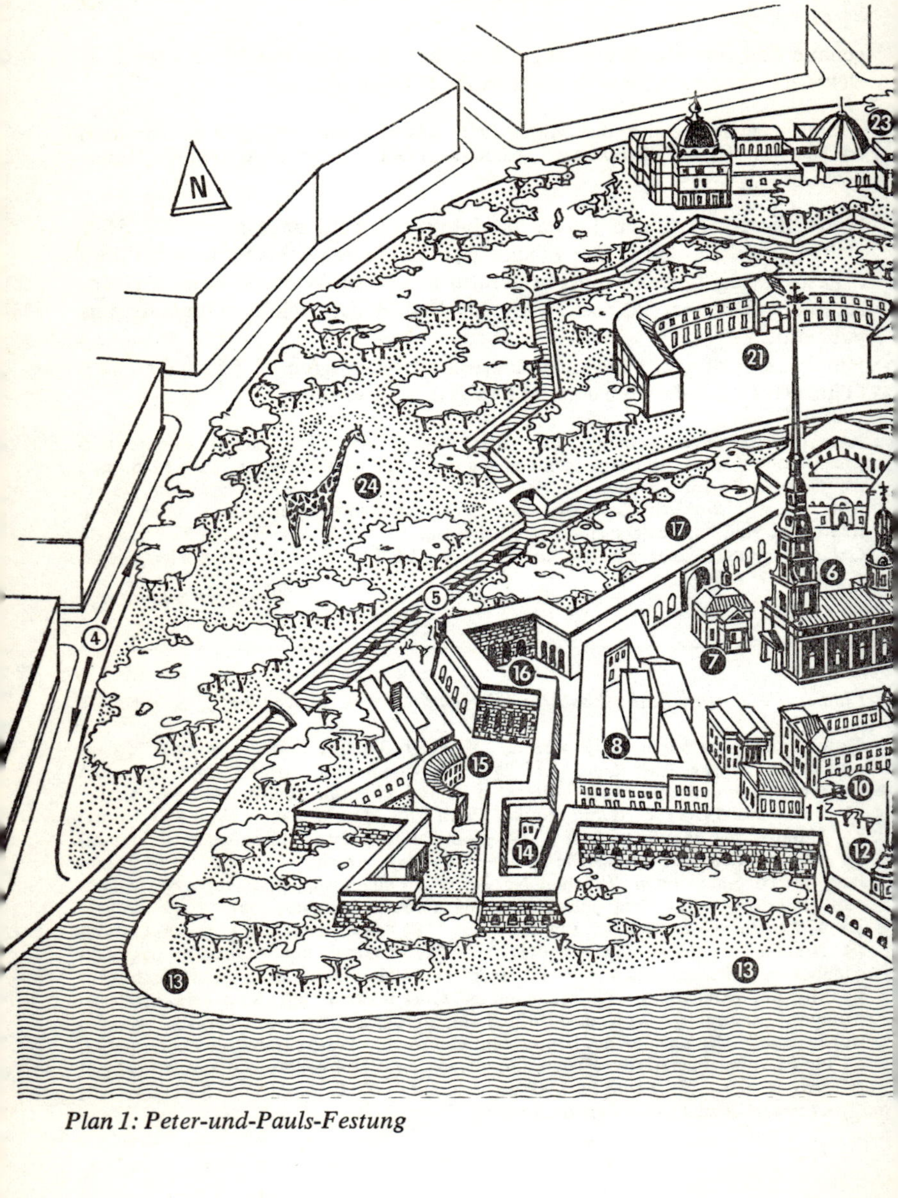

Plan 1: Peter-und-Pauls-Festung

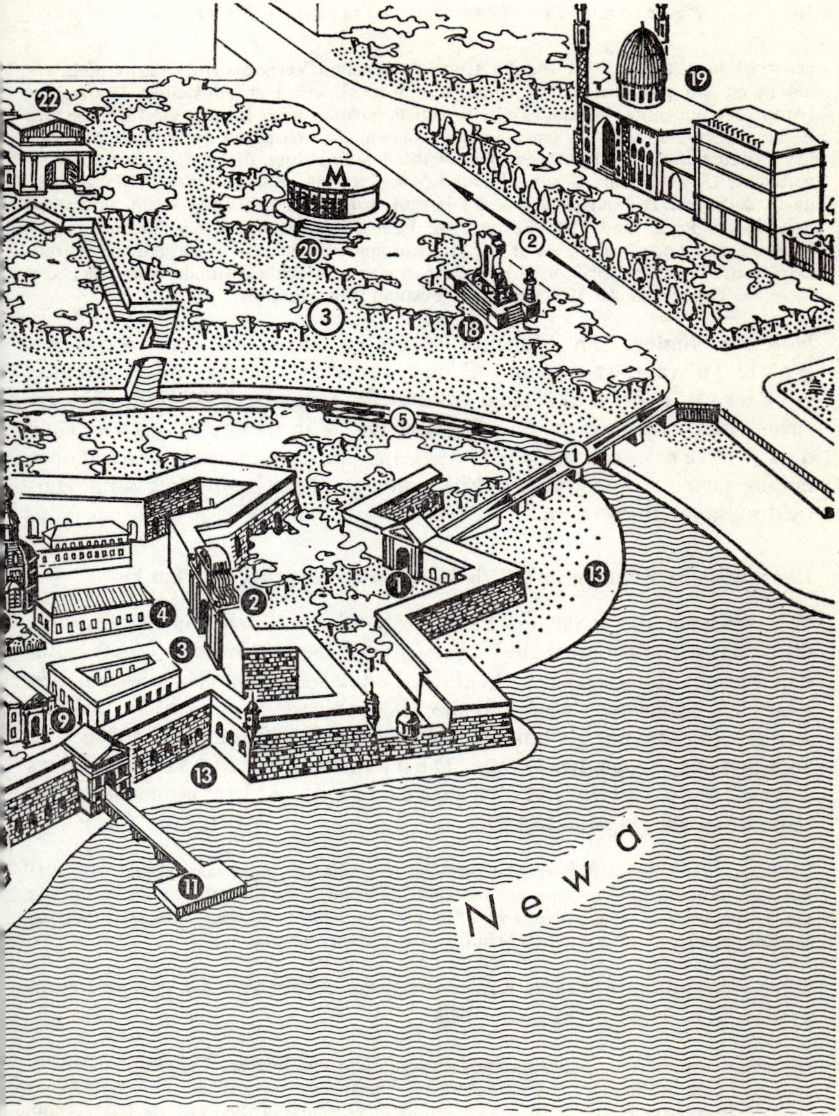

rläuterungen auf S. 99.

genen ist lang, noch länger die der Unbekannten und Vergessenen. Gedenktafeln erinnern an die prominentesten. Unter Katharina II. saß hier Alexander *Radítschew* (Autor des bekannten Romanes »Reise von Petersburg nach Moskau«); 1825 war die Reihe an den *Dekabristen,* jenen jungen Adligen, die sich gegen das Regime Nikolájs des Ersten auflehnten. Fünf von ihnen wurden hingerichtet, die andern nach Sibirien verbannt; 1849 zog die Gruppe *Petraschéwski* hier ein. *Fjodor Dostojéwski* gehörte dazu, doch sein Todesurteil wurde im letzten Augenblick in Zwangsarbeit umgewandelt. In der Peter- und Pauls-Festung sah Lenins Bruder, *Alexander Uljánow,* seine Mutter zum letzten Mal, bevor er zur Hinrichtung nach Schlüsselburg gebracht wurde. 1905 waren Maxim Górki und Vera Figner hier und schließlich die Mitglieder der Kerénski-Regierung. Ab 1922 wurde die Festung zum Museum.

Nördlich, hinter dem Münzhof vorbei, gelangen wir zur Sotow-Bastion (Sótowa bastión) ⓰ und weiter zu dem besonders schönen Nikolaj-Tor (Nikól'skije woróta) ⓱, zwischen 1730 und 1731 errichtet und 1787 von *N. Lwow* umgebaut. Man nannte es »das Tor des Todes«, weil hier die Gefangenen auf einen kleinen Hafendamm herabgelassen wurden, von welchem aus sie dann ihren Weg zum Hinrichtungsplatz fortsetzten.

Das städtische Zentrum, westlich des Kírow-Prospekts (② Plan 1)

Wir verlassen die Peter-und-Pauls-Feste wieder durch das Eingangstor, durch das wir gekommen sind, überschreiten die Holzbrücke ① und befinden uns im Lenin-Park (Park Lénina) ③, der sich zwischen den schmalen Kronstadt-Kanal und die »Petersburger Seite« schiebt und besonders im Sommer zu schönen Spaziergängen einlädt. Wir stoßen hier zunächst auf das eindrucksvolle Denkmal der Matrosen des Torpedobootes »Steregúschtschij« (Pám'atnik mor'akám minonóska Steregúschtschij) ⓲.

Wasserströme fallen auf zwei Matrosen in tragischer Haltung. Das Denkmal, 1911 errichtet, erinnert an eine Episode des russisch-japanischen Krieges, als die Besatzung des Torpedobootes *»Steregúschtschij«* den Tod der japanischen Gefangenschaft vorzog, die Luken öffnete und mit ihrem Schiff in den Wellen versank.

Schräg gegenüber auf dem Kírow-Prospekt erhebt sich die riesige Leningrader Moschee (Metschét') ⓳.

Sie ist ein äußerst malerischer Bau aus grauem Stein und bunten Kacheln. Zwei Minaretts und eine große Kuppel schmücken das Dach. Sie wurde 1912 von *S. Kritchínski* und *N. Wassíljew* erbaut und ist im Stil dem Grabmal Tamerlans in Samarkand, Gur-Emir, nachempfunden. Die Moschee ist dem Kult geöffnet.

Moschee **1** ⓳

Westlich an der Metrostation Górkowskaja ⓴ vorbei, erblicken wir das hufeisenförmige Kronwerk-Artillerie-Museum (Zentrál'nyj Wojénno-istorítscheskij muśéj artillérj inshenérnych wójsk i wójsk sw'ási) ㉑, Leninpark 7.

Geöffnet: mittwochs bis montags von 11.30 bis 17.30 Uhr.
Geschlossen: dienstags.

Dieses der Geschichte der Artillerie, Pionier- und Nachrichtentruppen gewidmete Museum enthält u. a. die Waffensammlung Peters des Großen und besitzt ein reichhaltiges Archiv.

Hinter dem Museum und hinter den Mauern des alten Befestigungswalles treffen wir auf einen Gebäudekomplex, der im Rücken von der Gorki-Straße ④ begrenzt wird. Hier haben wir zuerst rechter Hand das 1933–1939 erbaute Theater des Leninschen Komsomol (Teátr Léninskowo komsomóla) ㉒, anschließend das Planetarium (Planetárij) ㉓. – Es wurde 1959 eröffnet und hat Platz für 500 Personen. Außer Vorträgen und Filmvorführungen finden hier auch Zusammenkünfte von Amateur-Astronomen statt. Ein wenig weiter befindet sich Leningrads Breitwandkino »Welikán« (der Riese). Es wurde 1956 eröffnet mit fast 2 000 Sitzplätzen. Dann kommen wir zum Zoo (Śoopárk) ㉔, Leninpark 1, der auf der einen Seite von der Gorki-Straße, auf der anderen vom Kronwerk-Kanal ⑤ begrenzt wird.

Geöffnet: täglich, Mai–August von 10.00 bis 22.00 Uhr; September–November von 10.00 bis 18.00 Uhr; Dezember–Februar 10.00 bis 16.00 Uhr und März–April von 10.00 bis 19.00 Uhr.

Der Leningrader Zoo hatte im letzten Weltkriege sehr gelitten, viele Tiere starben an Hunger; Betty, der Lieblingselefant der Kinder, wurde durch ein Schrapnell getötet. Heute ist der Zoo sehr vergrößert worden und besitzt eine Reihe seltener Tiere wie Auerochsen, schwarze Rhinozerosse und einen Thien-Shan-Panther. Seine Löwen sind so gut akklimatisiert, daß sie sogar bei –22° im Freien bleiben.

Auf der Petersburger Seite befindet sich auch eine der vier noch dem Kult geöffneten Kathedralen Leningrads: Ecke Prospekt Dobroljúbowa und Bolschój-Prospekt (einer der unzähligen »Großen Prospekte« der Stadt). Es ist der Knjás' Wladímirskij Sobór (Fürst-Wladimir-Kathedrale), im 18. Jh. von *Rinaldi* und *Pietro Trezzini* erbaut.

Das städtische Zentrum, östlich des Kírow-Prospekts (Plan 2)

Wenn wir aus der Peter-und-Pauls-Festung kommend den Kírow-Prospekt 1 ② überschreiten und weitergehen, kommen wir auf den Revolutions-Platz und sehen links eine zweistöckige große Villa, deren Eingang sich jedoch auf der Kuibýschew-Straße 4 befindet. Es ist das Museum der Oktoberrevolution, ehem. Palais Kschessínskaja (Muśéj oktjábrskoi rewol'úzii) ❶.

Geöffnet: täglich außer donnerstags von 12.00 bis 18.00 Uhr.
Geschlossen: donnerstags.

Dieses 1902 vom Architekten *A. Gogen* im üppigen Jugendstil errichtete Stadtpalais gehörte einst der Primaballerina *Matilde Kschessínskaja,* die um 1892 die Freundin

Nikolájs II. gewesen war. Später heiratete sie seinen Vetter Andrea, leitete 30 Jahre lang in Paris die Ballettschule (zu ihren Schülerinnen gehörte *Margot Fonteyn)* und starb über 90jährig Ende der 60er Jahre.
Nach dem Sturz der Monarchie war hier bis zum Juli 1917 das Hauptquartier der Bolschewiken. Lenin begab sich nach seiner Rückkehr am 3. April 1917 zuerst hierher und hielt von dem kleinen Balkon aus seine erste Ansprache an die ihn erwartenden Arbeiter. In 35 Sälen enthält das Museum ein überwältigendes Material (5 000 Gegenstände, 150 000 Schriften, Dokumente, Fotografien) über die Geschichte der Revolution, und zwar vom Jahr der Befreiung von der Leibeigenschaft an (1861) bis 1922. Es wurde 1957 zur 40. Jahresfeier der Oktoberrevolution eröffnet.

Von der großen Kirow-Brücke (Kírowskij most) ① aus führt der Petrowski-Kai (Petrówskaja náb.) ② am rechten Ufer bis zum Newa-Arm »Große Newka« (Bol'schája Néwka). Auf halbem Weg sehen wir links in einer Grünanlage einen etwas zurückliegenden kleinen roten Backsteinbau mit grünem Dach und weiten Fenstern. Er wurde zum Schutz eines alten Blockhauses gebaut. Dieses ist das Blockhaus Peters I. (Muśéj-dómik Petrá I.) ❷.

Geöffnet: Mai–November täglich außer dienstags von 12.00 bis 19.00 Uhr.
Geschlossen: dienstags.

Dieses nur 12 m lange und 5,5 m breite Blockhaus wurde im Mai 1703 in nur drei Tagen für Peter errichtet und war somit der erste Wohnbau der »Petersburger Seite«. Der Zar verbrachte hier die Sommermonate bis zur Fertigstellung seines Schlößchens im Sommergarten. Das Haus enthält nur zwei von einem schmalen Gang getrennte Zimmer, die Türen waren so niedrig, daß sich der hochgewachsene Zar (2,04 m) bücken mußte, um hindurchzugehen. Man erzählt sich, daß er stets kleinen Räumen den Vorzug gegeben habe. Der eine Raum diente ihm als Arbeitszimmer, in welchem er auch Besucher empfing, der andere war sein Schlaf- und Eßzimmer.

Dem Haus gegenüber bewachen zwei steinerne Froschlöwen die Treppe, die vom Kai zur Anlegestelle hinunterführt. Es sind chinesische Darstellungen mythologischer Fabelwesen mit Löwenköpfen, die einem russischen Offizier geschenkt wurden und seit 1907 den Kai schmücken. Wenn wir diesen bis zu Ende gehen, bis dorthin, wo er auf die Große Newka stößt, sehen wir den berühmten Panzerkreuzer »Aurora« (Kréjśer Awróra) ❸ vor Anker liegen.

Von ihm aus wurde am 25. Oktober 1917 die historische Geschützsalve abgefeuert, das Signal zum Sturm auf das Winterpalais. Die »Aurora« hat ein ehrwürdiges Alter. Sie lief 1900, drei Jahre vor Ausbruch des russisch-japanischen Krieges, von Stapel und nahm an der berühmten *Schlacht von Tsuschima* teil. Sie lag 1906 vor Messina, als das furchtbare Erdbeben die Stadt zerstörte, und ihre Besatzung war unter den ersten, die dort Hilfe brachten. Während des Ersten Weltkrieges verteidigte sie zusammen mit anderen Schiffen den Finnischen Meerbusen. Nach dem Krieg zu einem Schulschiff

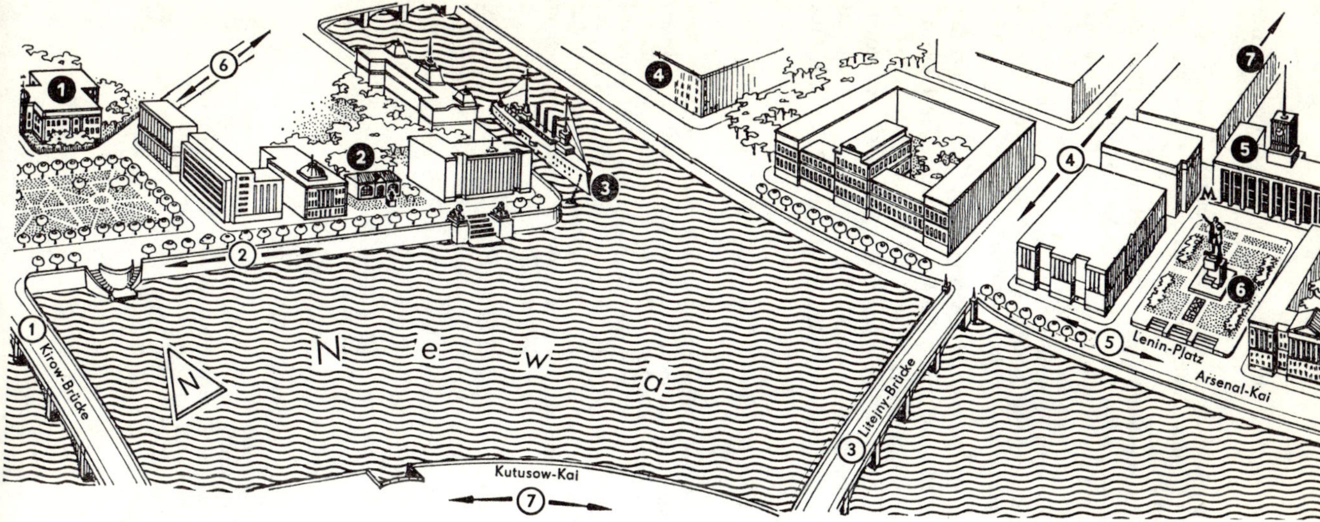

Plan 2: Petersburger Seite und Wyborger Seite (Petrográdskaja storoná und Wýborgskaja storoná)

❶ Museum der Oktoberrevolution, ehem. Palais Kschessínskaja (Muśéj oktjábrskoi rewol'úzii) ❷ Blockhaus Peters I. (Muśéj-dómik Petrá I.) ❸ Panzerkreuzer »Aurora« (Kréjśer Awróra ❹ Hotel »Leningrad« ❺ Finnländischer Bahnhof (Finl'ándskij wokśál) ❻ Lenin-Denkmal (Pám'atnik Léninu u Finl'ándskowo wokśála) ❼ Piskarjow-Gedenkfriedhof (Piskar'ówskoje Memorál'noje kládbischtsche) – ① Kirow-Brücke (Kírowskij most ② Petrowski-Kai (Petrówskaja náb.) ③ Litejny-Brücke (Litéjnyj most) ④ Akademiker-Lebedew-Straße (Lébedewa akadémika úl.) ⑤ Arsenal-Kai (Arsenál'naja náb.) ⑥ Kuibyschew-Straße (Kuibýschewa úl.) ⑦ Kutusow-Kai (Kutúśowskaja náb.).

geworden, halfen ihre Kanonen im Zweiten Weltkrieg die Stadt zu verteidigen. Schon seit 1909 hatten sich unter der Besatzung revolutionäre Zellen gebildet. Im Februar 1917 bemächtigten sich die aufständischen Matrosen des Schiffes und hißten die rote Fahne. Von Anfang an war die Besatzung auf seiten der Bolschewiken gegen die Kerénski-Regierung. Aus allen Gegenden Rußlands besuchen vor allem im Sommer Schulklassen den historischen Kreuzer. Die Besichtigung ist frei und findet jeden Tag außer Samstag statt.

Das blau-weiße Gebäude hinter dem Panzerkreuzer ist die Marinekadettenschule. Vom Kai kann man hinübersehen auf Leningrads neuestes Luxushotel »Leningrad« ❹ auf der Wyborger Seite, Pirogówskaja-Kai. Der Blick von diesem Hotel auf die Stadt über die breiteste Stelle der Newa hinweg ist wohl der schönste, den man in Leningrad haben kann.

WYBORGER SEITE

(Wýborgskaja storoná)

Plan 2

Auf die sog. Wyborger Seite (weil hier die Straße nach Wyborg begann) verirrten sich früher nur wenige Touristen. Heute verkehrt zwischen dem Hotel »Leningrad« und dem Newski-Prospekt (Haltestelle rechts neben dem Großen Warenhaus) ein *Minibus,* den auch Nicht-Hotelgäste benutzen können. Er hält rechts neben dem Hotel »Leningrad«, wo sich auch eine *Taxi*-Haltestelle befindet, und verkehrt viertelstündlich, Fahrpreis 10 Kopeken. Sonst ist die schnellste Möglichkeit auf die Wyborger Seite zu kommen die *Metro:* Aussteigstation ist der Lenin-Platz (Lénina pl.).

Hier steht der Finnländische Bahnhof (Finl'ándskij wokśál) ❺.

Dieser neue Bahnhof wurde 1960 erbaut. Von hier aus gehen die elektrischen Züge zu den Sommerausflugsorten in Karelien ab und die Fernzüge nach Wyborg und Finnland. In einem Glaspavillon, rechts hinter dem Bahnhof, dort wo die Taxihaltestelle ist, befindet sich die Lokomotive Nr. 293, die in den Vorrevolutionstagen Lenin mit einem falschen Paß als Eisenbahnarbeiter getarnt nach Finnland brachte. Sie wurde später dort gefunden und von der finnischen Regierung der Sowjetunion geschenkt.

Auf dem großen Platz vor dem Bahnhof steht auch ein eindrucksvolles Lenin-Denkmal (Pám'atnik Léninu u Finl'ándskowo wokśála) ❻.

Es gibt deren 32 in der Stadt. Dieses wurde 1926 errichtet und gilt als eines der besten Porträts des großen Revolutionärs.

Am Rande der Stadt – nordöstlich der Wyborger Seite, jenseits der Bahnlinie – liegt der große Piskarjow-Gedenkfriedhof (Piskar'ówskoje Memorál'noje kládbischtsche) ❼, der in Erinnerung an die 650 000 Toten (manche nennen die Zahl 1 200 000) der 900tägigen Belagerung von 1941 bis 1944 angelegt wurde.
Man nimmt am besten ein Taxi.

Am 15. Jahrestag, 1960, wurde diese Gedenkstätte von eindrucksvoller Schönheit eingeweiht. Eine ständige Ausstellung von Bilddokumenten erinnert an die Belagerung. Nicht ohne innere Erschütterung wird der Besucher jenes Tagebuch der kleinen Tánja Sawíchewa lesen, die gerade erst schreiben gelernt hatte und in ungelenken Buchstaben verzeichnete »heute starb der Bruder« – »Oma starb heute« – »Mamma starb heute«; »Onkel starb heute« – »alle Sawichews sind tot, nur Tanja ist übriggeblieben«. Auf dem Sockel der überlebensgroßen Figur, die das »Mutterland« darstellt (Bildhauer *V. Isáewa* und *R. Taurít)* stehen die Verse der Dichterin *Olga Bergholtz,* die mit den Worten enden: »Nichts und niemand ist vergessen.«

DIE WASSILJEWSKI-INSEL

(Wasíljewskij óstrow)

Pläne 3 und 4

Zur Wassiljewski-Insel (der Name hat nichts mit dem heiligen Basilius zu tun, sondern ist der Name eines Bauleiters bei der Gründung Petersburgs) gelangt man von der »Großen Seite« (Bol'schája storoná) mit *Trolleybus:* 1, 7, 9, 10 / *Autobus:* 7, 10, 30, 44, 47 / *Tram:* 8, 21, 26, 31 / *zu Fuß* über die Schloß-Brücke (Dworzówij most) *3* ④; von der »Petersburger Seite« (Petrográdskaja storoná) aus *zu Fuß* über die Baumeister-Brücke (Most stroítelej) *3* ⑤, in welche am Zoo-Ende *1* ㉔ die Gorki-Straße (Górkowo úl.) *1* ④ einmündet.

Die ursprüngliche Absicht Peters I. war es gewesen, aus der Wassiljewski-Insel, der größten der 101 Inseln des Newa-Deltas (11 000 ha), das administrative und kulturelle Zentrum der Stadt zu machen. Die Insel war bequem von der Peter-und-Pauls-Festung aus zu erreichen und mit dem Delta durch zwei Wasserarme verbunden. Im Frühjahr 1716 wurden daher schon den Adligen und Kaufleuten Bauplätze für die zu errichtenden Paläste angewiesen, doch schritt der Bau nur langsam vorwärts und im

ersten Viertel des 18. Jh.s waren erst 113 Häuser fertiggestellt und der Rest der Insel war immer noch unwirtlich geblieben. Es gab jedoch einen triftigen Grund dafür. Wohl stand die Insel mit der Festung in Verbindung, aber den Großteil des Jahres war sie vom Festland der »Großen Seite« abgeschnitten. Denn im Herbst, bis sich das Eis über der starken Strömung festigte, und im Frühjahr, bis die Eisschmelze beendet war, war es praktisch unmöglich, zu Schiff oder über die damals gebräuchlichen Bootsbrücken hinüber zu gelangen. Gegen Mitte des 18. Jh.s war es klar, daß die Wahl der Wassíljewski-Insel als Zentrum eine Fehlentscheidung bedeutet hat.
Heute gibt es auf der Insel viel Industrie, ein Stadion, einen Yachtklub, alte Kirchen, Museen und wissenschaftliche Institute. Von der alten Stadtplanung blieben der Große, der Mittlere und der Kleine Prospekt, sowie die herrliche Palast-Front des Universitäts-Kais übrig. Den schönsten Blick auf die Strelka-Landspitze und die Palast-Front hat man von der »Großen Seite« vom Dekabristen-Platz **5** ③ aus.

Die Landspitze »Strelka« (Strélka = Pfeil) **Plan 3**

Die »pfeilförmige« Ostspitze der Wassíljewski-Insel ist der Punkt, an dem sich die Newa in zwei Arme teilt, um dann so getrennt dem Delta am Finnischen Meerbusen zuzustreben. Schon Mitte des 18. Jh.s landeten die Schiffe nicht mehr an der Peter-und-Pauls-Festung, sondern an der Strélka und die ausländischen Seeleute trafen sich mit den russischen Kaufleuten in einem Holzhaus an der Anlegestelle. Bald entschloß man sich, dieses Haus durch einen dem florierenden Handel und der Bedeutung Petersburgs angepaßten Steinbau zu ersetzen. Der erste Entwurf zu der neuen Warenbörse stammte von dem Italiener *Quarenghi,* aber er entsprach nicht ganz den Ansprüchen. Die Arbeiten wurden dann dem Franzosen *Thomas de Thonon* übergeben, sie zogen sich endlos lange hin. Wieder war es nötig, Tausende von Balken in den Sumpf einzulassen, die Zwischenräume mit Steinen und Erde zu füllen, einen höher gelegenen granitenen Kai gegen die Flut zu errichten und eine steinerne Treppe zum Fluß hinunter anzulegen. Vier Jahre lang arbeitete man am Entwurf der Börse. Er wurde sechsmal geändert. *Thomas de Thonon* und der russische Architekt *Sachárow* beendeten ihn endlich im Jahre 1806. Seither ist er das beliebteste Motiv für Bilder aller Art geblieben, und viele Besucher der Stadt sind der Ansicht, daß hier der schönste Punkt Leningrads sei, weil sich von hier aus ein herrlicher Gesamteindruck biete. Die Börse wurde ein Jahrhundert lang benutzt, gerade solange bis der Handelshafen auf die linke Newa-Seite verlegt wurde. Heute hat das Zentrale Kriegsmarine-Museum (Zentrál'nyj Wojénno-morskój muśéj) ❶ darin seinen Sitz, Puschkin-Platz 7 (Púschkina pl.) ①.

Geöffnet: werktags außer dienstags von 10.30 bis 17.00, sonntags von 11.00 bis 19.00 Uhr.

Geschlossen: dienstags.

Eintritt: frei.

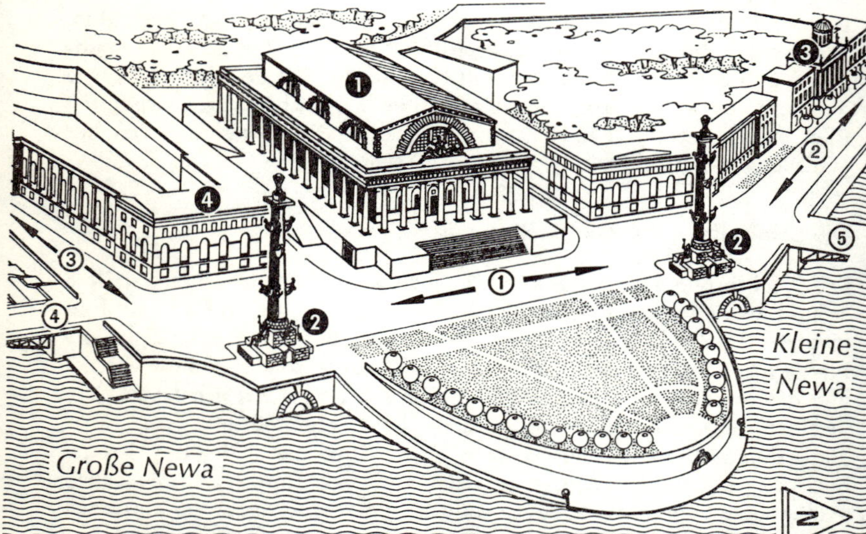

Plan 3: Wassiljewski-Insel, Landspitze »Strelka« (Wasíljewskij óstrow, Strélka)

❶ Zentrales Kriegsmarine-Museum, ehem. Börse (Zentrál'nyj Wojénno-morskój muśéj) ❷ Rostralsäulen (Rosstrál'nyje kolónny) ❸ Literatur-Museum [Puschkin-Haus], ehem. Zollamt (Literatúrnyj muśéj) ❹ Zoologisches Museum (Soologítscheskij muśéj) – ① Puschkin-Platz (Púschkina pl.) ② Admiral-Makarow-Kai (Admirála Makárowa náb.) ③ Uniwersitäts-Kai (Uniwersitétskaja náb.) ④ Schloß-Brücke (Dworzówij most) ⑤ Baumeister-Brücke (Most stroítelej).

Der Bau, in neuklassischem Stil mit 44 dorischen Säulen, ist dem Tempel von Paestum nachempfunden. Von einem halbrunden Platz mit Grünanlage führt eine breite Freitreppe zu dem auf granitenem Sockel etwas höher ruhenden Gebäude. Über dem Haupteingang, von der Seite der Strélka aus, befindet sich auf dem Giebel eine Skulpturengruppe »Neptun aus der Meerestiefe aufsteigend«, auf der entgegengesetzten Seite die Gestalt einer jungen Frau mit einer Krone auf dem Haupt, die Newa symbolisierend, von Merkur, dem Gott des Handels begleitet. Man sagt, die Börse sei zu ihrer Zeit die schönste und die größte (die große Halle umfaßt 900 qm) aller Handelsbörsen der Welt gewesen. Das Marinemuseum wurde erst 1939 hierher verlegt. Es ist eines der ältesten Museen Leningrads, wurde es doch schon 1708 von Peter dem Großen gegründet, der wünschte, daß von jedem auf seinen Werften gebauten Schiff hier ein Modell aufbewahrt werde. 200 Jahre lang hatte das Museum seinen Sitz in der Admiralität. Es hat vier Abteilungen: Die erste ist der Entwicklung der russischen Flotte von ihrer Entstehung bis 1917 gewidmet. Die zweite demonstriert die Rolle, die die russische Flotte in der Oktoberrevolution und während des Bürgerkrieges und in den Jahren bis 1941 gespielt hat. Die dritte befaßt sich mit der Flotte während des Großen Vaterländischen Krieges (1941–1945). Die vierte dokumentiert die Nachkriegsepoche. Außerdem befinden sich in dem Museum Bilder und Skulpturen russischer und ausländischer Künstler, die sich mit Marinemotiven befassen. Auch der »Großvater der russischen Marine«, jenes primitive Boot, mit welchem Peter der Große als Knabe auf der Jaúza segelte, ist hier untergebracht.

Die ehemalige Börse ist von den beiden 30 m hohen Rostral- oder Bugsäulen (Rosstrál'nyje kolónny) ❷ flankiert.

Steinerne Schiffsschnäbel zieren die im Innern hohl und mit Treppen versehenen Säulen. Auf den Spitzen brannten früher Ölfeuer, die den Weg zu den Newa-Anlegestellen wiesen. Jede Säule ist mit allegorischen Figuren geschmückt, die großen Ströme: Newa, Wólchow, Wolga und Dnjepr darstellend. Heute werden an großen nationalen Feiertagen 7 m hohe Gasflammen auf ihren Spitzen entzündet.

Auch die Gebäude, die rechts und links von der ehemaligen Börse stehen, hatten ursprünglich mit dem Hafen und dem Handel zu tun. Wir wenden uns, aus dem Marine-Museum kommend, zuerst nach links zum Admiral-Makarow-Kai (Admirála Makárowa náb.) ②. Makárow war der unglückliche Admiral, der im russisch-japanischen Krieg mit seinem Schiff – von dem sich allein Großfürst Cyrill rettete – bei Wladiwostók unterging. Das große Gebäude Admiral-Makárow-Kai 4 war das ehemalige Zollamt und ist heute das Literatur-Museum (Literatúrnyj muśéj) ❸, kurz Puschkin-Haus genannt.

Geöffnet: montags, mittwochs, donnerstags, freitags, sonntags von 11.00 bis 18.00 Uhr, samstags von 11.00 bis 16.00 Uhr.

Geschlossen: dienstags und jeden ersten Montag des Monats.

Universitäts-Kai **(Plan 4)**, *Text S. 113 ff., und*

Das Zollhaus wurde 25 Jahre nach der Börse von dem Architekten *N. Lukini* errichtet. Es ist heute das Institut für russische Literatur der Akademie der Wissenschaften. Den Namen »Puschkin-Haus« verdankt es der Tatsache, daß 1905 zuerst die Bibliothek und später auch die wichtigsten Manuskripte des großen Dichters von der Akademie erworben wurden. Außerdem enthält es interessante Dokumente vom Igorlied bis zu den Arbeiten Lérmontows, Turgénjews, Dostojéwskis und Tolstóis.

Auf der anderen Seite des Marine-Museums, der Eingang liegt jedoch am Universitäts-Kai 1 (Uniwersitétskaja náb.) ③, befindet sich das ebenfalls von *Lukini* erbaute frühere Lagerhaus, heute Zoologisches Museum (Śoologítscheskij muśéj) ❹.

Geöffnet: dienstags, mittwochs, freitags, samstags und sonntags von 11.00 bis 17.00 Uhr.

Geschlossen: montags und donnerstags.

Dieses Museum, das ungefähr 100 000 Ausstellungsgegenstände besitzt, ist besonders sehenswert wegen des im sog. »Mammut-Saal« ausgestellten riesigen Mammuts aus der Eiszeit (Quartär), das 1901 unversehrt eingefroren in Sibirien gefunden wurde.

Landspitze »Strelka« **(Plan 3)**, *Text S. 109 ff.*

Der Universitäts-Kai (Uniwersitétskaja náb.) **Plan 4**

Dieser Kai ① zieht sich an der Südküste der Wassíljewski-Insel in ost-westlicher Richtung an der Großen Newa hin. An ihm stehen einige der wichtigsten Bauten der Stadt. Wir beginnen mit dem ersten (sich an das Zoologische Museum anschließenden) von einem kleinen, dreistufigen Turm geschmückten weiß-grünen Gebäude, dem Museum für Anthropologie und Völkerkunde, ehem. Kunstkammer Peters des Großen (Muśéj antropológii i etnográfii Petrá Welíkowo) ❶, Universitäts-Kai 3.

Geöffnet: sonntags und donnerstags von 11.00 bis 17.00 Uhr.
Geschlossen: an allen anderen Tagen.
Eintritt: frei.

Dieses Museum hat eine kuriose Geschichte. Es ist die Erweiterung jener berühmten »Kunstkammer« Peters des Großen, die mit Kunst nichts oder nur wenig zu tun hatte. Sie war eine Art Raritätenkabinett mit ausgestopften Tieren. Der Zar bestellte

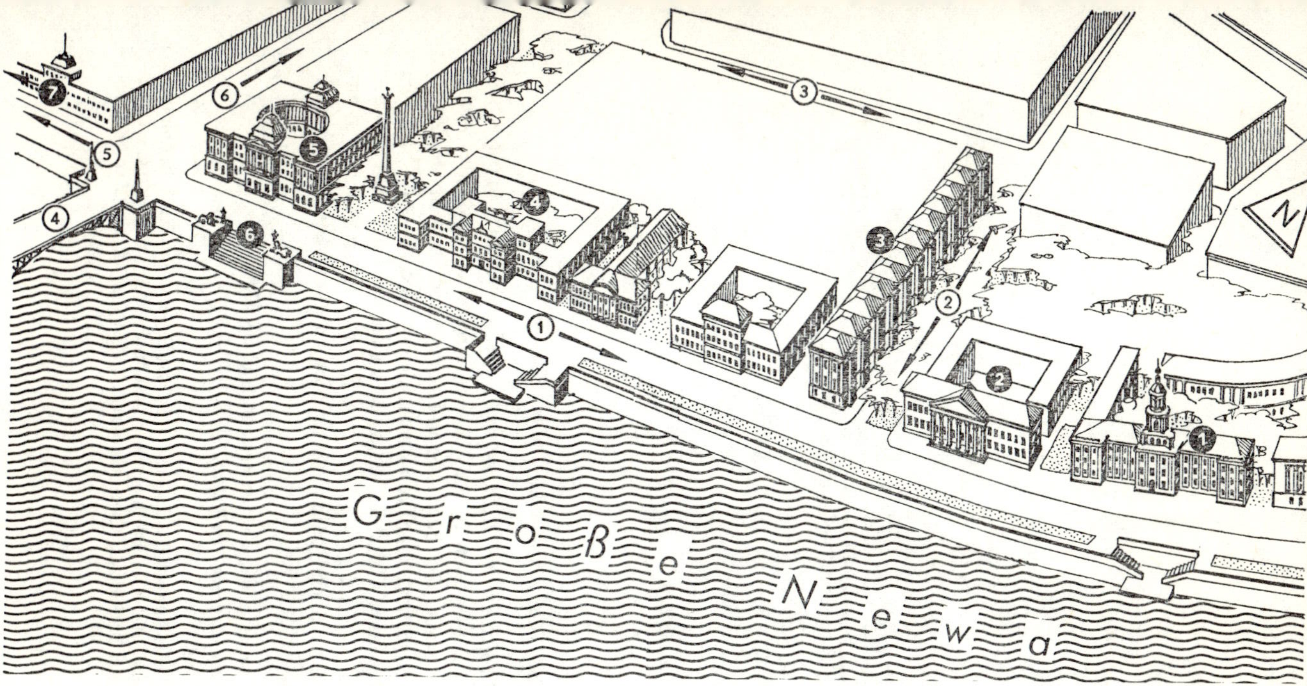

Plan 4: Wassiljewski-Insel, Universitäts-Kai (Wasíljewskij óstrow, Uniwersitétskaja náb.)

❶ Museum für Anthropologie und Völkerkunde, ehem. Kunstkammer Peters des Großen (Muśéj antropológii i etnográfii Petrá Welíkowo) ❷ Akademie der Wissenschaften (Akadémija Naúk) ❸ Staatliche Shdanow-Universität (Gosudárstwennyj uniwersitét Shdánowa) ❹ Menschikow-Palais (Ménschikowa dworjéz) ❺ Akademia der Künste (Akadémija Chudóshestw) ❻ Sphinxen[treppe] (sfínksy) ❼ → Zur Hochschule für Bergbau, Plechanow-Montaninstitut (Górnyj institút Plechánowa) – ① Universitäts-Kai (Uniwersitétskaja náb.) ② Mendelejew-Linie (Mendeléjewa línija) ③ Großer Prospekt (Bol'schoj pr.) ④ Leutnant-Schmidt-Brücke (Schmídta lejtenánta most) ⑤ Leutnant-Schmidt-Kai (Schmídta lejtenánta náb.) ⑥ 6.–7. Linie (Línii).

u. a. bei dem damals berühmtesten Präparatoren *Friedrich Ruysch* 800 Abnormitäten, menschliche Herzen, siamesische Zwillinge, Embryos u. ä. in Spiritus.
Zuerst hatte dieses Naturkundemuseum seinen Platz im Haus eines hingerichteten Bojaren, dann bauten *Iwán Matárnowy* und *Semzów* zwischen 1718 und 1734 ein neues Gebäude am Universitäts-Kai. Ende des 18. Jh.s wurde es dann vorübergehend Sitz der von Peter gegründeten Russischen Akademie der Wissenschaften. Eine Gedenktafel erinnert heute daran, daß dies die »Wiege der russischen Wissenschaft« gewesen sei.
Heute teilt sich das Museum in eine anthropologische, eine ethnographische und eine archäologische Abteilung. In der Galerie des zweiten Stockes aber kann man noch immer Peters ausgestopfte Tiere und seine Monster in Spiritus sehen. – Im Turm des Museums steht auch der sog. »Gottorper Globus«, der eine besondere und sehr bewegte Geschichte hat. Er wurde auf Anregung des am Hofe Herzog Friedrichs III. von Holstein-Gottorp lebenden Hofmathematikers und Bibliothekars *Adam Olearius* (1599–1671) von dem »Mechanischen Meister« *Andreas Bosch* aus Limburg in Holland hergestellt. Er war aus Kupferblech als doppelwandige Riesenkugel mit einem Durchmesser von 3,50 m und einem Gewicht von 3 250 kg gefertigt. Die innere Schale stellt den Sternhimmel dar, die äußere Schale die Erde. Das Innere hat Platz für 10 Zuschauer auf einer Bank um die Achse herum. Man konnte das Weltall und die durch einen Kristall dargestellte Sonne kreisen sehen. Peter der Große war von diesem Kunstwerk, das in dem Gottorper Park ausgestellt war, so beeindruckt, daß er anläßlich eines Treffens im Jahre 1713 mit seinem Verbündeten im »Nordischen Krieg«, dem dänischen König – der Holstein besetzt hatte –, diesen dazu überredete, ihm den Globus zu schenken. Der wirkliche Besitzer, der noch nicht volljährige Sohn des Herzogs Friedrich III., war mit seinem Vormund vor den Dänen geflüchtet. – Über den Transport des Riesenglobus berichtet *Walter Dehio* in seinem »Lebensbild eines baltischen Hanseaten«, wie einer seiner Vorfahren diese überaus komplizierte Überführung leitete. 1747 wurde der berühmte Globus durch Feuer beschädigt, doch ließ ihn Peters Tochter, die Kaiserin Elisabeth, wieder herrichten. Nach 1900 war er in einem Pavillon im Park von Zárskoje Sélo, dem heutigen Púschkino, aufgestellt, von wo er 1941 während des letzten Weltkrieges von den deutschen Truppen nach Lübeck gebracht wurde. Nach Ende des Krieges transportierten ihn die Engländer 1947 über Hamburg und Murmansk wieder nach Leningrad zurück.
Im Sinne von Peters Absicht, das Volk zu belehren, war der Besuch des Museums schon zu seiner Zeit gratis gewesen, und beim Verlassen der Sammlung erhielt jeder ein Glas Wodka und einen kleinen Imbiß. Dieser alten Tradition folgend ist auch heute noch der Eintritt frei, Wodka und Imbiß allerdings sind den modernen Zeiten zum Opfer gefallen.
Eine Sonderabteilung des Museums ist dem großen Wissenschaftler *Michaíl Lomonóssow gewidmet,* der von 1741 bis 1765 hier arbeitete. Angeschlossen sind eine Bibliothek und ein Observatorium, das übrigens das älteste russische Observatorium überhaupt darstellt.

Neben der alten Kunstkammer steht, am Universitäts-Kai 5, der herrliche Bau, den der Italiener *Quarenghi* 1784–1789 im klassizistischen Stil errichtete: die Akademie der Wissenschaften (Akadémija Naúk) ❷.

In der Mitte der Fassade erhebt sich ein mächtiger Portikus mit 8 Säulen, zu dem Stufen hinaufführen. Seine Proportionen sind in Harmonie mit der großen weißen Säulenhalle im Innern, die wissenschaftlichen Sitzungen dient. Nach der Fertigstellung zog hier die provisorisch in der benachbarten Kunstkammer untergebrachte Akademie der Wissenschaften ein. 1934 wurde diese nach Moskau verlegt, aber viele Abteilungen blieben in Leningrad; Archive, Forschungsinstitute und die älteste russische Bibliothek, die kürzlich ihr 250. Jubiläum feiern konnte. Sie enthält augenblicklich 10 Millionen Bücher. Natürlich faßt der alte Bau nicht mehr alle diese verschiedenen Abteilungen, sie sind auf andere Gebäude verteilt worden, die sich jedoch zum größten Teil noch auf der Wassíljewski-Insel befinden.

Dann sind wir bei der Staatlichen Shdanow-Universität (Gosudárstwennyj uniwersitét Shdánowa) ❸ angekommen.

Dem Universitäts-Kai zeigt sie nur eine Flanke. Die Vorderseite geht auf die Mendelew-Linie (Mendeléjewa línija) ②, die den Universitäts-Kai mit dem Großen Prospekt (Bol'schój pr.) ③ verbindet. Ihre ursprüngliche Bestimmung war die Aufnahme der »Zwölf Kollegien«, wie Peter der Große seine Ministerien nannte. Der Entwurf stammt von dem ersten Baumeister Peters, *Domenico Trezzini*. Der Bau wurde 1722 begonnen und 1742 beendet. Das Gebäude ist nach der Anzahl der »Kollegien« in 12 Teile geteilt, die im 18. Jh. jede einen gesonderten Eingang besaßen, um auch äußerlich die Autonomie der einzelnen Ministerien zu betonen. In den 30er Jahren des 19. Jh.s wurde das Gebäude der Petersburger Universität übergeben. Eine 40 m lange Galerie verbindet heute die einzelnen Gebäude; an der Längswand stehen Bücher, zwischen den Fenstern stehen die Statuen und hängen die Porträts aller jener, die hier studiert oder als Lehrer gewirkt haben, wie der berühmte Entdecker des nach ihm benannten Periodischen Systems der Elemente, Mendeléjew, oder der Naturforscher Setschénow. Hier studierten auch Turgénjew, Nekrássow und Lenin, der 1891 als Externer die Examina an der juristischen Fakultät ablegte. Zur Zeit hat die Universität 20 000 Studenten an 13 Fakultäten. Natürlich ist der alte Universitätsbau lange nicht mehr ausreichend und es sind andere in der Nähe liegende Gebäude hinzugekommen. Man plant eine neue große Universität in einer der Vorstädte Leningrads.

Auf dem Gelände der Uni befindet sich auch das Museum der Mendeléjew-Wohnung, Eingang Universitäts-Kai 7/9.

Geöffnet:	montags, mittwochs und freitags von 10.00 bis 17.00 Uhr.
Geschlossen:	an den übrigen Tagen.
Eintritt:	frei.

Außerdem gehört zum Universitätskomplex eines der bemerkenswertesten Bauwerke des alten Petersburg, das ehem. Menschikow-Palais (Ménschikowa dworjéz) ❹.

Es ist der erste Petersburger Bau aus Stein und wurde schon 1710 begonnen. Den Auftrag dazu gab Peters allmächtiger Freund und Günstling, Fürst Alexander Ménschikow. Der Entwurf stammt von *G. M. Fontana,* wurde aber 1716 von dem deutschen Architekten *Schädel* fertiggestellt. Das Palais ist in einem frühen Barock gehalten, mit Statuen und goldenen Verzierungen geschmückt. Eine Treppenflucht führt direkt vom Haupteingang zum Fluß. Das Haus besaß – eine Seltenheit für die damalige Zeit – ein Eisendach, das rosa bemalt war. Ursprünglich war das Haus von einem großen Park umgeben, der Springbrunnen, eine Kirche, viele Statuen und sogar eine Windmühle enthielt. Der Palast war sehr viel luxuriöser als Peters einfacher Sommerpalast und die Empfänge der ausländischen Gäste wurden meist hier abgehalten. Nach dem Fall und Exil Ménschikows wurde das Schloß von der Kadettenschule in Besitz genommen und verschiedene Veränderungen angebracht. Doch blieben u. a. die Wände der drei Privatzimmer mit den *handbemalten holländischen Fliesen* und die *geschnitzte Nußbaumtäfelung* im Arbeitszimmer Ménschikows erhalten. Augenblicklich wird das Schloß innen restauriert, da man die Absicht hat, einen Teil der Eremitageschätze – so vor allem Bilder, Mobiliar, Glas und Zinn aus der Zeit Peters I. – hier auszustellen.

Jenseits eines schattigen Platzes kommen wir zu einem weiteren schönen Bau aus dem Ende des 18. Jh.s, der Akademie der Künste (Akadémija Chudóshestw) ❺, auch Répin-Institut genannt.

Sie wurde zwischen 1764 und 1788 nach Entwürfen von *Vallin de la Motte* und *A. Kokórinow* erbaut. Der Stil ist klassizistisch – unter Katharina II. war Louis XVI. Mode geworden. Die Inneneinrichtung ist sehr kostbar und verschwenderisch gehalten. Der Bau wird oft als Beispiel eines harmonischen Stilübergangs zitiert. Barock sind noch einige Details und der erhöhte Vier-Kolonnen-Portikus des Haupteingangs, die übrigen Teile des Baues haben schon die einfachen klassizistischen Linien, die bald in der Architektur der Stadt den Vorrang haben sollten. Statuen der Flora und des Herkules zieren die Vorderseite. Die Kunstakademie – die immer noch diesen Namen trägt, obwohl sie nach Moskau verlegt wurde – hat viele große Künstler hervorgebracht. Die Maler Brüllow, Répin, Súrikow, Serów, Kramskój, Bródskij; die Bildhauer Antokólskij und Mánizer. Heute hat hier die nach Répin benannte Hochschule für Malerei, Bildhauerkunst und Architektur ihren Sitz. Auch eine besondere Kunstschule für begabte Kinder, Ateliers für Mosaik- und Bronze-Arbeiten und eine wissenschaftliche Bibliothek befinden sich hier; die Bibliothek enthält eine der größten Sammlungen von Stichen, Drucken und Kunstbüchern.

Von Interesse ist das angegliederte Museum der Akademie, Universitäts-Kai 17.

Geöffnet: mittwochs–sonntags von 11.00 bis 19.00, montags von 11.00 bis 18.30 Uhr.

Geschlossen: dienstags.

Im Erdgeschoß Reproduktionen antiker und westeuropäischer Skulpturen. Im ersten und zweiten Stock die einzige in Rußland existierende, vollständige Sammlung russischer Malerei und Kunst des 18. und 19. Jh.s und der Sowjetzeit, chronologisch geordnet. 1949 wurde im dritten Stock eine neue Abteilung eröffnet, die sich mit der Geschichte der russischen Architektur befaßt. Man kann dort die Entwürfe ausgeführter oder auch nicht ausgeführter Arbeiten der Leningrader Architekten sehen.

Der Akademie gegenüber befindet sich Leningrads ungewöhnlichste Treppe, die sog. Sphinxen[treppe] (sfínksy) ❻. Sie führt zur Newa hinunter und es lohnt sich, sie zu betrachten.

Die granitene Treppenanlage wurde von *K. Thon* gebaut. Die obere Terrasse schmükken zwei Bronzelaternen, die untere Greifen. Das Erstaunlichste aber sind die beiden riesigen steinernen Sphinxe mit dem Kopf des Pharao *Amenophis III.* (1402–1364 v. Chr.), unter dessen Regierung Theben seine höchste Blütezeit erreichte. Am Anfang des 19. Jh.s waren diese dreieinhalb Meter hohen Fabeltiere ausgegraben und in Alexandria zum Kauf angeboten worden. Zufällig erblickte sie dort ein russischer Diplomat und teilte es seiner Regierung mit. Nikoláj I. erwarb sie und seit 1834 schmücken sie nun die steinerne Treppe zur Newa. Auf ihren Sockeln steht die Inschrift: »Die Sphinx wurde aus dem alten Theben in Ägypten im Jahre 1832 in die Stadt des heiligen Peter gebracht.« – Bei gutem Wetter trifft man auf der Treppe oft Schach spielende oder diskutierende Studenten.

Hier sind wir nun an der Leutnant-Schmidt-Brücke (Schmídta lejtenánta most) ④ angelangt; ab jetzt heißt der Kai Leutnant-Schmidt-Kai (Schmídta lejtenánta náb.) ⑤. Diese Brücke ist die letzte über die Newa vor ihrer Mündung in den Finnischen Meerbusen; man spürt schon die Seeluft. Wahrscheinlich werden sich bis hierher nur wenige Touristen verirren, der Universitäts-Kai wird meist nur von der anderen Seite der Newa aus fotografiert und der Intourist-Führer erläutert vom Dekabristen-Platz 5 ③ aus die einzelnen Baulichkeiten.

Dennoch ist es interessant, auf diesem Kai noch etwas weiter zu gehen. Die Häuserfronten stehen nun nicht mehr parallel zur Newa, sondern im rechten Winkel zu ihr, und in Harmonie mit der Linkskurve der Newa ist jede neue Häuserzeile um einen Schritt vorgesetzt. Es gibt hier viele Anlegestellen, aber keine mehr für Personenboote oder Ausflugsschiffe. Nur Frachter, Handelsschiffe, Segler legen hier an. 1959 konnten die Leningrader hier ihren neuen Atom-Eisbrecher bewundern, bevor er in die Polarmeere fuhr. Er ist mit »Treibkraft« für ein Jahr ausgerüstet. Vor der Marine-Akademie steht das Denkmal für *Iwán Krusenstern,* der 1803 bis 1806 die erste russische Expedition für eine Erdumschiffung leitete.

Am Ende des Leutnant-Schmidt-Kais kommen wir zur Hochschule für Bergbau, Plechanow-Montaninstitut (Górnyj institút Plechánowa) ❼.

1811 wurde das Institut von *Woronichin* für die schon 1773 gegründete Hochschule für Bergbau errichtet. Es ist ein eindrucksvolles Gebäude in der Form eines dorischen Tempels mit einem von 12 Säulen gestützten Portikus. Vor dem Haupteingang stehen zwei Skulpturengruppen: Herakles im Kampf mit Antäus und Pluto, die Proserpina raubend. Der Hochschule ist ein Bergbaumuseum angegliedert. U. a. ist dort ein Meteorit von 300 kg zu sehen und ein Malachitblock von 1 500 kg aus dem Ural. Interessant ist auch eine schöne Sammlung von Diamanten aus Jakutien.
Der *Eingang* zum Bergbaumuseum ist 21. Linie, Nr. 2. Von der Leutnant-Schmidt-Brücke aus haben die Querstraßen zum Kai keine Namen mehr, sondern als »Linien« nur Nummern.

Die schönste Straße der Wassíljewski-Insel aber ist zweifellos der 80 m breite und 4 km lange »Große Prospekt« (Bol'schój pr.) ③, auf beiden Seiten mit Bäumen bepflanzt, der bis zu dem künftigen großen Hafen der Wassíljewski-Insel führt. Rechter Hand fällt ein langes fünfstöckiges Gebäude mit Turm ins Auge: es ist der erste 1933 fertiggestellte Kírow-Kultur-Palast (Bol'schój pr. 73). Heute gibt es unzählige dieser Paläste in Leningrad, aber der Kírow-Palast ist der bekannteste geblieben. Seine Amateur-Theatergruppe z. B. hat sich einen Namen gemacht und Gastspielreisen in andere russische Städte unternommen. Ihr Paradestück: »Faust«, Walpurgisnacht inbegriffen, mit dem sie sogar im Kongreß-Palast in Moskau gastierte.

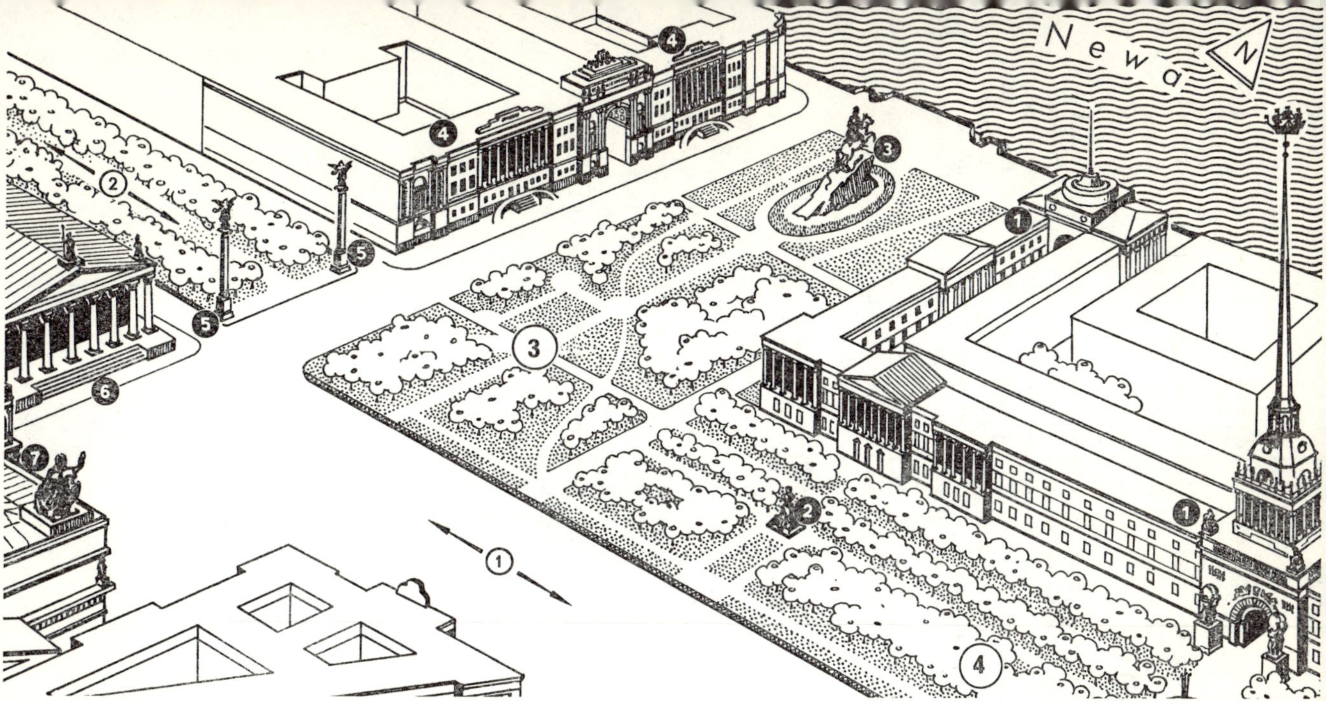

Plan 5: Dekabristen-Platz (Dekabrístow pl.)

❶ Admiralität (Admiraltéjstwo ❷ Denkmal des russischen Geographen N. Prshewalski (Pám'atnik N. Prshewálskomu) ❸ Denkmal Peters I., der sog. »Eherne Reiter« (Pám'atnik Petrú I., médnyi wssádnik) ❹ Gebäude des ehem. Senats und der Synode (Senát) ❺ Säulen mit Bronzefiguren der Ruhmesgöttin (Kolónny s figúrami bogín'i sláwy) ❻ Ehem. Gardekavallerie-Manege (Konnogwardéjskij manésh) ❼ Isaaks-Kathedrale (Isaákijewskij sobór) – ① Admiralitäts-Prospekt (Admiraltéjskij pr.) ② Boulevard der Gewerkschaften (Profsojúsow bul'wár) ③ Dekabristen-Platz (Dekabrístow pl.) ④ Gorki-Garten (Sad im. M. Górkowo).

DIE »GROSSE SEITE«

(Bol'schája storoná)

Pläne 5 bis 15

Admiralität (Admiraltéjstwo) **und Dekabristen-Platz** (Dekabrístow pl.) **Plan 5**

Will man von den bisher besprochenen Bezirken zur »Großen Seite« kommen, so benützt man die in diesen Kapiteln am Anfang angegebenen Möglichkeiten dorthin zu gelangen in umgekehrter Richtung. Zur Admiralität selbst und zum Dekabristen-Palast gelangt man von der Innenstadt her über den Newski-Prospekt.

Admiralität (Admiralitéjstwo) ❶, siehe Abb. S. 122.

Schon in der am Anfang des 18. Jh.s entworfenen Stadtplanung war der Punkt, wo sich heute die Admiralität erhebt, als Zentrum des linken Newa-Ufers vorgesehen worden. Hier treffen strahlenförmig die großen Hauptadern der »Großen Seite« zusammen: der Newski-Prospekt *(Pläne 9 bis 12)*, die Dserschínski-Straße und der Majórow-Prospekt, der an seinem Südende Ismaílowski-Prospekt heißt. Außerdem wird die Admiralität von den zwei schönsten Plätzen Leningrads flankiert: dem Schloß-Platz (Dworzówaja pl.), *Plan 7*, im Osten und dem Dekabristen-Platz (Dekabrístow pl.) ③ im Westen.
Ein aufmerksamer Besucher Rußlands meinte einmal, Moskau habe sich kreisförmig um den Kreml entwickelt mit einem Gewirr von Gassen und Gäßchen und die Plätze seien erst hinterher eingefügt worden, Leningrad hingegen habe mit den Plätzen begonnen, von denen aus weite Alleen, Straßen und Kanäle durch Urwald und Sümpfe gelegt wurden. Für die »Große Seite« trifft diese Beobachtung zweifellos zu.
Bis 1870 war der große Hof der Admiralität auf der der Newa zugewandten Seite offen. Dann begann man dort Appartementshäuser zu bauen. Peter der Große hatte hier 1704 eine Schiffswerft errichten lassen, die dann zur Festung mit hohen Wällen ausgebaut wurde. 1706 lief dort das erste Kriegsschiff, mit 18 Kanonen bestückt, von Stapel. 1711 entstand hier das Admiralitäts-Kollegium (Peter nannte alle seine Ministerien »Kollegium«). Es war schon ein Steinbau, dem Zarin Anna später, 1734, einen Turm aufsetzen ließ; der Erbauer der heutigen Admiralität bezog ihn dann in seinen Entwurf mit ein. Die hohen Festungswälle wurden erst unter Paul I. geschleift, um mit Linden bepflanzten Boulevards Platz zu machen. Sein Sohn, Alexander I., gab den Auftrag zu dem grandiosen Bau der Admiralität an *Sachárow*, der in Paris studiert hatte. Er begann 1806 mit dem Bau, aber erlebte die Fertigstellung nicht mehr, da er schon 1811 starb. Das 1823 beendete Gebäude hat imposante Ausmaße: die Frontseite mißt 406 m, die Seitenflügel 168 m. Schattige hochgewachsene Bäume im Gorki-Park verbergen fast das Eingangstor, vor dem ein breites Becken mit Springbrunnen steht. Das Zentrum des Gebäudes wird durch einen fensterlosen Kubus mit einem reich-

Admiralität **5** ❶

verzierten Eingangstor gebildet; darüber erhebt sich der kurze, mit dorischen Säulen verzierte Turm mit einer goldenen Kuppel und einer 72,5 m hohen, ebenfalls vergoldeten nadelförmigen Spitze. Diese goldenen Nadel ist als charakteristisches Wahrzeichen Petersburgs berühmt geworden. Die Wetterfahne darauf hat die Form einer Karavelle und diese ist – fast wie der Bär für Berlin – zum Symbol der Stadt geworden. Wir finden sie auf unzähligen Andenken, als Wappen, in den öffentlichen Büros und auf der zum Gedenken an die Verteidigung von Leningrad im Zweiten Weltkrieg geprägten Münze. Die Admiralität wurde von 18 Bomben und 58 Schrapnell-Granaten getroffen.

Der Baustil ist klassizistisch, reich an Skulpturen und Ornamenten. Auf beiden Seiten des großen Tores Standbilder der den Erdball stützenden Frauen, die die Göttin Hekate, Wasser, Erde und Himmel darstellen. Der Fries des Kubus ist ein Werk des Bildhauers *Terebénjew,* der seine Werke im emphatischen Stil der Zeit schuf. Gott Neptun überreicht seinen Dreizack Peter dem Großen, von Minerva begleitet. Eine junge Frau unter einem Lorbeerbaum, Rußland symbolisierend, trägt ein Füllhorn in den Händen, das Merkur berührt: Handel, Macht, Weisheit und Stärke sind so vereint. Die Ecken des Kubus zieren wiederum Skulpturen, diesmal Krieger und auf den Kolonnaden des Turmes symbolisieren 12 Statuen die Monate des Jahres. Dem, der es ganz genau wissen möchte, sei mitgeteilt, daß außerdem noch 350 Stuckverzierungen angebracht sind.

Die Admiralität beherbergt die Dserschínski-Marine-Ingenieurschule; sie wird südlich vom Gorki-Garten (Sad im. M. Górkowo) ④ begrenzt, in dem sich ein 1892 errichtetes Denkmal des russischen Geographen N. Prshewalski (Pám'atnik N. Prshewálskomu) ❷ befindet. An den schattigen Park schließt sich im Westen der ehem. Senats- und heutige Dekabristen-Platz ③ an.

Die Ableitung seines Namens von dekabr = Dezember erinnert an jenen ersten fehlgeschlagenen Aufstand adliger Gardeoffiziere am 14. Dezember 1825, kurz nach der Thronbesteigung Nikolájs I. (siehe »Geschichte«).

Dort steht, der Newa zugewandt, Leningrads berühmtestes Standbild, das Denkmal Peters I., der sog. »Eherne Reiter« (Pám'atnik Petrú I., médnyi wssádnik) ❸.

Katharina II. wollte Peter dem Großen, der für sie das Idealbild eines Herrschers war, ein würdiges Denkmal schaffen. Die französische Kunst war damals in Rußland Mode und über *Diderot* nahm die Zarin Verbindung mit *Etienne Falconet* auf, der für 300 000 Livres bereit war, das Standbild in 8 Jahren fertigzustellen. Aus den 8 Jahren wurden allerdings 12 und bei der Einweihung am 7. August 1782 war der Schöpfer nicht zugegen, da er sich unterdessen mit der Herrscherin überworfen hatte und von einem schweren Leiden befallen war.

Falconet wollte im Gegensatz zur herkömmlichen Manier ein dynamisches, lebendiges Denkmal schaffen, das ein Symbol des unaufhaltsam fortschreitenden Rußland sein sollte. Mit einem Lorbeerkranz geschmückt, sitzt der Zar auf einem sich bäumenden Roß, mit der Hand nach der Newa weisend. Zu Füßen des Pferdes windet sich eine zertretene Schlange, Sinnbild überwundener Falschheit und Bosheit. Die Inschrift ist einfach: *»Petro primo Catharina secunda 1782«.*

Die 5 m hohe Statue steht auf einem riesigen Granitblock von 13 m Länge, 7 m Breite und 5 m Höhe. Er wurde in Karelien, nicht allzuweit entfernt von Leningrad,

gefunden und die Petersburger nannten ihn den »Donnerfelsen«, weil er durch einen Blitz vom Berg abgesprengt worden war. Die Legende will sogar, daß Peter der Große auf ihn kletterte, um von dort das Werden der neuen Hauptstadt zu beobachten. Der Transport dieses Ungetüms, das ursprünglich 1 600 t schwer war mit einem Volumen von 550 m^3, dauerte zwei Jahre, während der Reise waren schon 48 Steinmetzen am Werk, um ihn zu bearbeiten. Bei dem Stand der damaligen Technik muß der Transport als eine erstaunliche Leistung erscheinen. Man hatte Rollenlager gebaut, d. h. mit Kupferblech beschlagene Stämme, auf denen sich eine Art Schlitten fortbewegte. Der Felsblock selbst ruhte auf einer Drehscheibe, die mit Hilfe von Hebewinden (Hunderte von Arbeitern waren dazu nötig) auf die beiden Kufen gezogen wurde. Der Transport allein kostete 160 000 Rubel. Um das Gleichgewicht des sich aufbäumenden Pferdes zu halten, ist der Bronzeguß im hinteren Teil des Pferdes verstärkt worden und zusätzlich 5 000 kg Eisen in das Hinterteil und den Schwanz eingegossen worden. Die Schlange, auf die sich der Schwanz stützt (dies ist der dritte, wenig beachtete Punkt, auf dem die Statue ruht), ist das Werk eines Mitarbeiters, des Russen *Fjodor Gordéjew*. Als Modelle für das Pferd standen Falconet die schönsten Pferde des Marstalls zur Verfügung; ein Kavalleriegeneral, der in der Statur Peter dem Großen ähnelte, war das Modell für die Figur. Schwierigkeiten bereitete dem Bildhauer allein der Kopf, denn er wollte, daß das Gesicht zugleich Intelligenz und Willenskraft ausdrücke. Zu Hilfe kam ihm seine junge Mitarbeiterin und zukünftige Schwiegertochter, *Marie Collot,* die in einer Nacht den Kopf modellierte.
Man nennt das Denkmal in Leningrad den »ehernen Reiter« nach dem berühmten Gedicht von Puschkin.

Wenn man mit dem Rücken zur Newa steht, hat man rechter Hand zwei weiß-gelbe Gebäude, die durch einen großen Bogen (durch den die Rote Straße führt) miteinander verbunden werden. Es sind die Gebäude des ehem. Senats und der Synode (Senát) ❹.

Diese beiden Bauten, die einst die höchsten weltlichen und geistlichen Institutionen des alten Rußland aufnahmen, beherbergen heute historische Archive. Sie waren das letzte große Werk des italienischen Baumeisters *Carlo Rossi* (zwischen 1829–1834). Carlo Rossi war um jene Zeit nicht mehr in Gunst und vieles an seinem ursprünglichen Entwurf ist geändert worden. Vor den Gebäuden versinnbildlichen Skulpturen: Justiz, Wachsamkeit, Unvoreingenommenheit, Wahrheit, Weisheit, Gesetzeskunde, Standhaftigkeit, Frömmigkeit und Glaube.

Weiterschreitend treffen wir am Anfang des Boulevards der Gewerkschaften (Profsojúśow bul'wár) ② (vor der Revolution Boulevard der »Gardekavallerie«) auf die beiden Säulen mit Bronzefiguren der Ruhmesgöttin (Kolónny s figúrami bogín'i sláwy) ❺.

Diese 10 m hohen Säulen aus poliertem Granit wurden 1845 hier aufgestellt; die Figuren sind ein Werk des deutschen Bildhauers *C. Rauch;* das Ganze ist ein Geschenk des österreichischen Kaisers an den russischen Zaren.

An den Boulevard schließt sich der klassische Bau der ehem. Gardekavallerie-Manege (Konnogwardéjskij manésh) ❻ an.

1807 von *Quarenghi* errichtet ähnelt der Bau einem antiken griechischen Tempel. Davor stehen Marmorstatuen der Dioskuren, der Söhne von Zeus und Leda. Sie scheinen Zwillingsbrüder der auf dem Quirinal-Platz in Rom stehenden zu sein. Die große Reithalle dient heute Ausstellungen.

Wenn man seine Tour vom »Ehernen Reiter« an der Newa entlang in Richtung offenes Meer weiter fortsetzt (*Trolleybus:* 5, 6, 14 / *Autobus:* 6, 49, 50 / *Tram:* 1, 5, 6, 8, 11, 15, 21, 24, 26, 31 Haltestelle: Trudá pl.), kommt man – sobald man rechter Hand die Leutnant-Schmidt-Brücke *4* ④ passiert hat – linker Hand zum Museum der Geschichte Leningrads (Muśéj istórii Leningráda), Krásnowo flóta náb. 44.

Geöffnet: donnerstags–dienstags von 10.00 bis 18.00 Uhr.
Geschlossen: mittwochs.

Das Museum befindet sich im ehemaligen Palais Rumjánzew, das Ende des 18. Jh.s entstanden war und 1826 umgebaut wurde. Die Gründung des Museums geht auf das Jahr 1918 zurück. Die Sammlung wurde von der »Gesellschaft der Freunde des alten Petersburg« gestiftet. Sie enthält seltene Manuskripte, Karten und Pläne aus der Gründerzeit, auch solche, die später nicht ausgeführt wurden. Außerdem Originalzeichnungen und Entwürfe der berühmtesten Architekten der Stadt wie *Rastrelli, Quarenghi, Woronichin, Stárow, Rossi* u. a. Die Ausstellung ist sehr übersichtlich chronologisch geordnet. Nach 1954 wurde das Museum um eine Sammlung über die legendäre Verteidigung Leningrads im Zweiten Weltkrieg vergrößert. Der Besucher kann hier u. a. ein 125 g schweres Brotstück sehen, das während der Belagerung die tägliche Lebensmittelration der Leningrader ausmachte. Hinzu kommen heute außerdem noch die Pläne über die zukünftige Gestaltung der Stadt.

Isaaks-Platz (Isaákijewskaja pl.) **Plan 6**

Der Dekabristen-Platz **5** ③ setzt sich in südlicher Richtung (von der Newa weg) als Isaaks-Platz (Isaákijewskaja pl.) ① fort. Gewissermaßen als Trennung dient die mächtige Isaaks-Kathedrale (Isaákijewskij sobór) ❶.

Geöffnet: donnerstags–dienstags von 11.00 bis 19.00 Uhr, doch werden nach 16.00 Uhr keine Billetts mehr ausgegeben.
Geschlossen: mittwochs.

Für die Kathedrale und die Turmbesteigung müssen getrennte Karten gelöst werden.

Ehemals war sie die »Kathedrale des hl. Wundertäters Isaak des Dalmatiners«, dessen Namenstag mit dem Geburtstag Peters des Großen zusammenfiel. Die erste Isaaks-Kirche wurde schon kurz nach der Gründung der Stadt errichtet. Es war eine bescheidene Holzkirche, die man 1727 durch eine Steinkirche ersetzte, ungefähr an dem Punkt, wo heute das Standbild Peters des Großen auf dem Dekabristen-Platz steht. Doch der Kirche drohte bald Einsturz, da sie auf unsicherem Grund ruhte; schließlich brannte sie ab. Man entschloß sich nun, eine neue Kirche von der Newa entfernt zu bauen. Die 1802 errichtete entsprach aber keinesfalls der Weite des Platzes, so daß unter Alexander I. ein Wettbewerb ausgeschrieben wurde. Dazu meldete sich aus Frankreich ein bis dahin unbekannter Bewerber, *Montferrant,* der gleich 24 Variationen, die allen Stilen und jedem Geschmack Rechnung trugen, einreichte. Er bot Kirchen in chinesischem, indischem, byzantinischem, alt-griechischem, gotischem und Renaissancestil an. Der Zar wählte selbst aus und entschied sich für das heute zu sehende Modell. Montferrant war eigentlich Zeichner, die Kenntnisse des Architekten eignete er sich während des Baues an. Ihm zur Seite stand ein namhaftes Team, dem u. a. *Carlo Rossi, Abraham Mélnikow, Alexander* und *Andrej Micháilow* angehörten.

Isaaks-Kathedrale **6 ➊**

Vierzig Jahre wurde an dieser Kathedrale gebaut. Unter Alexander I. begonnen, wurde sie erst unter seinem Neffen Alexander II. beendet. Wiederum mußten zuerst ganze Wälder in dem Sumpfboden versenkt werden: nach der Statistik sollen es 24 000 Stämme gewesen sein. 440 000 Menschen haben an dem Bau mitgearbeitet; dennoch war es später immer wieder nötig, durch Unterbauten einer Senkung der Kirche nach der Newa-Seite hin entgegenzuarbeiten. Ein Kapitel für sich war die Aufstellung der 112 riesigen Granitsäulen, jede mit einem Gewicht von 130 Tonnen.

An der Kathedrale wurde nicht gespart: an der Nord- und Südseite befinden sich Peristyle, die vage an das Pantheon in Rom erinnern und von je 16 Granitsäulen getragen werden. Mächtige Bronzetüren, deren Flügel fast 10 000 kg wiegen, führen in das außerordentlich prächtige Innere. 43 verschiedene Gesteinsarten, Mosaiken und Emaillen in 28 000 Farbschattierungen wurden benützt. Viele Säulen sind aus so kostbarem Material wie Lapislazuli und Malachit, Fußboden und Wände aus russischem, italienischem, französischem Marmor. Die namhaftesten Künstler des 19. Jh.s arbeiteten für die Kathedrale. Von *K. P. Brüllow* und *P. W. Bassin* ist das riesige Deckengemälde; an den 382 Statuen arbeiteten Bildhauer wie *Klodt, Vitali, Pímenow* und andere mit. Besonders schön sind die herrlichen Mosaikbilder der Ikonostasis und das riesige (30 m²) Glasfenster über dem Hauptaltar, die Auferstehung Christi darstellend. Die Kirche kann bequem 14 000 Menschen fassen.

Die Kathedrale wurde 1931 zum Museum. Man kann auch eine Abteilung besichtigen, die über die Geschichte und die Entstehung der Kathedrale informiert. Interessant ist das von der Mittelkuppel herabhängende 98 m lange Foucault'sche Pendel, das die Drehung unseres Planeten veranschaulicht.

In der Mitte des Isaaks-Platzes erhebt sich das Reiterstandbild Zar Nikolájs I. (Pám'atnik Nikoláju I.) ❷.

Das Denkmal wurde ebenfalls von *Montferrant* entworfen, die Reiterstatue jedoch von *Peter Klodt* geschaffen. Das schwere Bronzepferd ruhte auf nur zwei Punkten der Hinterfüße. Der hohe Sockel des Standbildes ist mit den allegorischen Figuren Glaube, Weisheit, Gerechtigkeit und Macht geschmückt. Die Basreliefs feiern den Sieg des Zaren über die Dekabristen, den Aufstand des Volkes während der Cholera im Jahre 1831, der durch das mutige Auftreten des Zaren verhindert wurde. Schon 1 500 Menschen waren der Epidemie zum Opfer gefallen und fanatische Volksmassen hatten sich auf dem Heumarkt versammelt, da das Gerücht umging, Deutsche und Polen hätten die Brunnen vergiftet. Der Zar ging ihnen entgegen und kniete nieder, um den Himmel um die Abwendung der Drangsal zu bitten. Er hatte das psychologisch einzig Richtige getan: die Masse des Volkes kniete ebenfalls nieder und der Aufstand verlief unblutig. Das dritte Basrelief zeigt den Zaren bei der Ordensverlei-

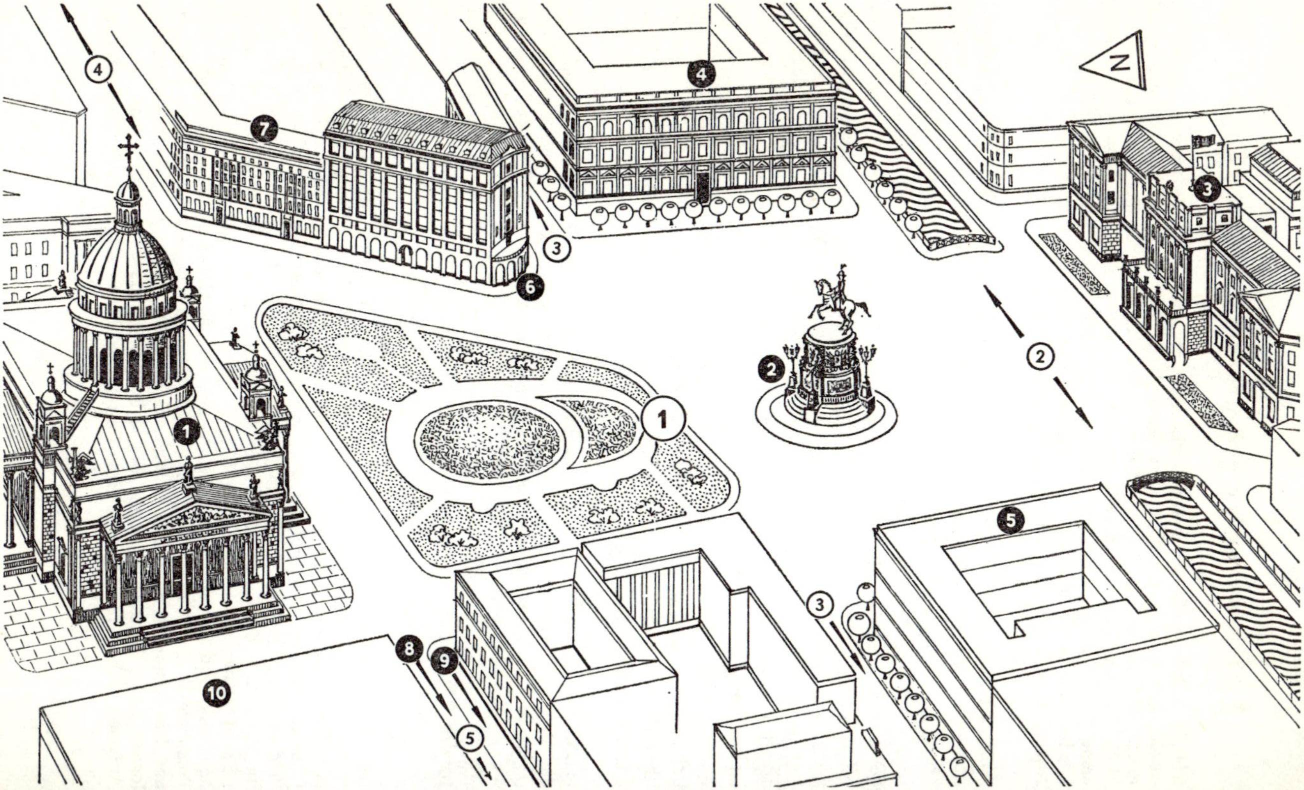
N

hung an Speránski für seine Herausgabe der »Vollständigen Gesetzessammlung« (siehe auch Abschnitt Geschichte) und das vierte Relief bildet den Zaren bei der Besichtigung der Eisenbahnstrecke Petersburg–Moskau ab. Die Laternen, die an den Ecken des Denkmals stehen, sind noch mit den Emblemen des zaristischen Rußland – Krone und Doppeladler – geschmückt.

Die wenigsten Besucher des Isaaks-Platzes werden gewahr, daß er an der Südseite in eine Brücke über die Móika ausläuft. Die Blaue Brücke (Sínij most) ② ist mit 99 m Breite die breiteste (und dabei kürzeste) Brücke der Stadt. Sie führt zu dem von *Andréj Stackenschneider* 1844 erbauten Rathaus, Sitz der Exekutive, ehem. Marinskij-Palais (Ispolkóm Gorsowjéta) ❸.

Nikoláj I. ließ es für seine älteste Tochter errichten. Später tagte hier der Staatsrat. An den Fronten des Gebäudes sieht man Darstellungen der Orden, mit denen die Stadt Leningrad ausgezeichnet wurde.

Wenn wir dem Rathaus den Rücken zuwenden, haben wir rechts und links des Platzes zwei ganz gleiche Baulichkeiten. Das Institut für Pflanzenschutz (Institút rastenijewódstwa) ❹ rechts und das Institut für Pflanzenkunde (Institút saschtschíty rasténij) ❺ links. Sie wurden 1853 von *N. Jefímow* für das Landwirtschaftsministerium gebaut und haben auch heute noch mit Landwirtschaft zu tun.

An beiden fließt auf der einen Seite die Móika vorüber, deren breite Uferstraße mit schattigen Bäumen bepflanzt ist, und an beiden führt auf der anderen Seite die Herzen-Straße (Gérzena úl.) ③ entlang, die den Néwski-Prospekt mit der Glinka-Straße (Glínki úl.) **13** ③ verbindet. Wenn wir dann rechts weitergehend die Herzen-Straße überqueren, kommen wir an

Plan 6: Isaaks-Platz (Isaákijewskaja pl.)

❶ Isaaks-Kathedrale (Isaákijewskij sobór) ❷ Reiterstandbild Zar Nikolájs I. (Pám'atnik Nikoláju I.) ❸ Rathaus, Sitz der Exekutive, ehem. Mariinskij-Palais (Ispolkóm Gorsowjéta) ❹ Institut für Pflanzenschutz (Institút rastenijewódstwa) ❺ Institut für Pflanzenkunde (Institút saschtschíty rasténij) ❻ Hotel »Astoria« ❼ Hotel »Leningradskaja« ❽ → Zum Hauptpostamt (Gláwnyj potschtámt) ❾ → Zum zentralen fernmeldetechnischen Alexander-Popow-Museum (Zentrál'nyj muséj sw'ási Popówa) ❿ Museum für Musikinstrumente (Wýstawka musikál'nych instruméntow) – ① Isaaks-Platz (Isaákijewskaja pl.) ② Blaue Brücke (Sínij most) ③ Herzen-Straße (Gérzena úl.) ④ Gogol-Straße (Gógol'a úl.) ⑤ Straße des Fernmeldeverbandes (Sojúsa sw'ási úl.)

der etwas vorstehenden Ecke zum Hotel »Astoria« ❻, dem ältesten und feudalsten Hotel aus der Zarenzeit, 1913 gebaut, und zum Hotel »Leningrádskaja« ❼, das im Majórow-Prospekt 10/24 liegt.

Auf dem Majórowa pr. mündet, kurz hinter den Hotels, vom Néwski-Prospekt kommend, die Gogol-Straße (Gógol'a úl.) ④, in der fast jedes Haus eine Geschichte hat. Sie hieß früher »Kleine Marinestraße«; ihren heutigen Namen verdankt sie Haus Nr. 17, wo eine Gedenktafel daran erinnert, daß hier *Gógol* gewohnt hat; andere Gedenktafeln sagen uns, daß in Nr. 23/8 *Dostojéwski,* in Nr. 13/8 *Iwan Turgénjew* und *Pjotr Tschaikówski* lebten, während im Haus Nr. 15 *Púschkin* aus und ein ging.

Auf der anderen Platzseite, den Hotels gegenüber, sehen wir zuerst einen Palast, der vor dem Ersten Weltkrieg der Deutschen Botschaft gehörte. Er wurde 1912 von *Behrens* gebaut. In der zwischen dem Boulevard der Gewerkschaften **5** ② und der Herzen-Straße ③ parallel zu beiden liegenden Straße des Fernmeldeverbandes (Sojúśa sw'ási úl.) ⑤ steht das Leningrader Hauptpostamt (Gláwnyj potschtámt) ❽.

Es wurde schon 1789 von *Nikoláj Lwow* errichtet, aber später des öfteren umgebaut. Es ist eines der größten Postämter der Sowjetunion und jeden Tag werden dort 400 000 Briefe, 1 Million Zeitungen und 50 000 Zeitschriften abgefertigt. 1962 wurde an der Fassade der Galerie eine originelle Uhr mit zwei Zifferblättern angebracht, von denen das äußere die Moskauer Zeit und das Innere die Zeiten anderer Zonen anzeigen; die helle Hälfte die Tages-, die dunkle Hälfte die Nachtzeit. Jede neue Stunde wird durch ein helles Läuten angezeigt, das jedoch um Mitternacht aufhört, um die Ruhe der umliegenden Anwohner nicht zu stören. Für Briefmarkensammler sind hier auf der Hauptpost jederzeit die neuesten Serien erhältlich.

In einer Seitenstraße, nicht weit vom Postamt entfernt, befindet sich – im alten, 1780–1790 erbauten Palais Besboródko, Pereúlok Podbélskowo 4 – das Zentrale fernmeldetechnische Alexander-Popow-Museum (Zentrál'nyj muśéj sw'asi Popówa) ❾ für das Verbindungswesen.

Geöffnet:	dienstags und donnerstags von 12.00 bis 19.00, mittwochs und freitags von 12.00 bis 18.00, samstags und sonntags von 11.00 bis 18.00 Uhr.
Geschlossen:	montags.
Eintritt:	frei.

Der philatelistisch interessierte Tourist sollte nicht versäumen, dieses Museum, das bei den kurzen Sight-seeing-Programmen nicht vorgesehen ist, zu besuchen; denn es enthält eine Sammlung von mehr als 3 Millionen Briefmarken aus aller Welt. Man kann dort noch russische Marken von der Insel Kreta sehen, aus der Zeit der russischen Oberhoheit; Marken des Großherzogtums Finnland und Marken aus der Zeit des Bürgerkrieges 1917–1921. Außerdem erfährt man unterhaltende Dinge: daß das russische Postwesen bis ins Kiewer Reich zurückführt, als die Bevölkerung ihren Fürsten Pferde und Wagen zur Verfügung stellen mußte; daß die Post in Rußland niemals in privaten Händen lag, wie in anderen europäischen Ländern (man braucht nur an Thurn und Taxis zu denken), sondern stets dem Staat gehörte; daß ein regulärer Postdienst um 1660 unter dem Zaren Alexéj Micháilowitsch eingerichtet wurde; daß die erste Postroute nach Kurland und Schweden führte; daß das Wort »Post« zum erstenmal in den Waffenstillstandsverhandlungen zwischen Rußland und Polen 1667 auftauchte; daß die russischen Postillons in einem grünen Kaftan mit rotem Adler ihre Troikas kutschierten; daß am Anfang des 18. Jh.s Moskau mit dem Westen durch regelmäßige Brief- und Paketpost verbunden war, die donnerstags – über Smolensk–Wilna–Königsberg–Berlin – in Amsterdam eintraf und freitags um 12 Uhr auf dem gleichen Weg nach Moskau zurückfuhr; daß die Feldpost 1716 von Peter dem Großen gegründet wurde und viele andere kuriose Dinge, durch Bilder, Dokumente, Fotografien belegt; auch die ersten Briefkästen und Postkutschen kann man besichtigen.

Wir kehren zum Isaaks-Platz zurück und haben hier als letztes Gebäude an der Ecke der Straße des Fernmeldeverbandes (Sojúsa sw'ási úl.) ⑤, am Isaaks-Platz 5, das Museum für Musikinstrumente (Wýstawka musikál'nych instruméntow) ❿, ehem. Súbow-Palais.

Geöffnet: mittwochs, freitags und sonntags von 12.00 bis 18.00 Uhr.
Geschlossen: an den übrigen Tagen der Woche.
Eintritt: frei.

Das Museum ist dem Institut für Theater, Musik und Film angegliedert und enthält eine einzigartige Sammlung von 2 500 Musikinstrumenten der verschiedensten Zeiten und Völker. Außerdem sind hier auch die Klaviere zu sehen, die den berühmtesten russischen Komponisten und Künstlern, wie *Rímski-Kórsakow, Glínka, Rubinstein* u. a. gehörten.

Wer die Absicht hat, vom Isaaks-Platz aus den Theater-Platz **(Plan 13)** zu erreichen, dem sei der Rat gegeben, diesen kurzen Weg zu Fuß zurückzulegen; er wird es nicht bereuen, weil er dabei noch mit einem Teil eines fast unberührten »Leningrad« in Berührung kommt. Die Route führt entweder entlang der Móika und über die Glínka-Straße **13** ③ oder über den Majórow-Prospekt und die Dekabristen-Straße **13** ④.

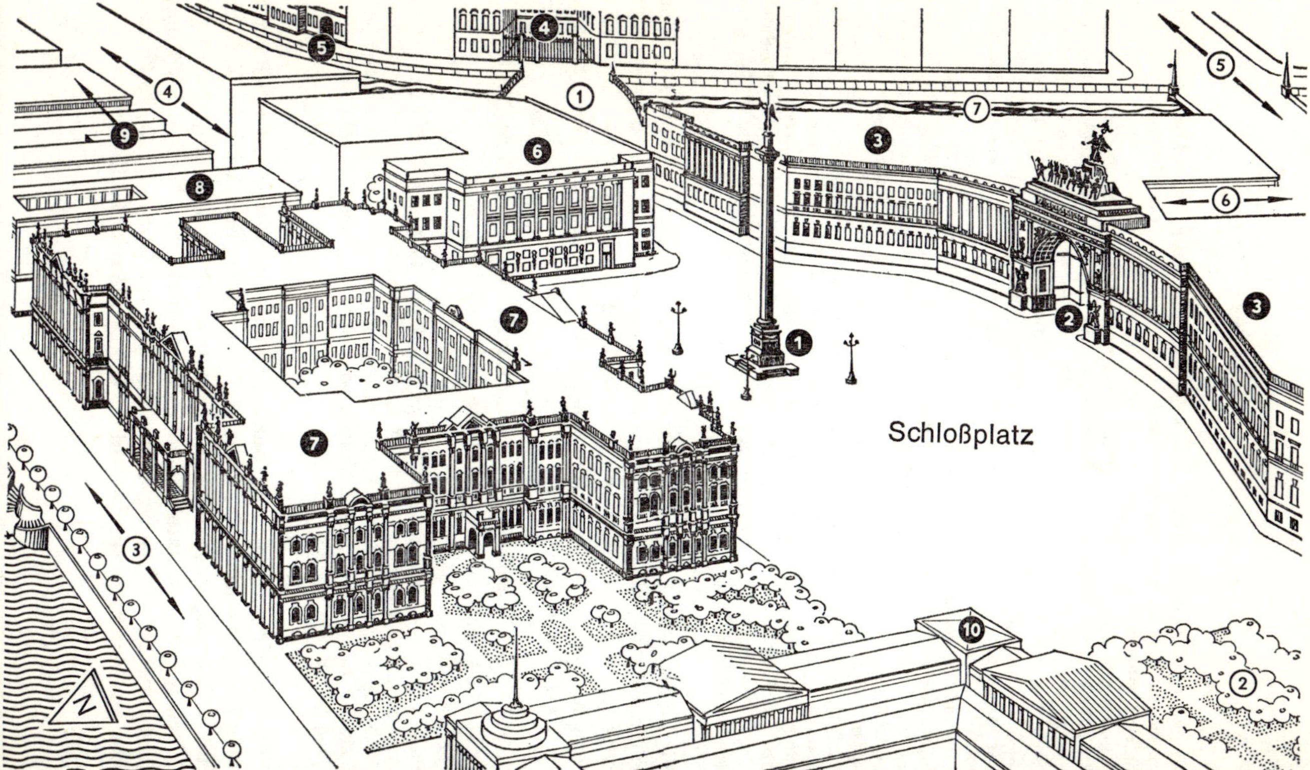
Schloßplatz
N

Der Schloß-Platz (Dworzówaja pl.) **Plan 7**

Von der Wassíljewski-Insel *(Pläne 3 und 4)* aus über die Schloß-Brücke (Dworzówij most) *3* ④ zu erreichen. *Trolleybus:* 1, 23, 25, 46 / *Tram:* 2, 3, 12, 22, 34. *Zu Fuß* ist der kürzeste Weg vom vorher beschriebenen Isaaks-Platz *6* ① durch die Herzen-Straße *6* ③, die den Néwski-Prospekt *(Pläne 9 bis 12* und *7* ⑤) überquert und direkt zu den beiden Triumphbögen (Triumfál'nyje árky) ❷ auf dem Schloß-Platz führt; vom Dekabristen-Platz *5* ③ aus geht man längs der Admiralität (Admiraltéjstwo) *5* ❶ oder durch den Górki-Park ② und *5* ④, der ebenfalls an den Schloß-Platz grenzt.

Der Schloß-Platz kann wohl als der Höhepunkt des Stadterlebnisses gelten. Der besondere Eindruck entsteht durch die weiten, doch trotzdem harmonischen Proportionen dieses größten und zugleich ältesten Platzes der Stadt. Es scheint uns heute fast unglaublich, daß es zur Zeit der Zarin Anna verboten war, auf diesem Platz »Hasen zu schießen« oder daß noch während Elisabeths Regierung dort Hafer wuchs. Obgleich die heutige Form des Platzes nicht in e i n e r Epoche entstanden ist und obgleich viele Baumeister verschiedener Stilrichtungen daran mitwirkten, bietet er doch ein außerordentlich harmonisches und einheitliches Bild.

Für die Geschichte der Stadt ist der Platz unlöslich mit drei großen Ereignissen verbunden: dem »blutigen Sonntag«, 9. Januar 1905, als die Polizei auf eine friedliche Abordnung von Arbeitern und Bauern schoß, die den Zaren sprechen wollte (siehe »Geschichte«), der Abdankung der Monarchie im Februar 1917 und dem siegreichen Sturm der Bolschewiken im Oktober desselben Jahres auf das Winterpalais, wo sich die Provisorische Regierung, von Kadetten und einem Frauenbataillon verteidigt, verschanzt hatte. Sie wurde überwältigt und festgenommen. Nur Kerénskij, der in Gátschina geblieben war, gelang es zu fliehen.

Plan 7: Schloß-Platz (Dworzówaja pl.)

❶ Alexander-Säule (Aleksándrowskaja kolónna) ❷ Triumphbogen (Triumfál'naja árka) ❸ Gebäude des ehem. Generalstabs und des Außenministeriums (Generál'nyj schtab) ❹ Staatl. Glinka-Chor (Kapélla im. M. Glínki) ❺ Sterbezimmer Puschkins (Muséj-kwartíra Púschkina) ❻ Gebäude des ehem. Gardekorps (Schtab gwardéjskowo kórpusa) ❼ Winterpalais/Eremitage (Símnij dworjéz/Ermitásh) ❽ Kleine Eremitage (Málenkij Ermitásh) ❾ Neue Eremitage (Nówyj Ermitásh ❿ Admiralität (Admiraltéjstwo) – ① Sänger-Brücke (Péwtscheskij most) ② Gorki-Garten (Sad im M. Górkowo) ③ Schloß-Kai (Dworzówaja náb.) ④ Chaltúrin-Straße (Chaltúrina úl.) ⑤ Newski-Prospekt (Néwskij pr.) ⑥ Herzen-Straße (Gérzena úl.) ⑦ Móika.

Tor zum Winterpalais **7 ❼** *und Alexander-Säule* **7 ❶**

In der Mitte des Platzes erhebt sich die mächtige Alexander-Säule (Aleksándrowskaja kolónna) ❶.

Sie wurde 1834 nach einem Entwurf *Montferrants* zu Ehren des Sieges Alexanders I. über Napoleon errichtet und ist die höchste Säule dieser Art, höher als die Trajans-Säule in Rom, die Säule auf dem Place Vandôme in Paris und die Pompejus-Säule in Alexandrien. Zwei Jahre dauerte es, bis der Granitblock aus dem Fels gehauen war und fast 200 Arbeiter und Soldaten waren nötig, um die Säule aufzustellen. Sie steht ganz ohne Stütze, nur durch ihr mächtiges Eigengewicht – 600 t – gehalten. Die Säule ist 47,5 cm hoch, der Durchmesser am Boden 3,65 m, an der Spitze 3,19 m. Der Sockel ist mit Hochreliefs, die den Sieg Rußlands feiern, geschmückt, auf der Spitze der Friedensengel mit dem Kreuz in der Hand, ein Werk des Bildhauers *Boris Orlówsky*. Um den Boden unter der Säule zu festigen, waren 1 200 Holzstämme nötig, damit der sumpfige Untergrund ausgefüllt wurde. Es war Winter, als die Säulenbasis geschaffen wurde und man erzählt sich, daß Montferrant angeordnet hätte, den Mörtel mit Wodka anzurühren, um ihn vor dem Gefrieren zu bewahren.

Die Paradeinfahrt zum Schloß-Platz führt durch den prunkvollen, doppelten Triumphbogen (Triumfál'naja árka) ❷, mit dem *Carlo Rossi* das weite Halbrund des Generalstabsgebäudes auflockerte.

Ausländische Experten äußerten Zweifel an der Stabilität dieses Bogens während des Baues, aber Rossi soll gesagt haben: »Wenn der Bogen stürzt, stürze ich mit ihm.« Am Tag, an dem das Gerüst entfernt wurde, kletterte er auf die Spitze: seine Berechnungen waren perfekt gewesen! Der Bogen ist 27 m hoch, er hat 17 m Spannweite, die Eisenskulpturen, die ihn belasten, sind fast 16 t schwer. *Demút-Malínowskij* und *Stephan Pímenow* zeichneten sie. Die Siegesgöttin mit dem Lorbeerkranz in der Hand in einem von 6 Rossen gezogenen Wagen ist dem Gedenken an den Sieg über Napoleon geweiht.

Dieser Triumphbogen lockert, wie gesagt, die klassisch strengen Fassaden des Gebäudes des ehem. Generalstabs und des Außenministeriums (Generál'nyj schtab) ❸ auf.

Dieser Komplex begrenzt die Südseite des Platzes und wurde ebenfalls von *Carlo Rossi* in den Jahren zwischen 1811 und 1829 errichtet. Die einheitliche Gebäudefront – 600 m lang und mit 768 Fenstern – ist dreistöckig. Die Mittelpartie – rechts und links des Triumphbogens in der Höhe des zweiten und dritten Stockes – ist durch je 10 weiße Halbsäulen geschmückt. Heute befinden sich hier Verwaltungsbüros.

Wenn wir mit dem Rücken zum Generalstabsgebäude stehen, haben wir rechts die Straße, die zur Sänger-Brücke (Péwtscheskij most) ① über die Móika ⑦ führt. Der Name steht in Beziehung zu dem auf der anderen Flußseite liegenden Bau, der den Staatl. Glinka-Chor (Kapélla im. M. Glínki) ❹ beherbergt.

Die Geschichte dieser Staatlichen Akademie geht noch auf die Zeit Peters des Großen zurück. Sie spielte in der russischen Musikgeschichte eine bedeutende Rolle. Die Konzerthalle besitzt eine außerordentlich gute Akustik und außer Chorkonzerten finden hier auch Symphonie-, Kammer- und Orgelkonzerte statt. Das Gebäude wurde 1831 von *L. Charlemagne* errichtet, aber 1892 von *Leon Benoît* umgebaut. Es besteht aus drei Teilen; der mittlere Teil liegt etwas zurück.

Von der Sänger-Brücke aus kann man links auf der anderen Seite der Móika ein bescheidenes, gelbgestrichenes, Haus erblicken: es war die letzte Wohnung mit dem Sterbezimmer Puschkins (Muśéj-kwartíra Púschkina) ❺, Náb. rekí móiki 12, heute Museum.

Geöffnet: mittwochs–montags von 11.00 bis 18.00 Uhr.
Geschlossen: dienstags.
Hierher wurde Puschkin nach dem unseligen Duell sterbend gebracht. Dokumente über seine letzten Lebenstage und über die Umstände seines Todes sind hier aufbewahrt und alles ist so gelassen worden, wie es zu seinen Lebzeiten war. Vor der zu seinem Andenken errichteten Statue im Hof fehlt es im Sommer nie an frischen Blumen, die Bewunderer seiner Dichtkunst dort niederlegen.

Kommen wir zum Schloß-Platz zurück, so haben wir gleich rechts das Gebäude des ehem. Gardekorps (Schtab gwardéjskowo kórpusa) ❻.

Es wurde etwas später als der Generalstab, 1840, in klassizistischem Stil von dem Architekten *Alexander Brüllow* erbaut. Obwohl es bescheidener als die berühmten Nachbarbauten ist, sind seine Proportionen dennoch von großer Harmonie und fügen sich gut in das Ganze ein. Auch hier befinden sich heute Verwaltungsbüros.

Wir wenden uns nun dem Winterpalais/Eremitage (Śímnij dworjéz/Ermitásh) ❼, der Krönung des weiten Platzes zu. Hier wird der Besucher mit dem »Russischen Barock« aus der Zeit der Zarin Elisabeth bekannt, der von *Rastrelli* geschaffen, der Stadt ein besonderes Gepräge verleiht. Trotz Anlehnung an das französische Rokoko und die deutsche Ornamentik macht der Leningrader Barock dennoch einen »russischen« Eindruck auf den Beschauer. Vielleicht kann man den Grund dafür in der Person des Architekten selbst suchen. Graf *W. Rastrelli der Jüngere,* ein in Paris geborener Italiener, kam mit 16 Jahren nach St. Petersburg. Sein Vater *Carlo,* ein damals bekannter Bildhauer, war von Peter dem Großen gerufen und mit verschiedenen künstlerischen Arbeiten betraut worden. Er legte Gärten an, schuf Brunnen, Statuen u. a. Der Sohn wuchs in St. Petersburg auf, lernte bei russischen Architekten und wurde zu einem der eigenwilligsten (manche sagen: zum größten) Baumeister der Stadt.

Kaiserin Elisabeth hat die Fertigstellung des von ihr 1754 in Auftrag gegebenen Palais nicht mehr erlebt. Sie starb, 1761, drei Jahre vor der Vollendung. Bis zur Revolution 1917 war es offizielle Residenz der kaiserlichen Familie, auch wenn diese während ihres Aufenthalts in Petersburg oft die Schlösser der Umgegend vorzog. *Rastrelli* fertigte alle Zeichnungen bis in die kleinsten Einzelheiten, wie Fensterumrahmung, Ornamentik, Statuen etc. selbst an. Dank vieler Zu- und Anbauten bedeckt das Palais heute eine Fläche von 8 000 m^2 mit 137 m Seitenlänge. Die Hauptfassade ist dem Schloß-Platz zugewandt mit je drei von weißen Säulen gestützten Portiken und drei Portalen. Die Westfassade sieht nach der Admiralität ❿ u. 5 ❶ hin, die Nordseite blickt auf die Newa. An die Ostseite schließen sich die Kleine Eremitage (Málenkij Ermitásh) ❽ und die Neue Eremitage (Nówyj Ermitásh) ❾ an, deren Fassaden auf die Chaltúrin-Straße ④ hingehen. Dort wird der Portikus der Neuen Ermitage von 8 riesigen Atlanten gestützt, 1812–1859 von *A. I. Terebénjew* geschaffen. Das Weiß der Fensterrahmen und Säulen hebt sich schön von dem hellgrünen Verputz ab. 176 Statuen und fast ebenso viele Büsten schmücken den hohen Dachsims. Das Winterpalais besitzt 1 050 Zimmer, 117 Treppen, 1 886 Türen und 1 945 Fenster. Unter den Zaren waren über tausend Bedienstete dort beschäftigt. Das Innere wurde, dem prunkvollen Geschmack der Kaiserinnen Elisabeth und Katharina entsprechend, noch kostbarer als das Äußere gestaltet mit Stuckdecken, Wandfresken und kostbaren Hölzern für den Fußboden.

Eine furchtbare Feuersbrunst zerstörte am 7. Dezember 1837 fast den ganzen herrlichen Bau, nur die Fassade und einige Säle wurden verschont. Die europäischen Zeitungen schrieben damals, daß wahrscheinlich 20 Jahre notwendig sein würden, um den Palast in seinem alten Glanz wiederherzustellen. Sie hatten sich geirrt: schon anderthalb Jahre später war das Winterpalais wieder so aufgebaut, daß man einen großen Ball geben konnte. Die Architekten *Alexander Brüllow* und *Wassili Stássow* hatten nach den aufbewahrten und unversehrt gebliebenen Zeichnungen Rastrellis den Aufbau vornehmen können. Im Äußeren wurde Rastrellis Idee bis in die kleinste Einzelheit respektiert, in der Innenausstattung wurde dem Geschmack der Zeit Rechnung getragen, und die Säle wurden leicht umgestaltet. Viel Gold, Malachit, Jaspis und Marmor wurde verwendet. Der von *Montferrant* geschaffene »Kleine Thronsaal« wurde von *Stássow* wieder genauso hergestellt wie er gewesen war. 1838 ließ Zar Nikoláj I. den Architekten *Leo von Klenze* aus München kommen, der in 9 Jahren, zusammen mit *Efímow* und *Stássow,* die »Neue Eremitage« ❾ erbaute.

Heute umfaßt also das »Eremitage« genannte Museum außer dem Komplex des Winterpalais ❼ die »Kleine Eremitage« ❽ (MálYj Ermitásh), 1775–1767 von *Baptiste Vallin de la Motte* gebaut; die »Alte oder Zweite Eremitage« (Stáryj Ermitásh), von *Júri Félten* 1775–1784 daneben auf dem Newa-Kai errichtet, da die immer größer

Das Winterpalais, Flügel an der Newa **7** ❼, *Text S. 136 ff.*

und umfangreicher werdende Sammlung neue Säle erforderte; das »Eremitage-Theater«, von *Giacomo Quarenghi* 1783–1787 erbaut und von der »Zweiten Eremitage« durch den Winter-Kanal getrennt, über welchen eine bedeckte Brücke führt, die die beiden Gebäude verbindet; und endlich die »Neue Eremitage« ❾, die 1838–1852 errichtet wurde und deren Stil sich nicht besonders glücklich in den der anderen Teile einfügt.

Bis zum Jahre 1825 war die Eremitage nur der kaiserlichen Familie und einem engen Kreis von Höflingen zugänglich. Erst Nikoláj I. erlaubte, daß auch anderes Publikum die Sammlung an einigen Tagen der Woche besuchen konnte. Am 2. Februar 1852, nachdem die »Neue Eremitage« fertiggeworden war, fand die feierliche Einweihung statt. Doch war natürlich das gemeine Volk nicht zugelassen. Oft wurden die Säle für Empfänge oder Festlichkeiten und Bälle geschlossen. Niemand kümmerte sich darum, daß der Rauch der Kerzen den wertvollen Bildern schaden konnte. Erst sehr viel später, gegen 1912, wurden Schritte unternommen, die Schätze der Eremitage zu schützen und zu erhalten. Doch erst nach der Revolution hörte die Eremitage auf, ein Anhängsel des Winterpalais zu sein. Heute besuchen ca. 30 000 Besucher täglich das Museum und sonntags bilden sich lange Besucherschlangen.

Der Eingang ist heute von der Newa-Seite, Schloß-Kai (Dworzówaja náb.), ③ her. Es ist der sog. »Jordanische Eingang«, welcher direkt zu der herrlichen, über zwei Stockwerke gehenden »Jordan-Treppe« führt, einer Symphonie aus Gold, Marmor, Statuen, Säulen und einem herrlich bemalten Deckenplafond. Sie bewahrt noch ganz die Palastarchitektur des alten Rastrelli-Projektes und gilt als die schönste der 117 Treppen des Winterpalais, s. Abb. S. 242.

Beschreibung des Museums S. 219 bis 280

Marsfeld (Mársowo pólje) **und Sommergarten** (Létnyj sad) **Plan 8**

Zu erreichen von der »Petersburger Seite« (Petrográdskaja storoná) *Plan 1 und 2* über die Kirow-Brücke (Kírowskij most) ① und *2* ①, vom Schloß-Platz (Dworzówaja pl.) *Plan 7* aus durch die Chalturin-Straße (Chaltúrina úl.) ⑩ und *7* ④; *Autobus:* 1, 2, 19, 46 / *Tram:* 2, 3, 7, 12, 20 *Haltestelle:* Suworow-Platz (Suwórowskaja pl.).

Wenn wir von der Kírow-Brücke kommen und den Schloß-Kai (Dworzówaja náb.) ② überqueren, befinden wir uns auf dem Suwórow-Platz mit dem Denkmal des berühmten russischen Feldherrn Alexander Suwórow (Pám'atnik Suwórowu) ❶.

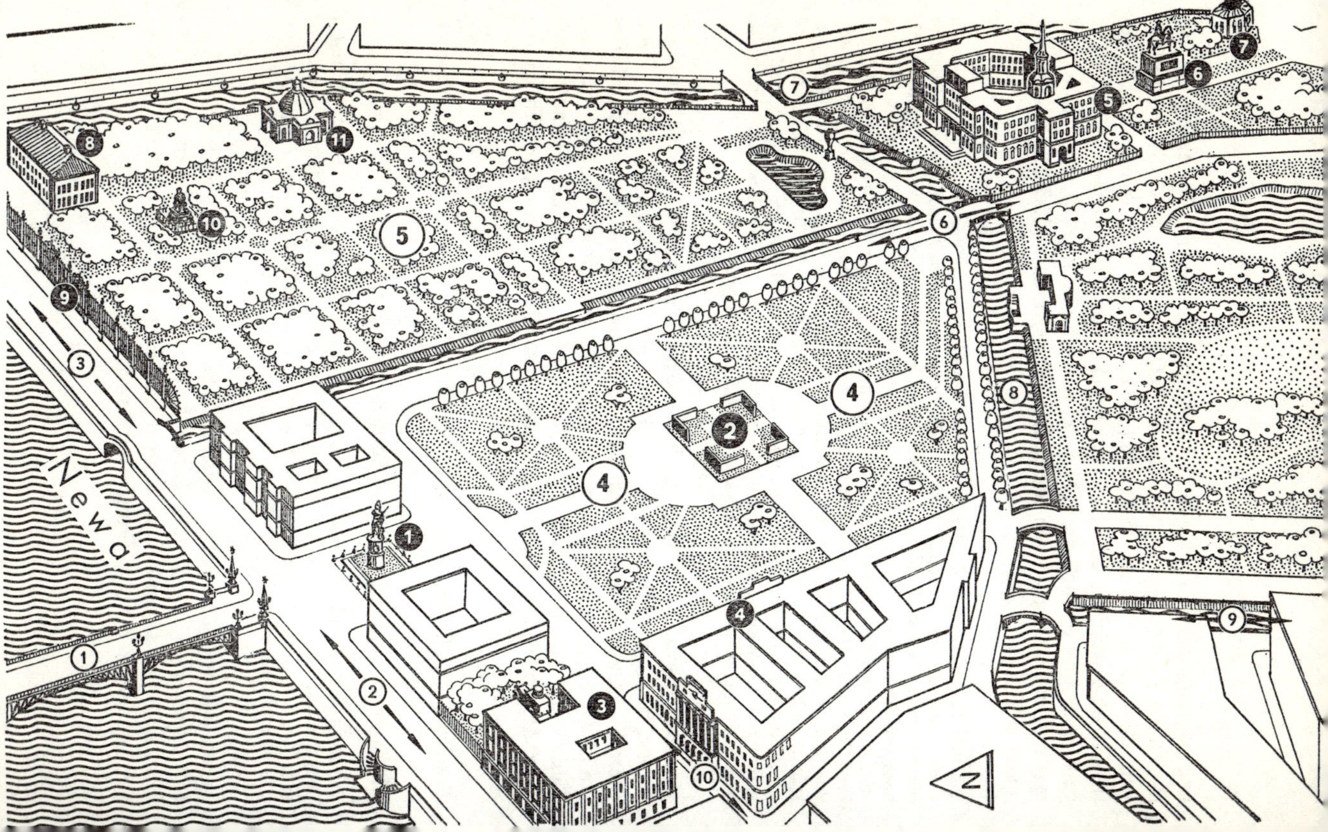
Newa
N

Der Bildhauer *Koslówski* stellte ihn symbolisch als jungen Kriegsgott dar, der die Kronen (darunter auch die Tiara des Papstes!!) mit seinem Schild gegen die französische Revolution schützt.

Vom Suwórow-Platz aus haben wir einen schönen Blick auf das weite Marsfeld (Mársowo pólje) ④, das im Süden vom Móika-Fluß ⑧, im Osten vom Sommergarten (Létnyj sad) ⑤ und im Westen von einem Gebäudekomplex, Leningrader Energiezentrale (Lenenergo) ❹, begrenzt wird.

Nicht immer trug das Marsfeld den Namen des römischen Kriegsgottes. Der ca. 10 ha große Platz wurde schon von Peter dem Großen angelegt, als er daranging, diesen Teil der sumpfigen Insel zu entwässern. Zwar wurden auch damals schon Militärparaden hier abgehalten, aber auch Volksfeste, um die militärischen Siege zu feiern, die regelmäßig mit Feuerwerk endeten, das man damals »Vergnügungsfeuer« nannte. Und der erste Name des Platzes war denn auch »Vergnügungs-Platz« (Potéschnoje Pólje). Später, als das Winterpalais in der Nähe fertiggestellt war, schloß man das Volk vom Platze aus und er wurde der Aristokratie vorbehalten. Man nannte ihn dann »Wiese der Zarin« (Tsarízyn Lug). Paul I. ließ ihn mit Kopfsteinpflaster auslegen und einen Exerzierplatz daraus machen. Von da an hieß er Marsfeld. Erst nach der Oktoberrevolution wurde der Platz wieder in eine Grünfläche mit niederem Gebüsch zurückverwandelt.

In der Mitte des Platzes sehen wir das Ehrenmal für die Kämpfer der Revolution (Pám'átnik bor'zám rewol'úzij) ❷. Im Zentrum eines von Gedenktafeln gebildeten Rechtecks brennt seit dem 40. Jahrestag der Revolution das Ewige Feuer. Betreten wir das Marsfeld jedoch vom Schloß-Platz und der Chaltúrin-Straße ⑩ her-

Plan 8: Marsfeld – Sommergarten (Mársowo pólje – Létnyj sad)

❶ Alexander-Suworow-Denkmal (Pám'atnik Suwórowu) ❷ Ehrenmal für die Kämpfer der Revolution (Pám'atnik bor'zám rewol'úzij) ❸ Lenin-Museum, ehem. Marmorpalais (Muśéj Lénina, Mármornyi dworjéz) ❹ Leningrader Energiezentrale (Lenenergo) ❺ Ingenieurburg (Inshenérnyj śámok) ❻ Denkmal Peters des Großen, von Rastrelli (Pjotr I.) ❼ Zirkus (Gostśirk) ❽ Sommerschloß Peters I. (Létnyj dworjéz) ❾ Eingang in den Sommergarten ❿ Iwan-Krylow-Denkmal (Pám'atnik Krylówu) ⓫ »Kaffeehaus« (Koféjnyj dómik) – ① Kirow-Brücke (Kírowskij most) ② Schloß-Kai (Dworzówaja náb.) ③ Kutusow-Kai (Kutúsowa náb.) ④ Marsfeld (Mársowo pólje) ⑤ Sommergarten (Létnyj sad) ⑥ Garten-Straße (Sadówaja úl.) ⑦ Fontánka ⑧ Móika ⑨ Gribojedow-Kanal (Kanál' Gribojédowa) ⑩ Chalturin-Straße (Chaltúrina úl.).

kommend – wo wir nach der Eremitage den kleinen Winterkanal überschreiten – so haben wir sofort links an der Ecke die Leningrader Filiale des Zentralen Lenin-Museums, ehem. Marmorpalais (Muśéj Lénina, Mármornyi dworjéz) ❸, Chaltúrin-Straße 5/1.

Geöffnet: donnerstags–dienstags von 10.30 bis 18.00 Uhr.
Geschlossen: mittwochs.

Das Marmorpalais wurde 1785 unter der Regierung Katharinas II. von dem italienischen Architekten *Antonio Rinaldi* in einem Stil errichtet, der barocke und klassizistische Elemente aufweist, er ist ein typischer Bau des Übergangs. Katharina wollte mit diesem Palast ihrem Günstling *Orlow* ein besonderes Zeichen ihrer Huld für eine gewonnene Seeschlacht geben, doch starb der Graf vor der Fertigstellung. Später haben hier verschiedene Großfürsten gelebt. Den Namen »Marmor-Palais« bekam das Gebäude, weil es als einziger Bau in Leningrad sowohl in der Innenausstattung wie auch außen aus Marmor besteht. 32 verschiedene Marmorarten aus Griechenland, Italien, Finnland und Rußland wurden verwendet. Besonders schön die Gartenseite mit rosa und blauem Marmor. Im Inneren wurde nicht an Elfenbein, Gold und kostbaren Hölzern gespart. Der Marmorsaal mit Ornamenten und Bildwerken von *Schúbin* und *Koslówski* sowie die Große Treppe haben ihr ursprüngliches Aussehen bewahrt.
Seit 1937 beherbergt das Palais die Leningrader Abteilung des Zentralen Lenin-Museums von Moskau. Es enthält Dokumente, die sich besonders auf den Aufenthalt Lenins in Leningrad beziehen und viele persönliche Gegenstände. Eine »Landkarte« zeigt die 231 Orte in Rußland auf, wo er sich aufgehalten hat, eine andere seine Wohnorte im Ausland. U. a. sind Briefmarkensammlungen, die ihn zum Gegenstand haben, Fotografien, Handschriften und Filme über ihn zu sehen. Der Besucher kann hier auch den »historischen« Panzerwagen, von dem aus Lenin am 3. April 1917 zur sozialistischen Revolution aufrief, betrachten.

An der anderen Ecke der Chaltúrin-Straße, rechts, haben wir die Leningrader Energiezentrale (Lenenergo) ❹.
Das langgestreckte weiß-gelbe Gebäude mit drei Säulengängen ist ein weiteres Beispiel des russischen klassizistischen Stils. Es wurde 1820 von *W. Stássow* als Kaserne für das Páwlowsche Garderegiment errichtet, das sich besonders im Krieg gegen Napoleon ausgezeichnet hatte. Heute befinden sich hier die Hauptbüros der Energiezentrale.
Wenn wir an der ehemaligen Kaserne entlang bis zum Ende gehen und dann links dem Móika-Fluß ⑧ folgen, stoßen wir an der Ecke der Garten-Straße (Sadówaja úl.) ⑥ auf der anderen Seite auf die sog. Ingenieurburg (Inshenérnyj śámok) ❺.

Paul I., der gegen Ende seines Lebens starke Zeichen geistiger Umnachtung zeigte (siehe »Geschichte«), ließ sich 1800 von den Architekten *W. Bashénow* und *V. Brénna* diese Burg bauen, um vor Attentaten sicher zu sein. Man hob Kanäle aus, schüttete Wälle auf und stellte sogar Geschütze hin. 5 000 Mann arbeiteten täglich, da dem Zaren die Zeit drängte. Das ursprüngliche Projekt von Bashénow wurde abgeändert und unnötige Details an den Fassaden – jede einzelne hat ein anderes Aussehen – angebracht. Die Eröffnungszeremonie wurde auf den Tag des Erzengels Michael gelegt, den Paul für seinen Schutzpatron hielt und das Schloß daher »Michaelsburg« genannt hatte. Mit der Außenwelt war die Burg nur durch Zugbrücken verbunden, die von Kanonen beschützt wurden. Sein Schicksal ereilte den Zaren trotzdem. Paul I. hatte nur 40 Tage in dem Schloß gelebt, als er von Offizieren seiner Garde erdrosselt wurde. Lange Zeit blieb das Schloß unbewohnt, später wurde es zum Institut für Blinde. 1822 entschloß man sich, eine Ingenieurschule daraus zu machen: Zugbrücken, Gräben und Befestigungswälle wurden entfernt. Von 1837 bis 1843 war

Ingenieurburg **8 ❺** *mit Denkmal Peters d. Gr., von Rastrelli* **8 ❻**

hier *Dostojéwski* Schüler. Es ist darauf hingewiesen worden, daß der Dichter später bei fast allen siebzehn Wohnungen, in denen er in Petersburg gewohnt hat, immer Eckwohnungen den Vorzug gegeben habe, vielleicht weil seine erste Unterkunft in der Ingenieurburg ein Eckzimmer war. Heute ist in der Ingenieurburg die Kriegsmarine-Bibliothek untergebracht.

Der Haupteingang der Ingenieurburg blickt über die Zamkowája úl. hinweg auf die Belínskowo úl.; dazwischen steht in einer weiten Grünanlage das zweite in Leningrad erhaltengebliebene Standbild des Stadtgründers, das Denkmal Peters des Großen (Pjotr I.) ❻, von *Rastrelli*.

Es ist sehr viel weniger eindrucksvoll und auch künstlerisch lange nicht so bedeutend wie der »Eherne Reiter« *5* ❸ auf dem Dekabristen-Platz. Aber es besitzt einen nicht zu unterschätzenden Vorzug: es ist ein wirkliches Porträt des großen Zaren und absolut naturgetreu. Der Bildhauer *Carlo Rastrelli* – Vater des sehr viel bedeutenderen Sohnes, des Erbauers des Winterpalais und Schöpfers des »Russischen Barock« – hatte Peter den Großen noch persönlich gekannt, da er von ihm 1715 nach Petersburg gerufen wurde und 1719 eine Gipsmaske von ihm abgenommen hatte. Den Auftrag zu dem Denkmal gab 1746 die Zarin Anna. Paul I. ließ es vor seiner Burg aufstellen und folgende Inschrift einmeißeln: *»Dem Urgroßahn der Urgroßenkel.«*

Wenn wir in der Belínskowo úl. mit dem Blick zum Denkmal stehen, haben wir rechts den Leningrader Zirkus (Gostširk) ❼. Er ist ein Eckgebäude, die Eingänge zu den oberen Rängen führen von der Fontanka-Seite ⑦ aus hinein, der Haupteingang liegt an der Belínskowo úl.

Rußlands ältester Zirkus, 1877 von *V. Kenel* erbaut, ist nicht so berühmt wie der Moskauer, aber eine Abendvorstellung (am besten Karten über das Intourist-Büro im Hotel) lohnt immer. Hier gastieren auch viele ausländische Gruppen, vor allem aus den Ostblockländern.

Wir gehen nun wieder auf die Garten-Straße (Sadówaja úl.) ⑥ zurück und über die Móika ⑧ in Richtung Newa. Rechts erstreckt sich der Sommergarten (Létnyj sad) ⑤ – durch einen schmalen Kanal, den »Graben der Schwäne«, von der Garten-Straße bzw. vom Marsfeld (Märsowo pólje) ④ getrennt.

Geöffnet: Mai–November von mittwochs bis montags von 12.00 bis 20.00 Uhr.
Das Sommerschloß Peters I. (Létnyj dworjéz) ❽ im Park jeweils von 12.00 bis 19.00 Uhr.

Geschlossen: dienstags.

Der Eingang ⑨ zum Sommergarten liegt an der Newa-Seite, wo man durch das herrliche schwarz-goldene schmiedeeiserne Tor geht, das 1784 von *Júri Félten* und *P. Jegórow* entworfen wurde, s. Abb. S. 6. Hier sei ein Wort über die kilometerlangen (fast 60 km) Gitter, Geländer, Tore gesagt, die in Leningrad die 360 Brücken der Innenstadt, die Parks und Gärten einfassen und die Eingänge der Paläste schmükken (wohl das schönste am alten Eingang zum Winterpalais an der Schloß-Platz-Seite). Ein Freund der Stadt hat gesagt, sie allein wären schon eine Reise nach der Newa-Stadt wert. Jedes Gitter, jedes Geländer ist mit einem anderen Muster versehen: Blumen, Früchte, Blätter, Doppeladler, Kronen, Fabeltiere. Sie sind massiv an den Kais, wirken wie durchbrochene Spitzen am Rande der Gärten und heben sich seltsam gegen den Nachthimmel ab, wenn sich die großen Brücken öffnen, um die Hochseeschiffe durchzulassen. Das ausgedehnte Terrain des Sommergartens (15 ha) umgibt eine hohe schmiedeeiserne Umzäunung, die von 36 hohen Granitsäulen, gekrönt mit Vasen und Urnen, unterbrochen wird.

Der Sommergarten ist der älteste Park der Stadt. Er wurde schon bald nach der Gründung auf Wunsch Peters des Großen von *Domenico Trezzini* zwischen 1704 und 1711 in französischem und holländischem Gartenstil angelegt. Von ihm sind nur noch alte Stiche erhalten. Es gab dort Treibhäuser, Käfige für seltene Vögel, mit Perlmutter ausgelegte Grotten, ein kleines Boot, das von Peters Lieblingszwerg auf dem Teich gesteuert wurde. Schwäne schwammen auf dem dafür gegrabenen Kanal auf der Westseite. Vor allem aber war Peter stolz auf das Labyrinth, das in keiner der damaligen Gartenanlagen fehlen durfte, und auf die vielen Springbrunnen, die schon sieben Jahre nach der Grundsteinlegung der Stadt in Funktion waren. Zuerst wurde ein großes von Pferden gezogenes Rad bewegt, das das Wasser aus der Newa holte. Später baute man einen Wasserturm, dann endlich ließ man das Wasser aus dem 75 m höher gelegenen Duderhofer See durch Röhren nach Petersburg leiten. Für die damalige Zeit ein schwieriges Unterfangen: das Wasser wurde durch einen 20 km langen Kanal zu einem Sammelbecken geleitet, wo eine »pipeline« aus ausgehöhlten Baumstämmen, die mit Metallringen aneinandergeschlossen waren, es dann zum Sommergarten führte. Diese Baumstämme lagen auf dem Grund des Flußarmes, der seitdem »Fontánka« (Fontänchen) heißt.

Peter der Große, der es liebte, seine Untertanen zu bevormunden, der sie in westliche Kleider steckte, ihnen die Bärte verbot und die Höhe der Kamine in Petersburg vorschrieb, wollte auch die Freizeit und die Vergnügungen der Menschen regeln. Zu den Festen im Sommergarten mußten die Höflinge nicht nur die Söhne, sondern auch ihre Frauen und Töchter mitbringen (fast eine Revolution in der damaligen Zeit). Maskenbälle und Seefeste wurden abgehalten, vor denen sich keiner drücken durfte.

Die herrlichen Springbrunnen wurden 1770 bei einer furchtbaren Springflut zerstört und nicht mehr ersetzt. Lange Zeit war der Park nur für den Adel offen. Nikoláj I. ließ erstmalig auch »Militärpersonen und ordentlich angezogene Bürger« ein. Heute ist er natürlich jedermann zugänglich.

Der Park hat nichts von seinem Charme verloren: weite Alleen, uralte Bäume, 76 Marmorstatuen, die unter dem blassen nordischen Himmel wie aus einer anderen Welt zu kommen scheinen. Fast alle sind Arbeiten italienischer Künstler des 18. Jh.s; um sie vor den Unbilden der Witterung zu schützen, bekommen sie im Winter Holzverschläge.

Das kostbarste Stück, die sog. »Taurische Venus« (taurisch weil sie einige Zeit im Taurischen Palais *14* ❶ stand), befindet sich heute in der Eremitage. Es ist ein griechisches Original aus dem 3. Jh. v. Chr. und wurde noch von Peter dem Großen erworben.

Auf einem Kinderspielplatz sehen wir das hübsche Iwan-Krylow-Denkmal (Pám'atnik Krylówu) ❿, den man als den russischen La Fontaine bezeichnen kann. Es wurde 1855, zehn Jahre nach dem Tod des Dichters von *Peter Klodt* geschaffen.

Auf dem Sockel in Hochrelief die Figuren seiner Fabeln: Haus- und Wildtiere, Vögel, Fische.
Im südlichen Teil des Parkes kann man die rosafarbene Porphyr-Vase sehen, die der König von Schweden dem Zaren geschenkt hat.

Das älteste historische Bauwerk des Sommer-Gartens ist das Sommerschloß Peters I. (Létnyj dworjéz) ❽.

Das Wort »Schloß« ist ein wenig zu anspruchsvoll für diese schlichte Behausung des großen Zaren, in allem der Gegensatz zu dem prunkvollen Palais, das sich sein Günstling Ménschikow auf dem Universitäts-Kai hatte errichten lassen *4* ❹. *Trezzini* baute das Sommerschloß im Jahre 1711. Es ist zweistöckig und hat je 6 Zimmer mit je einer Küche mit handgemalten holländischen Kacheln. Das Erdgeschoß wurde vom Zaren bewohnt, der erste Stock von seiner Gattin, der späteren Zarin Katharina I. In dem Schlafgemach sind noch die breite Bettstatt und der Kleiderschrank mit Peters des Großen Röcken zu sehen. Die Schiffsuhr auf dem Tisch war ein Geschenk von König Georg I. von England.

Auf der Fontanka-Seite steht noch ein 1824 von *Rossi* erbauter Pavillon im klassizistischen Stil, das sog. »Kaffeehaus« (Koféjnyj dómik) ⓫.

Der Newski-Prospekt (Néwskij pr.) **und seine Umgebung, Pläne 9 bis 12**

Abschnitt 1: **Von der Admiralität** (Admiraltéjstwo) **5 ❶ bis zum Gribojedow-Kanal** (Kanál' Gribojédowa) ②, **Plan 9.**

Kaum sechs Jahre nach der Gründung der Stadt ließ Peter der Große eine breite Schneise durch den dichten Wald schlagen, um die Schiffswerft an der Newa, wo heute die Admiralität steht, mit der Straße nach Moskau zu verbinden. In den ersten sechs Jahren standen dort keine Häuser; erst allmählich siedelte man sich auch längs dieses Verbindungsweges an, der ab 1783 »Néwski-Perspektive« genannt wurde, weil man dort, wo heute der Moskauer Bahnhof *12* ❷ steht, eine weitere Straße bis zum 1710 von Peter dem Großen gegründeten Newski-Kloster *12* ❸ durch den Wald anlegte. Aus Newski-Perspektive wurde dann der Newski-Prospekt, den die Leningrader aber kurz »N é w s k i« nennen.

Der »Newski« ist eine einzigartige Straße, breit wie eine Autobahn; sie entwickelte sich langsam in 200 Jahren, ihre unzähligen Paläste, Kirchen, Büro- und Appartementshäuser, von Kanälen und Brücken unterbrochen, bilden trotz des verschiedenen Ursprungs und der verschiedenen Bestimmung ein einheitliches unvergleichliches Ganzes. Der Newski-Prospekt ist 4,5 km lang und 25 bis 60 m breit. Gegen Ende des 18. Jh.s durften auf der linken Seite, jenseits des Móika-Flusses, die Nicht-Orthodoxen ihre Kirchen errichten. Um die Jahrhundertwende wurde er zur »City« mit riesigen Bank- und Firmenhäusern. Nach wie vor ist er die Hauptstraße der Stadt, voll pulsierenden Lebens, einem nie abreißenden Verkehr, der besonders beeindruckt, wenn man aus den ruhigen und stillen Straßen um den Schloß-Platz *(Plan 7)* oder vom Isaaks-Platz *(Plan 6)* her kommt. Es ist noch gar nicht so lange her, daß der Prospekt mit Holzpflaster ausgelegt war, was das Geräusch der vielen Wagenräder angenehm dämpfte. Heute ist er natürlich asphaltiert; Unterführungen wurden angelegt, der Verkehr ist für Lastwagen gesperrt, statt der Tram verkehren Autobusse. Aber immer noch werden bei gutem Wetter im Freien Eis und Schmalzgebackenes, Limonaden und »Kwas« und – Bücher – feilgeboten. Am Newski-Prospekt liegen die besten Geschäfte, die meisten Kinos, die nettesten Cafés und Restaurants, die größten Warenhäuser und – in den anliegenden Straßen – sechs Theater und acht Museen. Jedes Haus dieser Prachtstraße hat seine eigene Geschichte. Man wird gezeigt bekommen, wo Puschkin am Vorabend des Duells seinem Doppelgänger begegnete, wo Dostojewski aus seinen Werken vorlas, wo Wagner und Liszt musiziert haben.

Wir beginnen unsere Wanderung an der Admiralität, deren vergoldete Spitze von jedem Punkt des »Néwski« aus zu sehen ist. An der Ecke der ersten Seitenstraße rechts von der Gógol-Straße (6 ④), die sich nicht mehr auf unserer Planzeichnung befindet, sehen wir ein in dunklem, aus Schweden importierten Granit erbautes Haus, das wie eine nicht gelungene Kreuzung zwischen venezianischem Dogenpalast und florentiner Medicipalais anmutet.

Man nannte es früher auch den »Dogen-Palast«, es gehörte der Bank Wollenberg. Heute ist es das »Air Terminal« und beherbergt im zweiten Stockwerk das Institut für Stadtplanung.

Etwas weiter, an der Kreuzung mit der Herzen-Straße (Gérzena úl.) ①, Néwski-Prospekt 15, steht das Haus, das 1768–1771 für den allmächtigen Chef der Petersburger Polizei, *Tschitschérin,* an der Stelle erbaut wurde, wo zuerst das kleine Holzhaus der Zarin Elisabeth gestanden hatte.

Noch immer weiter auf der rechten Seite bleibend kommen wir zum Palais Stroganow (Stróganowskij dworjéz) ❶, von Rastrelli 1752 bis 1754 im Barockstil errichtet und 1790 von *Andrej Woronichin,* der auch das Vestibül des Palastes erneuerte, neu dekoriert. Nur im Großen Saal blieben die Barockdekoration mit dem Plafond von *Guiseppe Valeriani,* die Stuckarbeiten und Spiegel erhalten. Alle anderen Säle – die Gemäldegalerie, das Mineralienkabinett und der Arabeskensaal sind neoklassizistisch. Auch dieses Palais wird augenblicklich innen restauriert, weil man hier – wie schon im Ménschikow-Schloß – einen Teil der Riesenschätze der Eremitage unterbringen will. Vor der Revolution war dieser Palast mit kostbarem Mobiliar und Gemälden einer der reichsten Leningrads. Bevor ihnen Peter I. den Adelstitel verlieh, waren die Stroganóws reiche Kaufleute in Nówgorod gewesen. Ein Teil der Schätze wurde nach der Revolution in Berlin versteigert, ein anderer Teil in die Eremitage gebracht. Die beiden sphinxähnlichen Tiere, die den Eingang bewachen, sind ebenfalls Arbeiten des Architekten Woronichin.

An den Palast schließt sich das Halbrund der Kathedrale der Muttergottes von Kasan (Kaśánskij sobór) ❷ an.

Heute: Museum für die Geschichte der Religionen und des Atheismus.

Geöffnet: montags, donnerstags, freitags, sonntags von 11.00 bis 18.00 Uhr; dienstags und samstags von 11.00 bis 14.00 Uhr.

Geschlossen: mittwochs.

Die ehemalige Kathedrale wurde noch von Paul I. kurz vor seiner Ermordung in Auftrag gegeben. Er wünschte sie nach dem Modell von St. Peter in Rom errichtet. 1800 begonnen, wurde sie erst 1811 beendet und diente bis zur Revolution den großen Staats- und Kirchenfesten. Der Architekt *A. Woronichin* verwandte bei ihrem Bau zum ersten Mal Gußeisen. Das Hauptgebäude ist 70 m hoch und 72 m lang; es besitzt drei Eingänge: im Westen, Norden und Süden, jeder mit einem Portalvorbau von je sechs Säulen. Kolonnade und Kathedrale stehen auf einem hohen Granitsockel, zu

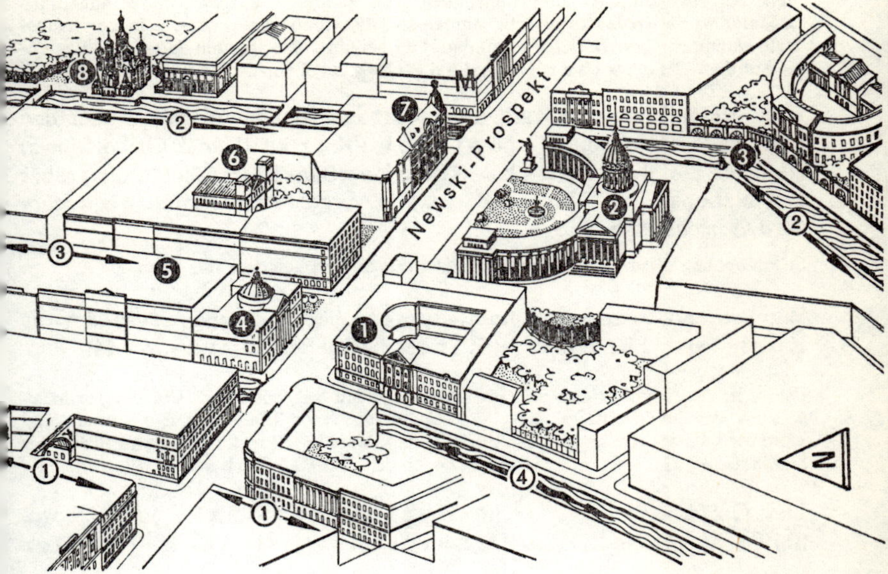

Plan 9: Newski-Prospekt, Abschnitt 1: *Admiralität – Gribojedow-Kanal*

❶ Palais Stroganow (Stróganowskij dworjéz) ❷ Kathedrale der Muttergottes von Kasan (Kaśanskij sobór) ❸ Bankowski-Brücke [mit Skulpturen] (Bánkowskij most) ❹ Ehem. Holländische Kirche (Golländskaja zérkow') ❺ Leningrader Estraden-Theater [Varieté] (Teátr estrády) ❻ Ehem. lutherische Peter-und-Pauls-Kirche (Býwschaja ljuteránskaja zérkow' Petrá i Páwla) ❼ Haus des Buches (Dom knígi) ❽ Kirche des vergossenen Bluts (Spása na krówi zérkow') – ① Herzen-Straße (Gérzena úl.) ② Gribojedow-Kanal (Kanál' Gribojédowa) ③ Sheljabow-Straße (Sheljábowa úl.) ④ Móika.

---

dem breite Stufen hinaufführen (das große Portal ist eine Kopie der Bronzetüren des *Ghiberti* im Baptisterium von Florenz). In den Nischen hinter den Säulen stehen Statuen der Fürsten *Wladimir* und *Alexander Néwski,* des Apostels *Andreas* und *Johannes des Täufers.* Rechts vom Eingang ist das Grab des berühmten Feldherrn *Kutúsow.* Standbilder von ihm und dem Feldherrn *Barclay de Tolly* stehen vor den Seitenflügeln am Grünplatz, der sehr viel später mit dem Springbrunnen in der Mitte angelegt wurde in der Absicht, Versammlungen oder Kundgebungen vor der Kathedrale zu erschweren. Hier wurde am 6. Dezember des Jahres 1876 die erste politische Kundgebung der russischen Arbeiter abgehalten, von *Potápow* und *Pléchanow* angeführt. Letzterer wurde später zu dem bekannten sozialistischen Theoretiker. – In der Kathedrale war auch *Pjotr Iljítsch Tschaikówski* aufgebahrt, ehe ihm ein feierliches Begräbnis auf dem Tichwiner Friedhof *12* ❻ zuteil wurde.

Etwa 100 m hinter der Kathedrale führt eine Fußgängerbrücke über den dort nicht sehr breiten Gribojedow-Kanal (Kanál' Gribojédowa) ②: es ist die Bankowski-Brücke (Bánkowskij most), die früher zur Nationalbank führte und die von vergoldeten Greifen »bewacht« wird ❸, siehe Abb. S. 208.

Schon bei den alten Griechen hüteten diese seltsamen Fabeltiere das Gold.

Wir kehren nun zum Stróganow-Palais zurück und haben gegenüber die Ehem. Holländische Kirche (Golländskaja zérkow') ❹.

Dieses ist ein elegantes Gebäude im klassizistischem Stil, nach dem Vorbild des Mausoleums des Diokletian in Split 1836 von *P. Jaquot* errichtet. Nur der mittlere Teil wurde jedoch als Kirche benutzt, die beiden Seitenteile waren Residenz und Büros der holländischen Gesandtschaft. Heute befindet sich eine Bibliothek in den Räumen.

Das Gebäude grenzt an die Sheljabow-Straße (Sheljábowa úl.) ③, in der (Nr. 27) das Leningrader Estraden-Theater

Kathedrale der Muttergottes von Kasan, Text S. 148 f., 9 ❷

[Varieté] (Teátr estrády) ❺ steht. Im darauffolgenden Block liegt etwas zurückgesetzt und abends angestrahlt die Ehem. lutherische Peter-und-Pauls-Kirche (Býwschaja ljuteránskaja zérkow' Petrá i Páwla) ❻.

Alexander Brüllow hat sie 1838 im neuromanischen Stil gebaut. Sie ist außen sehr geschickt renoviert. Jetzt ist sie Sitz eines Sportklubs.
Im alten St. Petersburg gab es drei lutherische Gemeinden, die alle sehr wohlhabend waren und Schulen unterhielten. Nach der Russifizierung unter Alexander III., welcher die deutschen Schulen im Baltikum abschaffte, blieben für den Deutschunterricht lediglich diese Kirchenschulen übrig. Die älteste lutherische Gemeinde baute ihre Kirche schon 1768–1771, Baumeister *Félten,* auf der Wassíljewski-Insel hinter der ehemaligen Kadettenanstalt und dem Ménschikow-Palast (*4* ❹). Diese Lutherische Katharinenkirche war ein rechteckiger Saalbau in nordsüdlicher Richtung. Später wurde auf der »Großen Seite«, ebenfalls nach einem Entwurf von *Félten,* 1779 die Lutherische Annen-Kirche errichtet. Sie stand auf dem Litéjny-Prospekt, Ecke Tschaikówski-Straße, und ist heute das Kino »Sparták«. Aus der zuletzt gebauten Lutherischen Peters-Kirche wurde das wertvolle, von *Karl Brüllow* gemalte Altarbild 1938 ins Russische Museum gebracht. Im Altarchor befinden sich heute Holzbänke für die Zuschauer. Diese Gemeinden bestritten ihren Haushalt aus den Mieten der ihnen gehörenden Wohnhäuser. Als die Mieten abgeschafft wurden, konnten sie die Steuern an den Staat nicht mehr bezahlen und wurden daher verstaatlicht.

An der folgenden Ecke Néwski-Prospekt/Gribojédow-Kanal steht das Haus des Buches (Dom knígi) ❼.

Es ist ein großes Gebäude von zweifelhaftem Geschmack, 1907 von *P. Suzore* für die amerikanische Firma Singer errichtet. Ursprünglich sollten es 11 Stockwerke werden, jedoch erhielt die Firma dafür keine Erlaubnis. Schon Nikoláj I. hatte angeordnet, daß kein Haus höher als das Winterpalais sein durfte. Die Firma setzte nun dem Ganzen eine Art von Türmchen auf, mit einem Globus geschmückt, der nachts erleuchtet den Firmennamen sehen ließ; heute »dom knigi«. Mehrere Leningrader Filialen großer Verlage und eine außerordentlich vielseitige Buchhandlung sind dort untergebracht.

Wir überqueren nun den Gribojédow-Kanal. Sieht man dabei nach links den Kanal entlang, erblickt man am anderen Ufer in der Ferne eine Kirche, die etwas vorgebaut ist und an die berühmte Basilius-Kathedrale in Moskau erinnert. Es ist die Kirche des vergossenen Bluts Spása na krówi zérkow') ❽, auch Erlöser-Kirche und teilweise als Auferstehungs-Kirche bekannt.

An der Stelle, wo sie 1892–1907 errichtet wurde – nach einem Entwurf von *A. Parland* – fiel Zar Alexander II. 1881 (siehe »Geschichte«) einem Attentat zum Opfer.

Sein Sohn und Nachfolger, Alexander III., wollte, daß die Kirche genau auf dem Punkt errichtet würde, wo sein Vater verblutet war: dies war der Grund, warum die Kirche so nah an den Kanal gebaut wurde. In der Absicht, »typisch russische« Motive zu verwenden, wurde die Kirche zu einem jener prächtigen Bauwerke ohne wirklichen künstlerischen Wert, wie sie zu jener Zeit fast alle Hauptstädte hervorbrachten. Viel Gold, farbige Kacheln und Email wurden verwandt. Die Kirche ist innen noch nicht restauriert und nicht zu besichtigen.
Die beiden Straßen, die im rechten Winkel zum Néwski-Prospekt und parallel zum Gribojédow-Kanal laufen, heißen heute in Erinnerung an die Organisatoren des Attentates: Sofíja-Perówskaja- und Andréj-Sheljábow-Straße ③.
Der Gribojédow-Kanal hingegen trägt noch den Namen jenes 1825 in Persien ermordeten Gesandten und Schriftstellers, dessen einziges nach seinem Tode veröffentlichtes Theaterstück »Verstand schafft Leiden« zum festen Bestandteil des russischen und auch des europäischen Theaterrepertoires gehört.

Néwski-Prospekt, Abschnitt 2 – **Platz der Künste** (Iskússtw pl.) **Plan 10**

Wir setzen unsere Wanderung fort und sehen links, gleich nach dem Gribojedow-Kanal (Kanál' Gribojédowa) ①, Néwski-Prospekt 32, den Ehem. Katharinen-Dom (Býwschij kostél' Sw. Jekateríny) ❶.

Diese katholische Kirche wurde 1763–1783 *von de la Motte* in Spätbarock erbaut. Sie enthält u. a. das Grabmal des letzten polnischen Königs, *Stanislaus Poniatówski* (siehe »Geschichte«) und des französischen Generals *Moreau,* der sich gegen Napoleon erhoben und auf Seite der Russen gekämpft hatte.

Einige Schritte weiter kommen wir zur Brodski-Straße (Bródskowo úl.) ②, die zum Platz der Künste (Iskússtw pl.) ③ führt. Von der Ecke aus ist die Metrostation »Néwski-Prospekt« zu erreichen, auf die wir weiter unten eingehen. In der Bródski-Straße befindet sich das große Hotel »Jewropéjskaja« ❷ (Europa) mit dem Restaurant Sadkó.

Der Platz der Künste trägt seinen Namen mit Recht. Hier liegen einige der bekanntesten Museen und Theater, er ist eines der Kunstzentren dieser an Kunst so reichen Stadt. Die Planung des Platzes verdanken wir wiederum *Carlo Rossi,* der – abgesehen von *Trezzini* – am meisten zur Gestaltung der Stadt beigetragen hat. Gegen Ende des 19. Jh.s entstanden auch hier Bauten, die der Harmonie des Ganzen Abbruch taten. Nach dem Zweiten Weltkrieg, als die Stadt daranging, ihre schweren Wunden zu heilen, wurden sie entfernt und heute ist der Platz der Künste wieder in seiner alten Gestalt zu sehen. U. a. wurde der Fassade des ehemaligen Adelsklubs (heute Sitz der Leningrader Philharmoniker) wieder ihr altes Aussehen zurückgegeben und der Platz vor dem Russischen Museum von neuem bepflanzt.

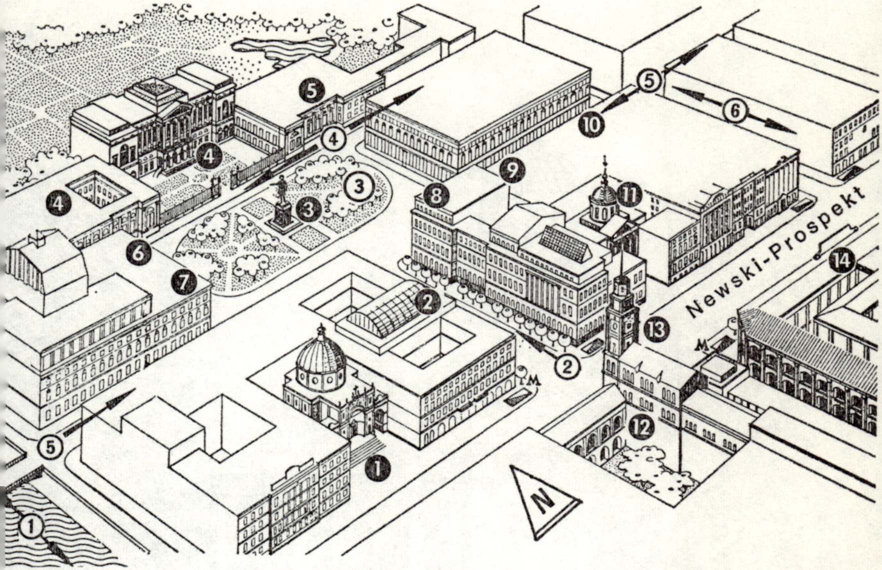

Plan 10: Newski-Prospekt, Abschnitt 2 – *Platz der Künste (Iskússtw pl.)*

❶ Ehem. Katherinen-Dom (Býwschij kostél' Sw. Jekateríny) ❷ Hotel »Jewropéjskaja« ❸ Alexander-Puschkin-Denkmal (Pám'atnik Púschkinu) ❹ Russisches Museum, ehem. Michaíl-Palais (Rússkij muśéj) ❺ Völkerkunde-Museum (Muśéj etnográfii naródow SSSR) ❻ Kleines Opern- und Ballett-Theater (Akademítscheskij Mályj teátr ópery i baléta) ❼ Museum der Brodski-Wohnung (Muśéj-kwartíra Bródskowo) ❽ Leningrader Philharmonie (Filarmónija) ❾ Operetten-Theater [Musikalische Komödie] (Teátr musikál'noj komédii) ❿ Komissárshewskaja-Schauspielhaus (Dramatítscheskij teátr Komissárshewskoj) ⓫ Ehem. Armenische Kirche (Býwschaja arm'ánskaja zérkow') ⓬ Ehem. Stadt-Duma (Býwschaja Gorodskája Dúma) ⓭ Feuerwehrturm (Poshárnaja kalántscha) ⓮ Warenhaus »Kaufhof« (Gostínyj dwor) – ① Gribojedow-Kanal (Kanál' Gribojédowa) ② Brodski-Straße (Bródskowo úl.) ③ Platz der Künste (Iskússtw pl.) ④ Ingenieur-Straße (Inshenérnaja úl.) ⑤ Rakow-Straße (Rákowa úl.) ⑥ Garten-Straße (Sadówaja úl.).

In der Mitte des Platzes steht das hübsche Alexander-Puschkin-Denkmal (Pám'atnik Púschkinu) ❸, 1957 von M. Anikúschin geschaffen (Abb. siehe nächste Seite).

Russisches Museum **10** ❹ *mit Púschkin-Denkmal* **10** ❸

Das älteste und wichtigste Gebäude des Platzes ist aber das Russische Museum, ehem. Michaíl-Palais (Rússkij muśéj) ❹.

Carlo Rossi baute es um 1825 für den Großfürsten Michaíl, den jüngsten Bruder Alexanders I. und Nikolájs I., der ebenfalls mit einer deutschen Prinzessin, Helene von Württemberg verheiratet war. Das Hauptgebäude steht in einem Ehrenhof, der durch ein schmiedeeisernes Gitter vom Platz getrennt ist. Acht korinthische Säulen stützen den Portikus über einer Arkade. An beiden Seiten des Portikus, zwischen den riesigen

Rundbogenfenstern des zweiten Stocks, sehen wir korinthische Halbsäulen. Auch das Innere des Palais, ja sogar die Einrichtung ist von *Carlo Rossi* entworfen worden. Leider wurden später Änderungen vorgenommen. Unverändert geblieben sind das große Vestibül und im zweiten Stock der herrliche, mit Säulen geschmückte Saal, dessen Wandmalereien Szenen aus Troja zeigen. Nach dem Tode des Großfürsten wohnte hier seine Witwe Helene, und ihre Empfänge waren vor allem durch die geladenen und musizierenden Komponisten und Künstler berühmt. *Anton Rubinstein* organisierte das Musikprogramm. Nach ihrem Tode verfiel der Palast, bis ihm Alexander III. im Jahr 1898 neues Leben gab, indem er hier das Russische Museum eröffnete.

Geöffnet: montags von 11.00 bis 16.00, mittwochs–sonntags von 11.00 bis 18.00 Uhr.
Geschlossen: dienstags.

Alexander II. hatte aus der Eremitage, der Kunstakademie, den Stadt- und Landschlössern der Zarenfamilie Bilder russischer Maler hierhergebracht, doch handelte es sich damals um eine ziemlich wahllos zusammengestellte Sammlung. Heute ist das Museum vollständig neu geordnet und nach der Tretjaków-Galerie in Moskau die größte Sammlung russischer Malerei. Es zeigte sich bald, daß die Fülle des ausgestellten Materials, ca. 300 000 Stück, zu groß war für das alte Michaíl-Palais, so daß noch der rechte Flügel, dessen Fassade dem Gribojédow-Kanal zugewandt ist (1912–1916 entstanden), dazugenommen wurde. Im Kriege stark beschädigt, wurde es 1953 ganz renoviert. Hier finden auch Sonderausstellungen statt. Heute umfaßt die Sammlung nur noch zu einem Zehntel die alten, von Alexander II. gesammelten Bilder, zum größeren Teil besteht sie aus beschlagnahmten, oder wie man hier sagt »nationalisierten«, Privatsammlungen und Neuankäufen.

Nachstehend sei nur auf die wichtigsten Säle und Kunstwerke hingewiesen:

SÄLE 1–4 im *ERDGESCHOSS* sind der **alten russischen Kunst** gewidmet, beginnend mit dem 10., 11. und 12. Jh. Besonders interessant im SAAL 3 die Nówgoroder Malerei, u. a. »Der Engel mit den goldenen Haaren«; Mosaik und Freskofragmente aus dem Kloster S. Michael von Kiew; Ikonen aus dem 12., 13., 14., 15. und 16. Jh., einige aus der Schule des berühmten *Andrej Rubljów* (die Ikonen von der Ikonostase der Uspénskij-Kathedrale in Wladímir [1408]) und einige, die *Simón Uschákow* (17. Jh.) zugeschrieben sind wie die »Dreifaltigkeit«; interessant ein Bildnis des Zaren Fjódor Iwánowitsch.

SÄLE 5–14 zeigen **russische Malerei des 18. Jh.s,** während die **SÄLE 15–20 die Malerei** der ersten Hälfte und die **SÄLE 23–43** die zweite Hälfte **des 19. Jh.s** berücksichtigen.

SAAL 22 enthält gute Landschaftsbilder; **SAAL 25:** gleich rechts vom Eingang ein ausgezeichnetes Porträt des Dichters

Turgénjew von *Perów* (1834–1882); im **SAAL 26** das berühmte Bild von Peter I. und seinem Sohn Alexis, 1872 von *Ge* gemalt; **SÄLE 27–39** enthalten wieder zum größten Teil Landschaftsbilder.

Im *ERSTEN STOCK*, im sog. *Benois*-Bau, befinden sich die großen Namen des **russischen Realismus des 19. Jh.s** *(Lévitan, Répin, Serów, Perów, Archípow, Iwánow* etc.).

Ein Teil dieser Bilder war 1972 auch in der Bundesrepublik in Baden-Baden zu sehen. Zu dieser Gruppe gehören jene Maler, die sich »Die Wanderer« nannten und sich 1870 zu einer Genossenschaft zusammenschlossen, nachdem sie das Prüfungsthema der Petersburger Akademie »Göttermahl in Walhalla«, abgelehnt hatten. Ihr geistiger Führer war der Philosoph Tschernyschéwski, der für eine »aktive Einmischung der Kunst ins Leben« war. Die Maler versuchten, sich mit den Klassengegensätzen auseinanderzusetzen und »durch den Inhalt die Anklagen zu widerlegen, Kunst sei eine leere Zerstreuung«.

Die **SÄLE 67 und 68** sind *Iljá Répin* (1844–1930) gewidmet: im **SAAL 67** das Porträt des Malers Schíschtkin und, links, das große Gemälde »Hiob«; im **SAAL 68** »Die Saporóger Kosaken schreiben dem türkischen Sultan einen Brief«, jenes grandiose Gemälde über das Gelächter. Von diesem Bild existiert auch eine von dem Maler selbst angefertigte Kopie in der Tretjaków-Galerie in Moskau; bemerkenswert ein ausgezeichnetes Porträt von Rubinstein und ein solches von Rímsky-Kórsakow. Von Répins letztem Monumentalgemälde »Die Festsitzung des Staatsrates« (in der Leningrader Akademie der Künste) befinden sich im Russischen Museum die vorangegangenen Porträtskizzen, darunter auch die des Staatsrates Pobedonószew, Lehrer Nikolájs II. und später allmächtiger Minister, der Tolstoi zu der Figur des unsympathischen Gatten der Anna Karenina Modell gestanden haben soll (siehe Geschichte).
SAAL 74 macht mit den schönsten Landschaftsbildern *Levitáns* bekannt; **SAAL 75** bringt Werke des russischen Expressionisten *Archípow* (1862–1930); **SÄLE 76 und 77** *Serów* (1865–1911) Porträts; der **SAAL 78** enthält die phantastischen Märchen- und Sagenszenen von *Wrúbel* (1856–1910). SAAL 82: das verhältnismäßig kleine, aber ungeheuer eindrucksvolle Bild *Iwánows* »Sterben in der Steppe«; **SAAL 83** *Makówskij* (1846–1920), Bilder von Gefangenen, Gerichtsverhandlungen, Szenen sozialen Elends; im **SAAL 85** das oft reproduzierte Gemälde *Pukírews* (1832–1890) »Ungleiches

Paar«, die Hochzeit eines Alten mit einer noch fast kindlichen Braut; **SAAL 86** ist wieder *Iljá Répin* gewidmet: hier hängt sein bekanntestes und berühmtestes Bild »Die Wolgaschiffer«, ferner die »Unerwartete Rückkehr« (eines Verbannten aus Sibirien) und das Bild des zum Tode Verurteilten, der die Beichte verweigert. Mehr noch als in der Moskauer Tretjaków-Galerie ist das Russische Museum in diesen Sälen des Oberstocks ein anschauliches Bilderbuch des ausgehenden 19. Jh.s mit seinen Problemen, seinen Anklagen gegen soziale Mißstände, gegen die Schrecken des russisch-türkischen Krieges (hier vor allem *Wassílij Wereschtschágin)* und zugleich eine Illustration der russischen Gesellschaft um die Jahrhundertwende.

Der rechte Flügel des Russischen Museums, 1911 von Swinjín erbaut, ist heute das Völkerkunde-Museum (Muśéj etnográfii naródow SSSR) ❺, Eingang Ingenieur-Straße (Inshenérnaja úl.) ④, Nr. 4.

Geöffnet: täglich außer montags von 11.00 bis 18.00 Uhr.
Geschlossen: montags.

Wer sich für die Geschichte der fast hundert sowjetrussischen Völkerschaften interessiert, findet hier einen Überblick ihrer Geschichte und Entwicklung vom Ende des 19. Jh.s bis zur Gegenwart. Das Museum besitzt folgende *Unterabteilungen:* Volkskunst und Trachten der Slawen; die Völkerschaften des Kaukasus; die Völkerschaften der Wolga: die Völkerschaften des hohen Nordens: die Turkmenen (hier besonders die herrlichen Teppiche interessant); die Volkskunst der Usbeken; das Kunsthandwerk Daghestans; die Volkskunst im Baltikum.

Hier sind auch die Haltestellen für *Trolleybus:* 1, 5, 7, 10 / *Autobus:* 19, 25, 46 / *Tram:* 2, 3, 4, 5, 7, 12, 13, 14, 20, 24, 34 – »Úliza Inshenérnaja«.

Links vom Russischen Museum, auf der Nordwestseite des Platzes, steht das Kleine Opern- und Ballett-Theater (Akademítscheskij Mályj teátr ópery i baléta) ❻.

Es wurde 1833 als Theater erbaut und hieß nach dem in der Nähe liegenden Palais das »Micháilowski-Theater«. Auch hier benutzte der Erbauer, *Alexander Brüllow,* die Pläne *Carlo Rossis.* 1859 wurde es von *Albert Cavos* leider verändert. Hier spielten zuerst nur ausländische Theatergruppen und von den 90er Jahren an ein festes französisches Theaterensemble. Heute ist es ein Opern- und Ballett-Theater. Man kann hier manchmal neue, von der traditionellen Opernüberlieferung abweichende Inszenierungen sehen.

Neben der Kleinen Oper auf dem Platz der Künste Nr. 3 befindet sich das Museum der Brodski-Wohnung (Muśéj-kwartíra Bródskowo) ❼.

Geöffnet: mittwochs und freitags von 13.00 bis 17.00, sonntags von 12.00 bis 18.00 Uhr.

Geschlossen: montags, dienstags, donnerstags und samstags.

Hier wohnte bis 1939 der bekannte russische Maler *Bródski*. Nach seinem Tod wurde die Wohnung Museum. Man kann hier 80 seiner eigenen Gemälde sehen, ferner seine private Bilder- und Graphikensammlung, ungefähr 500 Stück, alles Werke aus dem 19. und 20. Jh.

Auch das Gebäude der Leningrader Philharmonie (Filarmónija) ❽, Eingang Bródski-Straße ② ist nach einem Entwurf *Carlo Rossis* von dem Architekten *P. Jaquot* 1838 für den Adelsklub erbaut worden.

Die Petersburger Philharmonische Gesellschaft, die jetzt dort ihren Sitz hat, wurde schon 1802 ins Leben gerufen und die Werke der russischen Komponisten von *Glínka, Tschaikówski* über *Rímsky-Kórsakow, Bórodin* bis *Rachmáninoff* wurden hier zuerst gespielt. Auch *Wagner* dirigierte im Jahre 1863. Die heutigen Leningrader erinnern gerne daran, daß in dem großen, mit weißen Säulen geschmückten Saal am 9. August 1942, mitten während der schrecklichen Belagerungszeit, *Schostjakówitsch's* Siebente Symphonie, die sog. »Leningrader«, die er unter Bombenhagel komponiert hatte, uraufgeführt und im Radio übertragen wurde.

Neben der Philharmonie, aber in der Rakow-Straße (Rákowa úl.) ⑤ liegen zwei Theater, das Operetten-Theater [Musikalische Komödie] (Teátr musikál'noj komédii) ❾ in Nr. 13 und das nach der berühmten Schauspielerin Vera Komissárshewskaja benannte Komissárshewskaja-Schauspielhaus (Dramatítscheskij teátr Komissárshewskoj) ❿ in Nr. 19.

Wir kehren nun wieder auf den Platz der Künste und durch die Úl. Bródskowo auf den Néwski-Prospekt zurück. Linker Hand nach der Ecke Bródski-Straße stoßen wir auf das elegante Gebäude der früheren Armenischen Kirche (Býwschaja arm'ánskaja zérkow') ⓫. Dies ist ein Bau vom Ende des 18. Jh.s, ein Werk des Architekten *Félten*. Am Abend ist auch diese Kirche meist sehr hübsch angestrahlt.

Um nun die Gebäude auf der anderen (rechten) Seite des Néwski-Prospekts zu erreichen, gehen wir zur Unterführung an der Bródski-Straße zurück und durch diese hinüber. Dann ein paar Schritte in Richtung Gribojédow-Kanal zurück bis zu dem Bau der Ehem. Stadt-Duma (Býwschaja Gorodskája Dúma) ⓬.

Dieses Gebäude wurde 1784 von dem Italiener *Giacomo Quarenghi* erbaut, besaß einmal Glasarkaden und eine Paradetreppe. Der Turm kam später, 1802, dazu (Architekt *Ferrari*). Zu Beginn des 19. Jh.s stand dort stets eine Wache, um etwaige Feuersbrünste zu melden, daher der Name Feuerwehrturm (Poshárnaja kalántscha) ⓭. Später wurde ein »Spiegel-Telegraph« installiert, der die Verbindung zwischen dem 30 km entfernten Zárskoje Sélo, dem Sommersitz des Zaren, und dem Winterpalais aufrecht hielt. Heute ist auf drei Seiten des Türmchens je eine Uhr eingebaut, die jede Viertelstunde schlägt. Wenn die derzeitigen Reparaturen und Veränderungen in dem Palast beendet sind, wird die Stadt hier eine neue Konzerthalle erhalten.

Zwischen der Stadt-Duma und dem riesigen Warenhaus »Kaufhof« (Gostínyj dwor) ⓮, dort wo der Bürgersteig fast zu einem kleinen Platz wird, liegt, wie oben erwähnt, die außerordentlich bequeme Metro-Haltestelle »Néwski-Prospekt«.

Das große zweistöckige Kaufhaus, das einen ganzen Block einnimmt, entstand schon zu Katharinas Zeiten, es wurde 1785 von *J. V. Vallin de la Motte* erbaut. Die Kosten dafür brachte die Petersburger Kaufmannschaft auf, deren in der Stadt verstreute Holzbuden stets von Bränden und anschließenden Plünderungen bedroht waren. Hunderte von Händlern hatten hier ihre festen Verkaufsstände, die Käufer strömten zusammen, denn – unerhörter Luxus für die damalige Zeit – die Kaufstraßen waren im Winter geheizt. In der alten Zeit befand sich zudem im Innern ein kleiner Teich, damit man jederzeit Wasser zum Löschen eines ausbrechenden Feuers bereit hatte. Der Stil des imposanten Baus ist Frühklassizismus. Bei einer Reparatur im Jahre 1965 entdeckte man in einer Mauernische acht kleine Goldbarren. Wahrscheinlich war der Besitzer dieses Vermögens vom Tod überrascht worden, ehe er sein Versteck nennen konnte.

Der Gostíny Dwor ist auch heute noch Leningrads größtes Warenhaus.

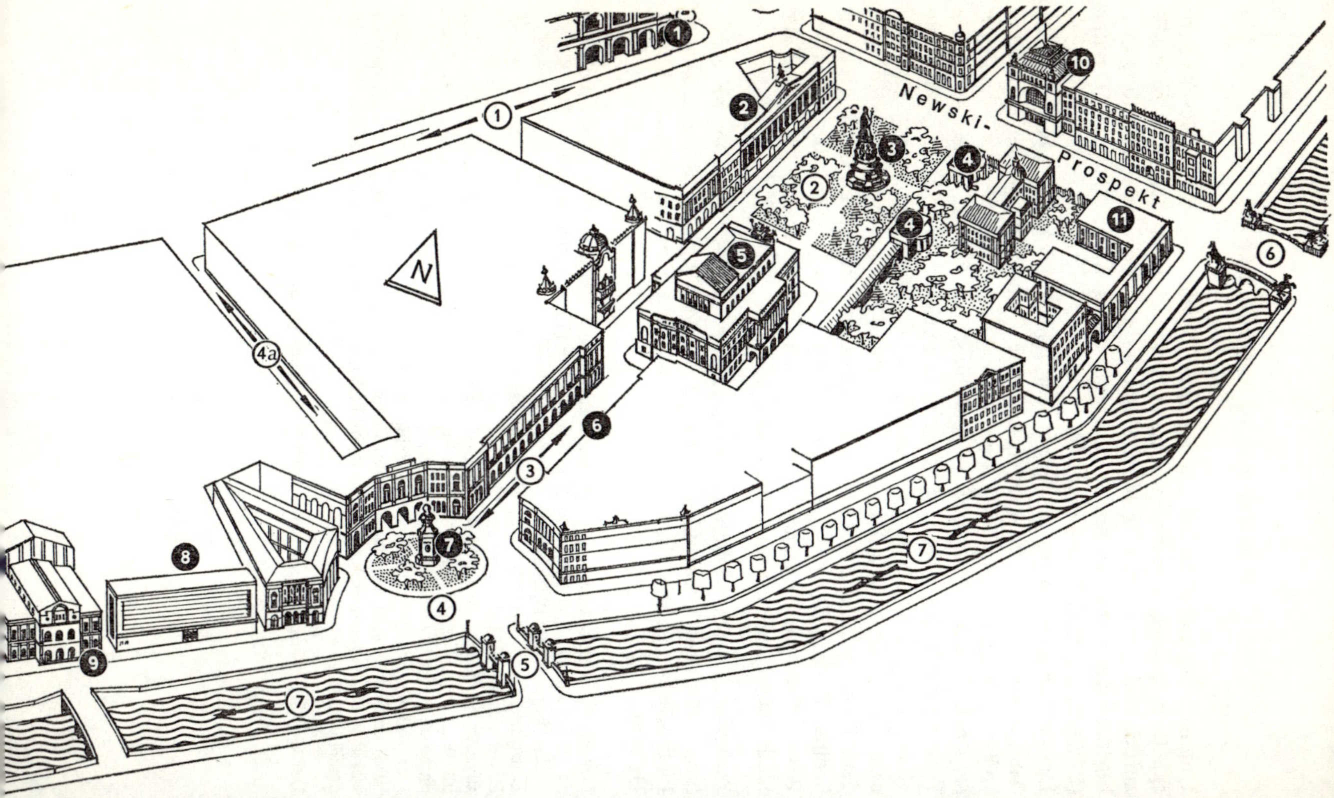
Newski-Prospekt
N
1
2
3
4
4a
5
6
7
8
9
10
11

Plan 11: Néwski-Prospekt, Abschnitt 3 – Rossi-Straße (Rossi úl.)

❶ Warenhaus »Kaufhof« (Gostínyj dwor) ❷ Saltykow-Schtschedrin-Bibliothek (Biblioteka im. M. Saltykówa-Schtschédrina) ❸ Denkmal Katharinas II. (Pám'atnik Jekaterine II.) ❹ Pavillons ❺ Puschkin-Dramen-Theater (Akademítscheskij teátr drámy im. A. Púschkina) ❻ Waganow-Ballett-Schule (Balétnaja skóla Wagánowa) ❼ Lomonossow-Büste (Bjust M. Lomonóssowa) ❽ Haus der Presse (Dom préssy) ❾ Großes akademisches Gorki-Schauspielhaus (Akademítcheskij Bol'schój dramatítscheskij teátr im. M. Górkowo) ❿ Komödien-Theater, »Gastronom Nr. 1« (Teátr komédii, Gastronóm 1) ⓫ Anitschkow-Palais, jetzt Pionierpalast (Dworjéz pionérow) – ① Garten-Straße (Sadówaja úl.) ② Ostrowski-Platz (Ostrówskowo pl.) ③ Rossi-Straße (Rossi úl.) ④ Lomonossow-Platz und ④ a -Straße (Lomonóssowa pl. bzw. úl.) ⑤ Lomonossow-Brücke (Lomonóssowa most) ⑥ Anitschkow-Brücke [mit Skulpturengruppe: Pferde], (Skul'ptúrnyje grúppy na Anítschkowom mostú) ⑦ Fontánka.

Néwski-Prospekt, Abschnitt 3 – **Rossi-Straße** (Rossi úl.) – **Lomonossow-Platz** (Lomonóssowa pl.) **Plan 11**

Vom Kaufhof »Gostínyj Dwor« ❶ kommend überqueren wir die Garten-Straße (Sadówaja úl.) ① und gelangen an der Ecke zur riesigen öffentlichen Bibliothek, der Saltykow-Schtschedrin-Bibliothek (Biblioteka im. M. Saltykówa-Schtschédrina) ❷.

Nach der Lenin-Bibliothek in Moskau ist sie heute mit 14 Millionen Bänden die zweitgrößte der Sowjetunion. Gegen Ende des 18. Jh.s wurde sie von *Jégor Sókolow* erbaut, erwies sich aber bald als zu klein. Zwischen 1828 und 1832 wurde nach den Zeichnungen des Architekten *Rossi* ein neues Gebäude errichtet, dessen abgerundete Fassade dem Ostrówski-Platz ② zugewandt ist. 18 Säulen und viele Skulpturen schmücken diese Seite. Zwischen 1896 und 1901 errichtete *E. Worotílow* daneben noch ein drittes Bibliotheksgebäude. In der Sammlung befindet sich eine der ältesten russischen Schriften, das Evangelium von Ostromírowo aus dem 11. Jh.; eine Reihe wertvoller Inkunabeln, eine Sammlung von Büchern des Auslandes, die sich mit Rußland befassen; die Privatbibliothek Voltaires und interessante Veröffentlichungen aus der Zeit der Pariser Kommune. Während der Revolution war am 4. Juli 1917 ein Fotograf auf das Dach der Bibliothek gestiegen, um von dort einen friedlichen Demonstrantenzug von Arbeitern, Soldaten und Matrosen aufzunehmen, die zum Taurischen Palais zogen, wo die Regierung Kerénski tagte. Ganz unerwartet wurden sie an der Ecke der Garten-Straße vor der Bibliothek von der Polizei angegriffen. Die Aufnahmen, die der auf dem Dach zufällig installierte Fotograf machen konnte, sind die einzigen Dokumente dieser Episode, sie fehlen in keiner Geschichte der russischen Revolution.

Die Hauptfassade der Bibliothek zeigt auf den Ostrowski-Platz (Ostrówskowo pl.) ②. Hier verlassen wir für eine Weile den Néwski-Prospekt und sehen uns in diesem vornehmen und architektonisch besonders schön gestalteten Stadtteil ein wenig um. Auf dem Platz inmitten einer freundlichen Grünanlage steht eine Statue, das einzige noch erhaltene Denkmal Katharinas II. (Pám'atnik Jekaterine II.) ❸.

Ihr Großenkel, Zar Alexander II., der Zarbefreier, ließ das Denkmal 1873 nach Entwürfen des Malers *Mikéshin* von den Bildhauern *Tschishów* und *Onekúschin* errichten. Es gehört nicht zu den besten Denkmälern der Stadt. Katharina, die auf einem glockenförmigen Podest steht, ist mit einem pompösen Krönungsmantel, der Kette des Andreas-Ordens und dem Zepter in der rechten Hand dargestellt. Zu ihren Füßen, rund um den Sockel die Figuren der prominentesten Persönlichkeiten ihres Zeitalters: *Potémkin* und *Bezboródkow* als Repräsentanten der Staatskunst; *Suwórow, Orlów* und *Rumjánzew* (für Heer und Marine); der Dichter *Dersháwin* und die Fürstin *Dáshkowa* (als Vertreter von Kunst und Wissenschaft). Die alten noch von *Rossi* gezeichneten Laternen für Petroleumbeleuchtung, die das Denkmal umgeben, verleihen dem Platz eine besondere Atmosphäre.

Auf der linken Seite des Platzes sehen wir zwei Pavillons ❹, die den frühen Rossi-Stil zeigen, sie sind durch ein Gitter verbunden und von Bäumen überschattet und gehören zum dahinter liegenden »Garten des Ausruhens« (Sad Ótdycha). Sie sind mit Statuen von Kriegern geschmückt. Der eine Pavillon ist heute ein Restaurant, der andere an der Ecke mit dem Néwski-Prospekt ein Ausstellungsraum.

Im Gebäude Ostrówski-Platz 6 ist das Theater-Museum untergebracht.

Geöffnet: täglich außer dienstags von 12.00 bis 19.00 Uhr (montags nur bis 18.00 Uhr).

Geschlossen: dienstags.

Das Museum besitzt eine sehr bedeutende Plattensammlung der besten Sänger und Schauspieler der Welt, außerdem die größte Theater-Bibliothek der Sowjetunion, ca. 300 000 Bände.

Die ganze rechte Seite des Platzes wird, wie oben gesagt, von der Bibliothek eingenommen, an der die für Rossi so charakteristischen Säulen, Alabaster-Statuen von Poeten und Gelehrten zu sehen sind; auf dem Giebel kann man die Göttin der Weisheit, Pallas Athene, eine Arbeit des Bildhauers *Demút-Malínowskij* erblicken. – Der Südteil des länglichen Platzes – wie überall auf Leningrads Plätzen laden an schattigen Stellen stehende Bänke zum Verweilen ein – wird vom Puschkin-Dramen-Theater (Akademítscheskij teátr drámy im A. Púschkina) ❺ begrenzt.

Carlo-Rossi-Straße, Text S. 164, **11** ③

Es ist eines der wichtigsten und schönsten Bauwerke von *Carlo Rossi,* der es 1832 errichtete. Die Hauptfassade ist dem Platz und dem Newski-Prospekt zugewandt. Zwei Seiten, die vordere und die linke, zeigen erhöhte Loggien, die mit je sechs weißen korinthischen Säulen geschmückt sind. In den Nischen der Vorderseite die Statuen der Musen: Terpsichore für den Tanz und Melapomene für das Schauspiel. Auf der Attika Apollo, der Herr der Künste, in einer Quadriga, die dem Beschauer entgegensprengt. Ein plastischer Fries aus tragischen Masken und Blumengirlanden zieht sich um das ganze Gebäude.
Besonders schön und in Harmonie mit der Rossi-Straße ist auch die weiß-gelbe Rückfront mit den Statuen der Musen Clio und Euterpe.
Der Theaterraum des ehemaligen »Alexandrínsky« – nach der Gattin des Zaren Nikoláj I., der Tochter der Königin Luise von Preußen benannt – faßt 1 500 Personen. Auch die Innenausstattung stammt von *Carlo Rossi,* sie ist bis ins kleinste Detail von

ihm entworfen worden. Rußlands erstes ständiges öffentliches Theater entstand in Petersburg um die Mitte des 18. Jh.s. Heute umfaßt das Repertoire des Puschkin-Schauspielhauses russische und ausländische, klassische und moderne Schauspiele.

Von der Rückseite des Theaters führt die R o s s i - S t r a ß e ③, die den Namen ihres Schöpfers, des berühmten Architekten »verewigt«, zum Lomonóssow-Platz ④; siehe Abb. auf S. 163.

Es ist die kürzeste, aber zweifellos architektonisch schönste Straße Leningrads. Sie wurde 1828–1834 von *Rossi* erbaut und bildet sich eigentlich nur durch zwei Zwillingsgebäude. Sie ist 22 m breit, die Gebäude sind 22 m hoch und 220 m lang. Auf der einen Seite hat das Leningrader Planungsinstitut seinen Sitz und auf der andern Seite, Nr. 2, die W a g a n o w - B a l l e t t - S c h u l e (Balétnaja skóla Wagánowa) ❻, aus der viele berühmte Künstler des russischen Balletts hervorgingen: *Páwlowa, Uljánowa, Nijínski, Fókina,* um nur einige der bekanntesten Namen zu nennen. Den Namen gab ihr *Agrippina Wagánowa,* welche 30 Jahre hier unterrichtete. Die Ballettschule wurde 1783 gegründet, die ersten Schüler, 12 Mädchen und 12 Jungen, waren Kinder von Schloßangestellten. Heute lernen dort über 500 Ballettschüler. Sie können im Alter von 10 Jahren eintreten, der Unterricht ist kostenlos. In jeder größeren russischen Provinzstadt gibt es Ballettschulen und Lehrer der Leningrader Schule durchreisen die Sowjetunion, nach neuen Talenten Ausschau haltend. Auch Ausländer können hier studieren. *Besichtigung nach Vereinbarung mit der Direktion möglich.*

Die Baumeister-Rossi-Straße endet am L o m o n o s s o w - P l a t z (Lomonóssowa pl.) ④, wo sich in einem Rondell die L o m o n o s s o w - B ü s t e (Bjust M. Lomonóssowa) ❼ des großen Wissenschaftlers befindet. Sie wurde 1892 von dem Bildhauer *P. Sabello* geschaffen.

Wir sind nun am Fontánka-Fluß ⑦ angekommen, haben vor uns die L o m o n o s s o w - B r ü c k e (Lomonóssowa most) ⑤, rechter Hand den modernen Bau des H a u s e s d e r P r e s s e (Dom préssy) ❽ und etwas weiter, am Fontánka-Kai 65, das G r o ß e a k a d e m i s c h e G o r k i - S c h a u s p i e l h a u s (Akademítscheskij Bol'schój dramatítscheskij teátr im M. Górkowo) ❾.

Es ist eines der beliebtesten Theater Leningrads und jede Neuinszenierung ist ein Ereignis. Obwohl es 1 500 Plätze hat, ist es besonders schwierig, Karten zu bekommen.

Wir können nun auf dem Fontánka-Kai längs des Flusses oder noch einmal durch die Baumeister-Rossi-Straße zurück auf den Néwski-Prospekt gehen. Gegenüber dem Ostrówski-Platz auf der linken Seite des Prospekts (Nr. 56) sehen wir ein Gebäude, das durch seinen schlechten Stil vollständig aus dem Rahmen fällt. Es wurde 1907 von *Baránowsky* für die weltbekannten Delikatessenhändler Gebrüder Elisëjew errichtet, die im Erdgeschoß ihren großen Laden und darüber ein Theater hatten. Unten befindet sich jetzt die Feinkosthandlung Gastronóm Nr. 1 (die aber lange nicht so interessant ist, wie die berühmte Moskauer in der dortigen Górki-Straße), und darüber das K o m ö d i e n - T h e a t e r (Teátr komédii) ❿.

Die Popularität dieses Theaters hängt mit seinem begabten Direktor, *Nikoláj Akímow*, zusammen. Scharf pointierte Satiren und Lustspiele russischer und ausländischer Autoren kommen hier zur Aufführung.
Wir können an der Ecke des Gastronom 1 eine kleine Schleife machen, die sich zu gehen lohnt. Hier führt die kurze »Kleine Garten-Straße« ab, in der sich stets viele fliegende Verkaufsstände befinden; und die Leningrader Frauen wissen, daß man hier, ohne allzulanges Schlangestehen (wie in den Läden) einkaufen kann: Quark, Obst, Zitronen, Salate, Büchsenfleisch, Konserven etc. Die »Kleine Garten-Straße« (Málaja Sadówaja úl.) führt auf die Rakówa úl. *10* ⑤, die sich dort zum »R e i t - s c h u l - P l a t z« (Manéshnaja pl.) erweitert. Hier steht Leningrads W i n t e r - S t a d i o n (Símnij stadión). Es befindet sich neben den Pavillons, welche zu der M i k h á i l o w s k y M a n é s h gehörten, die von *Brenna* 1801 erbaut und 1824 von *C. Rossi* zugleich mit den Ställen und den dazugehörenden Baulichkeiten umgestaltet wurde. Wenn man am Winter-Stadion links in die Tolmatschówa úl. und beim Zirkus *8* ❼ wieder links über die Belínskowo und die Inshenérnaja úl. in die Klenówaja úl. schlendert, bekommt man einen noch ganz ungestörten Eindruck der ehemaligen Baulichkeiten und der Atmosphäre des alten Petersburg. Die Klenówaja úl. ist breit mit Grünanlagen in der Mitte und Bänken auf der rechten Seite. Sie führt geradenwegs zur Ingenieurburg *8* ❺, wo sich der von zwei roten Pavillons flankierte Eingang zu der Grünanlage mit dem Denkmal Peters des Großen *8* ❻ befindet. Wir können uns nun nach rechts wenden und an der Fontánka ⑦ entlang zurück zum Néwski-Prospekt wandern, oder (besser und kürzer) links durch die Große Gartenstraße (B. Sadówaja úl.) – an dem Schlemmerlokal Sévernyi (Nr. 12) vorbei – dasselbe Ziel erreichen.

An der Ecke Fontánka-Kai/Néwski-Prospekt steht auf der rechten Seite der älteste Palast des Prospektes, das A n i t s c h k o w - P a l a i s, jetzt P i o n i e r p a l a s t (Dworjéz pionérow) ⓫.

An dem Bau, der im Namen an den Ingenieur erinnert, der die erste Brücke über die Fontánka baute, haben viele Architekten gearbeitet. Die Zarin Elisabeth ließ ihn von *Rastrelli* beenden und schenkte ihn ihrem Günstling Alexéj Razumówski, dem Dnjepr-Kosaken mit der schönen Stimme. Er verkaufte ihn an das Schatzamt. Katharina II. verehrte ihn dann später Grigóry Potémkin, der, ebenso geschäftstüchtig, ihn an einen reichen Kaufmann verkaufte. Die Kaiserin kaufte ihn zurück und schenkte ihn nochmals ihrem Favoriten, der dort so prächtige Bälle gab, daß sie die kaiserlichen Bälle in den Schatten stellten. Der Palast kam später wieder in Zarenbesitz zurück, da Katharina nach dem Tode Potémkins dessen enorme Schulden bezahlte. 1809 bekam der Bau einen neuen Trakt, den sog. Kabinett-Block (Kabinétny-Kórpus) längs des Newski-Prospekts und auf der Flußseite, dessen langgestreckte Front von Säulen aufgelockert wurde und einen Eingang vom Fontánka-Kai aus besitzt: Baumeister *Giacomo Quarenghi.* Hier waren kaiserliche Verwaltungsbüros untergebracht. In diesem Palais und nicht im Winterpalais lebte Alexander III. und seine Familie, nach seinem Tode auch einige Jahre Nikoláj II. – und zuletzt die Zarin-Witwe Maria Fjódorowna (Prinzessin Dagmar von Dänemark). 1937 wurde das Palais zum Pionierpalast. In der alten Pracht erhalten sind darin noch der »Rote Saal« und der »Große Saal« mit den weißen Marmorsäulen.

Am Anfang des letzten Jahrhunderts endete die Stadt an der Fontánka bei der Anitschkow-Brücke [mit Skulpturengruppe: Pferde], (Skul'ptúrnyje grúppy na Anítschkowom mostú) ⑥.

Jenseits lagen dichte Wälder und Jagdgebiete. Schon zu Peters des Großen Zeiten war eine Brücke über den Fontánka-Fluß eine Notwendigkeit. Sie wurde 1715 von dem schon erwähnten Militär-Ingenieur *Anítschkow,* Kommandant eines Pionierbataillons, aus Holz gebaut. Die heutige Steinbrücke aus rosa Granit wurde 1839–1841 errichtet. Sie ähnelt mit ihren vier Ecktürmen ein wenig der Lomonóssow-Brücke ⑤ flußabwärts. Berühmt ist die Brücke wegen der herrlichen Rossebändiger-Figuren des ersten Tierbildners in Rußland, *Peter von Klodt-Jürgensburg.* Jede der vier Gruppen stellt eine andere Phase des Zweikampfes eines Jünglings mit einem wilden Pferd dar. Abgüsse dieser schönen Figuren wurden von Zar Nikoláj I. seinem Schwager, Friedrich Wilhelm IV. von Preußen geschenkt. Klodt wurde später Mitglied der preußischen, französischen und italienischen Akademie der Künste. Während des letzten Weltkrieges waren die kostbaren Bronzestatuen im Garten des Anítschkow-Palais vergraben.

Néwski-Prospekt, Abschnitt 4 – **Platz des Aufstandes** (Wosstánija pl.) – **Alexander-Newski-Kloster** (Aleksándro Néwskaja láwra) **Plan 12**

Nach der Anítschkow-Brücke führt der Néwski-Prospekt geradewegs zum Platz des Aufstandes (Wosstánija pl.) ①.

Auf dem Platz befand sich früher ein Denkmal für Alexander III; das *Trubetzkói* 1909 geschaffen hatte; nach der Revolution wurde es entfernt. Die Geschichte des Platzes ist eng mit der Revolution verbunden, denn hier weigerten sich die Regierungstruppen – Kosaken – auf die Aufständischen zu schießen und gingen zu diesen über.

Auf der einen Seite des Platzes haben wir die große Metrostation Wosstánija pl. (stánzia metró W. pl.) ❶ und auf der anderen Leningrads bedeutendsten Bahnhof, den Moskauer Bahnhof (Moskówskij wokśál) ❷.

Die erste russische Eisenbahnlinie wurde 1837 zwischen St. Petersburg und der Residenz des Zaren in Zárskoje Sélo gebaut. Die Linie St. Petersburg–Moskau wurde am

Alexander-Néwski-Kloster **12 ❸**, *Innerer Eingangsbogen und Kuppel der Dreifaltigkeits-Kathedrale* **12 ⑧**

1. November 1851 eingeweiht. In Rußland ist es üblich, den Bahnhöfen den Namen der jeweiligen Zielstation zu geben, so Warschauer Bahnhof, Finnländischer Bahnhof, Baltischer Bahnhof etc. Das russische Wort »wokśál« leitet sich von dem englischen »vauxhall« (ein Volkspark in London) ab. Denn man hatte zuerst die Absicht gehabt, den Bahnhof als ein Vergnügungszentrum zu gestalten mit Verkaufsläden, Restaurants u. a. Man kam dann davon ab, aber der Name blieb. Der Moskauer Bahnhof wurde von dem Architekten Thon gebaut.

Hinter dem Platz des Aufstandes ändert der Néwski-Prospekt seine Richtung und führt nun zu dem an der Newa gelegenen Alexander-Newski-Platz (Aleksándro Néwskowo pl.) ②, wo er vor dem Alexander-Newski-Kloster (Aleksándro Newskája láwra) ❸ endet.

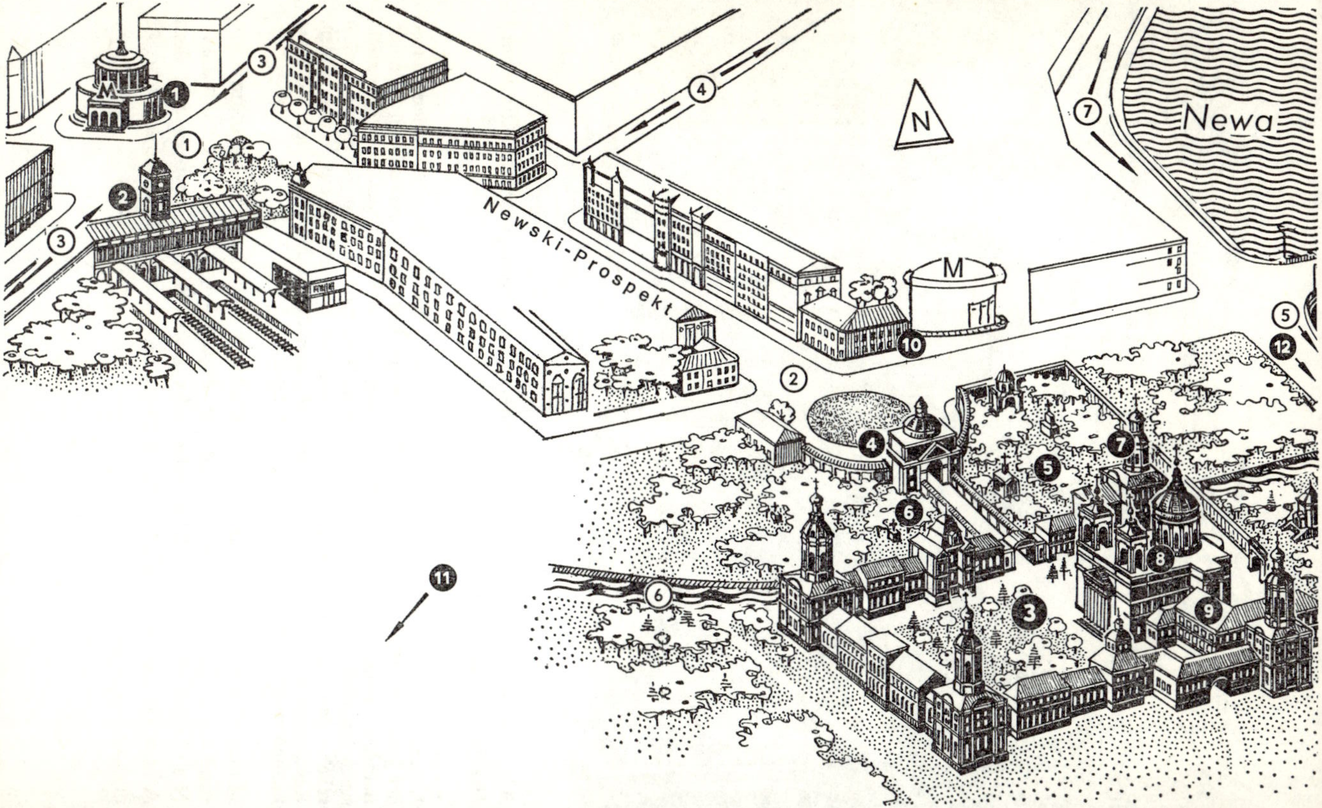
Newa
N
Newski-Prospekt
M

Plan 12: Newski-Prospekt, Abschnitt 4 – *Alexander-Newski-Kloster (Aleksándro Néwskaja láwra)*

❶ Metrostation: Wosstánija pl. (stánzia metró: W. pl.) ❷ Moskauer Bahnhof (Moskówskij wokšál) ❸ Alexander-Newski-Kloster (Aleksándro Néwskaja láwra) ❹ Paradeeinfahrt in das ehem. Dreifaltigkeits-Kloster (Parádnyj wjest w býwschij Swjátoj-Tróitskij monastýr') ❺ Lazarus-Friedhof (Lásarewskoje kládbischtsche) ❻ Ehem. Tichwiner Friedhof (Tíchwinskoje kládbischtsche) ❼ Verkündigungs-Kathedrale (Blagowéschtschenskij sobór) ❽ Dreifaltigkeits-Kathedrale (Tróitskij sobór) ❾ Seminar (Duchównaja seminárija) ❿ Metrostation: Alexander-Newski-Platz ⓫ → Zum Wolkowo-Friedhof (Wólkowskoje kládbischtsche) ⓬ → Zum Porzellan-Museum (Muśéj fárfóra) – ① Platz des Aufstandes (Wosstánija pl.) ② Alexander-Newski-Platz (Aleksándro Néwskowo pl.) ③ Ligowski-Prospekt (Ligówskij pr.) ④ Suworow-Prospekt (Suwórowskij pr.) ⑤ Obúchowskoj oboróny pr. ⑥ Umleitungskanal (Obwódnyj kanály) ⑦ Sínopskaja náb.

Am bequemsten ist es zu erreichen mit der *Metro,* deren Haltestelle ❿ nur wenige Schritte vom Kloster entfernt liegt, aber auch mit *Tram:* 3, 4, 5, 6, 7, 8.

Vom Platz des Aufstandes an ist dieser Teil des Néwski-Prospekts als der »stáryj Néwski«, der »alte Néwski« bekannt. – Das Alexander-Newskische-Heilige-Dreifaltigkeits-Kloster (Aleksándro Néwskaja Tróizkaja láwra) gehörte zu den vier mit besonderen Privilegien ausgestatteten Klöstern, die im alten Rußland »láwra« statt »monastýr« hießen. Die andern drei sind: Das Höhlenkloster bei Kiew (Petschérskaja láwra), die Pochajéwskaja láwra in Wolyn' und die Tróizy Sérgijewa láwra in Sagórsk bei Moskau.

Peter der Große gründete das Kloster schon 1710, es trägt den Namen des populären Kriegshelden und Fürsten Alexander Jarosláwskij, der 1240 an der Newa am Peipus-See einen großen Sieg über die mit den Ordensrittern verbündeten Schweden errungen hatte. Zuerst war in dem befestigten Klosterbezirk eine Holzkirche errichtet worden, aber schon bald hatte Peter I. *Trezzini* den Auftrag gegeben, eine große Kathedrale zu bauen, welche jedoch erst unter Katharina II. beendet wurde. Um die Straße, die durch Moor und Wald bis zum Kloster führte, instandzuhalten, wurde durch einen Erlaß des Zaren Wegzoll erhoben: 5 Kopeken für einen Reiter, 10 Kopeken für eine Kutsche mit zwei Pferden. Vierspännig kostete schon 20 Kopeken und wer sechsspännig ins Kloster wollte, mußte 30 Kopeken bezahlen. Nur Fußgänger und Pilger durften die Straße kostenlos benutzen.

Wir nähern uns über den breiten Alexander-Néwski-Platz ② dem Kloster. Es wurde 1790 von *Iwán Stárow,* dem Erbauer der Dreifaltigkeits-Kathedrale (Tróitskij sobór) ❽ angelegt und hat seinen Wehrcharakter bis heute bewahrt. Wir durchschreiten die sog. Paradeeinfahrt in das ehem. Dreifaltigkeits-Kloster (Parádnyj wjest w býwschij Swjatój-Tróitskij monastýr) ❹, ebenfalls von Stárow angelegt. Noch ehe wir durch ein zweites Tor in das eigentliche Kloster kommen, haben wir linker Hand Leningrads ältesten Friedhof, den Lazarus-Friedhof (Lásarewskoje kládbischtsche) ❺ (Eintrittskarten dazu sind gleich links nach dem zweiten Tor zu lösen). In diesem Friedhof, der als Museums-Komplex gilt, sind viele mit der Geschichte von St. Petersburg verbundene Persönlichkeiten beigesetzt: die Architekten *Carlo Rossi* und *Thomas de Thonon* (der die Admiralität erbaute); *Woronischin,* dessen Grab mit einem düsteren, schweren Stein geschmückt ist; *Lomonóssow,* der »Vater der russischen Wissenschaft«; der Feldmarschall Graf *Scheremétjew;* Graf *Stróganow;* gleich rechts am Eingang sehen wir die Grabplatte von *Hannibal,* dem Sohn des Negersklaven Peters des Großen, der es zu Würde und Ansehen, Wappen (einem Elefanten) und einer Grafenkrone gebracht hatte und dessen Tochter die Mutter Puschkins war.

Auf der anderen Seite liegt der ehemalige, später entstandene Tichwiner Friedhof (Tíchwinskoje kládbischtsche) ❻, auf dem *Dostojéwski* ruht, ihm schräg gegenüber *Bórodin;* die Musiker *Glínka, Rímski-Kórsakow, Rubinstein, Tschaikówski, Mússorgski;* der Fabeldichter *Krylów,* der Schriftsteller *Karamśin* und der berühmte Bildhauer *Klodt* liegen ebenfalls hier; 30 m links hinter dem Eingang ist eine Tafel mit dem Übersichtsplan des Friedhofs. Es ist allerdings unerläßlich, die kyrillischen Schriftzeichen zu kennen, wenn man die einzelnen Gräber finden will.

Der eigentliche Klosterkomplex hat noch zwei weitere Friedhöfe, die noch benutzt werden und die man ohne Eintrittsgebühren betreten darf, es sind friedliche, ein wenig melancholische Oasen im Getriebe der Großstadt, parkähnlich angelegt und sorgfältig von den Angehörigen gepflegt.

Früher gehörten elf Kirchen zum Kloster. Die älteste ist die Verkündigungs-Kathedrale (Blagowéschtschenskij sobór) ❼, 1720 von *Domenico Trezzini* erbaut. Hier liegt Peters des Großen Lieblingsschwester *Natálija* begraben und die erste Gemahlin Pauls I.; Katharina II. hatte hier auch ihren ungeliebten Gatten, Peter III., beigesetzt, doch wurde er später von seinem Sohn, Paul I., neben Katharina II. in der Peter-und-Pauls-Kathedrale bestattet (siehe »Geschichte«). Hier befindet sich außerdem die Gruft des berühmten Feldherrn *Alexander Suwórow,* mit der von ihm gewünschten einfachen Inschrift *»Hier ruht Suwórow«.*

Die Dreifaltigkeits-Kathedrale (Tróitskij sobór) ❽, die Hauptkirche des Klosters, wurde ebenfalls unter Peter begonnen, aber erst 1790 unter Katharina II. von *Iwan Stárow* beendet.

Sie ist – dem Geschmack der Zeit und Katharinas entsprechend – äußerst prächtig und für unser Empfinden überladen. Das große Altarbild ist von *Anton Raphael Mengs*. Zwischen viel Marmor, Schnitzereien und Ikonen sind gute Kopien italienischer Meister (Perugino und Guido Reni) zu sehen. Die Kirche ist noch heute dem Kult geöffnet.

Im Kloster leben keine Mönche mehr, aber es beherbergt noch eine geistliche Akademie und ein Priester-Seminar (Duchównaja seminárija) ❾.
Wie schon gesagt, sind heute die Kirchen des Klosters mit Ausnahme der Dreifaltigkeits-Kathedrale Museen, kurz »Museum der städtischen Skulpturen« (Muśéj gorodskój skul'ptúry) genannt.

Geöffnet: täglich außer donnerstags von 11.00 bis 18.00 Uhr.
Geschlossen: donnerstags.

Das Museum umfaßt einige der Kirchen und bietet eine interessante Sammlung von Originalmodellen für die Paläste und die Denkmäler und Skulpturen der Stadt; zum »Museum« gehören und im Eintrittspreis inbegriffen sind die beiden alten Friedhöfe.

*

Ungefähr 2 km südwestlich vom Néwski-Kloster entfernt (man kann das Gelände sehen, wenn man mit der Bahn von Leningrad nach Moskau reist) liegt der Wolkowo-Friedhof (Wólkowskoje kládbischtsche) ⓫, Rasstánnaja úl. 30.

Tram: 10, 25, 44.

Auf diesem Friedhof steht ein Denkmal für die Mutter und die Schwester Lenins, und viele berühmte Dichter, Wissenschaftler und Kritiker haben hier ihre letzte Ruhestätte gefunden: *Turgénjew; Bjelínski,* jener Literaturkritiker, der einst Dostojéwskis »Arme Leute« berühmt gemacht hat; der Satyriker *Saltyków-Schtschédrin;* der Physiologe und Nobelpreisträger *Páwlow;* der Wissenschaftler *Mendeléjew;* der Dichter *Gontscharów,* Autor des 1859 erschienenen Romans »Oblómow«.
Auf dem Friedhof ist noch eine Kirche dem Kult geöffnet.

Ein besonderes Museum verdient noch eine Erwähnung, auch wenn es nur selten von ausländischen Besuchern besichtigt wird, es ist das Porzellan-Museum (Muśéj fárfóra) ⓬, das dem Lomonóssow-Porzellan-Werk angeschlossen ist, Obúchowskoj oborόny pr. ⑤ 151/2. Dieser zieht sich an der Newa entlang vom Alexander-Néwski-Kloster aus nach Südosten.

Besichtigung: *nur für Gruppen nach Absprache.*

1747 begann unter der Zarin Elisabeth mit dem Russen *Dimítrij Winográdow,* der in Marburg Chemie und Bergbau studiert hatte, die Produktion der »Kaiserlichen Manufaktur Petersburg«. Schon Peter der Große hatte vergeblich versucht, in China das dort eifersüchtig gehütete Geheimnis der Porzellanherstellung zu erkunden. Besonders unter Katharina II. nahm die Porzellanherstellung einen großen Aufschwung, auch ihr Sohn Paul I. interessierte sich dafür: seine Vorliebe gehörte lyrischen Landschaftsszenen. Als Höhepunkt der Kaiserlichen Manufaktur wird die Zeit von Alexander I. bis Nikoláj I. angesehen. Hier sind noch kostbare Stücke aus den Anfangszeiten zu besichtigen. Zuerst hatte das Porzellan den Doppeladler als Marke; später das Monogramm des jeweiligen Herrschers mit der Jahreszahl. Nach der Revolution wurde die Manufaktur in das »Staatliche Porzellanwerk Michaíl Lomonóssow« umgewandelt und trug eine Zeitlang eine blaue »Hammer und Sichel«-Marke, nach dem zweiten Weltkrieg dann nur noch die drei kyrillischen Buchstaben LFS für *»Leningrádskij Farfórowyj Śawód«* (Leningrader Porzellan-Fabrik). An anderer Stelle haben wir darauf aufmerksam gemacht, daß man in Leníngrad schönes und geschmackvolles modernes Porzellan kaufen kann.

Theater-Platz (Teatrál'naja pl.) **Plan 13**

Autobus: 2, 3, 42, 50 / *Tram:* 1, 6, 8, 11, 15, 21, 24, 31, 33, 36. Man kann den Platz auch leicht vom Isaaks-Platz (Isaákijewskaja pl.) – *Plan 6* – aus *zu Fuß* erreichen; dies ist einer der reizvollsten Spaziergänge längs der Moika ⑦, siehe S. 131 und 178.

Südwestlich von den zentralen Plätzen, zwischen dem Móika-Fluß und dem Gribojédow-Kanal, liegt einer der interessantesten Plätze Leningrads, der Theater-Platz (Teatrál'naja pl.) ①.

Seine Entstehung geht auf die 30er Jahre des 18. Jh.s zurück, aber sein heutiges Gesicht bekam der Platz erst in der zweiten Hälfte des 19. Jh.s.

Wenn wir von der Móika her über die Kuss-Brücke (Pozelújew most) ② und entlang der Glinka-Straße (Glínki úl.) ③ gehend die Straße der Dekabristen (Dekabrístow úl.) ④ überschritten haben, sehen wir linker Hand das Staatliche Rimski-Korsakow-Konversatorium (Gosudárstwennaja konserwatórija im. Rímsko-

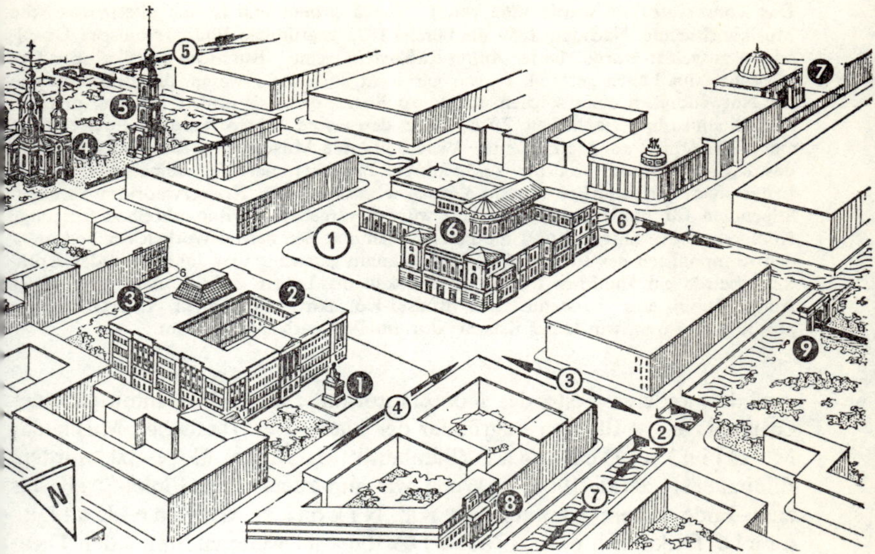

Plan 13: Theater-Platz (Teatrál'naja pl.)

❶ Rimski-Korsakow-Denkmal (Pám'atnik Rímskowu Kórsakowu) ❷ Staatliches Rimski-Korsakow-Konservatorium (Gosudárstwennaja konserwatórija im. Rímskowo Kórsakowa) ❸ M.-Glinka-Denkmal (Pám'atnik M. Glínke) ❹ Nikolaj-Marine-Kathedrale (Nikól'skij morskój sobór) ❺ Glockenturm der Nikolaj-Kathedrale (Kolokól'naja Nikól'skowo sobóra) ❻ Akademisches Kirow-Opern- und Ballett-Theater (Akademítscheskij teátr ópery i baléta im. Kírowa) ❼ Chor-Synagoge ❽ Haus des Lehrers, ehem. Palais Jussupow (Dworjéz kul'túry rabótnikow prosweschtschénija) ❾ Brückenbogen »Neuholland« (Arkád Nówoj Gollándii) – ① Theater-Platz (Teatrál'naja pl.) ② Kuss-Brücke (Pozelújew most) ③ Glinka-Straße (Glínki úl.) ④ Straße der Dekrabristen (Dekabrístow úl.) ⑤ Gribojedow-Kanal (Kanál' Gribojédowa) ⑥ Krjukow-Kanal (Kanál' Krjukówa) ⑦ Móika.

---

wo Kórsakowa) ❷, Theater-Platz Nr. 3, und davor das Rimski-Korsakow-Denkmal (Pám'atnik Rímskowu Kórsakowu) ❶, den die Bildhauer *I. Ingal* und *V. Bogoljúbow* sitzend, mit Notenblättern auf den Knien dargestellt haben (1952).

Das Konservatorium wurde 1862 von *V. Nicola* gebaut und ist die älteste russische Musikhochschule. Nachdem 1859 die bereits 1802 gegründete Philharmonische Gesellschaft aufgelöst wurde, hatte *Anton Rubinstein* seine »Russische Musikalische Gesellschaft« ins Leben gerufen. Es war gar nicht so leicht gewesen, die Behörden von der Notwendigkeit einer solchen Schule zu überzeugen; sie erhielt sich aus privaten Mitteln und ohne staatlichen Zuschuß. In den ersten Jahren hatte sie ihren Sitz in einem Privathaus am Móika-Kanal. Viele berühmte Musiker und Komponisten haben das Konservatorium besucht: *Tschaikówski* beendete hier 1865 seine Studien. Als Leiter machte sich später *Rímski-Kórsakow* sehr um das Konservatorium verdient. Stipendien für Studenten im Ausland wurden vergeben, Preisausschreiben für junge Komponisten veranstaltet und die Petersburger mit den besten Werken der bedeutenden Komponisten des In- und Auslandes bekannt gemacht. Vier Jahre nach der Gründung wurde ein ähnliches Institut in Moskau ins Leben gerufen, dem ein Bruder Anton Rubinsteins vorstand. Um Rímski-Kórsakow an seinem 100. Geburtstag posthum zu ehren, wurde das Konservatorium 1944 nach ihm benannt.

Auf der anderen Seite des Konservatoriums, auch dort inmitten einer Grünanlage, ist für den Begründer der klassischen russischen Musik das M.-Glinka-Denkmal (Pám'atnik M. Glínke) ❸ gesetzt worden, Bildhauer *R. Bach*, 1906. – Wenn wir nun zuerst die Glínka-Straße bis zum Ende gehen, kommen wir zur Nikolaj-Marine-Kathedrale (Nikól'skij morskój sobór) ❹, die – im weiteren Sinn – den Theater-Platz abschließt.

Die Kathedrale steht in einem »verwunschenen Park« mit uralten Bäumen und Bänken, von einem besonders schönen schmiedeeisernen Gitter umgeben. An der Südseite wird der Park vom Gribojédow-Kanal begrenzt. Von dem russischen Architekten *Savvá Chowakínsky* 1762 erbaut, hat sie den traditionellen alt-russischen Fünf-Dome-Charakter gewahrt, ist aber mit barocken Dekorationen angereichert: weiße Säulchen heben sich kontrastreich von den blaugestrichenen Mauern ab, die Fenster sind mit winzigen Balustraden sehr weltlichen Charakters geschmückt, die Kuppeln vergoldet. Im Innern hat die Kirche zwei Stockwerke, das untere ist eher dunkel und düster im Kontrast zur Oberkirche mit ihren zwei Reihen von lichtumfluteten Fenstern und herrlichen Stuckdekorationen. In der Kirche sind das »Zarenportal« der Ikonostasis und die Ikone »Madonna mit dem Kind«, eine Arbeit aus den Anfängen des 18. Jh.s, die aus Tichwin stammt, besonders schön. Etwas abseits, am Rande des Kanals, erhebt sich der schlanke, dreistockige Glockenturm der Nikolaj-Kathedrale (Kolokól'naja Nikól'skowo sobóra) ❺ mit zwei Glockenstühlen. – Die Kathedrale ist noch dem Kult geöffnet.

Fünf bis zehn Minuten Gehzeit am Gribojédow-Kanal entlang und über die Fontánka bringt uns zur Dreifaltigkeits-Kirche [Kathedrale] (Tróitskaja zérkow'), deren blaue Kuppeln weithin zu sehen sind, und (noch etwas weiter rechts) zum modernen Hotelbau »Sowjétskaja«.

Glockenturm der Nikoláj-Marine-Kathedrale **13** ❺

Wir haben das bedeutendste Bauwerk des Theater-Platzes bisher aufgespart: von der Nikoláj-Marine-Kathedrale zurückkommend, haben wir auf der (jetzt!) linken Seite – dem Konservatorium gegenüber – das Akademische Kirow-Opern- und Ballett-Theater (Akademítscheskij teátr ópery i baléta im. S. Kírowa) ❻.
Alte Leningrader nennen es auch heute noch »*Maríinskij*«. 1935 erhielt es den Namen des ermordeten Revolutionärs Kírow.

An dieser Stelle wollen wir einen kurzen Abschnitt über die Tradition des Theaters, der Oper und des Balletts in Leningrad einfügen: Das Petersburger Theaterleben reicht bis zur Zeit Peters des Großen zurück. Schon seine Lieblingsschwester, Natálija, war besonders an Theater und Musik interessiert und ab 1710 besaß die Stadt ein kleines, aus Holz gebautes Theater an der Móika, wo um diese Zeit vorwiegend deutsche Dramen und Schwänke gegeben wurden. Was Musik anbetraf, so liebte Peter vor allem Trommeln, Pfeifen und Dudelsäcke. Er besaß sogar eine polnische Dudelsack-Kapelle. Unter der Zarin Anna Iwánowna wurde italienische Musik Mode. Die Darbietungen italienischer Sänger, darunter zwei Kastraten für die Frauenrollen, fanden auf einer Bühne im Winterpalais statt. Und es war dieselbe Zarin, die am 4. Mai 1738, zwei Jahre vor ihrem Tod, eine Tanzschule gründete, aus der sich später das berühmte »Russische Ballett« entwickeln sollte. Auch Kaiserin Elisabeth, Peters Tochter, interessierte sich für Theater und Ballett, doch die wirkliche Blüte begann unter Katharina II. Auf dem heutigen Theater-Platz – der damals Karussell-Platz (Plóschtschad' Karuséli) hieß – wurde dann im Jahre 1765 ein hölzernes Theater errichtet, und zwar dort, wo heute das Konservatorium steht.
Der erste Direktor des Theaters war ein Venezianer, *Baldasaro Galuppi,* der zwei Jahre blieb. Auch die späteren Kapellmeister unter Katharina waren alle Italiener, unter denen sich so berühmte Namen befanden wie der Komponist *Giovanni Paisiello,* der 1768 nach Petersburg kam und dort einige seiner bekanntesten Kompositionen schuf. (Die ebenfalls in Petersburg lebende französische Malerin *Elisabeth Vigée-Lebrun* hat von ihm ein sehr lebendiges Porträt gemalt.) Ferner *Domenico Cimarosa,* dessen Sohn sogar Paul I. als Taufpaten hatte, oder *Guiseppe Sarti,* der sich so großer Beliebtheit erfreute, daß Katharina ihn in den Adelsstand erhob. Berühmte Sänger und Sängerinnen aus Italien, Frankreich und Deutschland gastierten in St. Petersburg. Langsam fand die Musik in den Kreisen des Adels und des gehobenen Bürgertums Eingang und sicherte sich großmütige Gönner. 1772 gründete man in St. Petersburg einen sehr exklusiven Musikverein. 1780 ließ Katharina von ihrem Baumeister *Quarenghi* das Eremitage-Theater bauen und drei Jahre später auch das »Große Theater«, ein Steinbau anstelle des hölzernen. Lange Zeit blieb es das größte Theater Europas.
Auch die Ballettschule hatte berühmte Lehrer. Eine Zeitlang wurde das Ballett von *Hilverding* geleitet, der auch Paul I. Tanzunterricht gab. Sein Nachfolger wurde *Angiolini,* unter dem *Glucks* »Don Juan« uraufgeführt wurde. Bis 1836 wurde in dem »Großen Theater« alles gegeben: Dramen, Opern, Ballette. Dann siedelte das Schauspielhaus ins Puschkin-Theater über und im »Großen Theater« beschränkte man sich auf Opern und Ballette. Es hat viele Uraufführungen gesehen, z. B. 1836 *Glínkas* »Ein

Leben für den Zaren«. Auch kann man sagen, daß alle Uraufführungen der bekanntesten Ballette – von »Schwanensee« über »Rosamunda« bis zum »Nußknacker« – in St. Petersburg stattfanden.
Am längsten leitete der Franzose *Marius Petipà,* ein Marseiller, das berühmte russische Ballett, von 1847 bis 1903.
Während der Regierungszeit Alexanders II. wurde von *Albert Cavos* das neue Opernhaus gebaut und im Oktober 1860 eingeweiht. Nach der Gattin des regierenden Zaren wurde es »Marien-Theater« (Maríinskij Teátr) genannt.
Ebenso berühmt wie als Ballett war das »Maríinskij« als Oper: *Glínka, Mússorgski, Bórodin, Tschaikówski,* die Meister der russischen Oper hatten ihre Weltaufführungen in St. Petersburg. *Schaljápin* sang, die *Páwlowa, Uljánowa, Dudínskaja, Nijínski* tanzten hier. Daß *Rudolf Nuréjew* und *Natálija Makárowa* nach dem Westen abwanderten, um aus dem traditionellen Ballettbetrieb auszubrechen, hat dem Ballett an sich keinen Abbruch getan: Rußland hat ein so riesiges Reservoir an großartigen Kräften wie kein anderes Land. Heute ist der beste Tänzer des »Kírow-Balletts« *Michaíl Barýschnikow,* die berühmteste Tänzerin *Galína Uljánowa* und die beste Pädagogin *Agrippína Wagánowa.* Die beiden letzteren wurden unterdessen nach Moskau geholt. Manche meinen, daß Leningrad dadurch auf den zweiten Platz in der Ballett-Hierarchie gerutscht sei, aber ... es ist geraten,, mit Leningradern besser nicht darüber zu diskutieren: für sie rangiert auch heute das »Kírow-Ballett« noch immer vor dem »Bolschój« in Moskau.

Kírow-Opern- und Ballett-Theater **13 ❻**

Wenn wir beim Opernhaus nach links in die Straße der Dekabristen (Dekabrístow úl.) ④ einbiegen, in westlicher Richtung weitergehen und den Krjukow-Kanal (Kanál' Krjukówa) ⑥ überschreiten, kommen wir an die große Leningrader Chor-Synagoge ❼.

Der imposante Bau in neu-maurischem Stil wurde 1896 von *D. Virts* erbaut und ist heute noch dem Kult geöffnet.

Überqueren wir jedoch, vom Kírow-Theater kommend, die Dekabrísten-Straße ④ und gehen die Glínka-Straße ③ weiter – es sind nur ein paar Schritte – so stoßen wir (wenn wir unseren Rundgang an der Móika begonnen haben – siehe oben – zum zweitenmal) auf die Kuss-Brücke (Pozélujew most) ②.
Über den Ursprung des Wortes »Kuss«-Brücke gehen die Meinungen auseinander. Manche meinen, daß hier die Stadtgrenze lag, wo sich die Reisenden mit einer Umarmung von ihren Angehörigen trennten; andere, daß hier die Matrosen aus den anliegenden Marinekasernen ihre Mädchen zum Abschied küßten. Die prosaischste, aber wahrscheinlichste Erklärung: daß hier früher ein Freudenhaus stand.
Ein paar Schritte westwärts die Móika entlang (bis kurz vor die Kreuzung mit dem Krjuków‑Kanal) verschaffen uns einen Blick auf den Brükkenbogen »Neuholland« (Arkád Nówoj Golländii) ❾, der in den 60er Jahren des 18. Jh.s von *J. B. Vallin de la Motte* errichtet wurde.

Neuholland hieß eine kleine, dort von verschiedenen Fluß- und Kanalarmen gebildete »Insel«, auf der die Schiffsholz-Lagerhäuser ihren Platz hatten.

Der Kanal ist an dieser Stelle besonders romantisch, und wir raten allen Besuchern (sollten sie nicht schon den »Anmarsch« – unserem Vorschlag S. 131 folgend – auf diese Weise vorgenommen haben) den kurzen Weg zum Isaaks-Platz und zum Stadtzentrum zu Fuß zurückzulegen: Bäume spiegeln sich im Wasser, die goldene Kuppel der Isaaks-Kathedrale leuchtet herüber (so daß man nie die Orientierung verlieren kann), der Verkehr ist hier nicht sehr lebhaft und man bekommt noch ein wenig »das alte Petersburg« zu spüren. Man überschreite am besten die Kuss-Brücke und nehme den Rückweg auf der linken Seite der Móika. So erhält man auch einen guten Blick auf die am rechten Ufer gelegenen ehemaligen herrschaftlichen Paläste. Das große gelbe Gebäude mit den weißen Säulen ist heute der »Kulturpalast für die Erziehung der Werktätigen, schlicht H a u s d e s L e h r e r s , e h e m. P a l a i s J u s s u p o w (Dworjéz kul'túry rabótnikow prosweschtschénija) ❽ genannt.

Dieser Palast, Móika-Kanal 94, gehörte einst dem Fürsten *Felix Jussúpow,* der mit einer Nichte des Zaren verheiratet gewesen war. Hier wurde am 17. Dezember 1916 *Grigórij Jefímowitsch Raspútin* (siehe »Geschichte«) ermordet. Doch auch diese Tat konnte die sterbende Monarchie nicht mehr retten. Der mit Ketten umwundene Leichnam wurde von der Petrówskij-Brücke durch ein Loch im Eis in die Kleine Newa geworfen. Die Verschwörer hatten angenommen, daß die Strömung ihn ins offene Meer schwemmen würde. Die Leiche wurde aber später auf der andern Seite, am Ufer der Krestówskij-Insel gefunden.

Nach der nächsten Brücke, die von der anderen Seite her über den Móika-Kanal führt, biegen wir ein wenig links in die Herzen-Straße ein, die uns dann direkt auf den Isaaks-Platz führt – **Plan 6**. Kein Besucher wird diesen kurzen Gang durch »Alt-Petersburg« bereuen.

»Smolny« (Smól'nyj) **und Taurisches Palais** (Tawrítscheskij dworjéz) **Plan 14**

Um zu dieser geschichtsträchtigen Stätte zu gelangen ist es am einfachsten, die Metro zu nehmen und an der Station »Tschernyschéwskaja« (siehe Metronetz auf dem hinteren Vorsatz) auszusteigen. – Wenn wir die Metro verlassen, kommen wir östlich des Marsfeldes (Plan 8), jenseits der Fontánka in der Nähe der Saltykow-Schtschedrin-Straße (Saltykówa Schtschédrina úl.) ① und der Tschaikowski-Straße (Tschaikówskowo úl.) ans Tageslicht. Wir gehen eine dieser Straßen in östlicher Richtung weiter und kommen bald an den ca. 30 ha großen T a u r i e n - P a r k (heute Kinderspielplatz).

In der Nordostecke liegt das T a u r i s c h e P a l a i s (Tawrítscheskij dworjéz) ❶.

Der Eingang ist auf der Nordseite in der Wóinow-Straße 47 ②. Katharina II. ließ diesen herrlichen Palast 1789 von *I. Stárow* für ihren Günstling Potémkin errichten. Im Zentrum des Hauptgebäudes, an das sich zwei stark vortretende Seitenflügel anschließen, ragt ein auf sechs Säulen gestützter Portikus empor, hinter dem sich eine flache Kuppel erhebt. Die glatten Mauern des Palastes wirken streng und sind fast schmucklos. Im Kontrast dazu ist das Innere prunkvoll und reich ausgestattet: Stuckverzierungen, Fresken, Kolonnaden und Kronleuchter. Nach dem Tode der Zarin ließ ihr Sohn und Nachfolger, Paul I., eine Kaserne mit Pferdestall daraus machen. Er hatte Zeit seines Lebens darunter gelitten, daß sein Vater auf tragische Weise und mit Hilfe auch Potémkins ums Leben gekommen war und versuchte, sich auf diese Art an dem verhaßten Günstling seiner Mutter zu rächen. Besonders der große Säulensaal, wo Boxen eingebaut worden waren, wurde stark beschädigt. Nach dem Tod

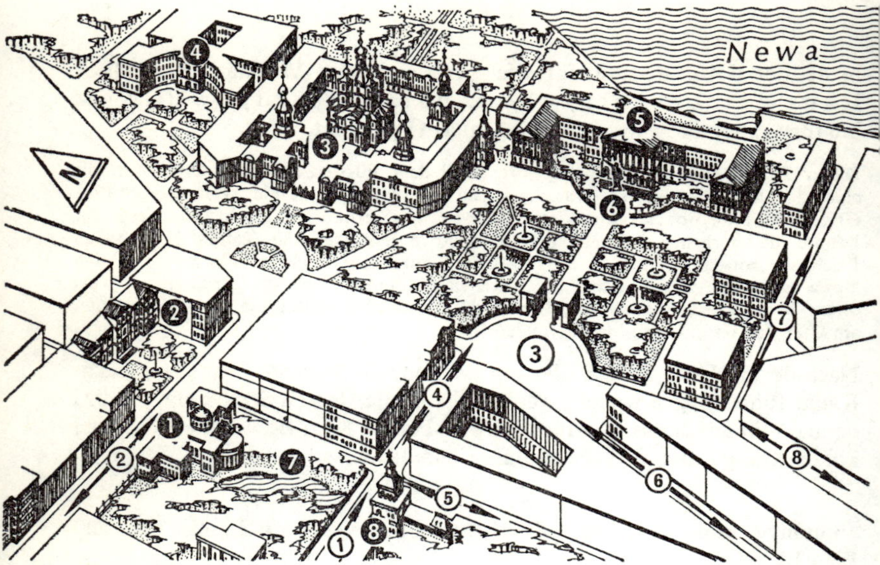

Plan 14: Smolny (Smól'nyj) und Taurisches Palais (Tawrítscheskij dworjéz)

❶ Taurisches Palais (Tawrítscheskij dworjéz) ❷ Bezirkshaus der Pioniere, ehem. Kikin-Palast (Dom pionjérow, »Kíkiny paláty«) ❸ Ehem. Smolny-Auferstehungs-Kloster (Býwschij Smól'nyi Woskresénskij monastýr') ❹ Smolny-Institut, erster Trakt (Smól'nyj institút, pérwyj kórpus) ❺ Smolny-Institut, zweiter Trakt (Smól'nyj institút, wtorój kórpus) ❻ Lenin-Denkmal (Pám'atnik W. I. Léninu) ❼ Denkmal der jungen Verteidiger (Pám'atnik júnym gerójam oboróny Leningráda) ❽ Alexander-Suworow-Museum (Muśéj A. Suwórowa) – ① Saltykow-Schtschedrin-Straße (Saltykówa Schtschédrina úl.) ② Woinow-Straße (Woinówa úl.) ③ **Platz** der Proletarischen Diktatur (Proletárskoi Diktatúry pl.) ④ Twérskaja úl. ⑤ Taurische Straße (Tawrítscheskaja úl.) ⑥ Suworow-Prospekt (Suwórowskij pr.) ⑦ Smolny-Prospekt (Smól'nyj pr.) ⑧ Nowgoródskaja úl.

Pauls I. ließen seine Söhne den Palast wieder herrichten. Vom 10. Mai 1906 an war er der Sitz der Reichsduma. Im Februar 1917 belegten ihn die Arbeiter- und Soldatendeputierten mit Beschlag. Heute ist hier die Leningrader Parteihochschule untergebracht. Den Namen »T a u r i s c h e s P a l a i s« trägt das Gebäude nach dem Titel, den Potémkin als Oberbefehlshaber der russischen Armee im Türkischen Krieg erhalten hatte, als er die Krim-Halbinsel (Taurien) besetzte. Die Feste, die der verschwenderische Potémkin hier gab, wurden in ganz Europa besprochen. Allein die Beleuchtung seiner Bälle kostete an die 70 000 Rubel. Als er starb, hinterließ er große Schulden, die die Zarin bezahlte. So wurde der Palast Eigentum der Zarenfamilie.

In der Woinow-Straße (Woinówa úl.) ②, dem Taurischen Palast schräg gegenüber, sehen wir das Bezirkshaus der Pioniere, ehem. Kikin-Palast (Dom pionjérow, »Kíkiny paláty«) ❷, einen Bau aus dem Anfang des 18. Jh.s. Wenn wir dann die Wóinow-Straße bis zu Ende gehen, kommen wir auf den Platz vor dem Ehem. Smolny-Auferstehungs-Kloster (Býwschij Smól'nyj Woskresénskij monastýr) ❸, welches man leider nur durch hohe, aber besonders schöne schmiedeeiserne Gitter bewundern kann, siehe Abb. S. 18.

Smól'nyj – von smolá = Teer – war von der Zeit Peters des Großen an der Platz für die Teerkocher der Flotte. Und der Name blieb auch dann noch, als Elisabeth, Peters Tochter, dort ein Schloß mit einem herrlichen Park, der bis hinunter zur Newa reichte, anlegen ließ. Das Schloß brannte leider schon 1744 ab. Zwischen 1744 und 1760 errichtete *Rastrelli* dann ein Nonnenkloster, da die alternde Zarin die Absicht hatte, sich dorthin zurückzuziehen. Als Mittelstück wurde eine Kirche geplant, die zu den schönsten Bauwerken dieses italienischen Architekten gehört. Es war ihm nicht vergönnt, sie ganz zu beenden: 1761 starb die Kaiserin Elisabeth und unter ihrer Nach-

Ehem. Kikin-Palast, jetzt Bezirkshaus der Pioniere **14** ❷

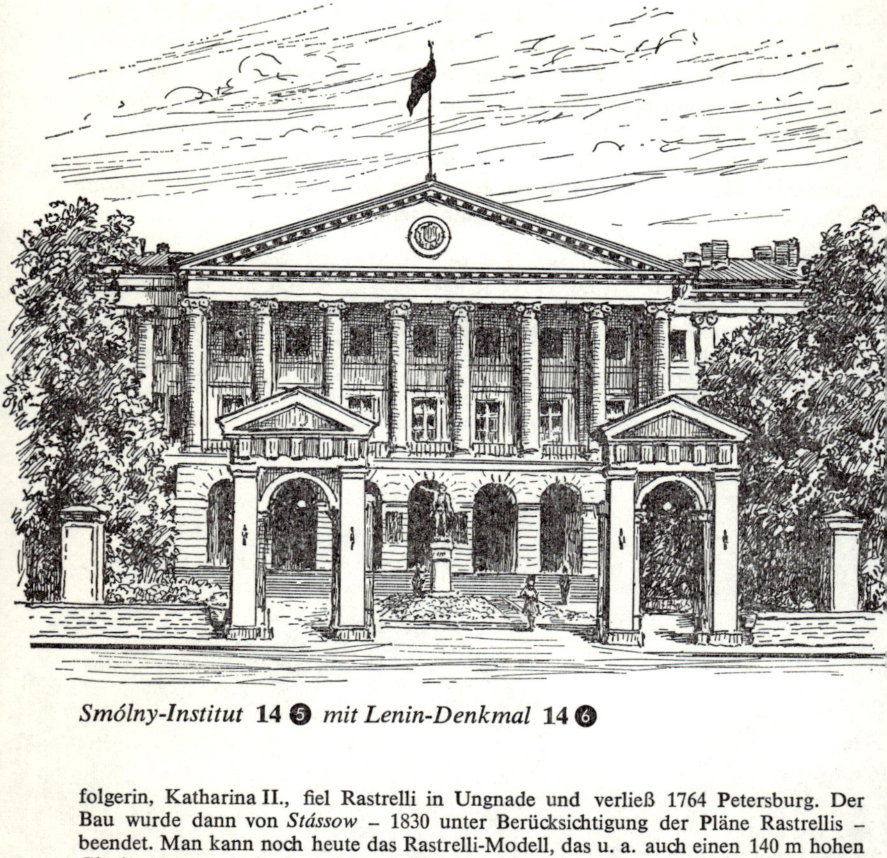

Smólny-Institut **14 ❺** *mit Lenin-Denkmal* **14 ❻**

folgerin, Katharina II., fiel Rastrelli in Ungnade und verließ 1764 Petersburg. Der Bau wurde dann von *Stássow* – 1830 unter Berücksichtigung der Pläne Rastrellis – beendet. Man kann noch heute das Rastrelli-Modell, das u. a. auch einen 140 m hohen Glockenturm vorsah, in der Kunstakademie bewundern. Die weiß-blau-goldene Kirche, außen wunderbar restauriert, aber nicht zu besichtigen, ist 80 m hoch und hat fünf vergoldete Kuppeln. Sie bildet wie gesagt den Mittelpunkt der Klostergebäude, die sich im Viereck um sie gruppieren mit vier Ecktürmen und von einem wundervollen schmiedeeisernen Gitter umgeben. Die Innenausstattung der Kathedrale und die Ikonostase stammen von *Stássow*.

Das Kloster wurde zuerst ein Witwenheim (wdówyj dom) und dann zu dem von Katharina II. gegründeten »Institut adliger junger Mädchen«. Bald war eine Vergrößerung nötig geworden und man baute deshalb auf der linken Seite ein Gebäude, das später Smolny-Institut, erster Trakt (Smól'nyj institút, pérwyj kórpus) ❹ genannt wurde. Beauftragt waren die Architekten *W. Bashénow* und *Júri Félten,* 1765–1775. Am Ende des 19. Jh.s wurde es in Alexander-Institut umgetauft, heute gehört es zur Leningrader Universität.

Das große, schloßartige Gebäude auf der rechts vom Kloster gelegenen Seite (etwas näher der Newa zu) ist das unter dem Namen Smolny-Institut, zweiter Trakt (Smól'nyj institút, wtorój kórpus) ❺ bekannte, eng mit der Geschichte der Revolution verbundene Bauwerk.

Seine Grundsteinlegung erfolgte 1806 am Geburtstag Peters des Großen. Entwurf und Bau in klassizistischem Stil stammen von *Quarenghi.* – Im Oktober 1917 verlegte der Arbeiter- und Soldatenrat (Sowjet) seinen Sitz vom Taurischen Palais hierher und das Institut wurde zu Lenins Hauptquartier. Der Oktoberaufstand wurde von hier aus zentral geleitet. Mit Sondererlaubnis ist noch Lenins Arbeitszimmer und das Schlafzimmer zu sehen, das er mit seiner Frau Nadéshda Krúpskaja bewohnte. Heute haben dort das Leningrader Gebiets- und Stadtkomitee der KPdSU und das Exekutivkomitee des Leningrader Gebietssowjets der Werktätigendeputierten ihren Sitz.

Am 10. Jahrestag der Revolution wurde vor dem Smól'nyj ein Lenin-Denkmal (Pám'atnik W. I. Léninu) ❻ des Bildhauers *W. Koslów* errichtet.

Wenn wir dem Smólny-Komplex den Rücken zuwenden und die breite schattige Grünanlage durchschreiten, gelangen wir zum Platz der Proletarischen Diktatur (Proletárskoi Diktatúry pl.) ③ und weiter über die Twérskaja úl. ④ zur Taurischen Straße (Tawrítscheskaja úl) ⑤. Im Park steht hier das Denkmal der jungen Verteidiger (Pám'atnik júnym gerójam oboróny Leningráda) ❼, in der Saltykówa Schtschédrina úl. ① Nr. 41 b das Alexander-Suworow-Museum (Muśéj A. Suwórowa) ❽.

Geöffnet: montags und dienstags von 11.00 bis 18.00 Uhr; mittwochs von 13.00 bis 19.00 Uhr; freitags, samstags und sonntags von 11.00 bis 18.00 Uhr.

Geschlossen: donnerstags.

Das Museum wurde 1904 in Erinnerung an den berühmten Feldherrn Suwórow gegründet, der u. a. 1799 im Zweiten Koalitionskrieg die Franzosen aus Oberitalien vertrieb. Mit dem Geld einer Subskriptionsliste wurde das Gebäude, das einer Kirche ähnelt, von *A. Gogen* gezeichnet und erbaut. Im Innern ist es mit großen Mosaikgemälden geschmückt, die von Suwórows Taten berichten. Hier sind Erinnerungsstücke, Dokumente, Waffen, Generalstabskarten, seine Orden und der höchste Orden der Sowjet-Union, der Suwórow-Orden in drei Klassen, ausgestellt.

Von hier geradeaus weiter erreichen wir wieder die Metrostation »Tschernyschéwskaja«, von der aus wir unseren Spaziergang zum Smólny-Institut begonnen haben.

Eine Metrostation weiter nach Norden – und wir sind auf der Wyborger Seite (Wyborgskaja storoná) *Plan 2* – Lenin-Platz, Finnländischer Bahnhof (Lenina pl. / Finl'ándskaja wokšál) *2* ❺.
Man kann auch von der Twerskaja úl. ④ den Suworow-Prospekt (Suwórowskij pr.) ⑥ entlang zum Platz des Aufstandes *12* ① oder über den Smolny-Prospekt (Smól'nyj pr.) ⑦ und auf dem Sinopskaja náb. der Newa entlang zum Alexander-Néwski-Kloster *12* ❸ gelangen. – Wer an der südlichen Ecke des Smolny-Parks die Nowgoródskaja úl. ⑧ wählt, erreicht bei der Sowjétskaja 10ja úl. eines von den Häusern, in denen Lenin gewohnt hat; andere befinden sich auf der Petersburger Seite.

Der Moskauer Prospekt (Moskówskij pr.) **Plan 15**

Diese Pracht-Avenue ist Leningrads längste Straße, mit 10,5 km 2½ mal so lang wie der Néwski-Prospekt. In einer schnurgeraden Linie führt der Moskauer Prospekt vom Zentrum zu den Außenbezirken und würde verlängert geradewegs auf das Pulkow-Observatorium (Obserwatórij Púlkowo) stoßen. Er folgt dem Púlkow-Meridian, der auf den alten russischen Landkarten den Null-Meridian darstellt.
Der Prospekt beginnt am Friedens-Platz (Míra pl.) ①. Diesen Namen erhielt er erst 1953, früher hieß er Sénnaja pl., zu deutsch »Heumarkt«-Platz, weil hier Heu und Hafer verkauft wurde. Es war die verrufenste Gegend von Petersburg. *Dostojéwski* wohnte dort in der Nähe und viele der Gestalten, die seine berühmten Romane bevölkern, lebten und litten in den grauen Hinterhäusern um den Platz. Hier schrieb er *»Schuld und Sühne«* und noch heute zeigt man in der Grashlánskaja úl., nicht weit vom Platz entfernt, das *»Haus Raskólnikows«*. Auf dem Platz stand einst auch ein Wachhaus, worin Dostojéwski festgesetzt worden war – heute hat es dem Omnibus-Bahnhof (Endstation für Überlandbusse) Platz gemacht. Hier trat 1831 während der Cholera-Epidemie Zar Nikoláj I. der erregten Volksmasse gegenüber und konnte so einen Aufstand verhindern. Einst war der Platz das geometrische Zentrum der Stadt, die sich heute weit nach Nordosten ausgedehnt hat. Der Platz gleicht nicht mehr einem Marktplatz, doch immer noch führt die Garten-Straße (Sadówaja úl.) über ihn. Er grenzt im Norden an den Gribojedow-Kanal (Kanál' Gribojédowa), der zu Dostojéwskis Zeiten »Katharinen-Kanal« hieß.

Plan 15: Moskauer Prospekt (Moskówskij pr.)

- **Obrassow-Institut für Eisenbahnverkehr (Institút inshenérow shelésnodoróshnowo transpórta akadémika Obrássowa)**
- **Technologisches Institut des Leningrader Stadtrates (Technologítscheskij institút Leningrádskowo Sowjéta)**
- **Mendelejew-Institut und Museum (Institút i Mušéj Mendeléjewa**
- **Baltischer Bahnhof (Baltíjskij wokšál)**
- **Warschauer Bahnhof (Warscháwskij wokšál)**
- **Pelzmesse**
- **Kapranow-Kulturpalast (Kul’túrnaja paláta Kapránowa)**
- **Moskauer Triumphbogen (Moskówskije triumfál’nyje woróta) –**
- **Friedens-Platz (Míra pl.)**
- **Fontánka**
- **Obwodny-Kanal (Obwódnyj kanál’)**
- **Ligowski-Kanal (Lígowskij kanál’)**
- **→ Zum Moskauer Siegespark (Moskówskij park pobjédy)**
- **→ Zum Platz des Sieges (Pl. pobjédy)**

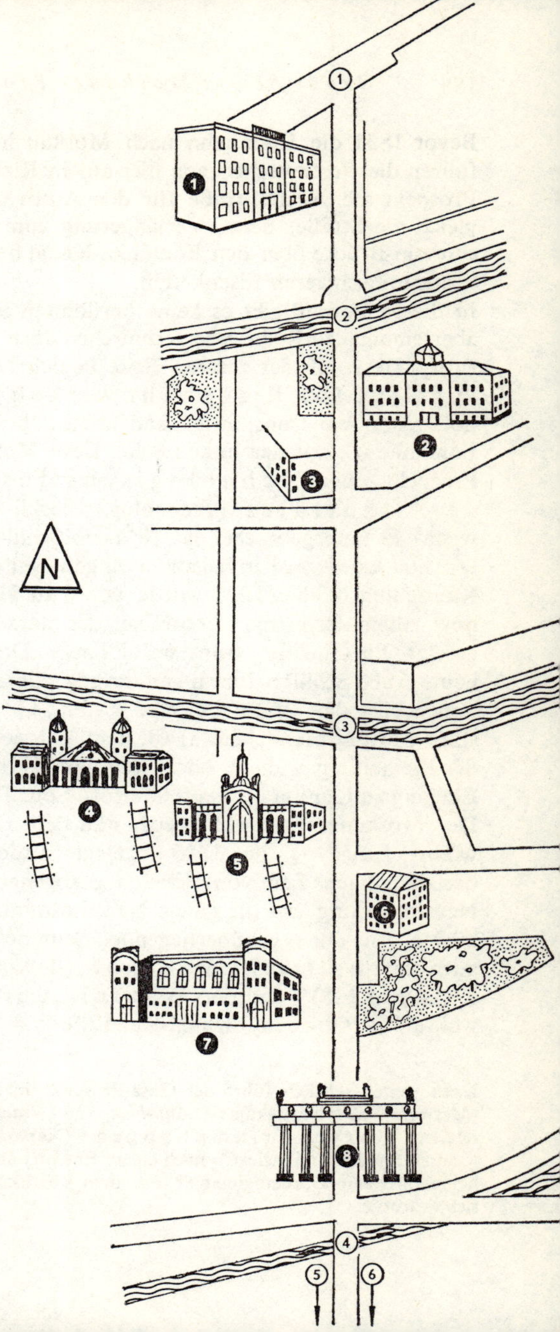

Bevor 1851 die Eisenbahn nach Moskau in Betrieb genommen wurde, fuhren die Postkutschen von hier aus in Richtung Moskau. Heute ist der Prospekt die Ausfallstraße für den Autoverkehr nach Moskau und zugleich die Straße, deren Verlängerung zum Flughafen führt. Die Obúchowski-Brücke über den Fontánka-Kanal besaß im 18. Jh. massive Steintürme mit schweren Eisenketten.
In dieser Gegend gibt es keine berühmten Bauwerke großer Baumeister, aber eine ganze Reihe von technischen Instituten. Gleich am Anfang des Prospektes, auf der rechten Seite in der Nr. 9, ist das Obrassow-Institut für Eisenbahnverkehr (Institút inshenérow shelésnodoróshnowo transpórta akadémika Obrássowa) ❶ und jenseits der Fontánka ②, auf der linken Seite, Ecke Moskauer Prospekt/Zagoródnyj-Prospekt, das Technologische Institut des Leningrader Stadtrates (Technologítscheskij institút Leningrádskowo Sowjéta) ❷ untergebracht, das 1831 als Schule für Vorarbeiter, »Meister«, errichtet wurde, »allen begabten jungen Leuten, aber keinen Adligen oder Kaufleuten offen«. 1925 wurde vor dem Haupteingang Grigorij Plechánow, einem der ersten Theoretiker der marxistischen Lehre, ein Denkmal gesetzt. Ilja Ginzburg war der Bildhauer. Das Technologische Institut hat heute 6 000 Schüler. Ihm ungefähr gegenüber, Moskauer Prospekt 19, befinden sich das Mendelejew-Institut und Museum (Institút i Muśéj Mendeléjewa) ❸, dem Entdecker des periodischen Systems der Elemente gewidmet. Nicht weit vom Technologischen Institut liegt der Eingang zu Leningrads Hauptmetrostation: Technologítschéskij institút.
Der Moskauer Prospekt kreuzt nun den Obwodny-Kanal (Obwódnyj kanál') ③, der 1836 angelegt wurde und die Strecke für die in der damaligen Zeit von Schiffen gezogenen Barken auf dem Weg zur Newamündung um die ganze Newakrümmung, d. h. um die Hälfte verkürzte. Auf der gegenüberliegenden Seite des Kanals gegen Westen liegen auch der Baltische Bahnhof (Baltíjskij wokśál) ❹ – (Obwódny-Kanal-Kai 118) – und der Warschauer Bahnhof (Warscháwskij wokśál) ❺ (Obwódny- Kanal-Kai 120).

Noch weiter westlich führt der Gasa-Prospekt über den Kanal zum Statschek-Platz (*Metrostation:* »Nárwskaja« / *Autobus:* 73 / *Tram:* 13, 19, 23, 34). Hier steht der schöne Narwa-Triumphbogen (Nárwskije triumfál'nyje woróta), der – durch Spenden finanziert – nach einem Entwurf *Quarenghis* 1812–1814 zu Ehren der heimkehrenden Garderegimenter aus dem siegreichen Feldzug gegen Napoleon errichtet wurde.

Vor der Revolution war dieser Kanal auch eine wichtige Abgrenzung der Stadt gegen die Industrievorstädte. Das einzig interessante Gebäude auf dem Moskauer Prospekt jenseits des Kanals war das riesige Schlachthaus mit zwei großen Bronzebullen geschmückt, die der berühmte Bildhauer *Demút-Malínowskij* geschaffen hatte. Heute ist das Schlachthaus in eine Milchflaschenfabrik umgewandelt worden und die Bullen sind zu dem 15 km entfernt liegenden Fleischverarbeitungsbetrieb gewandert. Auf der linken Seite sieht man noch einige Überreste des ehem. Nowodjéwitschij-Klosters, das hier gestanden hatte.

Um die Jahrhundertwende und bis nach dem Ersten Weltkrieg waren diese Bezirke richtige Elendsviertel, überbevölkert, ohne Wasser- und Abwasserleitungen. Während in der Innenstadt die Straßen zuerst Gas- und dann elektrische Beleuchtung erhielten, gab es hier noch immer Petroleum-Laternen. Die Kindersterblichkeit erreichte 70 %, es fehlte an Ärzten. Der ganze Stadtteil besaß nur zwei Schulen und 70 % der Bevölkerung waren Analphabeten.

Das massive vierstöckige Gebäude, das wir weiterfahrend auf der linken Seite des Prospekts sehen, wurde 1938 von Fridmann für die im Winter, Sommer und Herbst stattfindende Pelzmesse ❻ gebaut. Etwas weiter stadtauswärts fahrend finden wir, in Nr. 97 auf der rechten Seite den Kapranow-Kulturpalast (Kul'túrnaja paláta Kapránowa) ❼, der von den Arbeitern der umliegenden Schuhindustrien gebaut wurde. In dem dazugehörigen Garten gibt es viele Sportplätze, im Sommer tanzt hier die Jugend. Nicht weit davon steht Rußlands älteste Schuhfabrik *»Skorochód«*, die als erste Maschinen für die Schuhfabrikation benutzte. Heute tragen die Fabrikkomplexe den Namen von Jákow Kalínin. Sie haben einen Ausstoß von täglich 100 000 Paar Schuhen.
Wir sind nun auf dem Platz mit dem großen Moskauer Triumphbogen (Moskówskije triumfál'nyje woróta) ❽ angekommen, der 1838 von *Wassílij Stássow* errichtet wurde, um die russischen Siege zwischen den Jahren 1826 und 1831 zu feiern. Er erinnert vage und in vergrößerten Maßen an die Propyläen auf der Akropolis von Athen, seine 12 dorischen Säulen aber sind nicht aus Marmor, sondern aus Gußeisen.

Hier endete einst die Stadt. Der Platz war von vier Meter hohen Eisengittern umgeben, ein Wachhaus befand sich dort und der Schlagbaum, wo die ankommenden Reisenden ihre Pässe vorzeigen mußten und Wegzoll erhoben wurde. Lange noch, nachdem schon jenseits Wohnbezirke entstanden waren, fuhren die Pferde- und später die Elektrischen Bahnen nur bis hierher. Heute fahren vom Néwski-Prospekt kommend die schnellen Metro-Züge bis fast zum Ende des endlosen Prospektes, der sich nach dem Triumphbogen auf 60 m Breite erweitert. Er überquert den Ligowski-Kanal (Lígowskij kanál') ④ und wird nun sehr viel grüner. Auf halbem Wege kommen wir links zu dem Moskauer Siegespark (Moskówskij park pobjédy) ⑤ auf einem 100 ha großen Gelände. In der Mittelallee sind die Bronzebüsten jener Leningrader aufgestellt, die sich zweimal die höchste Ehrung »Held der Sowjetunion« verdient haben. Auf dem Riesenteich wird im Winter Schlittschuh gelaufen. Dem Park gegenüber liegt etwas zurück an einem grünen Platz das zehnstöckige Hotel »Rossíja«. Immer noch auf der rechten Seite treffen wir auf eine weite unbebaute Fläche, hier schlägt der Leningrader Zirkus im Sommer seine Zelte auf. Links kommen wir dann zu einem Riesenbau im Stalinstil mit einem enormen Lenindenkmal davor. Hier sah eine Vorkriegsplanung das neue Stadtzentrum vor und der Riesenbau sollte das Stadthaus werden. Im Zweiten Weltkrieg war gerade dies aber die Gegend, an der die Front am nächsten an die Stadt herangerückt war, und so beschloß man nach dem Krieg, das Stadtzentrum dort zu lassen, wo es immer gewesen war.

Je näher man dem Platz des Sieges (Pl. pobjédy) ⑥ kommt, der mit einer Riesen-Blumen-Rotunde den Moskauer Prospekt abschließt, um so moderner werden die Bauten zu beiden Seiten der Straße. Der Stalinstil ist auch in Leningrad von der modernen Architektur vollkommen überwunden worden. Als letzte Bauten fallen rechts und links der Straße zwei Häuserblocks mit riesigen Glaswänden in der Höhe des 3. Stocks in die Augen, die als Ateliers für Leningrader Maler dienen.

An der Rotunde geht links die Straße nach Nówgorod und Moskau ab, in der Mitte nach Púlkowo, Púschkino, Páwlowsk und dem Flughafen, rechts nach Gátschina, Petrodworjéz und Lomonóssow. Siehe auch hintere Vorsatzkarte.

DIE INSELN IM NEWA-DELTA

Das beliebteste Ausflugsziel der Leningrader ist die Inselgruppe des Newadeltas: die Kreuz-Insel, die Jeljágin-Insel, die Insel der Werktätigen und die Apotheker-Insel.

Zu den drei erstgenannten Inseln gibt es einen *regelmäßigen Motorschiffs-Dienst* mit folgenden Anlegestellen:

1. Akademie der Künste (Akadémija Chudóshestw) *4* ❺ – Dekabristen-Platz (Dekabrístow pl.) *5* ③ – Siegespark (Primórskij park-Pobjédy) ① (Kreuz-Insel).
2. Kutusow-Kai (Kutúsowa náb.) – Sommergarten (Létnyj sad) *8* ⑤ – Siegespark und Kirow-Stadion (Stadión im. Kírowa) ①/❶ (Kreuz-Insel).
3. Akademie der Künste – Dekabristen-Platz – Sommergarten – Kutúsow-Kai – Kirow-Park (Park Kírowa) auf der Jeljagin-Insel.

Zur Apotheker-Insel und zur Insel der Werktätigen kann man über den Kirow-Prospekt (Kírowskij pr.) *1* ② (Petersburger Seite) gelangen; man benutzt den *Autobus* 71.

Kreuz-Insel (Krestówski óstrow) **Plan 16,** S. 190

Die größte dieser Inseln ist die Kreuz-Insel; nur der Ostteil wird von Wohnvierteln eingenommen, der Westen ist als Grünzone der Erholung und dem Vergnügen vorbehalten. Jedes Jahr wird der hier vor 25 Jahren von den Leningradern angelegte Naturpark, der Primorski-Park des Sieges (Primórskij park pobjédy) ① dichter und grüner. Hier steht auch – am Ufer des Südteiches – Leningrads größtes Restaurant »Wostok«, das 1 000 Personen faßt, und – an der Westseite – das riesige Kirow-Stadion (Stadión im. Kírowa) ❶. 1950 erbaut ist es die zweitgrößte Sportanlage der Sowjetunion, die 100 000 Zuschauern Platz bietet. Vor dem Haupteingang steht das Kirow-Denkmal (Pám'atnik S. Kírowa) ❷, in Erinnerung an den 1934 ermordeten Parteisekretär Sergéj Kírow. Rechts und links davon Sportplätze und Anlagen (Sportíw'yje ploschtschádki i soorushéinija) ❸.

Jeljagin-Insel (Jeljágin óstrow)

Eine Brücke verbindet im Norden die Kreuzinsel mit der kleinen Jeljágin-Insel. Hier steht inmitten eines herrlichen Parks die ehemalige Sommerresidenz Alexanders I. Das Palais Jeljágin (Jeljágina dworjéz)

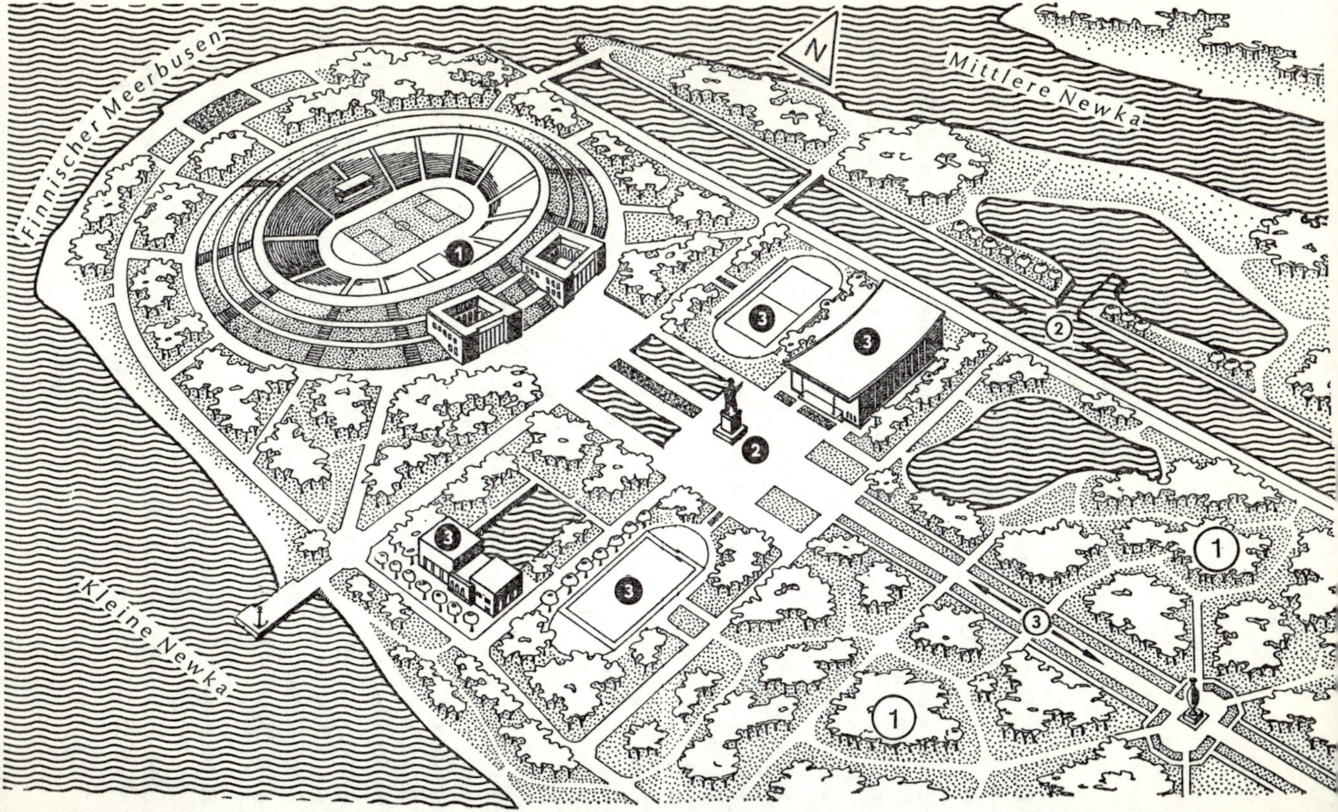

Finnischer Meerbusen
Mittlere Newka
Kleine Newka
N

wurde in den Jahren 1812–1822 von *Carlo Rossi* für Alexanders Mutter, die Kaiserinwitwe Maria Fjódorowna (Sophie Dorothea von Württemberg) erbaut. Das dreistöckige Gebäude in klassizistischem Stil war Rossis erster Bau, er zeigt schon klar seine Phantasie und sein Bestreben, auch die Nebengebäude (wie Küche, Stallungen u.s.f.) in Harmonie mit dem Gesamtentwurf zu gestalten. Rossi legte auch den Park mit seinen Teichen, Pavillons, Lindenalleen und heute uralten Kastanienbäumen an. Leider ist das Innere des Palais während des Zweiten Weltkrieges ausgebrannt. Im Park – heute Kírow-Park – werden im Sommer Konzerte gegeben; hier steht ein großes Sommertheater, eine Kleinkunstbühne, hier liegt das größte Leningrader Freiluftschwimmbad mit einem 10 m-Sprungturm, und hier gibt es Kinderspielplätze, Imbißhallen, auch kann man im Sommer rudern und im Winter Schlittschuhlaufen.

Insel der Werktätigen (Óstrow trud'áschtschichs'a)
Von der Ostseite der Jeljágin-Insel führt eine kurze Brücke zu der Insel der Werktätigen, der früheren Stein-Insel (Kámennyj-Óstrow). Hier standen in den lichten Birkenwäldchen die Sommerhäuschen der reichen Petersburger. Heute befinden sich hier vornehmlich Sanatorien, Erholungsheime, Freizeitstätten und Kliniken, aber auch Sportanlagen und Strandbäder. Der Ostteil der Insel wird vom Kírow-Prospekt durchzogen, der über die Stróganow-Brücke zum nördlichen Festland führt.

Apotheker-Insel (Aptékarskij Óstrow)

Man erreicht diese »Insel«, die nur durch den schmalen Arm des Kárpowka-Flüßchens von der Petersburger Seite *(Plan 1)* getrennt ist, von dieser über den Kírow-Prospekt (Metrostation: Petrogradskaja) in nordwestlicher und von der Insel der Werktätigen aus ebenfalls auf dem Kírow-Prospekt über die Steininsel-Brücke (Kámenno óstrowskij most) in südöstlicher Richtung.

Plan 16: Kreuz-Insel (Krestówskij óstrow)

❶ Kirow-Stadion (Stadión im. Kírowa) ❷ Kirow-Denkmal (Pám'atnik S. Kírowa) ❸ Sportplätze und Anlagen (Sportíwnyje ploschtschádki i soorushéinija) – ① Primorski-Park des Sieges (Primórskij park pobjédy) ② Grebnoj-Kanal (Kanál' Grebnój) ③ Marine-Prospekt (Morskój pr.).

Auf der Insel befinden sich in der Popow-Straße (Popówa prof. úl.) Nr. 5 das Lenin-Elektrotechnische Institut (Elektrotechnítscheskij institút Lénina) und in Nr. 2 der Botanische Garten, dem das Botanische Museum angegliedert ist.

Geöffnet: montags–freitags von 11.00 bis 18.00 Uhr.
Geschlossen: samstags und sonntags.

Das *Herbarium* des Botanischen Gartens ist eines der bedeutendsten Europas.
Außerdem steht *Leningrads höchstes Bauwerk,* der 1962 errichtete Fernsehturm (Telewisiónnyj tśentr) – 321 m – am Ende der Tschapýgina úl.

DIE SCHLÖSSER

(siehe hintere Vorsatzkarte)

Peterhof (Petrodworjéz) **Plan 17**

Das älteste Zarenschloß in der Umgebung von Leningrad ist Peterhof. Es liegt wie das gleichnamige Städtchen, das sich nur im Sommer etwas mit Gästen belebt, die es als Luftkurort besuchen, an der südlichen Küste des Finnischen Meerbusens, der sog. Kronstädter Bucht, 29 km von Leningrad entfernt.

Man kann es auf verschiedene Weise erreichen. Der kürzeste Weg – 25 Minuten – ist der mit dem Tragflächenboot, eine herrliche Fahrt durch den Leningrader Hafen; es empfiehlt sich, diesen Weg für die Rückkehr zu wählen. Außerdem geht die elektrische Bahn vom Baltischen Bahnhof (*15* ❹), Obwódnyj-Kanal-Kai (*15* ④) und ein Omnibus vom Reitschul-Platz nach Petrodworjéz. Die Parkanlagen und Bauten sind im Sommer ein Hauptanziehungspunkt.

Geöffnet: vom 1. Mai bis 15. September, montags, dienstags, donnerstags, freitags, samstags von 11.00 bis 18.00 Uhr; sonntags von 11.00 bis 19.00 Uhr.

Geschlossen: mittwochs.

Peter der Große begann mit dem Bau dessen, was nach seiner Absicht das russische Versailles werden sollte, schon im Jahre 1714. Petrodworjéz umfaßt 8 Parkanlagen auf einer Fläche von rund 800 ha, ungefähr 20 Dependancen und 142 Springbrunnen. Wenn man von Leningrad mit dem Autobus oder der Bahn durch eine öde sumpfige Gegend nach Petrodworjéz fährt, kann man sich darüber klarwerden, welche Unsumme an Arbeit in der Anlage eines so üppigen Parks auf morastigem Boden steckt. Auch hier mußten zuerst Pfähle in den Boden gerammt werden, wurde fruchtbare Erde von weither herangeführt und wurden Rohrleitungen für die Springbrunnen gelegt. Das Süßwasser kommt von den Ropschino-Bergen, 22 km weiter südlich. 14 Behälter mit einer Gesamtfläche von 70 ha waren nötig, um die Springbrunnen funktionsfähig zu machen. Allein im Unteren Park sind 122 Springbrunnen mit 2 000 Wasserstrahlen in Funktion, 30 000 Liter Wasser können in einer Sekunde in die Luft getrieben werden.

Architektonischer Mittelpunkt der ganzen Anlage ist der Große Palast (Bol'schój dworjéz) ❶, der ungefähr 1 000 m vom Meer entfernt auf einer Höhe gelegen ist.

Er verbindet den Oberen Park (Wérchnij park) ❷, der sich hinter dem Großen Palast ausdehnt, mit der Unteren Parkanlage und war durch den Oberen Eingang und über den Kanal von der Buchtseite her zu erreichen. Das ursprüngliche Schloß Peters

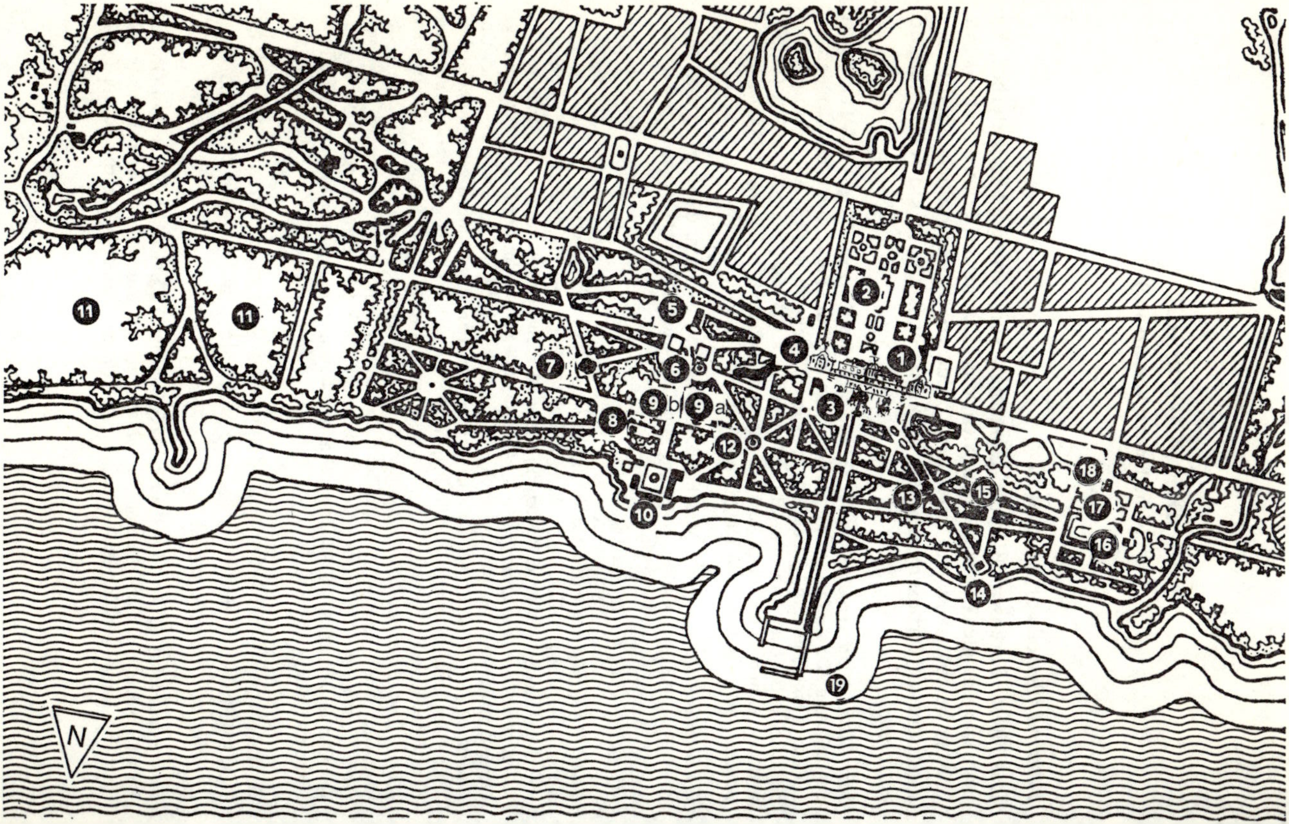

11
11
5
7
6
9 b
9 a
8
4
2
1
3
12
10
13
15
18
17
16
14
19
N

des Großen, von *Leblond* entworfen, besaß nur zwei Stockwerke und war genauso breit wie die »Große Kaskade« (Bol'schój kaskád) (3). Bald zeigte es sich jedoch, daß es für die Repräsentationszwecke der nachfolgenden Kaiserinnen zu klein wurde. Elisabeth I. ließ es von ihrem Baumeister *Bartolomeo Rastrelli* in den Jahren 1746 bis 1755 vollständig umbauen. Er setzte nicht nur ein drittes Geschoß auf, sondern baute auch die beiden Seitenflügel, die in Kuppelbauten auslaufen, dazu. Der eine wurde der »Kirchenflügel« (Tserkównyj) genannt, weil sich hier die Kapelle des Schlosses befand; der andere Teil trug auf der Kuppel das Emblem des Zarenreiches: den Doppeladler. Die schöne Fassade in frühbarockem Stil mißt 268 m. Das Schloß – nach der Revolution Museum – war prächtig und verschwenderisch ausgestattet: Mosaikfußböden, Kristalllüster, gemalte Decken, Spiegel, geschnitzte Türen. Ein Teil der Schätze konnte bei Kriegsausbruch sichergestellt werden, viel wurde von der deutschen Besatzung zerstört: nur Trümmer und leere Fensterhöhlen waren übriggeblieben. In mühevoller Kleinarbeit gelang es den Architekten *W. M. Sáwkow* und *I. W. Kasánskaja,* dank Archivmaterial, Zeichnungen, Fotos und dem Studium der Ruinenreste das Schloß wieder aufzubauen. Heute ist die Fassade gänzlich hergestellt. Das Innere kann man aber noch nicht besichtigen.

Ihren alten Glanz hingegen hat die Große Kaskade mit der Samson-Fontäne (Bol'schój kaskád i fontán Samson) (3) wieder erlangt.

Peter der Große hatte den Plan dazu entworfen. Es sollte seinen Sieg im Nordischen Krieg symbolisieren. Über zwei breite siebenstufige Treppen, die vom Schloß hinunter zu den Unteren Parkanlagen führen, ergießen sich rauschend und plätschernd die Wasser, die in ein ovales Becken fließen, dessen Zentrum von der vergoldeten 30 m hohen Figur des Samson im Kampf mit dem Löwen gebildet wird. Eine 20 m hohe Fontäne schießt aus dem Rachen des Raubtiers, während ringsumher unzählige kleinere Springbrunnen aus Muscheln, Meerestieren, Fabelwesen ihren Wasserstrahl schräg in das barocke Becken oder steil in die Höhe werfen. 37 vergoldete Figuren, 150 kleine Skulpturen und 29 Basreliefs schmücken die Wassertreppen, eine breite Terrasse über einer Grotte, und umrahmen das Bassin, das sich zu einem schmalen

Plan 17: Schloß Peterhof (Petrodworjéz)

(1) Großer Palast (Bol'schój dworjéz) (2) Oberer Park (Wérchnij park) (3) Große Kaskade (Bol'schój kaskád) (4) Orangerie (5) Schachbrett-Hügel [-Kaskade] (Schachmát'naja gorá) [kaskád] (6) Römische Springbrunnen (Rímskije fontány) (7) Pyramiden-Fontäne (Fontán pyrámida) (8) Sonnen-Fontäne (Fontán solnze) (9) Scherz-Fontänen (Fontány »schútichiwódjanyje): a »Eiche« (Dúbok), b »Schirm« (Śóntik) (10) »Monplaisir« (11) Alexander-Park (Aleksándrija park) (12) Adam-Fontäne (Fontán adam) (13) Eva-Fontäne (Fontán ewa) (14) Eremitage (Ermitásh) (15) Löwen-Kaskade (Fontán l'wínyj kaskád) (16) Marly-Palast (Dworjéz Márli) (17) Große Fontäne (Bol'schája fontána) (18) Goldberg-Kaskade (Kaskád sólotaja góra) (19) Anlegestelle für Luftkissenboote.

Große Kaskade in Schloß Peterhof, Text S. 195 ff., **17** ❸

Kanal öffnet, der bis zum Meer führt. Dies war einst der Haupteingang für die Gäste. Auf Barken oder kleinen Segelschiffen wurden sie bis zur Terrasse geleitet. Der Kanal ist von einem flachen Granitquai eingefaßt. In die grünen Rasenrabatten sind breite Marmorschalen eingelassen, aus denen wieder Fontänen schießen und so die berühmte Fontänen-Allee (Alléja Fontánow) bilden. Durch die Goldmasken an den Kanalwänden fließt das Wasser der Springbrunnen ab. Es ist ein unvergeßlicher märchenhafter Anblick, wenn alle Wasserspiele und Springbrunnen zugleich in die Höhe schießen, das Wasser sich rauschend über die Treppen ergießt und der blaß-blaue nordische Himmel sich über das Grün des Parks, das Gold der Statuen und den irisierenden Sprühregen der Fontänen spannt. Im Sommer versammelt sich stets gegen 12 Uhr, wenn alle Springbrunnen in Aktion sind, eine vielköpfige Menge (Russen und Touristen), um das Schauspiel zu genießen. Das Gold der Figuren glänzt neu und frisch und konnte noch keine Patina ansetzen, denn sie sind die erst kürzlich angefertigten Nachbildungen der während des Krieges entwendeten Originalstatuen. Auch die Blumenparterres mit ihren kunstvoll verschlungenen Dessins sind nach alten Stichen des 18. Jh.s getreu nachgeschaffen worden.

Dort wo das ovale Bassin sich zum Kanal verengt, stehen rechts und links jenseits der Rabatten zwei Marmorpavillons, die die Anlage der Großen Kaskade vom übrigen Park trennen. Kupferne vergoldete Kuppeln krönen die Seitensäle. Granitene Löwen ruhen vor den Eingängen. Löwen waren schon immer ein Charakteristikum des Baumeisters *Woroníchin,* des Erbauers auch dieser Kolonnaden.

Wenn wir von der Schloßterrasse rechts an der Orangerie ❹ vorbei den schräg in den unteren Park führenden Weg nehmen, kommen wir zur Schachbrett-Hügel [-Kaskade] (Schachmát'nája gorá [kaskád]) ❺, bei der sieben Alleen aus allen Teilen des Parkes zusammentreffen.

Hier gibt es keine Springbrunnen. Das Wasser fließt über abwärtsführende Terrassen, die wie ein Schachbrett mit schwarzen und weißen Marmorvierecken gepflastert sind. An der Treppe, die zur Seite der Kaskade hinaufführt, sind weiße Marmorstatuen, von italienischen Künstlern des 18. Jh.s geschaffen, aufgestellt.

Die mächtige Brunnenanlage auf dem weiten Platz der Schachbrett-Kaskade gegenüber wird Römische Springbrunnen (Rímskije fontány) ❻ genannt, weil sie – vor ihrem Umbau Ende des 18. Jh.s – den Brunnen vor der St.-Peters-Kirche in Rom ähnelte. Rechts führt ein Weg zu der am östlichsten gelegenen Fontäne, der Pyramiden-Fontäne (Fontán pyrámida) ❼.

Mächtige Wasserstrahlen formen eine schneeweiße Pyramide. Der Mechanismus ist denkbar einfach: 505 Rohröffnungen sind so angeordnet, daß mit dem Druck aus dem Reservoir verschiedene Höhen erreicht werden, je näher die Öffnungen beim Zentrum liegen, desto höher der Strahl.

Auch die nicht weit entfernt gelegene Sonnen-Fontäne (Fontán solnze) ❽ ist wegen ihrer Anlage interessant.

16 vergoldete Bronzedelphine bilden einen Kreis um ein viereckiges Becken. Aus ihren Mäulern steigen bogenförmig Wasserstrahlen auf, so daß der ganze Brunnen wie eine transparente Schale erscheint, über welche an einer hohen Säule eine langsam rotierende vergoldete Scheibe befestigt ist, von der durch das glitzernde Wasser erzeugte Strahlen auszugehen scheinen.

Die beliebtesten Fontänen aber sind zweifellos die sog. Scherz-Fontänen (Fontány »schútichi«-wódjanyje), vor allem die »Eiche« (Dúbok) ❾ **a**, von Tulpen umrahmt, und der »Schirm« (Śóntik) ❾ **b**, der wie ein riesiger Sonnenschirm aussieht.

Hier findet man stets die meisten Zuschauer, unter denen die »Kenner« sich an der Unerfahrenheit der andern weiden. Denn diese Fontänen funktionieren nur, wenn jemand ihnen unvorsichtigerweise zu nahe kommt. Schöne mit Tritonenmasken verzierte Gitterbänke laden zum Sitzen ein, schattige Bäume zum Verweilen, aber wehe dem Unvorsichtigen, der sich dort niederlassen will; ganz plötzlich wird ein unerwartet aus dem Boden springender Strahl oder eine Dusche aus der Banklehne ihn von Kopf bis Fuß benetzen. Auch scheint es nicht ratsam, über die Lichtung zu gehen oder dem »Schirm« zu nahe zu kommen, plötzlich watet man im Wasser. Die »Fallen«, d. h. die kleinen Röhrenendungen sind so geschickt in falschen Tulpen, Lehnen, Tritonenmasken untergebracht, daß man nie weiß, von welcher Seite der unerwartete Sprühregen kommt.

Diese Scherzanlage gehört schon zum Sommerschlößchen **Monplaisir** ❿, zu dem von den Römischen Springbrunnen aus eine schattige Allee hinführt.

Schattenspendende hohe Bäume säumen hier das Meeresufer, auf das das einstöckige Schlößchen schaut. Es wurde von Peter I. besonders geliebt, auch wenn er nicht allzu viele Jahre dort im Sommer zubringen konnte, da es erst 1722 fertig wurde. Baumeister: *Frederik Braunstein, Alexander Leblond* und *Nicolo Michetti.* Es sollte für kleine Empfänge intimer Freunde dienen. Peter brachte auch die ersten Bilder seiner Sammlung, meist holländische Maler, hierher. Nach der Revolution wurde das Schlößchen ein Museum, das man heute wieder besichtigen kann. Ein Teil der ursprünglichen Möbel und Gegenstände konnte noch vor der Zerstörung im Kriege in Sicherheit gebracht werden. Der Wiederaufbau begann 1950. Besonders sehenswert ist das »Chinesische Kabinett« (Kitáisky Kabinét). Das Schlößchen steht ein wenig erhöht auf einem aufgeworfenen Erdwall. Es ist ein eingeschossiger Backsteinbau, der mittlere Teil wird durch ein dreibogiges Zeltdach hervorgehoben; er geht in Seitengalerien über, deren Dächer mit Holzbalustraden geziert sind. Die Nordfassade mit vielen Fenstern und Türen ist dem Golf zugewandt.

Wir gehen nun auf der Monplaisir-Allee wieder ein Stück zurück, bis wir auf die Marly-Allee kommen, die längste Allee des Parkes, die vom Alexander-Park (Aleksándrija park) ⓫ kommend bis zum Marly-Palast (Dworjéz Márli) ⓰ führt. Wir biegen hier an der Marly-Allee rechts ab und kommen zu der Adam-Fontäne (Fontán adam) ⓬ nicht weit vom Kanal; ihr Pendant, die Eva-Fontäne (Fontán ewa) ⓭, liegt jenseits des Kanals, der den Unteren Park in zwei Hälften teilt.

Die beiden Statuen wurden 1718 von dem Italiener *Bonazzi* geschaffen; die Fontänen sind die ältesten Springbrunnen des Parkes, noch von Peter dem Großen geplant und von *Niccolo Michetti* entworfen.

Von der Eva-Fontäne im Ostteil des Parkes führt eine Allee zu der am Meere gelegenen, von einem tiefen Graben umgebenen Eremitage (Ermitásh) ⓮.

Es sollte eine richtige »Einsiedelei« sein. Der tiefe Graben war im 18. Jh. mit Wasser gefüllt und eine Zugbrücke führte hinüber. Das Schlößchen ist ein rechteckiges zweistöckiges Gebäude und wurde 1724 von *Braunstein* errichtet. Im Erdgeschoß befanden sich die Eingangshalle und die geräumige Küche, außerdem ein Zimmer, von dem aus die Gäste in einem Armstuhl sitzend in den Oberstock »gehievt« wurden. Es gab keine Treppen hinauf, die Gesellschaft war dort oben ganz unter sich. Der ovale Tisch konnte ebenfalls in den Unterstock hinabgelassen und das Essen darauf angerichtet werden. Es gab nur 14 Armsessel in dem Großen Raum, der den ganzen zweiten Stock einnahm, die Zahl der Gäste war also beschränkt.

Eine schnurgerade Allee führt von der Eremitage zur Löwen-Kaskade (Fontán l'wínyj kaskád) ⓯. Von dort gehen wir die Marly-Allee, die wir verlassen hatten, um zur Eremitage zu kommen, bis zu Ende und gelangen so zum Marly-Palast (Dworjéz Márli) ⓰.

Er wurde im ersten Viertel des 18. Jh.s, 1721–1724, im Stil Louis XIV. von *Braunstein* erbaut. Ein großer rechteckiger Teich liegt davor. Der Palast scheint ein richtiges Landhaus zu sein, zu dem Gemüsegärten, eine Hühnerfarm, Fischteiche, Stallungen und Weinkeller gehörten. Er war einst verschwenderisch ausgestattet. Ein Teil der kostbaren Möbel und Bilder konnte gerettet werden, das Haus selbst wurde von der deutschen Besatzung in die Luft gesprengt. Doch begann man auch hier 1955 mit der Wiederinstandsetzung. Heute ist Marly außen renoviert, aber man arbeitet noch an der Innenausstattung.

Zum Komplex des Marly-Palastes gehören auch vor dem Schloß die Große Fontäne (Bol'schája fontána) ⓱ und die Goldberg-

Kaskade (Kaskád śólotaja góra) ⑱, der auf der anderen Seite die Schachbrett-Kaskade entspricht. Peter der Große hatte beim Bau dieser Anlagen vorgeschlagen, die Marly-Kaskade in Versailles zum Vorbild zu nehmen, daher blieb dem Schlößchen der Name Marly.
In den Sommermonaten werden im Park von Petrodworjéz Konzerte und Tanzvorführungen zwischen den Springbrunnen gegeben.

Bei der Anlegestelle ⑲ kann man ein Tragflügelboot besteigen.

Oranienbaum (jetzt Lomonóssow)

Gegenüber der Inselfestung Kronstadt, die man bei klarem Wetter vom Peterhof aus gut erkennen kann, liegt – 10 km von Petrodworjéz entfernt – Lomonóssow, das frühere Oranienbaum. Mit dem Zug vom Baltischen Bahnhof in 20 Minuten zu erreichen; über eine gute Fahrstraße mit Bus oder Taxe.

Geöffnet: vom 1. Mai bis 15. September: montags, dienstags, donnerstags, freitags, samstags von 11.00 bis 18.00 Uhr; sonntags von 11.00 bis 19.00 Uhr.

Geschlossen: mittwochs.

Oranienbaum war die einstige Domäne des allmächtigen Günstlings Peters des Großen, Ménschikow, der sich dort 1725 von den Architekten *Fontane* und *Schinkel* seine Sommerresidenz bauen ließ. Von allen Schlössern der Umgebung Leningrads war das Schicksal diesem Bau am günstigsten gesonnen. Oranienbaum hatte keine feindliche Besatzung und blieb unzerstört. Außer dem herrlichen Park sind dort drei Baulichkeiten sehenswert.
Der Große Palast (Bol'schój dworjéz) wurde von den obengenannten Architekten 1710 begonnen. Das Hauptgebäude liegt auf einem Hügel und ist von einer wuchtigen Fürstenkrone geschmückt. Zwei halbkreisförmige Galerien schließen sich rechts und links an und führen zu mit Kuppeln gekrönten Pavillons. Dieses Schloß wurde noch für Ménschikow gebaut und von ihm bewohnt. Später fiel der Besitz wieder an die Zarenfamilie zurück und Elisabeth ließ von ihren Baumeistern *Rinaldi* und *Rastrelli* weitere Bauten errichten und den Park verschönern. So wurde das komplizierte Treppensystem, das vom großen Palast in den Park hinunterführt, von dem Italiener Antonio Rinaldi entworfen.
Ebenso stammt der besonders sehenswerte, entzückende sog. Chinesische Palast (Kitáiskij Dworjéz) – 1768 erbaut – von ihm. Seine Innendekorationen haben pseudochinesischen exotischen Charakter, enthalten aber viele echte chinesische Kunstgegenstände. Jeder Raum hat andere Damastbezüge, einen verschiedenen Parkett- oder Mosaikfußboden, herrliche Porzellane, Bilder, Lüster und Möbel.
1774 baute *Rinaldi* ein weiteres amüsantes Schlößchen im Park, »Toboggan-Hügel« (Katálnaja Gorá) genannt, weil sich auf der nach dem Park zugewandten

Seite einst eine Toboggan-Rutschbahn mit einem hölzernen Wägelchen befand, die vom Dach des Schlößchens aus funktionierte. Man erfährt, daß sie besonders gern von Katharina II. benutzt und erst im 19. Jh. entfernt wurde. Der Bau hat eine Kuppel in der Form einer großen umgestülpten Glocke und eine Freitreppe, die zu geschwungenen Säulengalerien hinaufführt, die den Bau auf drei Seiten umgeben.
Eher bescheiden in seinen strengen Linien ist der Palast Peters III., ebenfalls von *Rinaldi* in den Jahren zwischen 1758 und 1762 erbaut. Der unglückliche Zar (siehe Geschichte) zog Oranienbaum allen seinen Schlössern vor.

Zarendorf (Zárskoje Sélo, jetzt **Púschkino**)

Ein Ausflug zu diesem 25 km entfernten Ort ist sehr zu empfehlen. Die Fahrt lohnt sich nicht nur wegen der berühmten Schlösser und Parkanlagen, sondern auch wegen des Städtchens selbst, das zum größten Teil noch die Atmosphäre früherer Zeiten bewahrt hat.

Zu erreichen mit der Bahn vom Witebsker Bahnhof, Sagoródnyj Prospekt, 52; mit dem Bus zuerst mit Trolleybus Nr. 17, von der Kasáner Kathedrale abgehend, bis zur Endstation, dort umsteigen in Bus Nr. 88; Intourist organisiert im Sommer jede Woche regelmäßige Ausflüge mit Führer, die meist vor dem Hotel »Jewropéjskaja«, Bródski-Straße 1/7 abgehen; außerdem kann man natürlich ein Taxi nehmen.
Der Weg nach Púschkino führt zuerst durch den endlosen Moskówski-Prospekt, der Ausfallstraße nach dem Süden und dann auf einer breiten, von Bäumen flankierten Chaussee, die gerade auf den Hügel des Púlkowo-Observatoriums zuzugehen scheint, dann aber kurz davor links abzweigt. Zur Zeit ist auf der rechten Seite eine Parallelchaussee im Bau, um den Verkehr zum Flughafen etwas zu entlasten. Die hübsche Fußgängerallee in der Mitte soll als Grünstreifen erhalten bleiben.
Links entsteht oder ist schon bis zu einem gewissen Grad entstanden der »Obst- und Gemüsegarten« Leningrads, man kann z. B. ausgedehnte Apfelplantagen sehen. Hier wird es keine Wohnviertel geben, alles soll der Landwirtschaft vorbehalten bleiben; man hofft, die sich immer mehr ausdehnende Großstadt teilweise direkt mit Obst und Gemüse versorgen zu können. Früher befanden sich zu beiden Seiten der Chaussee große private Besitzungen mit Landhäusern, Datschen, Gärten und Parks. Im Zweiten Weltkrieg wurde alles zerstört, da hier schwer gekämpft wurde; man kann auf halbem Wege links noch den Gedenkstein sehen, der die Frontlinie anzeigt. Die alten, noch erhalten gebliebenen Meilensteine aus der Zeit Katharinas II. wurden wieder aufgestellt.

Púschkino hat ungefähr 15 000 Einwohner und liegt in eine reizvolle Hügellandschaft eingebettet; zahllose elegante Landhäuser aus dem 18. und 19. Jh. stehen hier, denn Adel und wohlhabende Bürger hatten sich dort, wo der Hof lange Jahre hindurch die Sommermonate verbrachte, ebenfalls niedergelassen. 1837 wurde durch die erste Eisenbahnstrecke in

Rußland Zárskoje Sélo mit der Hauptstadt St. Petersburg verbunden. Der aufwendige Bahnhof zeugt noch heute davon, daß hier Prinzen und Könige eintrafen. 1877 war die kleine Stadt die erste im großen russischen Reich, die eine elektrische Beleuchtung erhielt. In den Jahren zwischen 1811 und 1817 besuchte der große Dichter Púschkin, der heute der Stadt seinen Namen leiht, hier eine Schule für die Kinder des Adels und des gehobenen Bürgertums.

Die größte Sehenswürdigkeit der Stadt ist der »Große Katharinen-Palast« (Bol'schój Jekaterínínskij Dworjéz), kurz »Katerínskij« genannt.

Geöffnet: vom 1. Mai bis 15. September montags, dienstags, donnerstags, freitags, samstags von 11.00 bis 18.00 Uhr; sonntags von 11.00 bis 19.00 Uhr.

Geschlossen: mittwochs.

Der Palast und viele andere Dinge in Púschkino beziehen sich ausnahmsweise einmal nicht auf die »Große Katharina«, sondern hängen mit Peters I. Gemahlin, der späteren Kaiserin Katharina I. zusammen. Der Ort war zuerst als Sárskaja Farm eine Domäne Ménschikows gewesen, die jedoch schon 1710 in den Besitz von Peters Gattin, Katharina, überging. Von dem eher bescheidenen Wohnsitz ist heute nichts mehr geblieben. Ihre sehr viel prunkliebendere Tochter, die Kaiserin Elisabeth I., ließ von ihrem Baumeister *Rastrelli,* der ihr schon das Winterpalais hingestellt hatte, einen neuen ungleich prächtigeren Bau errichten. Er ist in dem von Rastrelli kreierten sog. »Russischen Barock« geschaffen. Im Kriege hat ihn die spanische »Blaue Legion« übel zugerichtet und teilweise ganz ausgebrannt. Heute ist er zum größten Teil wieder aufgebaut worden und erstrahlt in alter Schönheit: eine 300 m lange Front, von Kolossalsäulen geschmückt, eine Symphonie von türkis-blau, gold und weiß. Um das Innere und die Statuen zu vergolden, soll Rastrelli 114 kg pures Gold verwendet haben. Das Schloß enthielt Schätze an Bildern, Teppichen, kostbarem Porzellan, seltenen Chinoiserien. Die Wände waren mit Seide oder Brokat bespannt oder aus kostbarem Marmor, die Decken bemalt, die Türen aus wertvollem Holz geschnitzt, der Boden aus seltenen Hölzern gelegt oder aus Mosaik.

Einer der wertvollsten Säle war das berühmte Bernstein-Kabinett (Jantárnaja Kómnata). Es besaß jene kostbare Wandbekleidung aus Bernstein in allen Schattierungen vom transparenten Gelb bis zum dunklen, fast schwarzen Braun, welche 1716 König Friedrich Wilhelm I. von Preußen Peter dem Großen zum Geschenk gemacht hatte. Das Bernsteinzimmer stand zuerst im Winterpalais in Petersburg. Die Kaiserin Elisabeth I. aber ließ es nach Zárskoje Sélo bringen, wo Bartolomeo Rastrelli den herrlichen Bernstein mit Spiegeln, Bronze und Mosaiks aus Jaspis und Achat kombinierte. 1942 montierten die Deutschen das Zimmer ab und brachten es nach Königsberg in das dortige Schloß; 1944 wurde es beim Rückzug aus Ostpreußen wieder in Kisten verpackt, die aber nie mehr aufgefunden wurden, trotzdem die Russen sofort nach der Besetzung Königsbergs ein richtiges Suchkommando organisiert hatten.

Katharinen-Palast in Púschkino, Text S. 202

Im Innern des Schlosses sind noch nicht alle Säle wiederhergestellt worden. Am Eingang jeden Saales zeigt eine Fotografie, in welchem Zustand das Zimmer bei Kriegsende angetroffen wurde.
Nicht nur Elisabeth I. liebte Zárskoje Sélo, auch für Katharina II. wurde es zu einem Lieblingsaufenthalt im Sommer. Der Architekt Cameron gestaltete für sie den nördlichen Flügel des Schlosses. Hier gab es ein »Grünes Speisezimmer« und den »Blauen Salon«, der zu den wiederhergerichteten Sälen gehört. Von der Seidentapete und den Bezügen der Sessel und Sofas war nur ein kleines Stück unversehrt geblieben. Man ließ das Dessin neu anfertigen und heute dürfte der hübsche Salon wieder sein altes Aussehen erlangt haben. Der Kamin ist aus weißem Carrara-Marmor, Porträts von Peter dem Großen und den beiden Kaiserinnen Elisabeth und Katharina II. hängen dort. Nach dem Tode seiner Mutter hatte Paul I. viele wertvolle Möbel und Kunstgegenstände in seine Schlösser bringen lassen, doch sein Sohn Alexander I. ließ den größten Teil während seiner Regierungszeit wieder in das Katharinenpalais zurücktragen.
Katharina II. hatte am Ende des Nordflügels ein Badeschlößchen mit hängendem Garten anbringen lassen. An dieses Badeschlößchen schließt sich die unter dem Namen Cameron bekannte Galerie an. Es ist eine offene Wandelhalle, mit geschweifter Treppe zum Park hinunter. Früher standen hier Bronzekopien antiker Porträtbüsten, heute sind es Gipsköpfe; die Galerie ist in dem, Cameron eigenen, strengen neuklassizistischen Stil gehalten.

Nach Katharina II. hat niemand mehr in diesem herrlichen Schloß gewohnt. Ihr Enkel, Alexander I., ließ sich nicht weit davon, in dem Teil des Landschaftsparkes, den man heute den Alexander-Park nennt, das Alexander-Palais (Aleksándrowskij dworjéz) errichten.

Man kann wohl sagen, daß dieser Palast das Meisterwerk des italienischen Baumeisters *Quarenghi* darstellt, der ihn 1795 beendete. In diesem Palast wohnte die kaiserliche Familie bis 1917. Er ist vollständig verschieden vom Katharinen-Palais: über dem Erdgeschoß erhebt sich nur ein Stockwerk, eine doppelte Säulenreihe verbindet den Haupttrakt mit den Seitenflügeln. Der Bau strömt Strenge und Harmonie aus und ist dem in englischem Stil gehaltenen Park angepaßt. Im Alexander-Park befindet sich auch ein großer Teich, der heute als Badestrand für Kinder benutzt wird. In den Parks um das Alexander-Palais sowie um das Katharinen-Palais sind Pavillons, Sommerhäuschen, ein chinesisches Dorf und ein chinesisches Theater, Marmorbrücken, eine kleine Pyramide (für das Grab eines der Lieblingshunde der Großen Katharina), Plastiken, Marmorstatuen u. a. verstreut. Beide Parks sind heute beliebte Ausflugsstätten.

Wieder restauriert wurde auch das »Lyceum«, die Schule, die Púschkin in den Jahren zwischen 1811 und 1817 besuchte. Es war 1790 von dem Architekten *Ilja Nejélow* gebaut und 1811 von *Wassily Stássow* umgebaut worden. Im Garten in der Nähe der Schule wurde 1900 von *Robert Bach* ein Denkmal zum 100. Geburtstag Púschkins errichtet. Es stellt den Dichter in einer romantischen Pose sitzend dar.

Von den Zarenschlössern steht nur noch **Páwlowsk** auf dem Besichtigungsprogramm, denn Gátschina wurde im Zweiten Weltkrieg so von Grund auf zerstört, daß es bis heute noch nicht wieder vollständig hergestellt ist.
Páwlowsk liegt einige Kilometer hinter Púschkino und die Parks von Púschkino und Páwlowsk gehen ineinander über.

Im Jahre 1777 wurde Alexander I. als Sohn des Kronprinzenpaares Paul und Sophie-Dorothea von Württemberg (Maria Fjódorowna) geboren. Katharina II. schenkte ihrem Sohn, um das Ereignis zu feiern, das Land südlich von Zárskoje Sélo, das später den Namen Páwlowsk erhielt. Das Große Palais in Páwlowsk wurde in den 80er Jahren des 18. Jh.s begonnen, Baumeister war *Charles Cameron*. Es war ein äußerlich einfacher Bau, dem jedoch eine gewisse Größe nicht abging. Als Paul I. den Thron bestieg, wurde das Palais von Pauls bevorzugtem Architekten *Brenna* umgebaut und erweitert. 1803 brannte ein Teil des Schlosses nieder und später legten verschiedene Architekten, *Woronichin, Quarenghi* und *Carlo Rossi* Hand an. Paul hat in diesem Schloß wohl die glücklichsten Jahre seines Lebens verbracht. Langsam verfiel er dann in geistige Umnachtung. Seine Lieblingsresidenz wurde Gátschina. Nach seinem Tode verblieb Páwlowsk im Besitz der kaiserlichen Familie, aber es diente nicht mehr als Residenz.

Besuchszeiten beim Intourist zu erfragen.

Das Schloß Páwlwosk liegt etwas auf der Höhe jenseits des Flüßchens Slavjánka. Im Ehrenhof vor dem Palast steht ein Denkmal Pauls I von Klodt. An den Mittelbau schließen sich halbrunde Seitenflügel an. Im Kriege wurde das Schloß weniger beschädigt als Peterhof, Zárskoje Sélo und Gátschina. Heute ist es wieder vollständig restauriert und der Besuch dorthin lohnt sich, auch weil Páwlowsk nicht als ein Repräsentationsbau gedacht war, sondern als eine wirkliche »Wohnung«. Man spürt überall noch den Einfluß Maria Fjódorownas.
Zu den sehenswerten Sälen im ersten Stock gehören vor allem der »Griechische Saal«, noch von Cameron entworfen, mit hohen malachitbekleideten Säulen, klassischen Statuen in den Nischen, Stuckdecken und gestuckten Friesen, hellem Parkettfußboden, schlichten Lüstern zwischen den Säulen und einem riesigen doppelten goldenen Kronleuchter in der Mitte; die Möbel des Saales wurden von Woronichin gezeichnet. Vom »Griechischen Saal« aus geht es links zu den Gemächern der Zarin, rechts zu denen des Zaren. Dort ist das »Teppich-Kabinett« zu erwähnen mit französischen Gobelins des 18. Jh.s aus der Serie »Don Quichote«. Den Gemächern der Zarin ist der »Italienische Salon« vorgelagert, besonders schön das Boudoir und das Schlafgemach. Die Zarin aus dem württembergischen Königshause war eine gebildete und an den schönen Künsten interessierte Frau. Im Boudoir sind die Malereien der Pilaster nach Motiven Raffaels aus dem Palazzo Medici entworfen. Im

Prunkbett im Schlafgemach der Zarin im Großen Palais von Páwlowsk,
Text S. 205 ff.

Schlafzimmer fällt der pompöse vergoldete Baldachin aus geschnitztem Holz auf, eine Arbeit des bekannten französischen Kunsttischlers *Jacob*. Ein Portland-Porzellan-Service wurde der Zarin von Marie-Antoinette geschenkt, es soll nur in dieser Ausführung existieren. Zu beachten die Toilette aus Tulastahl. Daß diese Räume nicht nur zur Repräsentation dienten, sondern »bewohnt« waren, zeigt die einladende Bibliothek der Zarin, damals noch Gattin des Thronfolgers: in weißlackierten Glasvitrinen stehen die Bücher, dem Rund des Raumes folgend. Impulse zu der Ausstattung dieses Palastes hatte das junge Paar auf einer ausgedehnten Europareise gesammelt (1781 bis 1782), wo es auch Kunstgegenstände und zahlreiche Bilder ankaufte, die heute noch in der »Gemäldegalerie« zu sehen sind. Hier hängt auch das einzige nach der Natur gemalte Porträt Peters des Großen. Zu beachten die vielen – auch heute noch gehenden – Uhren, die im Palast aufgestellt sind.

Das schönste an Páwlowsk ist zweifellos sein herrlicher riesiger Naturpark, der noch teilweise nach dem Modell englischer Parks von *Cameron* angelegt wurde. Er dehnt sich zu beiden Seiten des Flüßchens Slawjánka aus und gilt als einer der schönsten Parks Rußlands, zugleich als einer der abwechslungsreichsten: Teiche, Wäldchen, Lichtungen, seltene Bäume, exotische Sträucher, dann wieder richtiger Wald, Pavillons, Chalets, Türme. Cameron baute noch den »Tempel der Freundschaft«, einen runden Bau mit dorischen Säulen, im Zentrum die Statue Katharinas II. als Ceres; den »Tempel der Drei Grazien«; die »Kolonnaden Apolls«; auch die schöne »Volière« im Stil und in der Farbe zum Palast passend war sein Werk; die künstlichen »Ruinen« mit einer Kaskade hingegen stammen von dem Architekten *Brenna,* ebenso der sog. »Zirkel«. An dem Punkt, wo »Zwölf Pfade« abgehen, steht eine Kopie des Apolls von Belvedere, von den Musen umgeben. Einen kleinen Tempel ließ Maria Fjódorowna zur Erinnerung an ihre Eltern errichten. Eine Säule im Waldesdickicht trägt den Namen »Weltende«. Der Park ist am schönsten im Frühling und im Herbst, wenn die Blätter sich färben. Er ist das geblieben, was er auch früher schon gewesen war: ein Ausflugs- und Erholungsort der Leningrader. Weder in Púschkino noch in Páwlowsk sind Fabriken angelegt worden. Die alten Herrenhäuser dienen als Erholungsheime, vor allem für Kinder und Mütter. Der ausländische Besucher kann hier ohne allzu große Mühe noch etwas von dem »Einst« des russischen Lebens spüren und zugleich einen Aspekt des »Heute« kennenlernen, die er im friedlichen Nebeneinander sonst selten erleben kann.

Bánkowskij-Brücke mit vergoldeten Greifen 9 ❸ über den Gribojédow-Kanal, im Hintergrund »Kirche des vergossenen Bluts« 9 ❽, Text S. 150 f.

WAS KANN MAN IN LENINGRAD IN *ZWEIEINHALB* TAGEN SEHEN?

Zweieinhalb Tage haben die *Standardfahrten Moskau–Leningrad* für die alte Hauptstadt an der Newa vorgesehen; das ist eine sehr kurze Zeit, besonders wenn man bedenkt, daß der angehängte halbe Vormittag meist mit Warten auf das Frühstück (ab 9 Uhr), auf den Proviantempfang (wenn das Unglück will, daß man den Zug nach Moskau nehmen muß) oder auf den Omnibus verbracht werden muß. Nur wenn man mit dem Flugzeug nach Moskau oder von Moskau kommen kann, gewinnt man effektiv diesen »halben« Tag dazu, aber fest damit rechnen sollte man besonders in den Sommermonaten nicht.

Wie sehen für den Standardtouristen nun diese zwei Tage in Leningrad aus, und wie kann er *außerhalb des offiziellen Programms* doch noch etwas mehr von der Stadt sehen?

Zuerst das Programm:

Der erste Vormittag sieht die **Stadtrundfahrt** vor. Sie führt je nach dem Hotel, das man bewohnt, vorbei an der *Peter-und-Pauls-Festung* **(Plan 1),** dem *Kreuzer »Aurora«* **(2 ❸)**, der *»Strelka«-Landspitze* **(Plan 3)** und über die Newa zum *Dekabrísten-Platz* **(Plan 5),** wo meist ein Halt eingelegt wird, um das obligate Erinnerungsfoto vor dem *»Ehernen Reiter«* **(5 ❸)** zu machen und einen Blick hinüber auf den *Universitäts-Kai* **(Plan 4),** auf den *Senat* **(5 ❹)** und die *Admiralität* **(5 ❶)** zu werfen. Eine Schleife schließt sich an, die über den *Isaaks-Platz* **(Plan 6)** mit seiner mächtigen *Kathedrale* **(6 ❶)**, vorbei am alten *Hotel Astoria* **(6 ❻)**, am Leningrader Stadtsowjet, dem *Rathaus* **(6 ❸)** und dem *Standbild Nikolájs I.* **(6 ❷)** zurück zur Admiralität führt. Über den *Schloß-Platz* **(Plan 7),** dann vorbei am *Marsfeld* und *Sommergarten* **(Plan 8)** geht es weiter zum *Taurischen Palais* und *Smólny* **(Plan 14).** Je nach Führer wird der Autobus entweder vor dem *Auferstehungs-Kloster* **(14 ❸)** oder vor dem *Smólny-Institut* **(14 ❺)** halten. An irgendeinem Punkt wird der Bus den *Néwski-Prospekt* überqueren oder auf ihm längs fahren **(Pläne 9–12),** um dann noch den *Theater-Platz* **(Plan 13)** oder die *Nikoláj-Marine-Kathedrale* **(13 ❹)** zu streifen. Die Reihenfolge, in der diese Sehens-

würdigkeiten geboten werden, hängt, wie gesagt, von der Lage des Hotels ab, das man bewohnt.
Der zweite Vormittag dient entweder einem Besuch der *Eremitage* (7 ❼) oder einer Fahrt zu dem weiter entfernt liegenden *Schloß Peterhof* (S. 193 f.). Im ersten Fall wird das näherliegende *Púschkino* (S. 201 f.) am ersten oder zweiten Nachmittag besucht (Dauer ca. 3 Stunden), im zweiten Fall, auch am ersten oder zweiten Nachmittag, die *Eremitage* (Dauer ebenfalls ca. 3 Stunden).
Ein Abend ist für das *Kírow-Ballett* oder die *Oper* vorgesehen (es sei denn, die Reise findet während der spielfreien Sommermonate statt).

Manche Veranstalter bieten noch eine *eingehendere Besichtigung der Peter-und-Pauls-Festung* oder den *Besuch des Russischen Museums (10 ❹)* an.

Nun die eigene Planung:

Wir haben dafür also den ersten oder zweiten ganzen Nachmittag, einen Spätnachmittag und einen Abend zur Verfügung.

VORSCHLAG 1: Der Kunstfreund wird an seinem freien Nachmittag wahrscheinlich noch einmal in die Eremitage gehen, um sich dort in Ruhe und nicht im Laufschritt die Säle anzusehen, die er entweder nicht zu sehen bekam (wie den Picasso-Saal) oder durch die er durchgehetzt wurde. Anschließend kann er über den *Schloß-Platz* (**7**), durch Carlo Rossis *Triumphbogen* (**7** ❷), über den *Néwski-Prospekt* und die Herzen-Straße zum Isaaks-Platz (**6**) gehen, die Kathedrale (**6** ❶) besichtigen und dann den kurzen Spaziergang, den wir auf S. 131 und 178 beschrieben haben, längs der Móika zum Theater-Platz (**13**) machen. Er kann aber auch, sollte ihn die russische Malerei besonders interessieren, das *Russische Museum* (**10** ❹) besichtigen. Danach wird er in der Bródski-Straße (**10** ②) vor dem Hotel »Jewropéjskaja« (**10** ❷) gewiß eine Taxe finden, die ihn zu dem interessanten *Museum der Geschichte Leningrads* (siehe S. 125) bringen kann, wo er – sollte er auch an Architektur interessiert sein – Pläne und Entwürfe der berühmten Architekten Leningrads studieren kann.
Für den freien Spätnachmittag sei dem Kunstfreund ein Besuch der Antiquariate (s. S. 73 f.) geraten; manchmal erwischt man dort tatsächlich noch ein interessantes Werk.
Am Abend lockt vielleicht irgendeine künstlerische Darbietung, man befrage das Intourist-Büro.

Vorschlag 2: Für denjenigen, der auf einer so kurzen Rußlandreise gern etwas von der wirklich *russischen Atmosphäre* kennenlernen möchte, sei am freien Nachmittag ein *Ausflug nach Púschkino* empfohlen, und zwar nicht die offizielle Besichtigung des Katharinen-Palais, sondern die der kleinen *Stadt Púschkino*, einem Luftkurort mit hübschem Park, altem Palais, einem pompösen Bahnhof und Provinzatmosphäre. Man kann per Zug, mit dem Omnibus und natürlich mit Taxe hinfahren, außerdem wird meist eine Extrafahrt organisiert, nach der man sich in seinem Hotel erkundigen kann. Diese Extrafahrten gehen von dem Hotel »Jewropéjskaja« (**10** ❷) ab. Von Púschkino ist es nicht sehr weit nach *Páwlowsk;* wenn man eine Taxe nimmt, sollte man nicht versäumen, dort das *Sommerschloß* und den herrlichen Park zu besichtigen.
Für den freien Spätnachmittag sei unbedingt zu einem Bummel auf dem Néwski-Prospekt oder einem Besuch im großen Warenhaus »Gostíny Dwor« (**10** ⓮) geraten. Wenn dann noch ein Abend in der Oper oder dem Ballett und ein *Imbiß* in einem der charakteristischen Lokale dazukommt, wird der Tourist zumindest einen Eindruck von der spezifischen Leningrader Atmosphäre mit nach Hause nehmen können, die so grundverschieden ist von derjenigen Moskaus.

Vorschlag 3: Er richtet sich an die Gründlichen unter den Touristen, an jene, denen die flüchtige Rundfahrt am Tage vorher nicht genügt hat. Ihnen sei geraten, sich von ihrem Hotel aus durch eine Taxe am Frühnachmittag in die *Peter-und-Pauls-Festung* (**1**) bringen zu lassen und diese genau zu besichtigen. Von dort kann man von der Metrostation Górkowskaja (**1** ⓴) – an das andere Ende der Stadt zum *Alexander-Néwski-Kloster* (**12** ❸) fahren, Metrohaltestelle: Pl. Aleksándra Néwskowo (**12** ②).

An der ersten Station, am Néwski-Prospekt, muß man auf die andere Linie umsteigen (siehe Vorsatzplan) und dann an der zweiten Haltestelle aussteigen.

Der Besuch der *Friedhöfe*, des *Museums* und der noch offenen *Kathedrale* lohnt sich unbedingt. Auf dem Rückweg zur Stadt kann man in jeden Bus und jede Tram steigen, an der *Anítschkow-Brücke* aussteigen (**11** ⑥) und geruhsam den »Néwski«, diese einzigartige Straße mit all ihren berühmten Bauwerken, hinauf und hinunter gehen. Zwischendurch erfrischt man sich in einem Cafè. Vom Néwski-Prospekt kann man auch leicht die wichtigsten Sehenswürdigkeiten der Stadt zu Fuß erreichen. Gegen die

Admiralität (5 ❶) zugehend auf der rechten Seite: den *Reitschulplatz*, das *Winter-Stadion*, die *Ingenieurburg* (8 ❺) in einem Rundgang, der wieder auf den Néwski-Prospekt zurückführt und den wir auf S. 165 beschrieben haben. Nach der Sadówaja-Straße kommen wir dann zum *Platz der Künste* (10); am Gribojédow-Kanal erhaschen wir einen Blick auf die »*Kirche des vergossenen Bluts*« (9 ❽), gehen am *Haus des Buches* (9 ❼) vorbei (kenntlich durch den Riesenglobus auf dem Turm), und sind dann schon an der Herzen-Straße, die rechts zum *Schloß-Platz* (7) und links zum *Isaaks-Platz* (6) führt. Hier überschreiten wir den etwas enger gewordenen Néwski-Prospekt und gehen nun langsam auf der anderen Seite wieder zur *Anítschkow-Brücke* zurück. Wir kommen dabei am *Stróganow-Palais* (9 ❶), an der *Kasáner Kathedrale* (9 ❷), an der ehemaligen *Stadt-Duma* (10 ⓬) und am *Gostíny Dwor* (*10* ⓮) vorbei und erreichen daran anschließend die *Saltyków-Schtschédrin-Bibliothek* (11 ❷). Hier können wir uns auf einer Bank im Park vor dem *Púschkin-Schauspielhaus* ausruhen (11 ❺), und wenn wir dann wieder Kräfte gesammelt und vielleicht ein Eis verzehrt haben, sollten wir unbedingt die dahinterliegende *Rossi-Straße* (11 ③) ansehen.

Wenn wir in einem Hotel im Zentrum untergebracht wurden, ist der Heimweg kein Problem. Zum entfernteren Hotel »Leningrád« geht vor dem Warenhaus der Minibus alle Viertelstunde ab. Sollten wir im »Rossíja« untergebracht sein, so nehmen wir die Metro am Warenhaus bzw. Néwski-Prospekt und steigen an der sechsten Haltestelle »Park Pobédy« aus.

Für einen S p ä t n a c h m i t t a g würden wir den Besuch des *Zoos* (1 ㉔) vorschlagen, oder bei gutem Wetter eine Dampferfahrt mit einer der 3 Linien des Stadtbezirkes (siehe S. 189, Inseln).
Auch dem »Gründlichen« unter den Touristen sei für den A b e n d ein Opern- oder Ballett-Besuch ans Herz gelegt. Sein Intourist-Büro wird ihm das Programm der Woche vorlegen und ihn gern beraten. Opern und Ballett erreichen das Moskauer Niveau. Der Zirkus ist in Moskau besser. Um Theaterstücke wirklich zu genießen, sind Kenntnisse des Russischen unentbehrlich.

Welchem der 3 Vorschläge nun der Tourist auch folgt – oder ob er selbst noch etwas anderes findet, er wird bald einsehen, daß zwei Tage eine lächerlich kleine Spanne Zeit sind, um eine so wundervolle Stadt zu erfassen, und er wird auf ein Wiederkommen sinnen.

WAS MAN IN *SECHS* TAGEN IN LENINGRAD SEHEN KANN

Nachdem in den letzten Jahren in Leningrad neue große Hotels errichtet wurden, werden immer öfter längere Reisen nach der Stadt an der Newa organisiert, die der Fülle des Sehenswerten besser gerecht werden als der flüchtige Standardbesuch von zweieinhalb Tagen. Die Teilnehmer dieser meist 8tägigen Tour sollten die Reise nicht vor Mitte Mai unternehmen, und sich nach der Ankunft im Hotel beim Intourist-Betreuungsdienst eine Liste der in der Woche stattfindenden Theater-Vorstellungen geben lassen, um dann ebenfalls beim Intourist Karten zu bestellen. Wir raten zu einem *Ballett* und zu einer *Oper;* für russisch sprechende Touristen sind die Leningrader *Theater* sehr interessant. Ebenso ist es empfehlenswert, rechtzeitig durch den Hotel-Intourist einen Tisch in einem der charakteristischen *Restaurants* zu bestellen, (siehe S. 152, *Sadkó,* und S. 83, »Liste der bekanntesten Lokale«). Nachstehend haben wir ein Wochenprogramm zusammengestellt, das in sechs Tagen ein Kennenlernen der Stadt vermitteln könnte.

ERSTER TAG. Der Vormittag sollte unbedingt der **Stadtrundfahrt** gewidmet sein, die die bekanntesten Sehenswürdigkeiten von der *Peter-und-Pauls-Feste* bis zum *Smólny* an dem Besucher vorbeiziehen läßt (siehe S. 209). Für den Nachmittag möchten wir dann die eingehendere Besichtigung der *Peter-und-Pauls-Feste* (**1**) vorschlagen, anschließend daran – nachdem man einen Blick auf die große *Moschee* (**1 ⑲**) geworfen hat – entweder einen Besuch des *Zoos* (**1 ㉔**) oder die Fahrt bis zum *Alexander-Néwski-Kloster* (siehe S. 211 VORSCHLAG 3). Der Besuch der *Friedhöfe,* der in *Museen* verwandelten *Kirchen* und der noch offenen *Kathedrale* Trózkij Sobór lohnt sich unbedingt.

ZWEITER TAG. Vormittag: **Eremitage.** Wir sind der Ansicht, daß man die Eremitage wenigstens zweimal besuchen sollte: einmal, um die *Bildergalerie* zu besichtigen und ein zweites Mal, um das *Museum* zu besuchen. Auch dann werden zwei Vormittage nur einen ganz oberflächlichen Eindruck vermitteln. Wenn man diesen Besuch gewissenhaft absolviert hat, steht am Nachmittag der Sinn nach etwas Leichterem:

Wir schlagen eine **Rundfahrt auf der Newa** vor. Vom *Dekabrísten-Platz* **(5** ③) zur *Kreuz-Insel* **(Plan 15)** oder zum *Kírow-Park auf der Jelágin-Insel* hin und zurück, um so in Ruhe das Stadtbild, die Inseln und die Kanäle in sich aufzunehmen. Wieder zurückgekehrt, sind es von der Anlegestelle am Dekabrísten-Platz nur wenige Schritte zum berühmten Néwski-Prospekt **(Pläne 9–12)** und zu einem *Einkaufsbummel.* Sehr geruhsam ist auch die *Dampfer-Fahrt* vom Dekabrísten-Platz zum Smólny-Kloster hin und zurück, die besonders in der guten Jahreszeit zu empfehlen ist.

Dritter Tag. Vormittag: **Ausflug nach Peterhof** (S. 193), wenn möglich mit dem Flügelboot. Das ist erstens zeitsparend und erlaubt zweitens eine herrliche Fahrt vom *Leningrader Hafen* zum *Finnischen Meerbusen.* Am Nachmittag sollte man sich zur *St. Nikoláj-Marine-Kathedrale* **(13** ❹) fahren lassen, um diese wunderschöne, noch dem Kult geöffnete Kirche zu betrachten; anschließend kann man den *Theater-Platz* **(13)** besichtigen, vielleicht die *Synagoge* **(13** ❼) und dann den auf S. 178 beschriebenen Weg längs der Móika bis zum *Isaaks-Platz* **(6)** zu Fuß gehen. Es wird noch genug Zeit sein, die Isaaks-Kathedrale **(6** ❶) zu besichtigen und vielleicht auch den Turm zu besteigen. Fotografieren ist verboten. Vor dem Astoria-Hotel bekommt man auch relativ leicht eine Taxe, um sich in sein Hotel fahren zu lassen und sich vor dem Opern- oder Ballett-Abend noch etwas auszuruhen.

Vierter Tag. Am Vormittag wiederum ein **Museum.** Es bieten sich an: für den an Malerei Interessierten: das *Russische Museum* **(10** ❹); für Architekten das *Museum der Geschichte Leningrads* **(5)**; für Briefmarkensammler unbedingt das *Post-Museum* **(6** ❾); für die Liebhaber russischer Dichter *Púschkins Wohnhaus* **(7** ❺) oder das sog. *Púschkin-Haus* auf der Strélka **(3** ❸). Wegen ihrer Kuriositätensammlung lohnt auch die ehemalige *Kunstkammer* **(4** ❶) einen Besuch. Wer sich für Militärgeschichte interessiert, kommt im *Zentralen Kriegsmarinemuseum* **(3** ❶) und im *Artillerie-Museum* **(1** ㉑) auf seine Rechnung. Über die Geschichte der russischen Revolution informiert das große *Revolutionsmuseum* **(2** ❶). – Siehe auch unter »Museen« (Seite 300). Am Nachmittag könnte man *Púschkino* (S. 201 ff.) und *Páwlowsk* (S. 205 ff.) auf das Programm setzen; Ausflüge dorthin mit Führer werden meist am Nachmittag organisiert, eine Rückfrage beim Intourist-Dienst im Hotel ist schnell gemacht. Natürlich kann man auch mit einer Taxe hingelangen (nach Púschkino außerdem mit Linienautobus oder mit der Bahn). Vielleicht hat man für den Abend dann einen Tisch in einem der charakteristischen *Restaurants* der Stadt reservieren lassen. Augenblicklich ist »Sadkó«, Ecke Néwski-Prospekt und Bródski-Straße, sehr *en vogue*. Ein gutes Orchester spielt dort auf.

FÜNFTER TAG. Kunstbeflissene werden ganz bestimmt noch einmal in die *Eremitage* gehen, andere den Vormittag zum *Einkaufen* benutzen – dafür kommt nur der *Néwski-Prospekt* in Frage. Anschließend daran sollte man dann den auf Seite 165 beschriebenen Rundgang gegen die *Ingenieurburg* (8 ❺) hin unternehmen und, wenn man Zeit hat, in die *Kasáner Kathedrale* (9 ❷) hineinschauen, die heute ein *Museum der Religionen und des Atheismus* ist. Andererseits ist der *Spaziergang auf dem Schloß-Platz* (7) *oder durch den Sommergarten* (8) außerordentlich reizvoll und äußerst ergiebig für Schnappschüsse.
Wer an den schönen Schlössern und den herrlichen Parks der Umgebung Geschmack gefunden hat, kann am Nachmittag noch nach *Lomonóssow, dem früheren Oranienbaum* (S. 200 f.) fahren; wer an moderner Zeitgeschichte interessiert ist, darf nicht versäumen, die eindrucksvolle Gedenkstätte der während der Belagerung ums Leben gekommenen Leningrader im *Piskarjów-Gedenkfriedhof* (S. 108) zu besuchen. Für den vorletzten Abend in Leningrad wird der Intourist-Dienst gewiß noch Plätze für eine zweite *Opern- oder Ballett-Vorstellung* reservieren können.

SECHSTER TAG. Je nach Laune und Ermüdung reicht der Vormittag noch einmal zu einem **Bummel** an die Newa oder zu einem Platz, der einem besonders lieb geworden ist, oder zum Ausgeben der letzten Rubel oder Devisen im Berjóska-Laden des Hotels. Manche Hotels haben heute auch Läden, in denen man für Rubel einkaufen kann, da auch die russische Kundschaft in den letzten Jahren sehr zugenommen hat. Für den Nachmittag kann ein *Besuch des Porzellanmuseums* (12 ⓬) empfohlen werden, der vorher über Intourist vereinbart werden muß. Dort gibt es auch eine große Auswahl an schönem Porzellan zu kaufen. Es sei noch einmal darauf hingewiesen, daß eine *Taxirundfahrt* sehr billig ist, daß *Stadtrundfahrten* auch außerhalb des offiziellen Programms organisiert werden und daß die *Dampferfahrten* auf der Newa ebenfalls ein billiges Vergnügen sind.

Über Intourist können auch Tagesausflüge nach **Nówgorod** (im Privatwagen mit Chauffeur DM 250.–, Führung und Mittagessen in Nówgorod nicht eingeschlossen) organisiert werden. Um nach **Kíshi** am Ladogasee zu gelangen – ein außerordentlich lohnender Besuch – muß man einen vollen Tag rechnen und zwei Fahrten im Schlafwagen hin und zurück. Abfahrt vom Moskauer Bahnhof (Moskówskij wokśál – **12** ❷) um 21.30 / an Kíshi 8.31 Uhr; ab Kíshi 23.45, in Leningrad an 6.00 Uhr. Beide Ausflüge sind über den Intourist-Dienst zu organisieren.

Wie schon am Anfang des Kapitels erwähnt, organisieren in zunehmendem Maße auch Touristik-Unternehmen einwöchige Aufenthalte in Leningrad. Das Programm eines deutschen Reisebüros während der Zeit der Drucklegung sieht z. B. so aus:

1. Tag (Sonntag): Vormittags Gelegenheit zum *Besuch des Hochamtes* in der russisch-orthodoxen Nikolaus-Metropolitan-Kathedrale. Nachmittags *Rundfahrt.*

2. Tag: Vormittags 1. Besuch der *Eremitage.* Nachmittags *Néwski-Kloster* und *Peter-und-Pauls-Festung.*

3. Tag: Vormittags 2. Besuch der *Eremitage.* Nachmittags Ausflug nach *Schloß Peterhof.*

4. Tag: Tagesausflug nach dem geschichtlich bedeutenden *Nówgorod* und zum Ilmensee.

5. Tag: Vormittags Besuch der *Isaaks- und der Kasaner Kathedrale.* Nachmittags die *Schlösser Zárskoje Sélo* (Púschkino) und *Páwlowsk.*

6. Tag: Vormittags *Russisches Museum.* Nachmittags *Passage-Kaufhaus, Fahrt auf der Newa.*

ANHANG

DIE EREMITAGE

ENTSTEHUNGSGESCHICHTE

Der Gründer der Stadt Petersburg, Peter der Große, hat die Eremitage nie gesehen, mit deren Bau erst unter seiner Tochter Elisabeth, 1754, begonnen wurde. Nachdem er und Katharina I. zuerst in der kleinen Blockhütte nicht weit von der Peter-und-Pauls-Feste gewohnt hatten, zog er später in das bescheidene Sommerpalais im Sommergarten. Der Bau seines Lustschlosses Peterhof am Finnischen Meerbusen wurde erst ein Jahr vor seinem Tod beendet.
Entgegen der Legende, die ihn als kunstfeindlich bezeichnete, interessierte sich Peter auch für die Malerei. In Rußland gab es damals nur Heiligenmalerei und jeder Versuch, weltliche Motive zu behandeln, scheiterte am Widerstand der Orthodoxen Kirche. Peter war mehr darauf bedacht, ausländische Maler an seinen Hof zu ziehen als Bilder im Ausland zu kaufen, dennoch erwarb er schon 1716 anläßlich seines Aufenthaltes in Amsterdam »David und Jonathan« von **Rembrandt.** Persönlich gab er Seestücken den Vorzug. Die Eremitage verdankt ihm aber auch die Sammlung russischer Altertümer aus Sibirien und von ihm stammt der Ukas, der befahl, daß alle in der Erde gefundenen Gegenstände von historischem Wert sorgfältig gesammelt werden sollten.
Unter Peter dem Großen kam eine der wertvollsten römischen Statuen nach Petersburg. Es handelt sich um die sog. »Taurische Venus« aus dem 1.–2. Jh. n. Chr. nach einem griechischen Original des 3. Jh.s v. Chr.

Der in Rom mit der Überwachung russischer Künstler beauftragte Hauptmann Júri Kologríwow hatte sie gekauft, als sie gerade ausgegraben wurde. Der römische Gouverneur ließ ihn festnehmen, um zu verhindern, daß ein solches Kunstwerk Italien verlasse. Peter der Große bot daraufhin Clemens XI. die Gebeine der hl. Brigitte im Austausch an, und der Papst konnte der heidnischen Göttin nicht den Vorzug geben, auch wenn er es gerne getan hätte.

Die Venus wurde zunächst im Sommergarten aufgestellt; Katharina schenkte sie ihrem Günstling Potémkin; 1837 fand sie ihren endgültigen Platz in der Eremitage.

Als die offizielle Gründerin der Kunstsammlung wird Katharina II. angesehen. Sie folgte darin dem Geschmack und den Gepflogenheiten der damaligen Zeit. Alle europäischen Fürsten sammelten Gemälde und Katharina wollte für die neue Hauptstadt die schönste und größte Sammlung haben. Die in der Eremitage angesammelten Kunstschätze spiegeln weitgehend den Geschmack der einzelnen Herrscher wider. Den ersten Kunstkauf tätigte Katharina nach der Beendigung des Siebenjährigen Krieges, als sie bei dem in Schulden geratenen Kunsthändler *Gotzkówski* 225 Gemälde, die eigentlich Friedrich dem Großen zugedacht waren, erwarb. Darunter so wichtige wie »Der Unglaube des hl. Thomas«, »Die Frau des Potiphar« und »Bildnis eines Türken« von **Rembrandt;** »Der Mann mit dem Handschuh« von **Frans Hals.** Katharina II. kaufte auch die *Bibliothek* des in Geldnot geratenen Enzyklopädisten *Diderot,* später auch diejenige *Voltaires* und die *Sammlung Walpole* in England. 1766 konnte sie das berühmte Bild **Rembrandts** »Der verlorene Sohn« ihrer Sammlung einverleiben. Nach dem gewonnenen Türkenkrieg erstand die Kaiserin die *Sammlung des Grafen Brühl* in Dresden, der unter August III. Minister gewesen war. Auch in dieser Sammlung befanden sich einige **Rembrandts:** »Bildnis eines Gelehrten« und »Bild eines rotgekleideten Greises«, ferner **Rubens'** bekannte »Landschaft mit dem Regenbogen«. Zu ihrem Leidwesen gelang es der Kaiserin nicht, den italienischen Städtemaler BERNARDO BELLOTTO nach Petersburg zu holen, er zog das Warschau Stanislaus II. vor; sie hatte gehofft, er würde wie sein Onkel Canaletto dies mit Venedig getan hatte, Petersburg in seinen Bildern verewigen. 1768 ersteigerte ihr Gesandter Galítzyn in Brüssel für sie die *Sammlung Cobenzl.* 1772 kam **Raffaels** »Madonna mit dem Kind« aus der *Sammlung Crozat* nach St. Petersburg – außerdem 7 Bilder von **Van Dyck** und 8 von **Rembrandt.** Ein Gemälde von Rembrandt kostete damals sehr viel weniger als ein solches von Raffael. Der Gesandte des russischen Hofes beim Papst, *von Reiffenstein,* ließ die Loggien **Raffaels** kopieren, für die *Quarenghi* 1783–1785 einen besonderen Saal errichtete. Alle diese Kunstwerke trugen das Risiko einer Seereise mit Segelschiffen, und manchmal gingen bei Schiffbrüchen wertvollste Kunstgegenstände unrettbar verloren. Noch zu Katharinas Lebzeiten wurde 1774 der erste Katalog – eine einfache Aufzählung der Gemälde – in französischer Sprache zusammengestellt. Beim Tode Katharinas besaß die Eremitage bereits 3 996 Bilder.

Ihre Nachfolger setzten die Tradition fort. Ihr Enkel Alexander I. erwarb die »Jakobsleiter« von **Murillo** und den »Lautenspieler« von **Caravaggio** neben einigen Bildern aus dem *Nachlaß der Kaiserin Joséphine* in Malmaison; auch war er der erste Zar, der Werke russischer Maler ankaufte. Unterdessen hatte sich nämlich auch in Rußland eine Malerschule entwickelt.

Sein Bruder Nikoláj I. kaufte die *Sammlung von Hortense,* der Mutter Napoleons III. Im Jahr 1845 vermachte ihm der ehemalige russische Gesandte in Wien seine Sammlung, die herrliche »Primitive« enthielt und 1850 kaufte der Kaiser die *Sammlung Barbarigo* mit 5 Gemälden von **Tizian** und Teile der *Sammlung des holländischen Königs Wilhelm II.* in Den Haag.

Die bedeutendsten Erwerbungen Alexanders II. waren die berühmte »Madonna Litta« von **Leonardo da Vinci** aus der *Sammlung des Herzogs Litta* in Mailand und die »Madonna Conestabile« von **Raffael.** Alexander II. bereicherte seine Sammlung 1882 durch ein Fresko des **Fra Angelico** aus dem Kloster S. Domenico in Fiesole bei Florenz.

Unter dem letzten Zaren wurden viele *Privatsammlungen,* wie die der Familie *Stróganow* der Eremitage zugeführt. Die herrlichen Impressionisten (ein Teil davon heute in der Púschkin-Galerie in Moskau) und die Maler aus der Zeit um die Jahrhundertwende kamen durch die Verstaatlichung großer *Privatsammlungen* wie die *von Iwán Morósow und Sergéj Schtschúkin* dazu.

In seinem ausführlichen Werk über die Eremitage berichtet der Franzose Pierre Descargues, daß an Sergéj Schtschúkin die Frage gerichtet worden sei, ob er seiner herrlichen Sammlung nachtrauere, die nach der Revolution in Staatsbesitz übergegangen war, worauf er meinte, er habe schon immer die Absicht gehabt, sie einem Museum zu schenken, nur hätte er sie gern zu seiner Freude länger behalten. Er sei aber zufrieden mit der sorgfältigen Behandlung, die den Bildern in den Staatlichen Museen in Sowjetrußland zuteil würde und freue sich, daß die Kunstliebhaber sie betrachten könnten.

Nach dem Ersten Weltkrieg verkaufte die Sowjetunion vier bekannte Bilder aus der Eremitage. An die *National Gallery in Washington:* **Tizians** »Toilette der Venus« und **Rembrandts** »Polnischer Fürst«; an das *Metropolitan Museum* **Watteaus** »Mezzettino« und an die *Gulbenkian Stiftung in Lissabon* »Pallas« von **Rembrandt.** Bis 1932 fanden auch Versteigerungen statt; dennoch besitzt z. B. das *Kupferstichkabinett* noch rund 500 000 Blätter.

VORBEMERKUNG ZUM FÜHRUNGSTEIL

Wer in Leningrad nur wenige Tage zur Verfügung hat, wird in der Regel den Besuch der Eremitage mit einer geführten Gruppe vornehmen. Er wird dabei von der begleitenden Dame des INTOURIST sehr ökonomisch aber eben auch sehr schnell durch die verwirrende Anzahl von Sälen geschleust, bekommt einen Eindruck von der Fülle und Erstklassigkeit der Sammlungen, hat jedoch keine Minute Zeit zum Verweilen. Deshalb möchten wir mit unserem *Sonderkapitel* »Eremitage« eine Handreichung für eine individuelle Besichtigung bieten. Es ist dabei zu beachten, daß sich sowohl die Plazierungen der einzelnen Objekte, die Numerierungen der Säle wie auch die Öffnungszeiten ändern können; vorübergehende Schließungen oder Ausleihungen an andere Museen sind ebenso möglich wie zeitweilige neue Ausstellungen. Es ist deshalb geraten, sich die Bekanntmachungen und Grundrißtafeln bei den Eingängen anzusehen oder erklären zu lassen, und notfalls unsere Angaben zu korrigieren.

Was die Reihenfolge der einzelnen Säle betrifft, empfehlen wir grundsätzlich, bei der Ziffernfolge zu bleiben, d. h. bei parallelliegenden Saalfluchten lieber wieder einige Nr. zurückzueilen und bei der sich anschließenden Ziffer weiterzugehen als unmittelbar danebenliegende Säle »ziffernrückwärts« o. ä. durchzunehmen, weil die Gefahr des Verwirrens der Besichtigungsrunde oder des Vergessens einzelner Räume hierbei wesentlich größer ist. Wo nötig geben wir einen Hinweis auf geänderte Reihenfolge. Auf alle Fälle sind wir (mit wenigen, angezeigten Ausnahmen) bei der Aufzählung und Beschreibung streng bei der Ziffernfolge geblieben.

Geöffnet: täglich von 10.00 bis 18.00 Uhr.*

Mit der nun folgenden Auswahl und Einteilung der ausgestellten Werke der Malerei und Plastik, sowie des Kunsthandwerks möchten wir dem Besucher der Eremitage (im Bewußtsein, daß jede Wertung letztlich subjektiv ist, und unter Zugrundelegung der derzeitigen Ansichten der Kunstwissenschaft) einen Leitfaden für die Besichtigung an die Hand geben.
Wir danken an dieser Stelle Frau Dr. Ulrike Gauß von der Staatsgalerie Stuttgart und Herrn Dr. Heimo Rau, Stuttgart, für freundliche Beratung und Unterstützung.

* Man erkundige sich nach einzelnen (möglichen) Ruhetagen.

Im einzelnen gilt folgendes: **Halbfett** sind alle Künstlernamen gesetzt, deren Werke auch der eiligste Besucher sehen sollte. Gesperrt gesetzt sind solche, die bei einem gründlicheren Durchgang »zur Pflicht« gehören. In Kapitälchen schließlich jene, die bei mehrmaligem Museumsbesuch noch zur »Auswahl« gehören. (Selbstverständlich bedeutet dies in manchen Fällen der Kategorie 1 und 2, daß bei im allgemeinen gleichbewertetem Schaffen, die ausgesuchten Objekte unterschiedlichen Ranges sind.) Bei einigen, umfangreicheren Sammlungen desselben Meisters geben wir eine (unseres Erachtens anerkannte) Einteilung. Die Klassifizierung ist dann: 1. *KURSIVGROSSBUCHSTABEN*, 2. *Kursiv gesperrt*, 3. *Kursiv*.

ÜBERSICHT

(nach Sachgebieten)

Es bedeutet: EG = Erdgeschoß / ES = Erster Stock / ZS = Zweiter Stock. Säle, in denen sich von uns halbfett hervorgehobene Objekte befinden, sind mit einer halbfetten Ziffer gekennzeichnet. Da sich die Abteilungen teilweise in verschiedenen Etagen befinden, ist die Reihenfolge der Saalnummern und der *(kursiven)* Seitenzahlen in dieser sachlichen Übersicht nicht fortlaufend.

Seite

FÜHRUNGSTEIL

(Beschreibungen der Säle)

ERDGESCHOSS (Grundriß S. 232/233)

Im Erdgeschoß befinden sich die Säle 1–142

SÄLE 1–10 Vorräume, Garderoben, Verkaufstheken u. dgl.

VOR- UND FRÜHGESCHICHTLICHE FUNDE IM BEREICH DER UdSSR

(Säle 11–33)

SAAL 11 Paläolithikum und Mesolithikum (500 000 bis 7000 v. Chr.): Handbeile, Skulpturen (Frauen, Wasservögel). VITRINE 9: Grabstätte eines Kindes. VITRINE 10: Venus der Steinzeit (bei Irkutsk gefunden) und Darstellung eines Mammuts auf einem Beinplättchen, etwa 30 000 v. Chr.

SAAL 12 Neolithikum und Bronzezeit: Jagd-, Fischfang- und Ackerbaugeräte; Kopf einer Elchkuh, Steinäxte mit Elch- und Bärenköpfen aus Karelien, Sibirien, dem Ural (Mitte 3. Jtsd.). Steinzeichnungen, Jagdszenen und steinerne Fischfiguren, die als Köder Verwendung fanden.

SAAL 13 Bunte Ornamente auf Tongefäßen aus der sog. *Tripoler Zeit* (3.–2. Jtsd., bei Kiew gefunden). VITRINE 11: Tonfigürchen (weibliche Gottheit, Tiere, Modelle von Wohnstätten). VITRINE 18: Gießereigerätschaften (beginnende Bronzezeit um 1500–1100) aus der Nähe von Wolgograd.

SAAL 14 Neolithikum, Bronzezeit, Beginn der Eisenzeit (300–500 v. Chr. – Maikop): Kupfer- und Silbergefäße mit Tieren und

ERDGESCHOSS

Landschaften, Schmuckgegenstände, Halsketten, Armreife, Ringe, Karneolperlen und Teile eines Beisetzungsbaldachins. Außerdem Geräte der sog. Kobankultur (Grusinien, Armenien, Ossetien und Dagestan), mit Ornamenten geschmückte Beile, Spangen und Schnallen.

SÄLE 15–21 enthalten Zeugnisse der **Kunst und Kultur der Skythen** (7.–3. Jh. v. Chr. – südliche Steppen des europäischen Rußlands). Die ausgestellten Schätze stammen aus Hügelgräbern. Beachtenswert **SAAL 16** Hügelgrabfunde aus Solócha, wo nach *Herodot* die »kaiserlichen Skythen« gelebt haben: Bronzezierat für Pferdegeschirr; ein herrlicher goldener Kamm; Spiegel, Helme, Tongefäße. **SAAL 17** Waffen; **SAAL 20** Landwirtschaft der in den Waldsteppen lebenden Skythen; **SAAL 21** Kultur und Handel, besonders mit Griechenland. (Ein goldener Hirsch aus einem Hügelgrab bei der Kosakensiedlung Kostromskája, 6. Jh. v. Chr., ist besonders bemerkenswert.)

Siehe auch SCHATZKAMMER, SÄLE 122–126, Seite 240.

SÄLE 22, 23, 25, 26, 28–32 Funde aus den Hügelgräbern im Altai. U. a. ein Wagen und ein großer Teppich (Pasyryker Hügelgrab, 5. bis 4. Jh. v. Chr.) mit farbigen Applikationen aus Filz, eine Göttin auf dem Thron und einen Reiter darstellend. Es ist **der älteste Teppich der Welt.** Man konnte hier aus den Gräbern, die in trockenen Sandboden gegraben waren, noch Pferdegeschirr aus Leder und Filz, Musikinstrumente und mit Zobel-, Eichhörnchen- und Hermelinfell herausgeputzte Kleidung bergen.

SÄLE 24, 27, 33 Die Säle 24, 27, 33 bieten **Kunst und Kultur:** 1. der Bewohner der südlichen Steppen vom 3. Jh. v. Chr. bis 10. Jh. n. Chr. (Sarmaten), 2. der finnisch-ugrischen, baltischen und slawischen Völker vom 7. Jh. v. Chr. bis zum 12. Jh. n. Chr. und 3. der Nomaden der süd-russischen Steppen vom 9. bis 12. Jh. (Stämme türkischer Abstammung).

ERDGESCHOSS

Teil des Airtamer Frieses aus Baktrien, 1. Jh. **(Saal 34)**

KUNST UND KULTUR DER VÖLKER DES OSTENS

Mittelasien vom 4. Jh. v. Chr. bis zum Beginn des 20. Jh.s

(Säle 34–54)

SAAL 34, SCHRANK 1: Keramiken mit geometrischen Mustern, menschenähnliche Statuen, bronzene Beile. – Einzelheiten aus der Parthersiedlung Nissa (2. Jh. v. Chr.). – Der **Airtamer Fries** aus dem Kuschaner Zarenreich; Kalkstein (1. Jh.) aus einem Schloß im nördlichen Baktrien (Usbekistan).

SAAL 35 Wandmalereien (Harfenmädchen, Nardenspiel, Jungen und Mädchen zu Pferd) aus dem Haus eines Adligen (Pendshikent bei Samarkand, Mittelasien 7.–8. Jh.). Ausgrabungen von zwei Tempeln, Wohnviertel, u. a. Fries-Skulpturen aus ungebranntem Ton mit phantastischen Meerwesen (7.–8. Jh. v. Chr.). Hölzerne Skulptur einer Tänzerin.

SAAL 36 Wandmalerei aus dem »Saal der Elefanten« *(Schloß der Herrscher von Warachscha,* 7.–8. Jh.). Der Fries stellt Elefantenreiter dar, die von Tigern und Leoparden angegriffen werden.

ERDGESCHOSS

SAAL 37 Ein 12 m langes und 3,6 m hohes Fragment von Wandbildern aus einem Festsaal (Pendshikent, 7.–8. Jh.). – Funde aus dem Schloß des *Fürsten Diwástitsch* auf dem Berge Mug, dem letzten Bollwerk der Soghdier, die dort 722 gegen die Araber kämpften: Seiden- und Baumwollstoffe, Haarnetze, bemalte Pfeilschäfte. In der waagerechten VITRINE AM FENSTER ein Brief des Fürsten in arabischer Sprache an den arabischen Befehlsinhaber.

SÄLE 38–40 Mittelasien vom 9. bis 12. Jh., nach der arabischen Eroberung (Darstellungen von Menschen, Tieren und Pflanzen wichen dekorativen, geometrischen oder stilisierten Pflanzenornamenten). Vor allem Keramiken und Kunstwaren aus Silber und Glas. Im **SAAL 40** fallen die unglasierten Kacheln von Gebäuden in Samarkand und Usgent auf. Erst gegen Ende des 12. Jh.s kamen glasierte Kacheln auf.

*

SÄLE 41–45 bergen die »Schatzkammer des Orients« und sind nur mit *Sondergenehmigung* zu besichtigen. In ihr befinden sich die kostbarsten Stücke dieser Abteilung.

*

SAAL 46 In diesem und den folgenden drei Sälen sind die Gegenstände ausgestellt, die bei den Ausgrabungen in Saraj-Berke, der einstigen Hauptstadt der **»Goldenen Horde«** (13.–14. Jh.), zutage kamen. Kriegsausrüstungen und Waffen (SCHRANK 7; VITRINE 6). – Die kulturellen Kostbarkeiten ähneln denen aus Mittelasien, da die mongolischen Eroberer Handwerker aus den besiegten Ländern arbeiten ließen. Wir sehen als Zeugnisse der regen Handelsverbindungen Reste chinesischer Keramik, syrisches Glas, einen ägyptischen, marmornen Leuchter.

SAAL 47 U. a. silberner Passierschein aus dem 14. Jh., der zum ungehinderten Betreten des Gebiets der Goldenen Horde berechtigte.

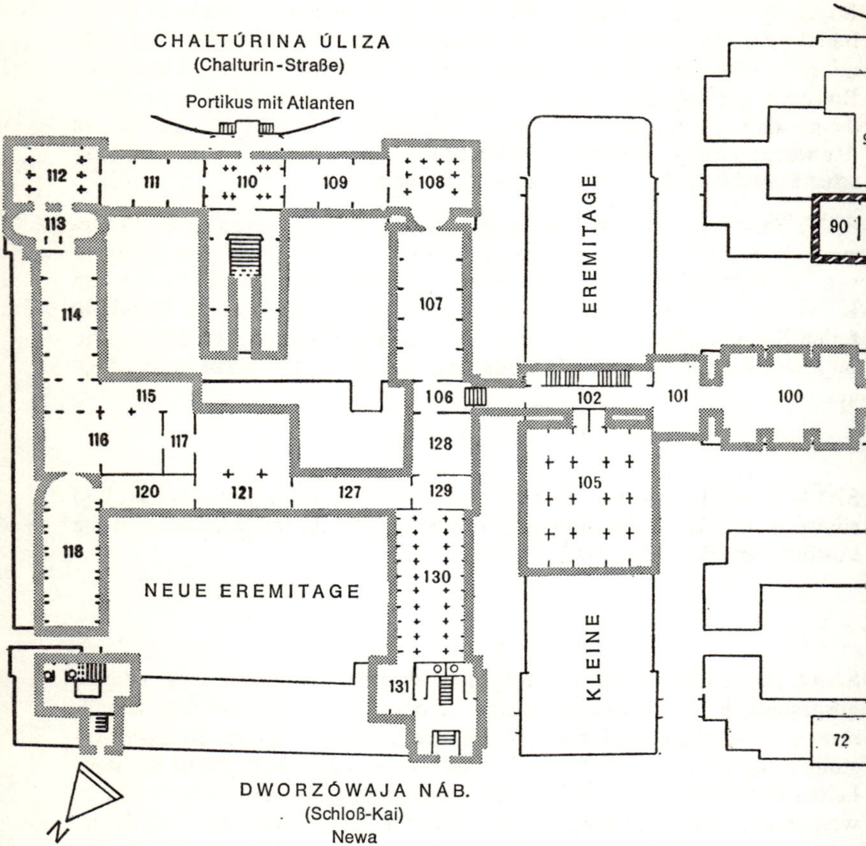

Erdgeschoß (EG), Grundrißplan

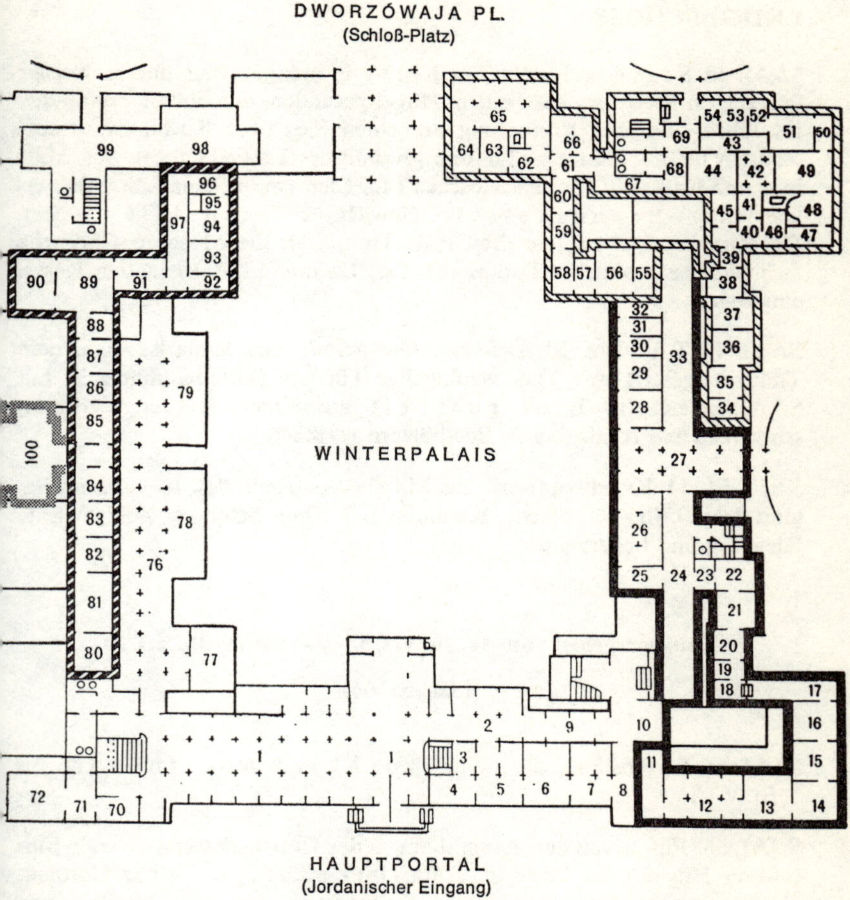

Vor- und frühgeschichtliche Funde im Bereich der UdSSR *(S. 228/229)* Säle 11–33

Kunst und Kultur der Völker des Ostens (Gebiet der UdSSR) – *(S. 230–236)* Säle 34–66

Kunst und Kultur der Völker des Ostens (außerhalb der UdSSR) – *(S. 236/237)* Säle 80–97

Kunst und Kultur der Antike *(S. 238–243)* Säle 100–131

ERDGESCHOSS

SAAL 48 Stein mit Aufschrift in mongolischer und arabischer Sprache (in Kasachstan auf einem Hügel gefunden, den Sultan *Timur-Bek* im Jahre 1391 zur Erinnerung an seinen Sieg über Tochtamysch aufschütten ließ). – Kacheln und geschnitzte Täfelchen aus Marmor und Kalkstein von der Moschee Bibi-Chanym in Samarkand. Bemerkenswerter Bronzekessel, Gewicht 2 Tonnen, Höhe 160 cm, Durchmesser 245 cm; ein Geschenk Timurs an die Moschee Chodscha Achmed Jassewi (heute Turkestan). Das Datum, 1399, ist in den Kessel eingraviert.

SAAL 49 Tür des Mausoleums *Gur-i-Emir* aus Samarkand, in dem Timur beigesetzt war. Die zweiflügelige Tür aus Dattelbaumholz ist mit Schnitzereien und Einlegearbeit aus Silber, Kupfer, Perlmutt, schwarzen und rosafarbenen Edelhölzern versehen.

SÄLE 51–54 Kunsthandwerk aus Mittelasien (Ende des 18. bis zum Beginn des 20. Jh.s). Teppiche, Keramiken, Waffen, Schmuck, goldgewirkte Kleidung und Lederwaren.

Kaukasusgebiet vom 11. Jh. v. Chr. bis zum 19. Jh. n. Chr.

(Säle 55–66)

SAAL 55 Gegenstände aus Viehzucht und Ackerbau (11. bis 7. Jh. v. Chr.).

SAAL 56 Funde von den Ausgrabungen der **Urartu-Festung Karmir-Blur** (»Roter Hügel«) bei Jerewan, 8. Jh.: Bronzefigur einer Gottheit; Thronschmuck, bronzene Schalen mit den Namen von Urartu-Königen. Bei den Ausgrabungen entdeckte man eine Bierbrauerei, Korn- und Weinkammern, Getreidemühlen, Hausrat. Aus dem Felsengrab am Alischar-Posten sind hier die bronzene Figur eines Vogels mit menschlichem Torso und ein Glöckchen mit dem Namenszug des Königs Argitschi I. ausgestellt (8.–7. Jh. v. Chr.).

ERDGESCHOSS

SAAL 57 Bronzefiguren aus dem Fund der Bombor-Wiese bei Gudauty (5.–4. Jh. v. Chr.).

SAAL 58 Funde aus Grusinien, Armenien und Dagestan (3. Jh. v. Chr. bis 3. Jh. n. Chr.). SCHRANK 3: Bronzegefäße römischer Herkunft (1. und 2. Jh.); SCHRANK 4, VITRINE 2: Gebrauchsgegenstände; VITRINE 6: Becher aus Rubinglas mit silberner Fassung. (Die Goldfunde aus den Gräbern der Siedlung Aschnak [Armenien] sind in der Schatzkammer der Eremitage verwahrt.) SCHRANK 11: Wunderschöne Silberschüssel mit Nereide auf einem Meerespferd, umringt von im Wasser spielenden Molchen (2. Jh.).

SAAL 59 Funde aus Transkaukasien (4.–8. Jh.): Bronzegeräte, Schüsseln, Rauchfässer, Krüge.

SAAL 60 Nordkaukasus. Seidene Gewebe und Fragmente eines Wollteppichs aus einem Höhlengrab (5.–7. Jh.). – VITRINE 2: Glasschale mit Ornament aus Blattgold (2.–1. Jh. v. Chr.). – Glasbecher und Flakons aus buntem Glas (1. Jh.). Bronzefiguren, durchbrochene Gürtelschnallen, Halsketten aus Karneol, Bergkristall, Bernstein.

SAAL 61 Kaukasisches Kunsthandwerk aus dem 17.–19. Jh.

SAAL 62 Silberne Ikonenbeschläge des 11.–12. und des 15. und 16. Jh.s.

SAAL 63 Das mittelalterliche, christliche Armenien. Reste von Fresken aus dem 12. Jh. mit Darstellungen Christi und der Gottesmutter. IM SCHRANK 13: Zwei gegossene Bronzemörser (12.–13. Jh.) mit Pflanzenmotiven und arabischen Aufschriften. VITRINE 16: Silberbecher (König David, vor Bathseba Harfe spielend), Handschriften und Miniaturen.

SAAL 64 Keramiken aus Aserbeidschan (12. und 13. Jh.). Iranische, glasierte Kacheln vom Grab des *Pir Hussein*.

SAAL 65 Steinreliefs aus dem mittelalterlichen Dagestan (12. und 13. Jh.).

ERDGESCHOSS

SAAL 66 Kaukasisches Kunsthandwerk, vor allem schöne Wollteppiche.

SÄLE 67–79 Diensträume; Buffet; Galerie; z. T. nicht zugänglich, z. T. Wechselausstellungen.

Das alte Ägypten vom 4. Jtsd. v. Chr. bis zum 6. Jh. n. Chr.

(Säle 80–91)

SÄLE 80 und 81 Handbeile, Tongefäße aus Feuerstein und Steinplättchen zum Zerreiben der Farben (5.–4. Jh. v. Chr.). Besonders schön in VITRINE 2: Keramische Halsketten und ein Armband aus Elfenbein. – Relief aus der Gruft des Würdenträgers *Nimaatra* (Mitte 5. Jtsd. v. Chr.).

SAAL 82 Pharao *Amenemhet III.* (Schwarzer Granit, 19. Jh. v. Chr. Mittleres Reich.) – Bemalte hölzerne Statuetten von Dienern, Ruderern und Pflügern. – Papyrus *»Die Mär von dem Schiffbrüchigen«*, *»Die Belehrung des Kaisers Merikara«* und *»Die Belehrung des Weisen Neferti«*.

SAAL 83 und 84 Bronzene Dolchklinge des Pharao *Thutmosis III.* (Neues Reich, 1580–1050 v. Chr.). Keilschrift mit Friedensvertrag zwischen *Ramses II.* und *Hattusili III.;* Musikinstrumente, Würfel zum Spielen, Bronzespiegel, Armbänder aus Fayence und Glas, Goldschmuck; Monumentalstatue der löwenköpfigen Göttin *Sochmet* (15. Jh. v. Chr.).

SAAL 85 Bronzeplastik und Bronzestatuetten aus dem 7. Jh.

SAAL 86 Mumie des Priesters *Petesse* (10. Jh. v. Chr.), seine drei Särge und die von der Mumie abgezogenen Binden.

SAAL 87 Bemalter Holzsarkophag des *Nesmin*. Auf dem Deckel Szenen aus dem Mythos von der nächtlichen Reise der Sonne ins Jenseits

(6. Jh. v. Chr.). Mumie *Babats*, der Tochter des Priesters, und die Mumien von Falken und einer Katze.

SÄLE 88–91 Griechisch-römische und koptische Kultur. Fragmente der Fajum-Malerei. Koptische Stoffe.

Babylonien, Assyrien und die benachbarten Länder vom 4. Jtsd. v. Chr. bis zum 3. Jh. n. Chr.

(Säle 92–96)

SAAL 92 Keramik aus Susa. (Ende des 4. Jtsd.s v. Chr.)

SAAL 93 Keilschrifttafeln des Zweistromlandes (Sumer 2800 bis 2300 v. Chr.). **Ältestes Schriftstück der Welt:** Steintafel mit vier hieroglyphischen Zeichen (Sumer, ungefähr 3300 v. Chr.). – Siegel aus Halbedelsteinen mit eingekerbten mythologischen Darstellungen, südliches Zweistromland (4.–2. Jtsd. v. Chr.).

SAAL 94 Kunstgegenstände aus Bronze (Luristan); Reliefdarstellungen.

SÄLE 95 und 96 Keramiken, Tempelkeilschriften; Keilschriften des Königs *Nebukadnezar II.* von Babylon (1. Jtsd. v. Chr.). – Phönizische und südarabische Inschriften, Figuren und Gefäße aus Cypern. Phönizische Kunstgegenstände aus Glas und Halbedelsteinen (1. Jtsd. v. Chr.). – **Funde aus Palmyra.**

Zur Abteilung Kunst und Kultur der Völker des Ostens gehören auch die Sammlungen Byzanz, Naher und Mittlerer Osten, Indien, China, Mongolei und Japan im ZWEITEN STOCK, Säle 351 bis 397. Siehe S. 276–280.

*

SAAL 97 bietet Platz für Gegenstände aus dem alten Amerika.

SÄLE 98/99 und 103/104 Treppen- und Verbindungsräume, z. T. nicht zugänglich, z. T. ausgestattet (101 und 102 Römische Kunst).

SAAL 100 siehe S. 240.

ERDGESCHOSS

KUNST UND KULTUR DER ANTIKE

Altgriechenland vom 8. Jh. bis zum 2. Jh. v. Chr.

(Säle [105], 108, 111–114 und 121)

SAAL 105 Zu diesem Saal gelangt man von der langgestreckten Passage 102. Hier sind Nachbildungen des berühmten **Berliner Pergamonaltars** aufgestellt. Das Original war von russischen Soldaten nach Leningrad gebracht worden, stand lange Nachkriegsjahre in der Eremitage, wo eine Kopie davon angefertigt wurde, welche zusammen mit der Kopie der Loggien Raffaels die einzigen Kopien der Eremitage sind.

SÄLE 106 und 107 siehe S. 241.

SAAL 108 Dieser Saal (nach einem Entwurf des deutschen Architekten *Leo v. Klenze* so geschaffen, daß er den Eindruck eines Hofes in einem reichen hellenistischen oder römischen Haus macht) hat einen Springbrunnen in der Mitte und Marmorskulpturen des griech.-röm.-dekorativen Stils.

SAAL 109 **»Taurische Venus«,** die Statue der Göttin der Liebe und der Schönheit (Aphrodite); es war die erste antike Statue, die nach Rußland kam. Nachbildung aus dem 1. oder 2. Jh. n. Chr. eines Originals aus dem 3. Jh. v. Chr.

*

SAAL 110 Alter Eingangsraum, auch heute noch besonders für geführte Gruppen geöffnet (Atlasträger).

*

SAAL 111 Archaische und frühklassische Periode (8. bis Anfang 5. Jh.). VITRINE 1: Schwarze und rotbraune Keramik mit geometrischen Mustern (9. und 8. Jh. v. Chr.). SCHRANK 2: Korinthische Vasen im sog. »Teppichstil« (7. und 6. Jh.). SCHRÄNKE 7 UND 8: Schwarzfigurige Gefäße aus Athen (6. Jh.) und rotfigurige Va-

ERDGESCHOSS

sen (5. Jh.). Weinschale mit Hetären, Aufschrift »*Gemalt von Euphronius*«. VITRINE 12: »Vase mit der Schwalbe«, vermutlich von Euphronius. SCHRANK 3, VITRINE 5 UND 9: Kleine Bronzeplastiken im archaischen Stil (6. und 5. Jh. v. Chr.), Statue des Jünglings Hyazinth, dem Liebling Apolls; Marmor, römische Nachbildung des Originals aus dem 5. Jh. v. Chr.

SAAL 112 Blütezeit der griechischen Klassik (5. Jh. v. Chr.). Römische Nachbildung der Statue der Athena (das griechische Original wurde von einem Meister aus dem Kreis des *Phidias* geschaffen). – Kopf eines Athleten, Basalt (nach dem Bronzestandbild des »Speerträgers« von *Polyklet)*. – Grabsteinrelief, Tonstatuetten und rotfigurige attische Vasen (5. Jh.).

SAAL 113 Kopf eines Ringers. – Nachbildung des Kopfes der Athene von *Phidias*. (Im Hügelgrab Kul-oba gefunden, mit herrlichen goldenen Ohrgehängen, die in der Schatzkammer der Eremitage aufbewahrt werden.)

SAAL 114 Römische Kopien aus dem 1. und 2. Jh. nach Chr., die Statuen aus dem 4. Jh. v. Chr. nachgebildet sind: Statue des Herakles (aus der Schule des *Skopas);* Ruhender Satyr und Kopf der Aphrodite *(Praxiteles);* Herakles im Kampf mit dem Nemeischen Löwen *(Lysippos)*.

SÄLE 115–117 siehe S. 240.

SAAL 118 (Grüne Kunstmarmorwände und rote Granitsäulen) und **SAAL 119** sind zeitweise nicht zugänglich.

SAAL 120 siehe S. 241.

SAAL 121 Hellenistische Periode, VITRINEN 3–6: Terrakotten aus dem 4. und 3. Jh., wertvolle Arbeiten aus der Stadt Tanagra, deren Meister unter dem Einfluß von Praxiteles standen. In der waagerechten VITRINE AM FENSTER: Die berühmte **»Gonzaga-Kamee«** (Sardonyx mit den Profilen des *Ptolemäus Philadelphos* und seiner Frau *Arsinoë*.

*

ERDGESCHOSS

SÄLE 122–126 bergen die **»Schatzkammer«** mit dem Skythen-Goldschatz, außerdem griechische Goldfunde und Goldschmiedearbeit aus dem 18. Jh. (siehe auch S. 269).

Die nördliche Schwarzmeerküste vom 7. Jh. v. Chr. bis zum 3. Jh. n. Chr.

(Säle 100, 115–117 und 120)

SAAL 100 Denkmäler aus Olbia, einer Kolonie Milets. Münzen, Schmuck, Scherben von Tongefäßen, Bleifiguren von Menschen und Tieren, Stierköpfe und Gießformen aus Terrakotta (4. und 3. Jh. v. Chr.).

SÄLE 101–104 siehe S. 237.
SAAL 105 siehe S. 238.
SÄLE 106 und 107 siehe S. 241.
SÄLE 108–111 siehe S. 238.
SÄLE 112–114 siehe S. 239.

SAAL 115 Gegenstände aus einem Frauengrab auf der Tamansker Halbinsel. Figürliche Gefäße griechischer Herkunft für Duftstoffe (5. Jh.). Das schönste in Form einer Sphinx mit noch erhaltener ursprünglicher Bemalung.

SAAL 116 Funde aus dem Grabhügel Kul-obas (VITRINE 22). Der größte Teil der Funde, griechische Goldarbeiten, befindet sich in der Schatzkammer. VITRINE 12: Funde aus den Hügelgräbern der »Sieben Brüder«, in denen auch Pferde bestattet worden waren. – Silber- und Bronzegerätschaften und schöne attische Vasen. VITRINE 32: (und Schatzkammer) Funde aus einer kaiserlichen Grabstätte des 3. Jh.s, die goldene Masken und Silberschüsseln enthielt.

SAAL 117 Attische Vasen und Geräte aus den bosporanischen Gräbern. Gut erhaltener antiker Sarkophag aus Zypressen- und Buchsbaumholz mit geschnitzten Ornamenten in Blau und Rot, aus dem Hügelgrab Jus-oba.

ERDGESCHOSS

SÄLE 118 und 119 siehe S. 239.

SAAL 120 Funde aus dem Städtchen Nymphey am Bosporus (6. Jh. v. Chr. bis 3. Jh. n. Chr.). Ausgrabungen hatten hier einen Tempel der Göttin *Demeter* ans Licht gebracht, daraus stammen die Terrakottastatuetten, Becher, Rhitone (Trinkhörner) und Krüge örtlicher und attischer Herkunft.

SAAL 121 siehe S. 239.
SÄLE 122–126 siehe S. 240.

Etrurien und das alte Rom vom 7. Jh. v. Chr. bis zum 4. Jh. n. Chr.

(Säle 102, 106, 107 und 127–131)

SAAL 102 ist ein Verbindungsgang, die SÄLE 106 und 107 sind des Sachgebiets wegen erst hier aufgeführt, Fortsetzung SAAL 127.

SAAL 106 Fragmente gewaltiger Statuen gefangener Daker, die einst das Forum Trajanum in Rom schmückten. *Trajan* war der Eroberer Dakiens (Rumänien).

SAAL 107 Römische Skulpturen, u. a. die 3,47 m hohe Statue Jupiters (Mitte des 1. Jh.s). Sie stammt aus dem Sommersitz des Kaisers *Domitian*. Die Figur ist aus Marmor, die Kleidung war ursprünglich vergoldetes Holz, das durch Gips ersetzt wurde. – Statue eines Redners, Reliefs an Marmorsarkophagen (2. und 3. Jh.). Porträt des Kaisers Lucius, der Kaiserin Herenia Etruscilla (3. Jh.), Kopf des Claudius Pompejanus (2. Jh.), Kopf einer Syrerin u. a. m.

SAAL 127 Römische Antiken (vom 1. Jh. v. Chr. bis zum 1. Jh. n. Chr.), vornehmlich Porträtskulpturen, u. a. die Statue des Augustus und ein Bildnis Cäsars (Marmor, 1. Jh.).

SAAL 128 Fragmente von Wandmalereien aus Pompeji, Marmorkapitelle und Basreliefs. In den VITRINEN AN DEN FENSTERN: Gegenstände des täglichen Lebens.

*

Jordan-Treppe im Winterpalais (Eremitage), Text S. 139

ERDGESCHOSS

Im Mittelpunkt des Saales steht die Kolywaner Vase, die nichts mit der römischen Kunst zu tun hat.

Die Vase wurde aus einem Block Jaspis in den Jahren 1829–1843 in der Fabrik von Kolywán hergestellt, ihr Gewicht beträgt 19 Tonnen, die Höhe 260 cm. Sie gehört zu der großen Sammlung von Vasen, Bechern, Leuchtern aus farbigem Gestein, die in der Eremitage zu sehen sind und die aus den Schleiffabriken von Peterhof, Kolywán und Jekaterinbúrg stammen.

*

SAAL 129 Römisches Kunsthandwerk. Großes Mosaik aus Smalte (Kobaltglas) und farbigem Gestein (3. Jh.). In den SCHRÄNKEN Gegenstände aus Glas, Bronze und Keramik. (Seit dem 1. Jh. gibt es römisches Glas.) – Rotlack-Keramik des 1. und 2. Jh.s.

SÄLE 130 und 131 Kunst der Etrusker im sog. **»Zwanzigsäulensaal«** (130), einem der schönsten des Eremitage-Komplexes mit riesigen Säulen aus grauem Granit. – Besonders schöne etruskische Bucchero-Keramik, Krüge, Amphoren, große Weinbehälter auf hohen Sockeln (7.–6. Jh. v. Chr.). – Figur eines Jünglings auf dem Deckel einer Beisetzungsurne (5. Jh. v. Chr.). – Ein bei Cumae in Kampanien gefundener schwarzlackierter Wasserkrug (4. Jh. v. Chr.), dessen Relief noch vergoldet und bemalt worden war und der unter der Bezeichnung **»Regina Vasorum«** (Königin der Vasen) bekannt ist.

SÄLE 132–142 nicht belegt.

Den Übergang vom ERDGESCHOSS zum ERSTEN STOCK kann der Besucher (je nach Standort) über die große »Jordan-Treppe« (zwischen RAUM 70 und 76) oder von RAUM 110 aus über die »Klenze-Treppe« vornehmen. Im ersten Fall gelangt er vom SAAL 193 über die KORRIDORE 200–203 (mit *Wandteppichen)* in den SAAL 204, den sog. »Pavillon-Saal« mit dem *»Tränenbrunnen«* und Aussicht auf die *»Hängenden Gärten«*, weiter zur »Rats-Treppe« *(Stackenschneider,* Mitte 19. Jh.) und zum SAAL 207, dem Beginn der großen *Gemäldesammlungen (Italiener)*. Im zweiten Fall erreicht man den ERSTEN STOCK in SAAL 241 und beginnt sozusagen mit den Anfängen, mit der *»Geschichte der antiken Malerei«*, um sich dann je nach Vorhaben in die anschließenden Säle zu begeben. *(Spanier* 239 und 240; *Waffenhandwerk* 243).

ERSTER STOCK (Grundriß S. 246/247)

Im ersten Stock befinden sich die Säle 143–308

KUNST UND KULTUR RUSSLANDS

Das alte Russische Reich vom 6. Jh. bis zum 15. Jh. n. Chr.

(Säle 143–150)

SAAL 143 Funde aus altslawischen Siedlungen des 8. und 10. Jh.s; und aus der Klostersiedlung bei Rómny. Landwirtschaftliche Geräte, ein Schmelzofen (9.–10. Jh.); ein Webstuhl, Spindel, Ruder und Teile eines Bootes.

SAAL 144 Geräte der Landbevölkerung im alten Rußland.

SAAL 145 Kultur der großen Gewerbe- und Handelszentren im 10. bis zum 12. Jh.

SAAL 146 Kriegsausrüstungen.

SAAL 147 Kunst und Schrifttum des 10. bis 13. Jh.s.

SAAL 148 Ein auf Birkenbast geschriebenes Dokument aus Pskow.

SAAL 149 Fresken und der Mosaikfußboden aus dem Michailow-Kloster in Kiew (Anfang 12. Jh.).

SAAL 150 Ikonen, Kunsthandwerk und Gegenstände des täglichen Gebrauches aus Pskow und Nówgorod.

Das Moskauer Reich vom 15. Jh. bis zum 17. Jh. n. Chr.

SAAL 151 Ikonen: »Das Leben des hl. Nikoláj Saráiski«, Nówgoroder Schule, 13. Jh.; *»Das Leben des hl. Dimítri-Kriegers«*, 15. Jh.;

ERSTER STOCK

»Das Jüngste Gericht«, 16. Jh. – **Silberne Gerätschaften** aus dem 16. Jh. –

In einer flachen VITRINE AM FENSTER: Erstdrucke Iwán Fjódorows, der die Buchdruckkunst in Rußland einführte: eine *»Bibel«* und *»Der Apostel«*. – Die auf Stoff gezeichnete Karte Sibiriens von Remésow, 1698. – Ikone *»Johannes der Vorläufer«,* 1689 von Tichón Filátjew, Moskauer Schule.

Der heilige Nikoláj Saráiskij, Ikone aus dem 13. Jh. **(Saal 151)**

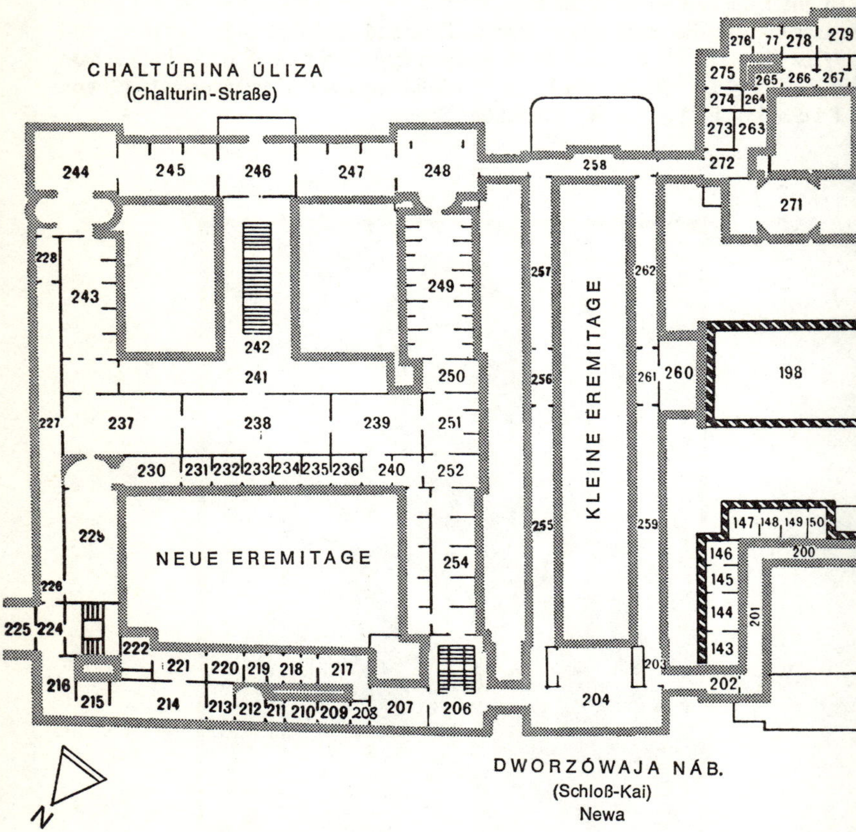

Erster Stock (ES), Grundrißplan

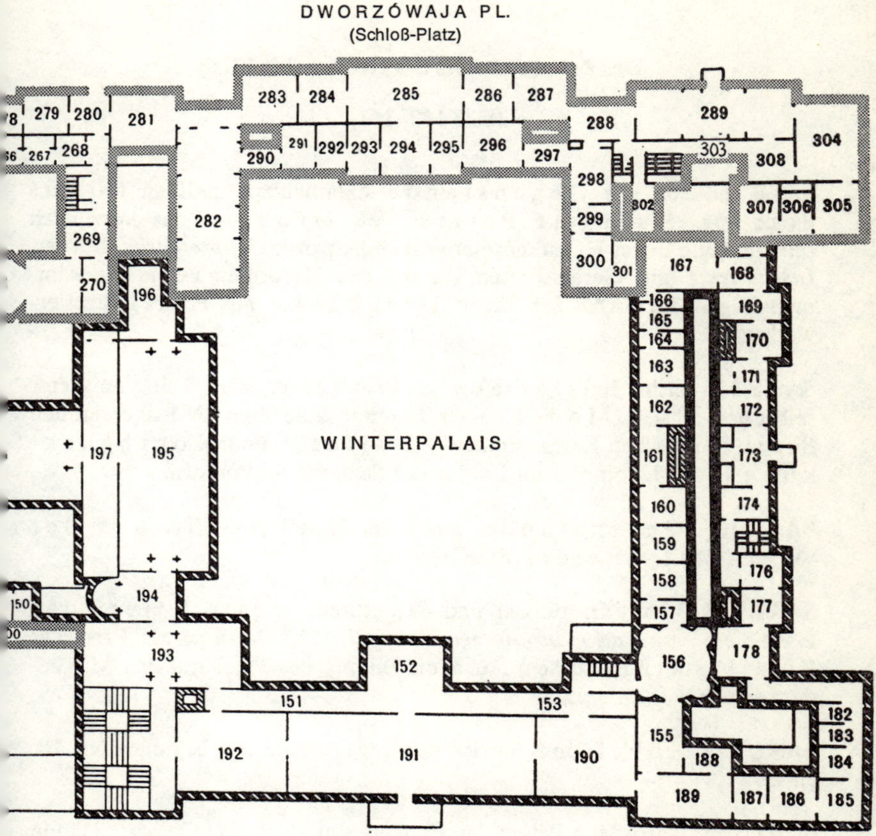

Kunst und Kultur Rußlands *(S. 244–251)*
Säle 143–198

Kunst und Kultur Europas (außerhalb Rußlands) – *(S. 252–269)*
Säle 200–308

ERSTER STOCK

Das Zeitalter Peters des Großen (bis 1725)

(Säle 152–161)*

SÄLE 152–155 Die Gegenstände stammen zum größten Teil aus dem sog. Kabinett Peters des Großen, das kurz nach seinem Tode in der Kunstkammer gegründet wurde. *Kupferstiche, Bücher, Instrumente* und Gerätschaften, die mit den Reformen Peters I. zusammenhängen. Im **SAAL 155** einige Drehbänke aus Peters Drechslerwerkstatt.

SAAL 156 Ein Lüster aus Elfenbein, zum Teil von Peter selbst gedrechselt. Modell einer Triumphsäule, zum Gedenken an den Sieg im Nordischen Krieg geplant. – Uniform und Kopfbedekkung Peters I. vom 9. Juni 1709 in der Schlacht bei Poltáwa.

SAAL 157 Gegenstände aus Bein, Metall und Glas aus der »Werkstatt« Peters des Großen.

SAAL 158 Bilder, Graphiken und Skulpturen. Büste Peters des Großen von *Carlo Bartolomeo Rastrelli,* 1723. VITRINE AM FENSTER: Emailleminiaturen, u. a. ein Bildnis, das Peter mit den Mitgliedern seiner Familie zeigt.

SAAL 159 Möbel und Einrichtungsgegenstände des beginnenden 18. Jh.s.

SAAL 160 Wachsfigur Peters des Großen von *Rastrelli.* Gesicht, Hände und Füße sind nach Wachsabdrücken unmittelbar nach dem Tode Peters gestaltet, der Körper aus Holz geschnitzt und die Perücke soll aus seinen eigenen Haaren angefertigt sein.

SAAL 161/162 Verbindungsraum.

* Im weiteren Verlauf der Beschreibungen sind nur noch die wichtigsten Säle genannt.

ERSTER STOCK

Russische Kultur von Katharina der Großen bis etwa 1830

(Säle 163–174 und 175–187)

SAAL 163 ist dem bedeutenden Wissenschaftler *Lomonóssow* (1711 bis 1765) gewidmet. Er entdeckte u. a. die Zusammensetzung der Smalte (Kobaltglas) und erneuerte die Mosaikkunst. In diesem Saal sind Mosaikarbeiten von ihm (u. a. das Porträt Peters I.) sowie wissenschaftliche und literarische Arbeiten und astronomische Geräte, die er benutzte, ausgestellt.

SAAL 164 Aquarelle, Graphik und Zeichnungen russischer Architektur des 18. Jh.s.

SAAL 165 Russische Porträts, u. a. Fürst Tscherkáskij und Graf Scheremétjew von *I. P. Argúnow* (1727–1822).

SAAL 167 Kunsthandwerk und Volkskunst.

SAAL 169 Eine große eiförmige Uhr von *Iwán Petrówitsch Kulýbin* (1735–1818). 400 Einzelteile setzen drei verschiedene Mechanismen in Gang: Uhr, Spielwerk und kleine goldene Figürchen. Die Uhr geht noch heute.

SAAL 170 Russische Porträts des 18. Jh.s.

SAAL 172 Aquarelle und Graphik.

SAAL 173 Kunstvoll geschnitzte Vase von *N. S. Werestschágin.*

SAAL 174 Eine reiche Porzellankollektion, darunter eine mit einer Weintraube geschmückte Tasse aus dem Jahre 1749 und eine Tabatière aus dem Jahre 1752, beide aus der kaiserlichen Porzellanfabrik, hergestellt von dem Erfinder des russischen Porzellans *D. I. Winográdow* (1720–1758). – Schöne Sammlung Tulaer Metallwaren aus poliertem Stahl, Waffen, Tischschmuck, Schatullen und Schachfiguren, mit »stählernen Diamanten«.

ERSTER STOCK

SÄLE 175–187 Dokumente des ersten Viertels des 19. Jh.s vom *»Vaterländischen Krieg 1812«, dem Dekabristenaufstand* 1825; verschiedenen kulturellen und sozialpolitischen Inhalts.

Die historischen Säle des Winterpalais

(Säle 188–198)

SAAL 188 Der sog. **Kleine Speisesaal** (*R. F. Melzer* 1894). Hier hatten sich die Minister der provisorischen Regierung (siehe Saal 189) zurückgezogen; sie wurden jedoch entdeckt und verhaftet.

SAAL 189 Der **Malachitsaal** gilt als der architektonisch schönste Saal des Schlosses. Er wurde 1829 von *A. Brüllow* und seinen Schülern gestaltet, die dazu 2 Tonnen des feinsten Malachits aus dem Ural zur Verkleidung der Pilaster, Kamine, Säulen, zu den Vasen und dem Becken in der Mitte des Saales verwandten.

Sie bedienten sich dazu der russischen Technik der Mosaiklegung, bei der auf steinerne oder metallene Grundlage dünne, sorgfältig polierte Plättchen des grünen Uralgesteins aufgelegt werden.

Hier fand in der Nacht vom 7. auf den 8. November 1917 die letzte Sitzung der provisorischen Regierung statt.

SAAL 190 Konzertsaal, in dem russisches Silber vom Ende des 17. bis Anfang des 20. Jh.s ausgestellt ist. Hier steht auch ein Reliquiensarg Alexander Néwskis, reich mit Ornamenten und Basreliefs geschmückt.

SAAL 191 Der sog. **Große Ballsaal** (mit 1 100 qm der größte Saal des Schlosses) wird heute für wechselnde Ausstellungen benutzt.

SAAL 192 Vorsaal. Fensterfront zur Newa (*Stássow* nach 1837).

ERSTER STOCK

SAAL 193 Saal der Feldmarschälle. Wanddekoration, Empore, Spiegeldecke. Gestaltet von *Stássow*.

SAAL 194 Der sog. »Kleine Thronsaal Peters des Großen«, kurz **Petersaal** genannt, wurde 1833 von *Montferrant* gestaltet und nach dem großen Brand 1837 von *Stássow* wieder wie ursprünglich hergerichtet. Thronsessel aus dem Großen Thronsaal. Bild Peters des Großen von *I. Amigoni*, der den Zaren mit Minerva, der Göttin der Weisheit, dargestellt hat. An den oberen Seitenwänden Peter auf dem Schlachtfeld bei Lesnája und im Kampf bei Poltáwa. Die Wände mit Lyoner Samt bespannt (rot) und mit zweiköpfigen Adlern (silbrig) bestickt.

SAAL 195 Der **Wappensaal**, nach dem Brand ebenfalls von *Stássow* gestaltet, diente früher Empfängen und Bällen. An den bronzenen Lüstern die Wappen aller russischen Gouvernements.

SAAL 196 Pikett-Saal (Saal der Wache) von *Stássow*. Orden, Medaillons, Beutewaffen und -fahnen aus dem Krieg 1812.

GALERIE 197 Zwischen dem Wappensaal und dem Georgssaal liegt eine Galerie, die die Länge des Wappensaals hat. Es ist die **Galerie der Helden des Jahres 1812** (*Carlo Rossi* 1826 – Stássow 1837). Sie enthält über 300 Porträts von Fürsten und Generälen des Kriegs gegen *Napoleon I*. Die Porträts stammen von dem englischen Maler *George Dawe*, der 10 Jahre daran arbeitete. Das große Reiterbild Kaiser Franz des Ersten ist von *Peter Kraft* und das des preußischen Königs Friedrich Wilhelm III. von *Franz Krüger*.

Einige Rahmen sind leer und mit grünem Taft bespannt, sie sind mit Namen und Rang der Gefallenen versehen, von denen keine Bildnisse vorhanden waren. Alle Gemälde konnten während des Brandes 1837 in Sicherheit gebracht werden.

SAAL 198 **Georgssaal** oder Großer Thronsaal. Weißer italienischer Marmor aus Carrara und vergoldete Bronze. 48 Marmorsäulen stützen den Balkon; für das Parkett wurden 16 verschiedene kostbare Hölzer ausgewählt. Gesamtgestaltung *Stássow*. Karte der Sowjetunion, 27 qm groß mit 45 000 Mosaikteilchen aus Schmuck- und Edelsteinen.

ERSTER STOCK

KUNST UND KULTUR EUROPAS

(Älteste Abteilung der Eremitage)

Malerei, Plastik und Kunsthandwerk

SÄLE 200–203 *Wandteppiche, Möbel* (18. und 19. Jh.).

SAAL 204 »Pavillon-Saal« mit dem *Tränenbrunnen.*

SAAL 205 »Quarenghi-Kabinett«.

SAAL 206 Sog. »Rats-Treppe«.

Italien / 13. bis 18. Jh.

(Säle 207–222, 226–238 und z. T. 241)

SAAL 207 Kunst des 13. und 14. Jh.s: UGOLINO DI TEDICI aus Pisa (2. Hälfte des 13. Jh.s), *»Kreuzigung« – Bild-Ikonen* in Tempera aus dem 14. Jh. – **Simone Martini** (um 1282–1344), *»Madonna«.*

SAAL 208 Frührenaissance 15. Jh.: Bilder aus der Schule des GENTILE DA FABRIANO (1370?–1427).

SAAL 209 FRESKO von **Fra Angelico da Fiesole** (1387?–1455), *»Madonna mit dem Kind, dem heiligen Domenikus und Thomas von Aquino«* aus dem Kloster S. Domenico in Fiesole – Fra Filippo Lippi (1406 bis 1469), *»Vision des heiligen Augustinus«.*

SAAL 210 SPERANDIO SAVELLI (1425? – um 1504), *»Büste eines unbekannten Mannes«,* – BENEDETTO DA MAJANO (1442–1497) *»Porträt eines Florentiners«,* Terrakotta – GIOVANNI DELLA ROBBIA (1469–1529?), *»Geburt Christi«,* Majolika – LUCA DELLA ROBBIA (1400–1482), *»Johannes der Täufer als Kind«.*

SAAL 211 Antonio Rosselino (1427–1479), *»Madonna mit dem Christuskind«,* Marmorrelief.

ERSTER STOCK

SAAL 212 Cima de Conegliano (1459–1517), *»Verkündigung«* – Lorenzo Costa (1460–1535), *»Frauenbildnis«* – FRANCESCO FRANCIA (um 1450–1517), *»Madonna mit dem Christuskind, dem heiligen Laurentius, dem heiligen Hieronymus und zwei Engel«.*

SAAL 213 Zwei Spätwerke Sandro Botticellis (um 1445–1510), *»Der heilige Hieronymus«* und *»Der heilige Dominikus«* – FILIPPINO LIPPI (um 1457–1504, *»Die Anbetung des Kindes«* – Pietro Perugino (um 1450–1523), *»Der heilige Sebastian«* und *»Bildnis eines jungen Mannes«.* – DESIDERIO DA SETTIGNANO (1428–1464), *zwei Kinderköpfe,* Marmor.

SAAL 214 Leonardo da Vinci (1452–1519), *»Madonna Benois«* oder *»Madonna mit der Blume«* genannt, wahrscheinlich um 1478 entstanden und die *»Madonna Litta«*, wahrscheinlich 1490 gemalt.

SAAL 215 Arbeiten von Schülern und Nachfolgern Leonardos. Von FRANCESCO MELZI (1493–1570), *»Bildnis einer jungen Frau«,* auch *»Colombine«* oder *»Flora«* genannt. Melzi war der Schüler, in dessen Armen Leonardo starb. – BERNHARDINO LUINI (um 1480/85–1532), *»Die heilige Katharina«* und *»Der heilige Sebastian«.*

SAAL 216 Sebastiano del Piombo (1485–1547), *»Kreuzabnahme«* – DOMENICO MANCINI (Anfang des 16. Jh.s), *»Männliches Bildnis«* – GIOVANNI DA BOLOGNA (um 1524–1608), Springbrunnenskulpturen und Bronzeplastiken.

Zurück nach SAAL 207 und von dort in SAAL 217.

SAAL 217 Werke von PALMA VECCHIO.

SAAL 218 Giorgione? *»Madonna mit dem Kind in der Landschaft«.*

SAAL 219 Giorgione (1478?–1510), *»Judith«* – **Tizian** (1489?–1576), *»Die Flucht nach Ägypten«,* ein Frühwerk des Meisters.

SAAL 220 *Reliefs* von ANTONIO LOMBARDI.

ERSTER STOCK

SAAL 221 Tizian (1489?–1576) *»Bildnis einer jungen Frau«* (1530er Jahre) / *»Danae«* (1550) / *»Maria mit dem Kind und Maria Magdalena«* (um 1560) / *»DIE BÜSSENDE MARIA MAGDALENA«* (1560er Jahre / *»Christus der Allmächtige«* (1560er Jahre) / *Kreuztragung* (1560er Jahre) / *»Der heilige Sebastian«* (um 1570).

SAAL 222 Paolo Veronese (1528–1588), *»Anbetung der Weisen«* / *»BEWEINUNG CHRISTI«* / *»Männliches Bildnis«* / *»Diana«* / Skizzen für die Wandbilder der Villa Maser bei Vincenza.

Neben SAAL 222 (bevor man in SAAL 229 kommt) zwei kleine KABINETTE mit einer Sammlung *venezianischen Glases, Emaillearbeiten* auf Kupfer, italienische *Gewebe, Bronze* und *Lederwaren* aus dem 15. und 16. Jh.

SÄLE 223–225 *Keramik – Glas – Stoffe;* Kiosk, Theaterfoyer.

SAAL 226 *Majoliken.*

SAAL 227 Raffael: *Die Loggien.* Es handelt sich um die Ende des 18. Jh.s unter der Leitung CHRISTOPH UNTERBERGERS von einer Gruppe Kopisten angefertigten Kopien auf Leinwand, die dann auf die Wände dieser Galerie der Eremitage (226–228) übertragen wurden, welche speziell zu diesem Zweck von dem italienischen Architekten QUARENGHI errichtet worden war.

SAAL 228 *Venezianische Glaswaren.*

Zurück in SAAL 227, nach links in SAAL 237 (siehe S. 255), dann in SAAL 229.

SAAL 229 Raffael (1483–1520), *»Madonna Conestabile«* / *»Heilige Familie«.* In der Mitte des Saales eine Springbrunnenfigur von LORENZO LORENZETTI (1509–1541), *»Toter Knabe auf einem Delphin«* – Giulio Romano (1499–1546), *»Triumphzug mit Elefanten«,* Karton – italienische Majoliken des 15. und 16. Jh.s – italienische Möbel des 16. Jh.s.

SAAL 230 Michelangelo (1475–1564), *»Der hockende Knabe«* (Anfang der 30er Jahre des 16. Jh.s). Die Skulptur war wahrscheinlich für die Grabstätte der Medici bestimmt und ist nicht vollendet. – *Fresken* aus der Schule Raffaels.

ERSTER STOCK

SAAL 231 U. a. GUIDO RENI.

SAAL 232 **Caravaggio** (1573–1610) *»Der Lautenspieler«* – **Lorenzo Bernini** (1598–1680), *»Selbstbildnis«*, Terrakotta.

SAAL 233 Bronzekopie der *Marmorplastik* BERNINIS aus dem 17. Jh., *»Apollo und Daphne«* – BERNHARDO STROZZI (1581–1644), *»Tobias heilt seinen Vater«*, Genueser Schule.

SAAL 234 Neapolitanische Schule: SALVATOR ROSA (1615–1673), *»Männliches Porträt«* das sog. *»Porträt eines Banditen«*.

SAAL 235 Maria Guiseppe Crespi (1664–1747), *Selbstbildnis«* – PIETRO ROTARI (1707–1762), *»Bildnis eines Abtes«* – STEFANO TORELLI (1712–1784), *Porträt der A. A. Yschernyschowa.*

SAAL 236 ROSALBA CARRIERA (1675–1757), Vertreterin der Venezianischen Schule, *»Diana« / »Bildnis einer Frau«*.

Da man SAAL 237 bereits gesehen hat, nach SAAL 233 zurück und rechts in SAAL 238. Man kann auch die Spanier dazwischenschalten und von SAAL 236 direkt nach SAAL 240 und über SAAL 239 (links) nach SAAL 238 gelangen.

SAAL 237 Paolo Veronese (1528–1588) *»Die Bekehrung des Saulus«* – **Jacopo Tintoretto** (1518–1594), *»Die Geburt Johannes des Täufers«* – ANNIBALE CARRACCI (1560–1609), *»Heilige Frauen am Grabe Christi«* und *»Die Beweinung Christi«*, Bologneser Schule – Guido Reni (1575–1642), *»Jugend der Maria«* und *»Joseph mit dem Christuskind in den Armen«* – Domenichino (1581–1641), *»Der Evangelist Johannes« / »Der heilige Andreas«* – LEONELLO SPADA (1576–1622), *»Die Marter des heiligen Petrus«*.

SAAL 238 Dekorative Gemälde des 17. und 18. Jh.s. SALVATOR ROSA *»Der verlorene Sohn«* – *»Demokrit und Protagor«* und *»Odysseus und Nausikaa«* – LUCA GIORDANO (1632–1705) *»Die Schmiede des Vulkan«* – *»Der Kampf der Kentauren mit den Lapithen«* und *»Der Traum des jungen Bacchus«* – Maria Guiseppe Crespi (1664 bis 1747), *»Josephs Tod«* – Giovanni Battista Tiepolo (1696 bis 1770), *»Quintus Fabius Maximianus im Senat von Karthago« / »Mu-*

cius Scaevola im Lager Porrennas« / *»Coriolan vor den Mauern Roms«* – *»Die Berufung des Cincinnatus zur Regierung«* und *»Triumph des Imperators«* – Die venezianische Schule ist durch Antonio Canale, gen. Canaletto (1697–1768), *»Empfang des französischen Botschafters in Venedig«* und MICHELE MARIESCHI (1710–1743), *Bilder aus dem venezianischen Alltag,* vertreten. – In der Mitte des Saales eine *Skulptur* von GUISEPPE MAZZUOLA (1644–1725), *»Der Tod des Adonis«* – Als Vertreter des Klassizismus: POMPEO BATONI (1708–1787), *»Herkules am Scheideweg«.*

Italienische Kunst des 20. Jh.s befindet sich im ZWEITEN STOCK / SAAL 336, siehe S. 273.

Spanien / 16. und 17. Jh.

(Säle 239 und 240)

SAAL 239 **Diego de Silva Velázquez** (1599–1660), *»Das Frühstück«* (1617) und *»Bildnis des Grafen Olivares«* (1638) – JUAN PAREJA (1606–1670), *»Bildnis des Kommodore des Ordens Santiago de Compostela«.* – José de Ribera (1591–1652), *»Der heilige Hieronymus«* / *»Martyrium des heiligen Sebastian«* / *»Der heilige Onofrius«* – Francisco de Zurbaran (1598–1664), *»Der heilige Laurentius«,* ein monumentales Wandbild und *»Die Kindheit der Jungfrau Maria«* – Bartolomé Estéban Murillo (1618–1682) ist mit 10 Werken vertreten, u. a. *»Isaak segnet Jakob«* / *»Rast auf der Flucht nach Ägypten«* / *»Mariä Himmelfahrt«* / *»Knabe mit dem Hund«.*

SAAL 240 Luis de Morales (um 1509–1586), *»Mater Dolorosa«* und *»Madonna mit dem Kinde«* – **Domenico Theotokopulos** (gen. **El Greco**) (1541–1614), *»Die Apostel Petrus und Paulus«* – JUAN BATTISTO DEL MAINO (1568–1649), ein Schüler El Grecos, *»Anbetung der Hirten«* – Francisco Ribalta (1551–1628), *»Kreuzigung«* und *»Porträt des Dramatikers Lope de Vega«* – JUAN PANTOJA DE LA CRUZ (1551–1609), *»Bildnis des Don Diego de Valmajor«* und *»Bildnis der Katharina Michaela, Tochter Philipps II.«.*

ERSTER STOCK

Über SAAL 238 in die Galerie (SAAL 241) am oberen Umgang der *»Klenze-Treppe«* (242).

SAAL 241 *Geschichte der antiken Malerei* nach Vorstellungen der Künstler des 19. Jh.s: HILTENSPERGER (1806–1890), *Wachsfarbenmalerei* auf Kupfertafeln (Panneaus) – *Skulpturen* des Klassizismus von Antonio Canova (1757–1822), *»Orpheus«* – *»Amor«* – *»Der Kuß Amors«* – *»Hebe und Paris«* und Bartel Thorwaldsen (1770 bis 1844), *»Der Hirt«* – *»Amor mit der Lyra«* – *»Das Bildnis von Ostermann-Tolstaja«*.

*

Das Waffenhandwerk vom 15. Jh. bis zum 17. Jh.

SAAL 243 Der Fensterseite gegenüber und in der Mitte des Saales wird die Entwicklung der Waffen gezeigt; entlang der Fensterfront an den Wänden zwischen den Fenstern, auf Tafeln und in Vitrinen kunstvoll gearbeitete Waffen aus Frankreich, Italien, Spanien und Deutschland. In der Mitte des Saales Ritterfiguren in voller Rüstung auf gepanzerten Pferden (16. Jh.).
Interessant sind auch Bauernwaffen, die die Form einfacher Arbeitswerkzeuge haben: eine Streitsense, eine Streitpeitsche und der Streitdreschflegel *»Morgenstern«*. Die Waffe trägt diesen Namen, weil die Bauern die schlafenden Ritter damit im Morgengrauen überfielen.

*

Durch SAAL 244 (obere Empore mit Aufgang zum zweiten Stock) gelangt man in SAAL 245.

Flämische Malerei des 17. Jh.s

(Säle 245–247)

SAAL 245 Jakob Jordaens (1593–1678), *»Fest des Bohnenkönigs«* (um 1638) – *»Bildnis eines Mannes«* und *»Familien-*

ERSTER STOCK

fest« – Frans Snyders (1579–1657), *»Der Stand der Obsthändlerin«* / *»Der Fischstand«* / *»Früchte«* – PAUL DE VOS (um 1596–1678), *»Leopardenjagd«* / *»Bärenjagd«* / *»Hirschjagd«* – Adriaen Brouwer (1606–1638), *»Flötenspieler«* / *»Bauer in der Schenke«* – David Teniers der Jüngere (1610–1690) ist mit 30 Arbeiten vertreten, u. a. *»Die Schützengilde von Antwerpen«* / *»Bauernhochzeit«* / *»Affen in einer Küche«* / *»Ein ländliches Fest«*.

SAAL 246 Anton van Dyck (1599–1641) *»Selbsbildnis«* / *»FAMILIENBILDNIS«* (um 1621) / *»Rubens mit seinem Sohn Albert«* / *»Bildnis des Nicolas Rockox«* / *»Kopf einer Greisin«* / *»Bildnis von Balthasarin van Linnik mit ihrem Sohn«* / *»Porträt des Bankiers Lumania«* / *»Bildnis eines Mannes«* (wahrscheinlich des Antwerpener Arztes Lazarus Maharkijzus). Viele am Hof des englischen Königs, Karl I. Stuart, gemalte Porträts: *»Die Königin Henriette-Marie«* / *»Bildnis der Töchter von Thomas Cary«* / *»Heinrich Denver«* / *»Graf von Denby«* / *»Thomas W. Garton«* u. a. – *»DIE MADONNA MIT DEN REBHÜHNERN«* hingegen hat ein religiöses Sujet in hellen und lichten Farben.

SAAL 247 Peter Paul Rubens (1577–1640). Die Eremitage besitzt im ganzen 22 Gemälde und 19 Skizzen, außerdem Zeichnungen. *»Statue der Ceres«* / *»DER BUND DER ERDE UND DES WASSERS«* / *»Die Kreuzabnahme«* / *»Venus und Adonis«* / *»Bildnis eines jungen Mannes«* / *»Das Abendmahl bei Simon dem Pharisäer«* (Gemälde, an dem Van Dyck mitarbeitete) / *»Die Löwenjagd«* (Skizze zu dem Gemälde, das sich in der Münchner Pinakothek befindet) / *Skizzen* zu dem Zyklus *»Leben der Maria Medici«* / *»DIE FUHRKNECHTE«* (ein Frühwerk um 1620) / *»Die Landschaft mit dem Regenbogen«* (1630) / *»PERSEUS UND ANDROMEDA«* / *»Bildnis der Kammerfrau der Infantin Isabelle, Regentin der Niederlande«* / *Skizzen: »Merkur verläßt Antwerpen«* und *»Der Janustempel«* / Der *»Bacchus«* stammt aus Rubens letzten Lebensjahren, er stellt ihn nicht jung, sondern mit derben, stark an das flämische Volk erinnernden Zügen dar.

SAAL 248 siehe Seite 261. (Durch ihn erreicht man, rechts, SAAL 249.)

ERSTER STOCK

Holland / 17. Jh.

(Säle 249–257)

SAAL 249 Hier ist die Fülle der ausgestellten Gemälde überwältigend: Jan van Goyen (1596–1656), *»Strand in Scheveningen«* / *»Die Maas in der Nähe von Dordrecht«* / *»Winterlandschaft in der Nähe von Den Haag«* / *»Segelschiffe«* u. a. – Salomon van Ruisdael (1602–1670), *»Die Fähre«* – Jakob van Ruisdael (1628 bis 1682), *»Der Sumpf«* / *»Landschaft mit einem Wanderer«* / *»Norwegische Landschaft«* / *»Meeresufer«* u. a. – THOMAS DE KEYSER (1596 bis 1667), *»Männliches Bildnis«* – **Frans Hals** (1580–1666), *»Porträt eines jungen Mannes mit einem Handschuh«* (um 1650) und *»Bildnis eines Mannes«* (vor 1660) – DIRK HALS (1591–1656), *»Hauskonzert«* / *»Lustige Gesellschaft in einer Kneipe«* – WILLEM DUYSTER (1598–1635), *»Offiziere in einer Wachtstube«* – JACOB DUCK (1600–1660), *»Wachtstube«* – Adriaen van Ostade (1610–1684), *»Dorfmusikanten«* / *»Die Schlägerei«* / *»Bildnis einer Greisin«* – Jan Steen (1626–1679), *»Der Ehekontrakt«* / *»Der Kranke und der Arzt«* / *»Der Raucher«* / *»Die Trinker«* / *»In einer Schenke«* u. a. – Pieter de Hooch (1629 bis um 1683), *»Herrin und Dienerin«* – PIETER JANSENS (zweite Hälfte des 17. Jh.s), *»Zimmer in einem holländischen Haus«* – Gerhard Terborchs (1617–1681), *»Ein Glas Limonade«* / *»Die Botschaft«* / *»Der Landbriefträger«* / *»Frauenbildnis«* – WILLEM CLAESZ HEDA (1594 bis 1682), *»Frühstück mit Hummer«* – WILLEM KALF (1622–1693), *»Der Nachtisch«* – PAULUS POTTER (1625–1654), *»Der Wolfshund«* / *»Der Pachthof«* / *»Das Gericht der Tiere über den Jäger«* (Vertreter des sog. animalistischen Genres).

SAAL 250 *Delfter Fayencen* aus dem 17. Jh. – JAN DE BRAY (1626? bis 1697), *»Frauenbildnis«* – ANTONIS MALAMEDES (1601–1673), ebenfalls mit einem *»Frauenbildnis«* vertreten – u. a.

SAAL 251 BARTOLOMEUS VAN DER HELST (1613–1670), *»Vorstellung der Braut«* und *»Familienbildnis«* – Gabriel Metsu (1629–1667), *»Das Frühstück«* / *»Die Kranke«* u. a.

ERSTER STOCK

SAAL 252 MATTHIAS BLOEM (1642–1659), *Jagdtrophäen«* – Ein *Tisch mit Jaspissen* aus dem Ural. Im Zentrum drei *Achateinsätze*, Arbeit der Peterhofer Schleiferei, Anfang des 19. Jh.s.

SAAL 253 Arbeiten von Rembrandts Schülern und fünf Bilder von Rembrandts Lehrer, dem Amsterdamer Maler Pieter Lastmann (1583 bis 1633), *»Abraham auf dem Weg nach Kanáan«* / *»Bathseba«* / *»Abraham und drei Engel«* / *»Die Verkündigung«* und *»Midas Gericht«*.

SAAL 254 ist **Rembrandt van Rijn** (1606–1669) gewidmet. Die Eremitage besitzt 26 Gemälde von ihm. Frühwerke: *»Die Anbetung der Weisen«* und *»Bildnis eines alten Kriegers«* (um 1629/1630). Aus den 30er Jahren: *»Flora«* / *»Abnahme vom Kreuz«* / *»Abrahams Opfer«* / »Das Gleichnis von den Arbeitern im Weinberg« und vor allem *»DANAE«* (1636). Einer neuen Schaffensperiode gehören an: *»Davids Abschied von Jonathan«* (1642) / *»David und Uria«* / *»DIE HEIMKEHR DES VERLORENEN SOHNES«* und *»DIE HL. FAMILIE«*. Außerdem sind interessante Porträts ausgestellt: *»Bildnis eines alten Mannes im Roten Rock«* / *»Bildnis der Bartje Doomer«* / *»Bildnis eines Mannes«* / *»BILDNIS EINER ALTEN FRAU«* und *»BILDNIS EINES ALTEN JUDEN«* u. a. (Im Kupferstichkabinett wird eine große Sammlung von Rembrandts *Radierungen* aufbewahrt.)

Über SAAL 206 (Rats-Treppe) und im SAAL 204 (Pavillon-Saal) gleich links gelangen wir in SAAL 255.

SÄLE 255 bis 257 Holländische Malerei aus dem 17. und dem Beginn des 18. Jh.s: Vor allem PHILIPS WOUWERMANN (1619–1668), dem damals populären Maler von *Kriegs- und Jagdszenen*.

Belgische und holländische Kunst des 19. und 20. Jh.s befindet sich im ZWEITEN STOCK / SÄLE 334 und 335, siehe S. 273.

Von hier aus erreicht man nach links den bereits oben durchschrittenen SAAL 248, nach rechts SAAL 258, von dem aus (in umgekehrter Folge) die SÄLE 262 bis 260 zu besichtigen sind.

ERSTER STOCK

Altniederländische Kunst des 15. und 16. Jh.s

(Säle 248, 258 und 260–262)

SAAL 248 Werke von MARTEN DE VOS; GOLTZIUS; BRIL.

SAAL 258 und **262** Niederländische Genremalerei zu Beginn des 16. Jh.s: MARINUS VAN REJMERSWALE *»Der Tausch«* – JOACHIM BUECKELEAR (1533 bis 1573), *»Dorffest«* – PIETER ARTSEN (1508–1575), *»Der Wildbretverkäufer«* – **Lucas van Leyden** (1494–1533), *»Die Heilung des Blinden«*, Triptychon – **Pieter Brueghel der Ältere** (1529–1569), *»Theater auf dem Jahrmarkt«* (eine von seinem Sohn Pieter Brueghel dem Jüngeren angefertigte Kopie) – UNBEKANNTER MEISTER aus dem 16. Jh. *»Bildnis eines Mannes mit einer Nelke«* – LAMBERT LOMBARD (1506–1566), *»Selbstbildnis«* – FRANZ POURBUS DER ÄLTERE (1545–1581), *»Männliches Bildnis« / »Bildnis einer Frau«* – ANTONIS MOR (1519–1575), *»Männliches Bildnis«* – DIRK JAKOBS (1497?–1567) *»Gruppenbild Amsterdamer Schützen«* (1532), *»Gruppenbild Amsterdamer Schützen«* (1561).

SAAL 261 **Meister von Flémalle** (erste Hälfte 15. Jh.), *»Madonna mit dem Kinde«*. – **Rogier van der Weyden** (um 1399–1464) *»Der Evangelist Lukas malt die Madonna«*. – **Hugo van der Goes** (1435?–1482), *»Die Beweinung Christi«* und *»Die Anbetung der Weisen«*, Triptychon.

SAAL 260 Jan Provost (um 1465–1529), *»Die Krönung Marias«* – Ein steinernes *Portal* mit einer hölzernen Tür (Lüttich) – Ein holzgeschnitzter *Altar* aus Antwerpen (um 1500) – *Wandteppiche* aus Brüssel (16. Jh.), *»Die Sintflut«* und *»Noahs Opfer«*.

An SAAL 261 schließt sich SAAL 259 an.

Das Kunsthandwerk vom 11. Jh. bis zum 15. Jh.

SAAL 259 VITRINE 1: Münzen aus der Zeit Karls des Großen, aus den französischen Herzogtümern Normandie, Aquitanien, Touraine, aus dem Sizilien der Normannen, aus den Kreuzfahrerstaaten Antiochia, Tripolitanien, Jerusalem. In Schränken: Gold- und Silberarbei-

ERSTER STOCK

ten von Meistern aus dem 12. und 13. Jh. VITRINE 6: Großes Prozessionskreuz aus dem 13. Jh., Emaillearbeiten aus Limoges. VITRINE 3: Brettsteine aus Walroßknochen, 12. Jh. SCHRANK 16, VITRINEN 2 UND 9: Schmuckkästchen mit Elfenbeingriffen, flache Spiegelkästchen. – Spanisch-mauritanische Lüsterfayencen aus Malaga und Valencia. Die berühmte **Vase Fortuny** (nach dem Erfinder so benannt) aus dem kleinen Ort Salar bei Granada, 14. Jh. (Sie ist das älteste erhalten gebliebene dekorative Gefäß aus der Alhambra.) Gewebe, Stickereien, Waffen, Möbel des Mittelalters. – Reliquiar in der Gestalt eines Diakons, 12. Jh.

Um zur deutschen Malerei zu gelangen, muß man wieder zurück und nach dem Verlassen von SAAL 262 rechts abbiegen; SAAL 272 wird passiert und man ist in SAAL 263.

Deutschland / 15. bis 18. Jh.

(Säle 263–268)

SAAL 263 Ambrosius Holbein (wahrscheinlich um 1494 bis um 1520), *»Porträt eines jungen Mannes«*. – Hölzerne bemalte *Skulpturen* unbekannter Meister des ausgehenden 15. Jh.s: *»Maria mit dem Kind«* und *»Georg der Sieger«* – **Tilman Riemenschneider** (um 1460–1531), *»Madonna mit dem Kind«*.

SAAL 264 Bartel Bruyn der Ältere (1493–1555), *»Bildnis eines Mannes mit seinen drei Söhnen«* / *»Bildnis einer Dame mit ihrer Tochter«*. – **Lucas Cranach** (1472–1553), *»Venus und Amor«* – *»Frauenbildnis«* / *»Madonna mit dem Kind«*. – **Albrecht Dürer** (1471–1528), *Graphik* – Hans Holbein (1497–1543), *Graphik*.

SAAL 265 Christoph Amberger (1500–1561), *»Frauenbildnis«* und *»Porträt eines jungen Mannes«*.

SAAL 266 und 267 DANIEL SCHULZ (1615–1683), *»Porträt eines mongolischen Kaufmanns mit seinen Söhnen«* – CHRISTOPH PAUDIS (1625 bis 1666), *»Bildnis eines jungen Mannes mit einer Pelzmütze«* und *»Stillleben«* (Paudis war Schüler Rembrandts) – Johann Heinrich

ERSTER STOCK

Schönfeld (1609–1679), *»Raub der Sabinerinnen« / »Eheschließung in Kana«;* JÜRGEN OWENS (1623–1679), *»Selbstbildnis«.*

SAAL 268 Anton Raphael Mengs (1728–1779), *»Perseus und Andromeda« / »Selbstbildnis« / »Johannes Winckelmann«* – Angelika Kauffmann (1741–1807), *»Die irre Marie« / »Der Abschied Abaelards von Heloise« / »Oktavia und Augustus«* – Johann Heinrich Tischbein (1751–1821), *»Konradin von Schwaben vor der Hinrichtung«* – Friedrich August Tischbein (1750–1812), *»Bildnis der Familie Saltykow« / »Bildnis eines Mannes«* – Anton Graff (1736–1813), *»Bildnis des Schriftstellers Georg Leopold Hogel«.*

Deutsche Malerei des 19. und 20. Jh.s befindet sich im ZWEITEN STOCK / SÄLE 338–340, siehe S. 274.

In den SÄLEN 265–268 ist außerdem *schönes deutsches Kunsthandwerk* zu sehen: Vergoldete Becher, Arbeiten der Meister aus Nürnberg und Ausgburg; Holz- und Elfenbeinschnitzereien; Gläser mit Emailleverzierungen.
Gleichsam zu einer »Gemälde-Erholungspause« wenden wir uns in SAAL 268 nach rechts; an einer Treppe vorbei kommen wir in SAAL 269.

Porzellan aus europäischen Manufakturen / 18. bis 20. Jh.

(Säle 269–271)

SAAL 269 und SAAL 270 Großes **Dessertservice** aus der Berliner Manufaktur, das *Friedrich der Große* der russischen Kaiserin *Katharina II.* 1772 zum Geschenk machte. Sein Tischschmuck besteht aus einer großen Anzahl russischer Volksgestalten, die um den Thron der Herrscherin gruppiert sind. Ein **»Service mit Kameen«,** bestehend aus 700 Teilen, wurde auf Bestellung von Katharina II. in Sèvres hergestellt. Sehr schön auch ein Service der Wiener Porzellanmanufaktur. Außerdem finden sich in den Sälen Keramik von Wedgwood und englisches Porzellan aus Chelsea, Bigh Water, Derby, Swansea und Muster holländischen, schwedischen, dänischen, schweizerischen, italienischen, spanischen und ungarischen Porzellans.

SAAL 271 Ehemalige Schloßkirche, nach dem großen Brand von 1837 von *W. P. STÁSSOW* im Stil *RASTRELLIS* wieder erbaut. Die west-

ERSTER STOCK

europäische Porzellansammlung der Eremitage umfaßt einige tausend Stück. Vor allem das **Meißner Porzellan,** 1707 von *BÖTTGER* (1682 bis 1719) erfunden, ist hier in einer seltenen Vollständigkeit vertreten. Man kann auch eine rötlich-braune Masse sehen (ein Vorstadium des Porzellans, das Böttger im Verlauf seiner Versuche gewann). Stücke aus den Gründungsjahren der Meißner Manufaktur, 1710, *Tierfiguren* und die *Skulpturengruppe Parnass* des Modelleurs J. J. Kändler (1706–1775). Das **Paradeservice »des Ordens Andrej Perwoswánnyj«** und ein **»Jagdservice«** für den russischen Hof. Außerdem Porzellane aus Höchst, Frankenthal, Nymphenburg, Fürstenberg.

Solange von SAAL 271 nach SAAL 272 das Durchgehen nicht möglich ist, muß man bis SAAL 263 zurück.

Frankreich / 15. bis 18. Jh.

(Säle 272–297)

Die Kollektion französischer Kunst in der Eremitage ist die größte Sammlung außerhalb Frankreichs. Sie umfaßt 40 Säle, teils im ersten, teils im zweiten Stock.

SAAL 272 und SAAL 273 Unbekannte Maler des 15. Jh.s, u. a. *»Die Beweinung Christi« / »Einzug Christi in Jerusalem«* – *Bemalte Emaille* – *Bücher* mit Miniaturbildern, 15.–16. Jh. – *Kunstmöbel* des 16. Jh.s

SAAL 274 Französische Hofkunst des 16. Jh.s. JEAN GOUJON (1510? bis 1563?), *»Venus und Amor«,* Relief – François Clouet (1520 bis 1572), *Bleistiftzeichnungen* und *»Bildnis des Herzogs von Alençon«.* – IM GROSSEN SCHRANK: *Fayencen* von Bernard Palissy (1510 bis 1589). Palissy ist der Erfinder der durchsichtigen Fayenceglasur.

SAAL 275 Kunst der ersten Hälfte und Mitte des 17. Jh.s: SIMON VOUET (1590–1649), *»Herkules unter den Göttern des Olymps« / »Porträt der französischen Königin Anna von Österreich in der Gestalt der Minerva«* – *Kunstmöbel* des 16. Jh.s.

SAAL 276 Jacques Callot (1592–1635), *»Das Unglück des Krieges«,* Radierungen über Ereignisse des 30jährigen Krieges. *Graphik.*

ERSTER STOCK

SAAL 277 und SAAL 278 Louis Le Nain (um 1593–1648), *»Die Familie der Milchfrau«* / *»Besuch der Großmutter«* – Von seinem Bruder Antoine Le Nain (um 1588–1648), *»Bauern beim Mittag«* – Von Mathieu Le Nain (1607–1677), *»Bauernfamilie«*.

SAAL 279 **Nicolas Poussin** (1594–1665). Von diesem Begründer des französischen Klassizismus besitzt die Eremitage eine reichhaltige Kollektion: *»Kampf der Israeliten mit den Amalekitern«* / *»Tankred und Hermine«* / *»Esther und Artaxerxes«* / *»Moses, Wasser aus dem Felsen schlagend«* / *»Landschaft mit Polyphem«* / *»Die Bacchantin und der Satyr«*. – *Samt und Seidenstoffe* des 17. Jh.s.

SAAL 280 **Claude Lorrain** (1600–1682) ist mit der Serie *»Morgen«* / *»Mittag«* / *»Abend«* / *»Nacht«* und mit *»Eine Insel des Archipels«* / *»Golf de Baies«* vertreten.

SAAL 281 Kunst der 2. Hälfte des 17. Jh.s: Pierre Mignard (1612 bis 1695), *»Die Großmutter Alexanders von Mazedonien«* – François Giradon (1628–1715), *Modell des Reiterdenkmals Ludwig XIV.*

SAAL 282 war der sog. **Alexandersaal,** der nach dem Entwurf des Architekten A. Brüllow 1838 ausgeführt und dem Andenken des Napoleonischen Feldzuges gewidmet ist. Hier finden wir eine reiche Sammlung westeuropäischen, vorwiegend französischen *Silbers* aus dem 17. und 18. Jh., außerdem *Möbel, Gobelins, Fayencen, Bronzen und Porzellan.*

SAAL 283 Porträt aus der 2. Hälfte des 17. Jh.s: Nicolas de Largillière (1656–1746), *Skizze* zu einem nicht mehr erhaltenen Gemälde *»Die Vorbereitung zur Feier des 30.1.1687 aus Anlaß der Genesung Ludwig XIV.«*, es ist ein Gruppenporträt der Mitglieder des französischen Parlaments. – Hyacinthe Rigaud (1659–1743), *»Porträt eines Gelehrten«* – *Schrank* aus Ebenholz, Schildpatt- und Kupferinkrustationen des bekannten Tischlers André-Charles Boulle (1642 bis 1732).

SAAL 284 Kunst des 18. Jh.s: **Antoine Watteau** (1684–1721), *»Savoyard mit Murmeltier«* / *»Das Biwak«* / *»Die Strapazen des Krieges«* / *»Der verwirrende Antrag«* / *»Die Schmollende«*.

ERSTER STOCK

SAAL 285 **François Boucher** (1703–1770), *»Blick auf die Umgebung von Beauvais«* / *»Landschaft mit Teich«* / *»Schäferszene«* / *»Die Toilette der Venus«* / *»Triumph der Venus«;* Boucher war Hofmaler Ludwigs XV. – ETIENNE MAURICE FALCONET (1716–1791), Schöpfer des »Ehernen Reiters« auf dem Dekabristen-Platz, zwei *Marmorstatuen, »Der drohende Amor«* und *»Flora«,* sowie *»Die Badende«,* Gips nach einem Modell Falconets.

SAAL 286 LOUIS TOCQUE (1696–1772), *»Bildnis der J. A. Golówkina«* – Jean-Marc Nattier (1685–1766), *»Bildnis einer Dame in Grau«* / *»Bildnis von A. B. Kurakin«.* Von FALCONET steht hier *»Winter«.*

SAAL 287 Von dem Vertreter der realistischen Richtung, **Jean-Baptiste-Siméon Chardin** (1699–1779), *»Die Wäscherin«* (um 1737) und *»Das Tischgebet«* (1744); sein *»Stilleben mit Attributen der Kunst«* wurde von ihm 1766 für die Petersburger Akademie der Künste geschaffen. – In der Mitte des Saales steht die *Marmorskulptur Voltaire* von Antoine Houdon (1741–1828). Der schon 84jährige Voltaire war dem Künstler im Jahre seines Todes, 1778, Modell gesessen. MARIE-ANNE COLLOT (1748–1821), Schülerin Falconets, mit dem sie nach St. Petersburg kam, und Bildnerin des Kopfes der Statue Peters I., ist mit zwei interessanten Büsten vertreten: *»Büste von Falconet«* / *»Büste von Diderot«.*

SAAL 288 JEAN-BAPTISTE GREUZE (1725–1805), *»Der Paralytiker«* / *»Die Witwe beim Priester«* / *»Mädchen mit der Puppe«* / *»Kopf eines jungen Mannes«* / *»Verzogenes Kind«* – **Jean-Honoré Fragonard** (1732 bis 1806), *»Die Pächterkinder«* / *»Der gewonnene Kuß«* – JEAN-DOMINIQUE RACHETTE (1744–1809), *Marmorbüste des Mathematikers Euler.*

SAAL 289 ist der sog. **Weiße Saal,** von A. Brüllow 1838 gestaltet. Hier sind *Gemälde, Skulpturen, Porzellan* aus der 2. Hälfte des 18. Jh.s ausgestellt – HUBERT ROBERT (1733–1808), *»Cestiuspyramide«* / *»Obelisk im Park«* / *»Terrasse in Marly«* u. a.

Die Ausstellung französischer Kunst des 19. und 20. Jh.s befindet sich im ZWEITEN STOCK / SÄLE 314–333 und 343–350, siehe S. 271–273 und 275.

Die SÄLE 290–297 liegen parallel zu den Sälen 283–287 und enthalten schönes Kunsthandwerk aus Frankreich; hauptsächlich *Bildteppiche, Möbel, Bronzen.* Man erreicht sie von den SÄLEN 282, 285 und 298 aus.

ERSTER STOCK

England / 17. bis 19. Jh.

(Säle 298–302)

SAAL 298 Kunst des 17. und Anfang des 18. Jh.s: ROBERT WALKER (1607–1658?), *»Bildnis Oliver Cromwells«* – Peter Lely (1618 bis 1680), *»Bildnis einer englischen Dame«* – GOTTFRIED KNELLER (1646 bis 1723), *»Porträt des Bildhauers Gibbon«* / »Porträt John Lokes«. – IN DEN VITRINEN: *Englisches Silber* aus dem 17. und 18. Jh. – Der große *Wandteppich »Der wunderbare Fischfang«* wurde nach einem Karton von Raffael in der ersten Hälfte des 17. Jh.s in der englischen Manufaktur Mortlake gewoben.

SAAL 299 Joshua Reynolds (1723–1792), *»Herakles tötet die Schlangen«* (das Gemälde war ein Auftrag Katharinas II.) / *»Mädchen am Fenster«* / *»Venus und Amor«* – George Romney (1734–1802), *»Bildnis der Harriet Greer«* / *»Bildnis von S. R. Woronzow«* – Chippendale-*Möbel* von Thomas Chippendale (1709–1779) selbst angefertigt.

SAAL 300 Thomas Gainsborough (1727–1788), *»Bildnis der Herzogin von Beaufort?«* (um 1770) – Henry Raeburn (1756–1823), *»Bildnis der Eleanor Bethune«* – John Hoppner (1758–1810), *»Bildnis von R. B. Sheridan«* – George Morland (1763–1804), *»Gewitter im Anzug«* / *»Die Fischverkäuferin«* / *»Bauer am Fenster«* – *Keramik* aus der Manufaktur von JOSIAH WEDGWOOD (1730–1795), u. a. das *Fayenceservice »Grüner Frosch«*, das 1774 auf Bestellung Katharinas II. hergestellt wurde; es besteht aus 952 Einzelteilen mit englischen Landschaften, auf jedem Stück ein Schild mit einem grünen Frosch, daher der Name.

SAAL 301 Kunst des 19. Jh.s: Thomas Lawrence (1769–1830), *»Bildnis der Lady Raglan«* / *»Bildnis von Metternich«* / *»Bildnis von M. S. Woronzow«* – GEORGE DAWE (1781–1829), *»Bildnis des Admirals Schischkow«* / *»Bildnis des spanischen Diplomaten M. P. Alava«* – Richard Parker Bonington (1801–1828), *»Boote am Ufer«* – SCHULE J. CONSTABLE (1776–1837), *»Landschaft«*.

ERSTER STOCK

SAAL 302 Werke aus der zweiten Hälfte des 19. Jh.s, u. a. der große *Wandteppich »Die Anbetung der Weisen«* nach Zeichnungen von Edward Burne-Jones (1833–1898), der zu den PRÄRAFFAELITEN gehörte.

SAAL 302 ist von SAAL 288 aus zu betreten, ebenso SAAL 303.

Westeuropäische Wandteppiche / 15. bis 18. Jh.

(sog. Dunkler Korridor)

SAAL 303 Die Sammlung westeuropäischer **Wandteppiche** (aus Wolle und Seide, auf Handwebstühlen gearbeitet) ist in der Eremitage eine der größten der Welt.
Seltene Exemplare niederländischer Wandteppiche aus dem 16. Jh.: Serie *»Geschichte des Ritters Schwan«* und *»Roman der Rose«* – Flämische Wandteppiche nach Vorlagen von RUBENS und seinen Schülern gearbeitet – Französische Gobelins des 18. Jh.s aus der Serie *»Die Geschichte Esthers«* und *»Das goldene Vlies«*.

Über SAAL 308 erreicht man SAAL 304.

Westeuropäische Steinschnitzereien / 12. bis 19. Jh.

SAAL 304 Über 10 000 **Gemmen** und **Kameen** westeuropäischer Meister aus den verschiedensten Ländern. Sie ist im sog. Goldenen Gastzimmer (1853 vom Architekten W. A. SCHREIBER entworfen) untergebracht.

SÄLE 305 bis 308 Ehemalige Wohnräume (Roter Salon, Boudoir, Schlafzimmer, Badezimmer) mit Gegenständen des *Kunsthandwerks* (Porzellan, Gemmen).

ERSTER STOCK

Westeuropäische Goldschmiedekunst / 16. bis 19. Jh.

(Säle 122 bis 126)

In der **Schatzkammer** (siehe S. 240) / *Sondererlaubnis nötig*) befindet sich neben den kostbaren Stücken aus den Funden im Bereich der UdSSR auch eine Sammlung der Goldschmiedekunst westeuropäischer Meister aus Frankreich, England, Deutschland, Italien, Spanien, der Schweiz, Holland, Schweden und Dänemark, die in Rußland gearbeitet haben.

*

Gegenstände aus Halbedelsteinen sind besonders in den **SÄLEN 189, 192, 238 und 241** zu sehen. **Vasen** aus farbigem Lazur und solche aus Porphyr und Jaspis stehen in den **SÄLEN 128** (Kolywan), **237** (Badachschan) und **249** (Kargon).

*

Über die Treppe zwischen den SÄLEN 288, 302, 303 erreicht man vor SAAL 350 den ZWEITEN STOCK.

Kämpfende Tiere; Goldschmiedearbeit, 4. Jh. v. Chr. Sibirische Sammlung.

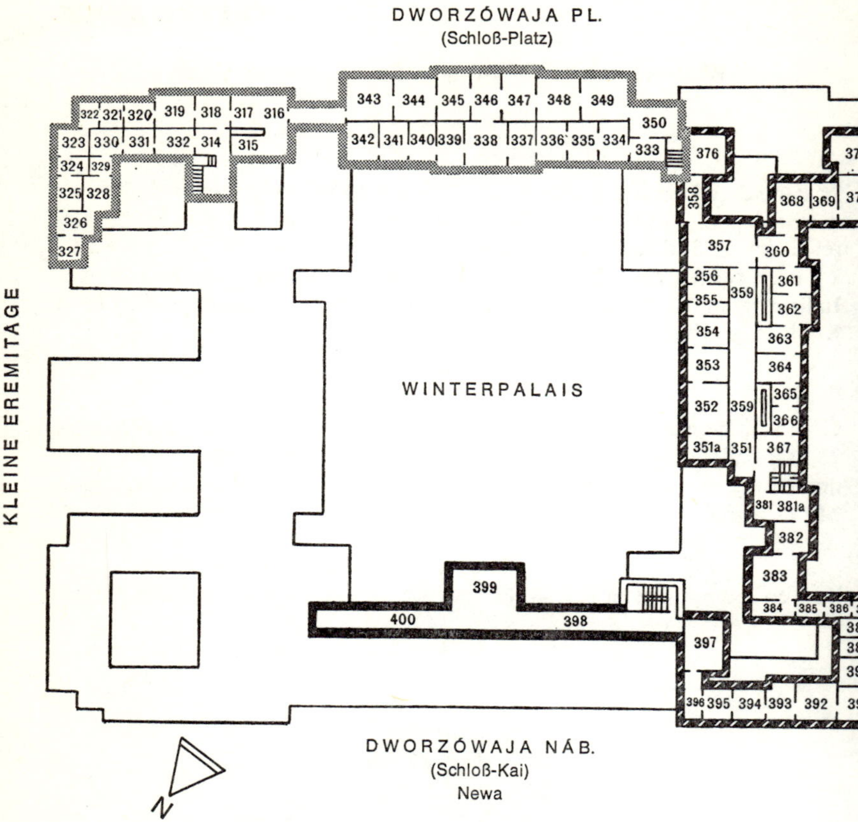

Zweiter Stock (ZS), Grundrißplan

Kunst und Kultur Europas (außerhalb Rußlands) – *(S. 271–275)*
Säle 314–350

Kunst und Kultur der Völker des Ostens (außerhalb der UdSSR) – *(S. 276–280)*
Säle 351–397

Abteilung für Münzkunde *(S. 280)*
Säle 398–400

ZWEITER STOCK

Wir erreichen das Stockwerk vor SAAL 350, durch den wir, gleich links, in SAAL 333 und von dort rechts in SAAL 334 gelangen. Die im folgenden beschriebenen SÄLE 314–332 betrachten wir erst nach den SÄLEN 334–342; es sei denn wir gelangen über die Treppe bei SAAL 314 (im ERSTEN STOCK abgehend zwischen SAAL 268 und SAAL 269) in den ZWEITEN STOCK.

KUNST UND KULTUR EUROPAS
(Fortsetzung)

Französische Kunst des 19. und 20. Jh.s

(Säle 314–333 und 343–350)

SAAL 314 Pierre-Narcisse Guérin (1774–1833), *»Morpheus und Iris« / »Sappho«.*

SAAL 315 Nachrevolutionäre Zeit des Klassizismus: GUILLON LETHIERE (1760–1832), *»Der Tod des Cato von Utica«* – Antoine Gros (1771 bis 1835), *»Napoleon auf der Brücke von Arcole«.*

SAAL 316 **Paul Cézanne** (1839–1906), *»Das Ufer der Marne«* (1888) / *»Der Raucher« / »Stilleben« / »Selbstbildnis«* u. a.

SAAL 317 **Vincent van Gogh** (1853–1890), *»Die Arena in Arles« / »Die Damen in Arles« / »Das Gesträuch« / »Hütten«* (im Jahr seines Todes gemalt) – **André Rousseau** (1844–1910), *»Tropischer Wald«* und *»Der Luxemburger Garten«.*

SAAL 318 Camille Pissaro (1830–1903), *»Boulevard Montmartre« / »Platz des französischen Theaters«* – **Auguste Renoir** (1841–1919), *»Mädchen mit dem Fächer«* (1881) / *»Bildnis der Schauspielerin Jeanne Samary« u. a.* – **Edgar Degas** (1834–1917), *»Toilette« / »Nach dem Bad« / »Köpfe von Tänzerinnen«;* August Rodin (1840–1917), *»Ewiger Frühling«*, Marmor – Aristide Maillol (1861–1944), Bronze*skulpturen.*

ZWEITER STOCK

SAAL 319 Reichhaltige Sammlung der Impressionisten, von denen sich jedoch ein Teil im PUSCHKIN-MUSEUM in Moskau befindet (s. Band »Moskau und Sagorsk«). In den 70er Jahren des 19. Jh.s erlebte dieser Stil seine höchste Blüte. – **Claude Monet** (1840–1926), *»Dame im Garten«* (um 1860) / *»Heuschober«* / *»Mohnfeld«*.

SAAL 320 Realistische Kunst der 50er und 60er Jahre des 19. Jh.s: Jean-François Millet (1814–1876), *»Bäuerinnen mit Reisigbündeln«* – Gustave Courbet (1819–1877), *»Landschaft mit totem Pferd«*.

SÄLE 321, 322, 325, 328 und 329 Werke der sog. »Schule von Barbizon«. Eine Malerbewegung der 30er Jahre des 19. Jh.s mit realistischem Einfluß, nach dem Dorf Barbizon bei Paris benannt, wo sich die Gruppe traf. Théodore Rousseau (1812–1867), *»Ansicht der Umgebung von Granville«* / *»Landschaftsbild mit Brücke«* – JULES DUPRE (1811–1889), *»Herbstlandschaft«* / *»Landschaft mit Kühen«* – DIAZ DE LA PENA (1808 bis 1876), *»Waldweg«* / *»Landschaft«* – CHARLES JACQUE (1813–1894), *»Gewitter im Anzug«* / *Schafherde bei der Tränke«* – Camille Corot (1796–1875), *»Landschaft mit See«* / *»Landschaft mit Kuh«* u. a.

SÄLE 323, 324 und 330 enthalten Gemälde der sog. Salonkunst, typisches Beispiel dafür François Xavier Winterhalter (1805–1873), *»Porträt eines Unbekannten aus dem Hause Narischkin«*.

SÄLE 326 und 327 *GRAPHIKEN* von Théodore Géricault (1791–1824), **Honoré Daumier** (1808–1879), Paul Gavarni (1804 bis 1866), NICOLAS CHARLET (1792–1845), **Edouard Manet** (1832–1883) und **Henri Toulouse-Lautrec** (1864–1901).

SAAL 331 Von dem bedeutendsten Vertreter der französischen Romantik **Eugène Delacroix** (1798–1863) sind zwei Spätwerke ausgestellt: *»Löwenjagd in Marokko«* (1854) und *»Der Marrokkaner, sein Roß sattelnd«* (1855) – HORACE VERNET (1789–1863), *»Selbstbildnis«* / *»Bildnis des Generals Maurillot«* – ANTOINE BARYE (1795–1875), *»Löwin und Antilope«*, Bronze / *»Löwe und Schlange«*, Bronze – **J. A. D. Ingres** (1780–1867), *»Porträt des Grafen Gúrjew«*.

ZWEITER STOCK

SAAL 332 Spätwerk von **Jacques Louis David** (1748–1825), *»Sappho und Phaon«* (1809) – François Gérard (1770–1837), *»Das Bildnis der Joséphine« / »Bildnis von W.P. Kotschubej«* – A. Canova (1757–1822), *»Tänzerin«*, Marmor*skulptur*.

Die französische Sammlung setzt sich nach SAAL 316, den wir von SAAL 332 über die SÄLE 314, 318 und 317 erreichen, jenseits eines Ganges mit den SÄLEN 343–350 fort. Wir beschreiben zwischendurch, um – des Auffindens der Saalnummern wegen – in der Ziffernfolge zu bleiben, die SÄLE 334 bis 342, die man über SAAL 333 erreicht.

Belgische und holländische Kunst des 19. und 20. Jh.s

SÄLE 334 und 335 ANDRIES LENZ (1739–1822), *»Gajus Grachus«* – LOUIS GALLE, belgischer Romantiker (1810–1887), *»Graf Egmont vor der Hinrichtung« / »Tasso im Kerker« / »Fischerfamilie«* – Zu den Romantikern gehört auch THEODORE FOURMOIS (1814–1871), *»Landschaft«* – GUSTAVE DE JONGET (1829–1893), *»Nach dem Spaziergang«* – CONSTANTIN MEUNIER (1831–1905), *»Kopf eines Bergarbeiters«*, Bronze – JAN WEISSENBRUCH (1822–1880), *»Straße in einer holländischen Stadt«*.

Italienische Kunst des 20. Jh.s

SAAL 336 RENATO GUTTUSO (geb. 1912), *»Rocco mit seinem Sohn«* (1960) und *»Kartoffel auf gelbem Papier«* (1961) – MASSIMO CAMPIGLI (geb. 1895), *»Näherinnen«* – GIORGIO MORANDI (1890–1964), *»Stilleben«* u. a.

Finnische, schwedische und norwegische Kunst des 19. und 20. Jh.s

SAAL 337 Von dem Finnen ALBERT EDELFELT (1854–1905), *»Wäscherinnen« / »Fichten in Borgo« / »Fischer auf dem Meer« / »Bildnis von M.W. Geirot – Landschaften* des Norwegers FRITZ TAULOW und der Schwedin CHRISTINA KRAUSE.

ZWEITER STOCK

Deutsche Malerei des 19. und 20. Jh.s

(Säle 338–340)

SAAL 338 Romantik: **Caspar David Friedrich** (1774–1840), *»Nacht im Hafen« / »Morgen in den Bergen« / »Auf einem Segelschiff«* – Klassizistische Richtung: JAKOB PHILIPP HACKERT (1737–1807), *»Wasserfälle von Tivoli« / »Landschaft mit antiker Festlichkeit«* – Johann Christian Reinhard (1761–1847), *»Klassische Landschaft«* – Joseph Anton Koch (1768–1839), *»Kloster im Sabinergebirge«* – Von den sog. »Nazarenern« u. a. HEINRICH HESS (1798–1863), *»Römische Campagna«* – PETER VON HESS (1792–1871), *»Morgen in Partenkirchen«* – Alfred Rethel (1816–1859), *»Nemesis«* – Johann Friedrich Overbeck (1789–1869), *Landschaftsbilder.*

SAAL 339 LUDWIG KNAUS (1829–1910), *»Der erste Gewinn« / »Kind in der Blumenwiese«* – **Wilhelm Leibl** (1844–1900), *»Schlafender Savoyard«* – Franz von Lenbach (1836–1904), *»Frauenbildnis«* – Max Liebermann (1847–1935), *»Mädchen auf dem Feld«*, Pastell. Käthe Kollwitz (1867–1945), *Graphik.*

SAAL 340 Werke aus der DDR: HEINRICH EMSEN (1886–1963), *»Erschießung des Matrosen Engelhofer«* – OTTO NAGEL (1894–1968), *»Bildnis eines alten Arbeiters«* und *»Gemälde«* von HANS GRUNDIG (1901 bis 1958).

Ungarische, polnische, tschechoslowakische und rumänische Kunst des 20. Jh.s

SAAL 341 Ungarn: KISCHFALUDI STROBL, *»Porträt Petöfis« / »Die Lilie«* – MOCHATSCHI, *»Nasser Schnee«* – FRANK, *»Straße im alten Budapest«* – Polen: MALTSCHEWSKI, *»Blick auf die Tatra«* – Tschechoslowakei: BENESCH, *»Stilleben«* – Rumänien: ISER, *»Drei Odalisken«.*

ZWEITER STOCK

Kunst der USA im 20. Jh.

SAAL 342 Hauptsächlich ROCKWELL KENT (geb. 1882). Er schenkte 1960 seine Werke der Sowjetunion, 26 davon sind in der Eremitage ausgestellt, u. a. *»Feuerland«* / *»Sonnenglanz in Alaska«* / *»In Erwartung«*. Außerdem sind *Gemälde* von M. PASS, F. KIRK, A. MORER u. a. ausgestellt.

Französische Kunst des 19. und 20. Jh.s (Fortsetzung von S. 273)

SAAL 343 **Paul Gauguin** (1848–1903), *»Frau mit einer Frucht«* / *»Die wunderbare Quelle«* / *»Idol«* u. a.

SÄLE 344 und 345 Hier sind 35 Gemälde von **Henri Matisse** (1869 bis 1954) ausgestellt, die einen guten Überblick über sein Schaffen in den Jahren 1900 bis 1913 geben, u.a. *»Das Familienporträt«* / *»Das rote Zimmer«* / *»Tanz«* / *»Stilleben auf blauem Tischtuch«* / *»Sevillaner Stilleben«*.

SÄLE 346 und 347 **Pablo Picasso** (1881–1973). Eines seiner besten Frühwerke *»ABSINTHTRINKERIN«* (1901) / aus der sog. »blauen Periode« *»Bildnis von Soler«* und *»Wiedersehn«* (1904) / die »rosa Periode« wird durch eine Gouachemalerei *»Der Knabe mit dem Hund«* (1905 bis 1906) vorgestellt / der »kubistischen Periode« gehören Werke wie *»FRAU MIT FÄCHER«* / *»Drei Frauen«* / *»Kanne und Schlüssel«* an / *»Flöte und Geige«* (1912).

SÄLE 348 und 350 Gemälde aus dem Beginn des 20. Jh.s: André Derain (geb. 1880), *»Der Hain«* / *»Der See«* / *»Hafen in der Provence«* – Pierre Bonnard (1867–1947), *»Frühlingsbeginn«* / *»Eine Ecke in Paris«* – Jean Edouard Vuillard (1868–1940), *»Im Zimmer«* / *»Kinder«* – Maurice Vlaminck (1876–1958, seit 1905 zu der Gruppe der Fauves gehörend), *»Blick auf die Seine«*.

SAAL 349 Bilder des Landschaftsmaler Albert Marquet (1875 bis 1947), *»Regentag in Paris«* / *»Das Ufer am Louvre«* / *»Die neue Brücke«* / *»In Neapel«*.

ZWEITER STOCK

Mit SAAL 350 endet die *Europäische Kunstsammlung* der Eremitage. Die Sammlung der *Kunst des Ostens* aus dem ERDGESCHOSS (Treppe bei SAAL 26) führt im SAAL 351, in dessen Nähe die Treppe mündet, weiter.

KUNST UND KULTUR DER VÖLKER DES OSTENS

(Fortsetzung von S. 237)

China vom 2. Jtsd. v. Chr. bis zum 20. Jh.

(Säle 351–364)

SAAL 351 liegt der Treppe gegenüber. Von ihm wendet man sich nach rechts, geht durch den langen SAAL 359, besichtigt dann linker Hand die SÄLE 351 a–358 in umgekehrter Reihenfolge – schaltet die *Kunst Japans* (s. S. 278) mit den SÄLEN 375 und 376 dazwischen – und wendet sich (nach dem Durchqueren von SAAL 360) zuerst der *Kunst Indiens* (s. S. 277) in den SÄLEN 368–371 (links weg) zu. Danach setzt man die Betrachtung der chinesischen Stücke von SAAL 360 bis SAAL 364 fort, schließt die *Mongolei* (SÄLE 365–367, Seite 277) an und befindet sich wieder bei der Treppe.

SAAL 351 Lößfigürchen (eine seltene Sammlung ihrer Art). Wandmalereien (Reste) aus dem 6.–9. Jh. (Kloster *Zjan Fo-dun* – »Höhlen der tausend Buddhas«). Beachtenswert die Figuren von *Bodhisattva* und von zwei Mönchen.

SAAL 352 Funde aus Chara-Choto, der von russischen Forschern in der Wüste Gobi entdeckten »toten Stadt«. (Hauptstadt des Tangutischen Kaiserreiches, vor der Zerstörung durch *Dschingis-Khan.)* Kostbare Kunstwerke: Malereien auf Leinwand, Papier und Seide, ferner Skulpturen, holzgeschnitzte Tafeln zum Drucken von Büchern und Stichen.

SÄLE 354 bis 362 Porzellan; Gegenstände aus Lack, Elfenbein und Emaille. Gemälde und Skulpturen aus dem 14. bis 19. Jh.

ZWEITER STOCK

SAAL 363 **Kunst des 20. Jh.s:** *Zi Bai-schi* (1872–1957) und *Sui Bei-chun* (1894–1953). Arbeiten von fremdartigem Reiz.

SAAL 364 Moderne angewandte Kunst.

Die Mongolei vom 1. Jh. v. Chr. bis zum 19. Jh. n. Chr.

(Säle 365–367)

SAAL 365 Skulpturen und Kunsthandwerk (16.–19. Jh.).

SAAL 366 Gegenstände aus der Zeit des *Dschingis-Khan,* u. a. »Der Stein des Dschingisen«, eines der ältesten Denkmäler des mongolischen Schrifttums aus dem Jahre 1225. – Steinerne Drachen und Dachziegel aus dem Schloß eines Verwandten Dschingis-Khans (13.–14. Jh.).

SAAL 367 Funde aus Hügelgräber von Hunnenfürsten in *Noin-Ula* (nördl. Mongolei): Bekleidung, Stoffe und Dinge des täglichen Bedarfs.

Indien vom 17. bis zum 20. Jh.

(Säle 368–371)

SAAL 368 Figuren aus Marmor, Holz und Bronze, die Götter des hinduistischen Pantheons und Helden des altindischen Epos *Mohabharata* und *Ramajana* darstellen (16.–19. Jh.).

SÄLE 369 und 370 Indische Miniaturen – Sammlung alter indischer Waffen. – Kunsthandwerk: Seiden und Samtgewebe, Teppiche, Keramiken, Bronze, Ebenholz und Elfenbein (alles 17. und 18. Jh.).

SAAL 371 **Zeitgenössische indische Malerei.** Aquarelle auf Seide von Barad Ukil, *»Die Prüfung Sitas durch Feuer«* – Nandalal Bos,

ZWEITER STOCK

»Weg nach Majawati« – HEBBAR, *»Kreis um Kreis«* u. a. – Büste Mahatma Gandhis von Bildhauer TSCHINTAMANI KARS. – Elfenbeinerner Wandschirm (Geschenk Nehrus an die Eremitage).

Japan vom 17. bis zum 20. Jh.

SÄLE 375 und 376 Beide Säle zeigen **Holzschnitte** der berühmten Schule Ukio-e (2. Hälfte des 17. Jh.s) aus *Edo,* dem heutigen Tokio. Diese Meister wandten sich von den engen Traditionen der feudalen Malerei (religiöse Motive und Landschaften) ab, entwickelten die Graphik zur Massenkunst und stellten die Lebensgewohnheiten der Stadtbewohner und ihre Umgebung dar. – Die Meister des **Farbholzschnitts** wie Sudsuki Harunobu (1725–1770), **Kitagawa Utamaro** (1753–1806) u. a. sind ebenfalls vertreten.
In der senkrechten VITRINE AM FENSTER ein Frühwerk der japanisch-buddhistischen Malerei: *Bodhisatwa Kokudso,* eine Gottheit, die Weisheit und Wohlstand schenkt (13. bis Anfang 14. Jh.).
Schwarze und goldene japanische Lackarbeiten auf Schatullen und Körbchen, u. a. OGAT KORINA (1658–1716).
Sehr schön auch die **angewandte Kunst der Gegenwart:** Ton, Lack, Metall, Holz und Bambus, meisterhafte Handarbeit.

Unser Weg führt nun – nach dem Verlassen von SAAL 367 (Mongolei) – jenseits des Treppenaufgangs durch die byzantinischen SÄLE 381, 381 a und 382, die der Kunst des Ostens zugeteilt wurden, zum berühmten Silberschatz der Sassaniden (SAAL 383), S. 279.

Byzanz vom 5. Jh. bis zum 15. Jh.

(Säle 381, 381 a und 382)

SAAL 381 Frühbyzantinische Kunst: Marmorkapitell und Basrelief (5. und 6. Jh., *Chersones,* Krim). Zwei Marmorstatuen aus dem 5. Jh., Bronzeleuchter, Lampadophor in der Form einer byzantinischen Basilika.

ZWEITER STOCK

SAAL 381 a VITRINE 4, SCHRANK 3: Schlüssel mit Darstellungen mythischer Helden und ein mit Nereiden geschmückter Krug (6. bis 7. Jh.) – SCHRANK 6: Gerätschaften mit Kreuz-Symbol – SCHRANK 3: Schmucksachen aus Elfenbein; ein Diptychon – Monumentalmosaik *»Der Engel«*.

SAAL 382 Schatullen aus dem 10.–12. Jh., mit Elfenbeinplättchen, auf denen Gladiatoren, Schauspieler und Musikanten abgebildet sind. – **Ikonen** aus dem 12.–14. Jh.: *»Grigórij der Wundertäter« / »Die Verklärung Christi«* (Malerei); *»Der heilige Fjódor im Kampf mit dem Drachen«* (Gruben- und Zellenschmelz); *»Vier Bischöfe* (Mosaik auf Wachs). – Gegenstände aus Bronze, Glas, Holz, Gewebe. – Keramik, Steinschnitzereien, Münzen und Medaillen.

Der Mittlere und der Nahe Osten vom 3. Jh. bis zum 19. Jh.

(Säle 383–397)

SAAL 383 Die Eremitage besitzt die größte Sammlung **sassanidischer Silberschalen** (Dynastie der Sassaniden, Iran vom 3.–7. Jh.); die Stücke wurden überwiegend am Ural und an der Kama gefunden, wohin Kaufleute sie gebracht hatten, um dagegen Pelze einzuhandeln. Glanzstück ist die Schüssel mit Jagdbildnis des Kaisers *Schapur II*. – Sammlung iranischer Steinschnitzereien und Münzen.

SAAL 384 Iranische Bronzearbeiten: Rauchfaß aus dem 12. Jh.; Figur eines Zebus mit einem Kalb (1206); zwei Kochgeschirre (12. Jh.) aus der Stadt *Gerat*.

SÄLE 385 bis 387 Iranische Keramik (12.–15. Jh.): Lüstererzeugnisse (d. i. Glanzüberzug aus Farbe mit Metallzusatz auf Glas, Ton und Porzellan) der Städte *Kaschan* und *Rei*. – Glasierte Kacheln für Wohn- und Andachtsräume. – Kacheln (13. Jh.) vom *Mausoleum Imamsade Jachja (Weramin)* – Lüstermihrab (Gebetsnische) aus *Kaschan* (1305). – **Lüstervase** aus dem 13. Jh., reliefartig mit Musikanten, Tieren und Szenen des Polospiels verziert (SAAL 387).

ZWEITER STOCK

SAAL 388 Syrien und Irak (13.–15. Jh.): Glas mit bunter Emaillebemalung – Gerätschaften aus Bronze – Hornförmiges Glasgefäß mit christlichen Heiligen und arabischer Schrift, Einfassung aus Silber (16. Jh., aus Deutschland).

SÄLE 389 und 390 Ägypten (7.–15. Jh.): Muselmanisches Kunsthandwerk: Gewebe (7.–12. Jh.), Bronzen, Glas, Keramik; Glaslampen (14. Jh.); holzgeschnitzte Paneele für die Innenräume, Intarsien aus Bein und Edelhölzern in geometrischen Mustern.

SÄLE 395 bis 397 Türkei (15.–18. Jh.): MITTE SAAL 395 die eigenartige Rüstung der türkischen Reiter des 15. Jh.s – SCHRANK 2 eine Kopfbedeckung der Janitscharen. – Keramik aus *Isnik* (Kleinasien) und *Damaskus* (Syrien); Brokat, Samt und Seidengewebe aus *Bergam* und *Kula* (16. und 17. Jh.). Der schönste Teppich kommt aus *Uschaka* (SAAL 396, RAHMEN 15). – Waffen aus *Istanbul, Trapezunt* und *Erzerum.*

ABTEILUNG FÜR MÜNZKUNDE

SÄLE 398–400 Hier ist (auf der Seite, die auf den Palastkai führt) die **Münzsammlung** untergebracht, auf welche in diesem Führer nicht eingegangen wird. Sie enthält eine seltene Kollektion antiker, östlicher, westeuropäischer und russischer *Münzen* sowie *Medaillen, Orden* und *Ehrenzeichen.*

*

Wir hoffen, daß der eilige Tourist und der gründliche Betrachter mit mehr Zeit aus dieser gerafften »Führung« größtmöglichen Nutzen ziehen konnte. Für ein ausführlicheres »Studium« empfehlen wir den Band »Ermitage – Führer durch Museumssäle« von *O. M. Persíanowa,* Aurora-Kunstverlag, Leningrad 1971, der zahlreiche Beschreibungen und Erläuterungen der Objekte enthält und uns bei der Lokalisierung gute Dienste leistete. Außerdem verweisen wir auf den umfassenden Band von *Ewald Behrens,* Kunst in Rußland, DuMont Schauberg Verlag, Köln 1969.

KURZBIOGRAPHIEN

Bashénow, Wassílij Iwánowitsch, russischer Architekt, geb. 1737, gest. 1799.

Er war zweifellos der genialste und berühmteste russische Architekt des 18. Jh.s. 1758 kam er auf die Kunstakademie nach St. Petersburg und wurde dort ein Schüler von Vallin de la Motte; schon nach 2 Jahren wurde er Assistent von Rastrelli, der ihn nach Paris zum Studium schickte. Das Schicksal Bashénows ist tragisch; auf der Höhe seines Ruhmes (er hatte u. a. die alte Bibliothek, das sog. Palais Páschkow; die »Aller-Bedrängten-Kirche«; das Schloß Zarízyno in Moskau gebaut) fiel er wegen seiner Freundschaft mit dem Aufklärer Nówikow bei Katharina II. in Ungnade und wurde zu keinem Bau mehr hinzugezogen. Erst nach ihrem Tode holte ihn Paul I. wieder. Er errichtete zusammen mit dem Architekten Brenna die sog. »Ingenieurburg« in Petersburg (*8* ❺), jenes burgähnliche Schloß mit einem großen Wallgraben, das Paul I. vor Attentaten schützen sollte. Bashénow baute treu der barocken Überlieferung, er liebte alt-russische und archaische Motive. Sein bekanntester Schüler wurde Kasákow.

Bórodin, Alexánder Porfírjewitsch, Komponist, geb. 1833 in Petersburg, gest. 1887.

Bórodin studierte zuerst Medizin, wurde schon mit 28 Jahren Professor der Chemie der Medizinischen Akademie in St. Petersburg. 1862 lernte er Balakírew kennen und begann bei ihm die musikalischen Studien. Er behielt jedoch seinen ursprünglichen Beruf bei und gründete z. B. noch 1872 eine Medizinschule für Frauen. In Weimar lernte er Liszt kennen und freundete sich mit ihm an. Sein erster musikalischer Erfolg war »In den Steppen Zentralasiens«; er schrieb außerdem zwei Symphonien, die Oper »Prinz Igor« und das unvollendete Ballett »Mláda«, das später von Rímski-Kórsakow beendet wurde.
Boródin liegt auf dem Tíchwiner Friedhof (12 ❻*) begraben.*

Brenna, Vincenzo, italienischer Architekt und Maler, geb. 1745 in Florenz, gest. 1820 in Petersburg.

Ihm ist die Erweiterung des Palastes in Páwlowsk zu danken (siehe S. 205), die Mikhaílowskij Manésh (später von Carlo Rossi durch Stallungen und Gebäude erweitert, s. S. 165) und zusammen mit Bashénow der Bau der »Ingenieurburg« (*8* ❺).

Brüllow, Alexander, Architekt, geb. 1798, gest. 1877 in Petersburg.

Die Mitglieder der Familie Brüllow waren Hugenotten, die nach dem Edikt von Nantes aus Frankreich nach Lüneburg auswanderten. Der ursprüngliche Name Bruelleau wandelte sich dort in Brüllo. Schon der Urgroßvater von Alexander siedelte 1773 nach St. Petersburg über, wo der Name dann in Brüllow russifiziert wurde. Der Urgroßvater war Modelleur an der Kaiserlichen Porzellanmanufaktur. Alexander besuchte die Petersburger Kunstakademie und verbrachte die Jahre von 1821 bis 1830 zusammen mit seinem Bruder Karl im Ausland. 1826 veröffentlichte er in Paris die Resultate der Erforschung der Architektur der Pompejanischen Bäder, was ihm die Mitgliedschaft der Mailänder Kunstakademie eintrug. Alexander wurde besonders durch seine Innenarchitektur berühmt. Zu seinen besten Werken gehört die Gestaltung der lutherischen Peter-und-Pauls-Kirche auf dem Néwski-Prospekt (*9* ❻) – (1831 bis 1833); das Observatorium in Púlkowo (1834); das Micháilowskij-Theater, heute »Kleines Opernhaus (*10* ❻); ihm ist die Erneuerung der Wohnräume des Winterpalais 7 ❼ nach dem Brand von 1837 zu verdanken, der Bau des ehem. Stabes des Gardekorps (*7* ❻) und die Restauration des Marmorpalais (*8* ❸). Alexander war auch ein ausgezeichneter Aquarell-Porträtist (u. a. porträtierte er Walter Scott). Im Staatlichen Russischen Museum hängt sein Bild, von seinem Bruder gemalt.
A. Brüllow liegt auf dem protestantischen Friedhof in Páwlowsk begraben.

Brüllow, Karl, Maler, geb. 1799 in St. Petersburg, gest. 1852 in Manciano bei Rom.

Karl war der jüngere Bruder Alexanders, dessen Begabung früh zu erkennen war, er besuchte zuerst die Kunstakademie in Petersburg. Von 1822 bis 1835 lebte er größtenteils in Rom mit einem Stipendium der Gesellschaft zur Förderung der Künstler. Berühmt wurde er durch sein Gemälde »Der letzte Tag von Pompeji«, das, ehe es nach Petersburg in die Kunstakademie gebracht wurde, in Mailand und Paris ausgestellt worden war. Es inspirierte Puschkin zu einem Gedicht, und Gógol schrieb einen Aufsatz darüber. Er machte sich einen besonderen Namen durch seine Porträts. Sein schönes Altarbild aus der Petrus-Kirche hängt heute im *Russischen Museum.*

Cimarosa, Domenico, Komponist, geb. 1749 in Aversa, gest. in Venedig 1801.

Cimarosa war der Sohn eines armen Maurers und seit seinem 8. Lebensjahr Waise. Ein Mönch nahm sich seiner an und lehrte ihn Musik und Latein. 1761 wurde er im Konservatorium von Loreto aufgenommen, wo er berühmte Lehrer hatte. Mit seinen Opern, vor allem »Un'Italiana in Londra« hatte er großen Erfolg. Katharina II. lud ihn nach Petersburg ein, wo er hochgeehrt wurde. Seine bekannteste Oper, auch heute noch aufgeführt, ist »Matrimonio Segreto«.

Dostojéwskij, Fjódor Micháilowitsch, Schriftsteller, geb. 1821 als Sohn eines Arztes in Moskau, gest. 1881 in Petersburg.

Dostojéwskij besuchte von 1838 bis 1843 die Militäringenieurschule in Petersburg, lebte dann als freier Schriftsteller und wurde 1849 wegen Zugehörigkeit zum revolutionären Kreis Petraschéwskis zuerst zum Tode verurteilt, dann auf der Richtstätte zu vier Jahren Zwangsarbeit in Sibirien begnadigt; er gab später die Zeitschriften »Vrémja« (Zeit) und »Epócha« heraus. Er ist einer der bedeutendsten russischen Erzähler tiefreligiöser Natur, wurde jahrzehntelang von der offiziellen Sowjetliteratur eher totgeschwiegen; doch die Neuauflage seiner Werke in den 50er Jahren hatten einen solchen Erfolg, daß innerhalb weniger Stunden die Subskription vollständig gedeckt wurde. Viele seiner Romane und Erzählungen spielen im alten St. Petersburg wie »Schuld und Sühne« (1866), »Weiße Nächte« und andere.
Seine bedeutendsten Werke sind »Die Brüder Karamasow«, »Der Idiot«, »Die Spieler« und eben der oben erwähnte Roman »Schuld und Sühne«.
Er liegt auf dem Tíchwiner Friedhof (12 ⑥) begraben.

Falconet, Etienne-Maurice, französischer Bildhauer und Schriftsteller, geb. in Paris 1716, gest. ebendort 1791.

Er veröffentlichte 1771 »Observations sur la statue équestre de Marc-Aurèle«. Auf Anraten von *Diderot* berief ihn Katharina die Große nach Petersburg, wo er von 1766 bis 1779 blieb, um die berühmte Reiterstatue von Peter dem Großen zu errichten. Seine Mitarbeiterin war Maria Anne Collot, seine spätere Schwiegertochter. Der »Eherne Reiter« war sein letztes Werk, er war bei der Einweihung der Statue, 1782, nicht mehr zugegen, da er seit 1780 schwer leidend war und sich außerdem mit Katharina der Großen überworfen hatte.

Galuppi, Baldasaro, genannt il Buranello, Komponist, geb. 1706 in Venedig, dort 1785 gestorben.

Er hinterließ 110 Opern, Oratorien und Sonaten. 1765 holte ihn Katharina II. für zwei Jahre an ihr neugegründetes Theater *13* ⑥ als Kapellmeister.

Glínka, Michaíl, Komponist, geb. 1804, gest. 1857.

Glínka schrieb die erste russische Nationaloper »Ein Leben für den Zaren«, außerdem Kammer- und Klaviermusik, er gehörte zum Kreis der Erneuerer der russischen Musik.
Er liegt auf dem Tíchwiner Friedhof begraben (12 ⑥).

Gógol, Nikoláj, Schriftsteller, wurde 1809 als Sohn eines ukrainischen Gutsbesitzers geboren, starb 1852, nachdem seine letzten Jahre im Schatten großer körperlicher und seelischer Leiden gestanden hatten.

Gógol ist der Begründer des russischen Naturalismus und obwohl er selbst tendenzlos schrieb, dennoch als der Vater der nachfolgenden sog. »Anklageliteratur« zu betrachten. Alle großen russischen Schriftsteller sind ihm in Technik und Stil verpflichtet. Seine bedeutendsten Werke: die historische Erzählung »Tarás Bulbá«; die Novelle »Der Mantel«, wo zum ersten Mal die Gestaltung eines armen kleinen erniedrigten Beamten aus dem Petersburg der 40er Jahre des 19. Jh.s im Mittelpunkt steht; die beiden vielleicht bedeutendsten Komödien der russischen Sprache »Der Revisor« und »Die Heirat« und das Romanfragment »Die toten Seelen«, dessen Fortsetzung Gógol kurz vor seinem Tode vernichtete.

Gontscharów, Iwán Alexándrowitsch, russischer Erzähler, 1812 geboren, 1891 in Petersburg gestorben.

Beamter im Finanzministerium und 1856 Zensor. Über die Grenzen Rußlands machte ihn sein Roman »Oblómow« (1859) bekannt. Der Held gilt als die Inkarnation der russischen Trägheit, des träumerischen tatenlosen Menschen. Sein bester Roman aber ist wahrscheinlich »Die Schlucht«.
Gontscharów liegt auf dem Wólkower Friedhof (12 ⑪) begraben.

Gribojédow, Alexander Sergéjewitsch, Diplomat, geb. 1795 als Sohn eines reichen Adligen, 1829 in Persien ermordet, wo er seit 1828 als russischer Gesandter lebte.

Von ihm besitzen wir nur ein Theaterstück, das bis heute auf ausländischen und russischen Bühnen aufgeführt wird: »Verstand schafft Leiden«. Es ist eine zeitgenössische Satire, geschickt mit einer Liebesgeschichte verbunden. Er war der erste, der mit dem rhetorischen Stil aufhörte und das tägliche Leben miteinbezog. Das Schauspiel wurde erst nach seinem Tode, 1833, zum ersten Male veröffentlicht.

Karamsín, Nikoláj, Schriftsteller, geb. 1766, gest. 1826.

Er stammt aus dem Provinzadel, wurde in Moskau in einem deutschen Pensionat erzogen, war Freimaurer, machte ausgedehnte Auslandsreisen. Mit der Erzählung »Die arme Lisa« führte er den empfindsamen Stil ins russische Schrifttum ein, gab das »Moskauer Journal« und den »Europäischen Boten« heraus, wurde 1803 zum *Historiographen des Zaren* ernannt und schrieb die »Geschichte des russischen Reiches«.
Er liegt auf dem Tíchwiner Friedhof (12 ⑥) begraben.

Klenze, Leo von, Architekt, geb. 1784, gest. 1864.

Vertreter der klassizistischen Richtung. Erbauer der Münchner Glyptothek, der Alten Pinakothek, der Propyläen etc. Er wurde von Kaiser Nikoláj I. nach Petersburg geholt, wo er die »Neue Eremitage« erbaute (7 ❾).

Krylów, Iwán Alexéjewitsch, Dichter, geb. 1768, gest. 1844.

Als Sohn eines armen Offiziers geboren schlug er sich als Hauslehrer und Herausgeber von Zeitschriften durch, die bald wegen ihres satirischen Tons verboten wurden. 1810 wurde er Bibliothekar der Kaiserlichen Bibliothek in Petersburg. Besonders bekannt durch seine Satiren und seine Fabeln in volkstümlicher, farbiger Sprache. Im Sommergarten *(Plan 8)* wurde ihm ein hübsches Denkmal (*8* ❿) errichtet.
Sein Grab liegt auf dem Tíchwiner Friedhof (12 ❻).

Leblond, Jean-Baptiste Alexandre, französischer Architekt, geb. 1779 in Paris, gest. 1819 in St. Petersburg.

Er war ein Schüler des berühmten *Le Nôtre* und wurde von Peter dem Großen nach Rußland geholt, um bei der Gestaltung des neugegründeten Petersburg als Architekt zu wirken. Er umgab Peterhof mit Gärten nach dem Muster von Versailles. Im Louvre befinden sich Zeichnungen von ihm.

Lomonóssow, Michaíl Wassíljewitsch, Dichter und berühmter Gelehrter, geb. 1711 als Sohn eines Bauern und Fischers in Cholmogóry, gest. 1765.

Lomonóssow studierte in Moskau, in Marburg und in Freiberg in Sachsen. 1745 Professor der Chemie in Petersburg. Er war rastlos tätig und bahnbrechend für seine Zeit, bemühte sich um die Ausbildung einer wissenschaftlichen Chemie, und seiner Anregung ist die Gründung der Universität zu danken; seine philosophischen Arbeiten förderten die russische Schriftsprache. Er hinterließ theoretische Schriften über russische Grammatik und Rhetorik, Tragödien und Oden.

Mendeléjew, Dimítri Iwánowitsch, Chemiker, geb. 1834, gest. 1907.

Mendeléjew lebte und lehrte als Professor in Petersburg und stellte unabhängig von *Lothar Meyer* (1830–1895) das periodische System der Elemente auf.
Er liegt auf dem Wólkowo-Friedhof (12 ⓫) begraben.

Mengs, Anton Raphael, böhmischer Maler, geb. 1728, gest. 1779.

Mengs gilt mit Winckelmann als Bahnbrecher des Klassizismus. Vor allem bekannt sein Deckenbild in der Villa Albani »Der Parnass« (1761).

Mússorgskij, Modést Petrówitsch, Komponist, geb. 1839 als Sohn eines kleinen Gutsbesitzers, gest. 1881.

Wurde von seiner Familie für den Militärdienst bestimmt, studierte aber nebenbei Musik und war mit den Vertretern der neuen russischen Musik befreundet. Er ist wohl der bedeutendste Vertreter der neuen Musikschule, weil er eine eigene, an das russische Volkstum gebundene Tonsprache fand. Opern: »Borís Godunów« (1874 im Maríjnski-Theater in Petersburg uraufgeführt); »Chowánschtschina« (von Rímsky-Kórsakow nach Mússorgskijs Tode überarbeitet), die symphonische Dichtung: »Eine Nacht auf dem Kahlen Berge«, Orchesterstücke, Bilder einer Ausstellung, Lieder u. a.
Er liegt auf dem Tíchwiner Friedhof (12 ❻) begraben.

Paisiello, Giovanni, Komponist, geb. 1740 in Taranto, gest. 1816 in Neapel.

Paisiello erzielte mit seiner ersten Opera Buffa »Idolo Cinese« 1767 großen Erfolg und wurde 1768 von Katharina II. nach Petersburg eingeladen, wo er seinen »Barbier von Sevilla« komponierte. 1784 verließ er Petersburg wieder und ließ sich in Neapel nieder. 1802 holte ihn Napoleon I. nach Paris, wo seine Opern aber keinen großen Erfolg hatten. Er kehrte nach Neapel zurück, das wieder in die Hand der Bourbonen gefallen war, die ihm seine Sympathie für die Revolution nicht vergaben. Er starb arm und in Ungnade.

Púschkin, Aleksandr Sergéjewitsch, Schriftsteller, wurde 1799 als Sohn eines Adligen geboren und starb 1837 im Duell in Petersburg (**7 ❺**).

Er war Zögling des bekannten Lyzeums in Zárskoje Sélo, das heute nach ihm Púschkino heißt. Er ist der bedeutendste Dichter der ersten drei Jahrzehnte des 19. Jahrhunderts und eigentliche Schöpfer der großen russischen Literatur. Bahnbrechend war sein Werk »Ruslán und Ludmilla« (1820). Púschkin formte die Basis der sprachlichen Entwicklung der russischen Literatur. Sein Hauptwerk ist »Eugen Onégin«, Held ein junger Mann der guten Gesellschaft der 20er Jahre (Roman in Versen). Unter seinen Novellen sind »Der Postmeister« und »Pique Dame« die bekanntesten. Púschkin schrieb auch einen Reisebericht »Die Reise nach Arzrúm« und ein Geschichtswerk »Die Geschichte des Aufstands von Pugátschow«.

Quarenghi, Jacopo, italienischer Architekt, geb. 1744 in Capitone di Rota Fuori bei Bergamo, gest. in St. Petersburg 1817.

1763 studierte er in Rom bei Mengs (siehe dort) Malerei, entschied sich aber dann für die Architektur. Er gehörte zur Gruppe der Neupalladianer. Von ihm stammt die Renovierung der Kirche der hl. Scholastika in Subiaco bei Rom. Als Katharina II. 1779 den in Rom lebenden Baron Friedrich Grimm damit beauftragte, italienische Architekten zu engagieren, fiel dessen Wahl, unterstützt von Winckelmanns Freund, dem russischen Gesandten von Reiffenstein, auf Quarenghi. Er lebte von 1780 bis zu seinem Tode in St. Petersburg. Unter seinen Hauptwerken sind zu nennen: die Akademie der Wissenschaften (*4* ❷) – (1784–1789); der Alexander-Palast in Púschkino (s. S. 204) – (1792–1796); das Theater in der Eremitage (*7* ❼) – (1783–1787) und als letzter Bau das Smólny-Institut (*14* ❺) (1806–1808). Als sein *Meisterwerk* wird der Alexander-Palast in Púschkino angesehen.

Radíschtschew, Alexander, Dichter, 1749–1802.

Sohn eines Gutsbesitzers, studierte er 1766–1771 in Leipzig und wurde Zollrat in Petersburg. Seine berühmte »Reise zwischen Petersburg und Moskau« erschien 1790 in einer Privatdruckerei; Katharina II. ließ ihn deswegen zu Tode verurteilen, doch wurde er später zur Verbannung nach Sibirien begnadigt und 1796 befreit. 1801 war er Mitglied einer Kommission zur Ausarbeitung neuer Gesetze, beging aber ein Jahr darauf Selbstmord. Er wird heute als der erste russische adlige Revolutionär angesehen und ist ein geistiger Vorläufer der radikalen Intelligenzia. Seine Idee von der Befreiung des Volkes durch sich selbst stieß auf Ablehnung der Freimaurerkreise. In seinem Buch hatte er geschrieben: »Reißende Tiere, unersättliche Blutegel, was lassen wir den Bauern übrig? Was wir ihnen nicht nehmen können . . . die Luft.«

Rastrelli, Bartolomeo Carlo, Bildhauer. Um 1675 in Florenz geboren, gest. 1744 in Petersburg.

Rastrelli wurde von Peter dem Großen 1715 nach Petersburg gerufen, wo er als Bildhauer arbeitete. Von ihm erhalten sind u. a. das Denkmal Peters des Großen *8* ❻ vor der Ingenieurburg (*8* ❺) und eine Büste des Zaren in der Eremitage (7 ❼). Es sind die einzigen wirklichen Porträts Peters des Großen, da Rastrelli noch zu Lebzeiten Peters, 1719, eine Gipsmaske von ihm abgenommen hatte.

Rastrelli, Graf Bartolomeo Francesco, Baumeister, geb. 1700 in Paris, gest. 1771 in Petersburg.

Der sehr viel berühmtere Sohn des Bartolomeo Carlo kam 15jährig mit seinem Vater nach Petersburg. Er wurde von der Kaiserin Elisabeth geadelt und ist der Schöpfer des sog. »Russischen Barocks«, der Formen des französischen Rokoko und deutscher Ornamentik mit vorpetrinischen Motiven wie profilierte Fensterrahmung, vergoldete Zwiebeltürme, Säulenbündel, Karyatiden verband. Er war der Architekt der Kaiserin Elisabeth. Petersburg und die Schlösser der Umgebung verdanken ihm einige ihrer schönsten Baulichkeiten. Hier seien nur erwähnt: das Winterpalais (*7* ❼) – das Große Palais in Púschkino (S. 202) – den Anítschkow-Palast (*11* ⓫), das Palais Stróganow (*9* ❶) – das Palais des Grafen Scheremétjew an der Fontánka – das Palais Woronzów, später Pagenkorps und heute Suwórow-Militärschule – das Smólny-Kloster (*14* ❸) im großen Newa-Bogen – der Umbau des »Großen Palais« in Peterhof (s. S. 193). Rastrelli ist auch der Erbauer der *S. Andrea-Kirche in Kiew* (1744–1767). Ferner leitete er den Umbau der Peter-und-Pauls-Kathedrale (*1* ❻).

Rauch, Christian Daniel, deutscher Bildhauer, geb. 1777, gest. 1857.

Schuf den Sarkophag der Königin Luise im Charlottenburger Mausoleum und das Reiterstandbild Friedrichs des Großen. Seine mit der Ruhmesgöttin geschmückten Säulen (*5* ❺) wurden 1845 vom österreichischen Kaiser dem Zaren zum Geschenk gemacht.

Rímski-Kórsakow, Nikoláj Andréjewitsch, Komponist, wurde als Sohn eines adligen Gutsbesitzers 1844 geboren und starb 1908 in Petersburg.

Er besuchte die Petersburger Marineakademie, wo sich schon bald seine musikalische Begabung zeigte und gehörte dem Kreis um *Mússorgski* und *Bórodin* an. 1871 gab er die militärische Karriere auf und erhielt den Lehrstuhl für Komposition am Petersburger Konservatorium, später wurde er Inspektor der Musikkapellen der kaiserlichen Marine. Als dieser Posten aufgehoben wurde, betätigte er sich als Kapellmeister. Nach dem Tode Mússorgskis gab er dessen Werke heraus. Seine bekanntesten Werke sind »Saskó« und die »Suite Scheherezade«; er schrieb außerdem Kammermusik, Klavierstücke und Lieder. Er verstand es, die Harmonik und die Rhythmik des russischen Volksliedes mit der farbenprächtigen Instrumentationskunst der neudeutschen Musikschule zu verbinden.
Sein Grab liegt auf dem Tíchwiner Friedhof (12 ❻*).*

Rinaldi, Antonio, italienischer Architekt, geb. 1709, gest. 1794 in Rom.

Er wurde 1752 von dem Günstling der Kaiserin Elisabeth, Razumówski, nach Rußland geholt, wo er für diesen in Kiew einen heute nicht mehr existierenden Palast baute. Seine wichtigsten Bauten um Leningrad sind der »Toboggan-Hügel« und der »Chinesische Palast« in Oranienbaum (heute Lomonóssow) und das – heute noch nicht ganz wiederaufgebaute – Schloß Gátschina, das er damals für den Günstling Orlów erbaute. Rinaldi ist ein typischer Vertreter des Neu-Klassizismus, auch wenn sich in seinem Stil noch oft barocke Elemente finden.

Rossi, Carlo, italienischer Architekt, geb. 1757 in Neapel, gest. 1849 in Petersburg.

Rossi kam schon als Kind mit seiner Mutter, einer Tänzerin, nach Petersburg und blieb sein ganzes Leben lang dort. Er war einer der letzten großen Architekten der klassizistischen Periode und Schöpfer großer Baukomplexe. Neben *Trezzini* und *Rastrelli* ist es vor allem Carlo Rossi gewesen, der der neuen Stadt ihr besonderes Gepräge gegeben hat. Die wichtigsten von Rossi gestalteten Baukomplexe sind: Das Doppelgebäude des Senats und der Synode (*5* ❹); das Michaíl-Palais *(heute Russisches Museum)* (*10* ❹); das Púschkin-Dramen-Theater (*11* ❺); die Gestaltung der nach ihm noch heute benannten »Rossi-Straße« (*11* ③); die malerischen Laternen neben der Statue Katharinas II., (*11* ❸); die beiden Pavillons (*11* ❹) auf dem Ostrówski-Platz (*11* ②); die Saltyków-Schtschédrin-Bibliothek (*11* ❷) und die Erweiterung der von Brenna erbauten Reitschule (s. S. 165). Nach hinterlassenen Plänen von ihm wurden später die Staatliche Philharmonie (*10* ❽) und das Kleine Opernhaus (*10* ❻) gebaut.
Rossi liegt auf dem Lazarus-Friedhof (12 ❺) begraben.

Rubinstein, Anton, Pianist und Komponist, geb. 1820, gest. in Petersburg 1894.

Er gründete 1862 das Konservatorium in Petersburg. Seine Kompositionen waren sehr von *Mendelssohn* beeinflußt. Rubinstein gehört zu dem Kreis der Erneuerer der russischen Musik.
Er liegt auf dem Tíchwiner Friedhof (12 ❻) begraben.

Trezzini, Domenico, Architekt, geb. 1679 in Lugano, gest. 1734 in St. Petersburg.

Der bedeutendste Architekt zur Zeit Peters des Großen, kam 1703 nach Petersburg und leitete während vieler Jahre praktisch das ganze Bauwesen in der neuerstandenen Stadt. Sein Stil war ein Barock mit gotischen Einflüssen, wahrscheinlich von seinem langen Aufenthalt in Deutschland und Dänemark beeinflußt. In Petersburg baute er u. a. die Peter-und-Pauls-Festung *(Plan 1)*, das Peters-Tor (*1* ❷), die Peter-und-Pauls-Kathedrale (*1* ❻) – (1712–1733), den Sommergarten (1704–1711) *Plan 8;* das Gebäude der »Zwölf Kollegien«; die Verkündigungs-Kathedrale (*12* ❼) im Alexander-Néwski-Kloster (1720). Sein Plan für die Dreifaltigkeits-Kathedrale ebendort wurde nicht verwirklicht, ihm hatte die Kirche »del Gesú« in Rom als Modell vorgeschwebt.

Trubetzkój, Fürst Páwel Petrówitsch, Bildhauer, geb. 1866, gest. 1938.

Er ist weitgehend von dem Franzosen Rodin beeinflußt worden. Von ihm stammt das heute nicht mehr erhaltene *Denkmal Alexanders II.* vor dem Moskauer Bahnhof, 1909 errichtet.

Tschaikówski, Pjótr Iljítsch, Komponist, wurde 1840 in Wótkino geboren und starb 1893 an der Cholera in Petersburg.

Er studierte zuerst Jurisprudenz in Petersburg, jedoch ohne sein Musikstudium, das er von Jugend an betrieb, aufzugeben. Ab 1863 widmete er sich ganz der Musik. 1866 übertrug ihm Anton Rubinstein (siehe dort) den Lehrstuhl für Harmonie am Moskauer Konservatorium. Er fand in der Witwe von Menck eine Gönnerin, die ihm das ungestörte Komponieren ermöglichte. Er gilt als der bedeutendste Vertreter der westlich orientierten russischen Musik. Unter seinen Werken wären zu nennen die Opern: »Eugen Onégin« und »Pique-Dame«; er schrieb sieben Symphonien, darunter die berühmte Sechste »Pathétique«; Klavierkonzerte und Ballette: »Schwanensee«, »Dornröschen«, »Nußknacker« etc.
Sein Grab ist auf dem Tíchwiner Friedhof (12 ❻).

Vigèe-Lebrun, Marie-Anne-Elisabeth, französische Malerin, geb. 1755, gest. 1842.

Frankreichs bedeutendste Modemalerin, die Revolution und Restauration überdauerte. Sie malte die Grafen Orlów, Schuwálow und die Herzogin von Orléans, heiratete 1776 Lebrun und wurde durch das 1779 ausgeführte Porträt von Marie-Antoinette und von Monsieur berühmt. Nach der Revolution lebte sie eine Zeit in St. Petersburg, von Alexander I. gerufen, und wurde dort Mitglied der Akademie. Später malte sie in London den Prince of Wales und Lord Byron. Nach einem längeren Aufenthalt in Italien holte Napoleon I. sie nach Paris zurück, wo sie seine Schwester Madame Murat porträtierte. Später porträtierte sie auch Napoleons große Feindin, Madame de Staël in Coppet.

Woroníchin, Andréj Nikifórowitsch, Architekt, geb. 1759 als Leibeigener des Grafen Stróganow, gest. 1814 in Petersburg.

Man will wissen, daß er ein leiblicher Sohn des Grafen gewesen sei. Tatsächlich reiste er zusammen mit dem jungen Grafen nach Frankreich und studierte auf Kosten der Familie dort Architektur und Kunst. Er wurde zum berühmtesten russischen Architekten des Klassizismus. 1797 wurde er Mitglied und 1800 Professor der Akademie. Seine wichtigsten Bauten sind: die Kaśaner Kathedrale (*9* ❷) 1759–1814; das Vestibül und die beiden sphinxähnlichen Tiere am Eingang des Stróganow-Palais (*9* ⓫); die Marmorpavillons im Park des Schlosses Petrodworjéz (s. S. 197) und der Wiederaufbau des Schlosses in Páwlowsk (s. S. 205) zusammen mit den Architekten *Quarenghi* und *Carlo Rossi* nach dem Brand von 1803.

VERZEICHNIS DER SEHENSWÜRDIGKEITEN*

(auch Brücken, Plätze, Straßen u. dgl.)

Hauptsehenswürdigkeiten sind mit einem Stern (★) gekennzeichnet, Abbildungen mit der betreffenden Seitenzahl vermerkt. Durch Hinweis auf den Plan kann der Leser rasch den genauen Standort des gesuchten Objekts feststellen.

Öffnungszeiten: Beachten Sie bitte die Fußnote auf S. 9.

Fahrplan-Auskunft: ☎ 15-00-38

* Eine Übersicht befindet sich auf S. 16. Siehe auch weitere Inhaltsübersicht, Stichwortverzeichnis und Verzeichnis der Abbildungen und Pläne.

	Plan	Ziffer	Seite
Bibliotheken/Bibliotéky (Bibliothek/Bibliotéka)			
Bibliotéka im. M. Saltykówa-Schtschédrina (Saltyków-Schtschédrin-Bibliothek) Ecke Néwski-Prospekt und Ostrówski-Platz (Plan 11, S. 160)	11	❷	161
Einige Bibliotheken, die wir nicht beschrieben haben:			
Akademie der Wissenschaften Börsen-Linie 1, ☎ 12-74-42	–	–	–
Akademie der Künste Universitäts-Kai 17, ☎ 13-65-29	–	–	–
Musikbibliothek Brodski-Straße 2, ☎ 11-85-73	–	–	–
Theaterbibliothek Rossi-Straße 2, ☎ 10-93-83	–	–	–
BotanischerGarten/Botanítscheskij Sad			
★ Botanítscheskij Sad (Botanischer Garten) mit *Herbarium* Auf der Apothekerinsel, Popówa prof. úl. 2	–	–	192
Brücken/Mosty (Brücke/Most)			
★ Anítschkowa most (Anitschkow-Brücke) mit Pferden Plan S. 160	11	⑥	166
★ Bánkowskij most (Bankowskij-Brücke) mit Greifen *(Abb. S. 208)* Plan S. 149	9	❸	150
Dworzówij most (Schloß-Brücke) Plan S. 110	3	④	108
Kírowskij most (Kirow-Brücke) Plan S. 106	2	①	105
Lejtenánta Schmídta most (Leutnant-Schmidt-Brücke) Plan S. 114	4	⑤	118
Litéjnyj most (Litejny-Brücke) Plan S. 106	2	③	106
Lomonóssowa most (Lomonossow-Brücke) Plan S. 160	11	⑤	164

	Plan	Ziffer	Seite
Sínij most (Blaue Brücke) Plan S. 128	6	②	129
Stroítelej most (Baumeister-Brücke) Plan S. 110	3	⑤	110

D Denkmäler/Pám'atniki (Denkmal/Pám'atnik)

PETERSBURGER SEITE

	Plan	Ziffer	Seite
Denkmal der Matrosen des Torpedobootes »Stereguschtschij« Im Lenin-Park (*1* ③ – Plan S. 99/100) zur Erinnerung an die Besatzung eines Torpedobootes im russisch-japanischen Krieg	1	⓲	102

WYBORGER SEITE

	Plan	Ziffer	Seite
★ Lenin Vor dem Finnländischen Bahnhof (*2* ❺ – Plan S. 106), das beste der 32 in Leningrad errichteten Lenin-Denkmäler	2	❻	107

WASSILJEWSKI-INSEL

	Plan	Ziffer	Seite
Krusenstern, Iwán Am Leutnant-Schmidt-Kai (*4* ⑤ – Plan S. 114), zum Andenken an den Leiter der ersten russ. Expedition der Erdumschiffung (1803–1806)	4	–	118
★ Rostralsäulen 30 m hohe ehem. Leuchttürme, mit allegorischen Figuren, das Kriegsmarine-Museum (ehem. Börse *3* ❶ – S. 110) flankierend, Plan S. 110)	3	❷	111

GROSSE SEITE

	Plan	Ziffer	Seite
★ Alexander-Säule *(Abb. S. 134)* Auf dem Schloß-Platz (Plan 7, S. 132) vor dem Winterpalais *7* ❼ S. 136	7	❶	135
Barclay de Tolly und Kutúsow Auf der Grünfläche vor den Seitenflügeln der Kathedrale der Muttergottes von Kaśán (*9* ❷ – Plan S. 149)	9	–	149
Ehrenmal für die Kämpfer der Revolution Auf dem Marsfeld (*8* ④ – Plan S. 140)	8	❷	141

		Plan	Ziffer	Seite
★	Glínka, Michaíl In einer Grünanlage auf der Südseite des Konservatoriums (*13* ❷ – Plan S. 173)	13	❸	174
	Goldene Greifen auf der Bánkowskij-Brücke, s. dort			
★	Katharina II. Auf dem Ostrówski-Platz (*11* ② – Plan S. 160)	11	❸	162
	Krylów, Iwán Im Sommergarten (*8* ⑤ – S. 144 f. – Plan S. 140)	8	❿	146
	Lenin Vor dem Smólny-Institut (*14* ❺ – S. 183 – Plan S. 180)	14	❻	183
	Lomonóssow, Michaíl W. (Büste) Auf dem Lomonóssow-Platz (*11* ④ – Plan S. 160)	11	❼	164
★	Nikoláj I. Auf dem Isaaks-Platz, Plan 6, S. 128	6	❷	127
★	Peter I. (Eherner Reiter) Auf dem Dekabristen-Platz (*5* ③ – Plan S. 120)	5	❸	123
★	Peter I. (von Rastrelli) *Abb. S. 143* Vor der Ingenieurburg (*8* ❺ – S. 142 f. – Plan S. 140)	8	❻	144
	Pferdeskulpturen auf der Anítschkow-Brücke, s. dort			
	Prshewalski, N. Im Górki-Garten (*5* ④ – S. 123 – Plan S. 120)	5	❷	123
★	Púschkin, Alexander *(Abb. S. 154)* Auf dem Platz der Künste (*10* ③ – Plan S. 153)	10	❸	153 f.
★	Rímskij-Kórsakow, Nikoláj Auf dem Theater-Platz vor dem Staatl. Rímskij-Kórsakow-Konservatorium (*13* ❷ – Plan S. 173)	13	❶	173
	Suwórow, Alexander Auf dem Suwórow-Platz (Plan S. 140)	8	❶	139
	Verteidiger, Denkmal der jungen Im Park an der Taurischen Straße (*14* ⑤ – Plan S. 180)	14	❼	183

KREUZ-INSEL

		Plan	Ziffer	Seite
	Kírow, Sergéj M. Vor dem Kírow-Stadion (*16* ❶ – Plan S. 190)	16	❷	189

		Plan	Ziffer	Seite
	PUSCHKINO (Zárskoje Sélo)			
	Púschkin, Alexánder Vor dem alten Lyceum (S. 204 unten)	–	–	204 f.
F	**Fernsehturm** (Telewisiónnyj tśentr) auf der Apotheker-Insel Am Ende der Tschapýgina úl.	–	–	192
	Friedhöfe/Kládbischtschy (Friedhof/Kládbischtsche)			
★	Lazarus-Friedhof (Lásarewskoje kládbischtsche) Im Alexander-Néwski-Kloster (*12* ❸ – Plan S. 168) *Grabstätten von: Carlo Rossi, Thomas de Thonon, Woroníschin, Lomonóssow, Scheremétjew, Stróganow u. a.*	12	❺	170
★	Tichwiner Friedhof (Tíchwinskoje kládbischtsche) Im Alexander-Néwski-Kloster (*12* ❸ – Plan S. 168) *Grabstätten von: Bórodin, Glínka, Rímski-Kórsakow, Rubinstein, Tschaikówski, Mússorgski, Krýlow, Karamśín, Klodt u. a.*	12	❻	170
	Wólkowo-Friedhof (Wólkowskoje kládbischtsche) Rasstánnaja úl. 30 *Grabstätten von: Turgénjew, Bjelinski, Saltyków-Schtschédrin, Páwlow, Mendeléjew, Gontscharów u. a.*	12	⓫	171
G	**(Gemälde-)Galerien/Galeréji** (Galerie/Galeréja)			
★	Gosudárstwennyj Ermitásh **(Staatliche Eremitage)** siehe S. 217–280 Dworzówaja náb. 34/36 (Schloß-Kai – Plan S. 132). G e ö f f n e t ; täglich von 10.00 bis 18.00 Uhr; wegen möglicher Ruhetage (samstags oder montags) am besten bei Intourist anfragen.	8	❼	136
★	Gosudárstwennyj Rússkij Muśéj (Russisches Museum) Inshenérnaja úl. 4 (Ingenieur-Straße *10* ④ – Plan S. 153). G e ö f f n e t : montags von 11.00 bis 16.00 Uhr; mittwochs bis sonntags von 11.00 bis 18.00 Uhr. G e s c h l o s s e n : dienstags. *Es enthält die russische Malerei vom 10. bis zum 20. Jh.*	10	❹	154 ff.
	Gärten siehe **Botanischer Garten** S. 292			

		Plan	Ziffer	Seite
H	**Hotels/Gostínizy** (Hotel/Gostíniza) siehe auch S. 76			
	Astoria Gérzena úl. 39, am Isaaks-Platz (Plan S. 128), ☎ 19-19-91	6	❻	130
	Baltíjskaja Néwski-Prospekt 57, ☎ 77-77-31	–	–	76
	Jewropéjskaja Bródskowo úl. 1/7 (Plan S. 152), ☎ 11-91-49	10	❷	152
	Leningrádskaja Majórow-Prospekt 10, am Isaaks-Platz (Plan S. 128), ☎ 12-68-66	6	❼	130
	Leningrad Pirogówskaja náb. 7 (Plan S. 106), ☎ 48-91-23	2	❹	107
	Rossíja Moskówskij pr. 163, Metro-Haltestelle Siegespark, ☎ 98-76-49	15	–	188
	Sowjétskaja Lérmontowskij pr. 43, ☎ 16-00-32	–	–	174
I	**INTOURIST**-Zentralen siehe Seite 77. Büros gibt es in allen Hotels.			
	Inseln in der Newa (Óstrow/Insel)			
	Apotheker-Insel	–	–	191 f.
	Jeljágin-Insel	–	–	189 ff.
	Kreuz-Insel *(Plan 16 S. 190)*	–	–	189
	Insel der Werktätigen	–	–	191
K	**Kathedralen (Sobóry) und Kirchen (Zérkwy)**/Kathedrale (Sobór), Kirche (Zérkow'), siehe auch Klöster, Moschee, Museen und Synagoge. *Die Bauten sind nach den Planzeichnungen geordnet.* Eine *alphabetische* Ordnung der *deutschen* Bezeichnungen ist im Stichwortverzeichnis S. 322 zu finden.			
	Plan 1 (S. 99–101)			
★	Petropáwlowskij sobór (Peter-und-Pauls-Kathedrale) *Abb. S. 90* Zwischen 1712 und 1733 von Trezzini erbaut.	1	❻	97

	Plan	Ziffer	Seite
Knjás Wladímirskij sobór (Fürst-Wladimir-Kathedrale) Ecke Dobroljúbowa- und Bol'schój-Prospekt. Mitte des 18. Jh.s nach Zeichnungen von Trezzini und Rinaldi erbaut. *Dem Kult geöffnet.*	1	–	104
Plan 6 (S. 128/129)			
★ Isaákiewskij sobór (Isaaks-Kathedrale) s. auch unter Museen, S. 302 *(Abb. S. 126)* Von Montferrant in der ersten Hälfte des 19. Jh.s erbaut.	6	1	125
Plan 9 (S. 149)			
★ Kaśánskij sobór (Kathedrale der Muttergottes von Kasan) s. auch unter Museen, S. 303 *(Abb. S. 150)* 1800–1811 von A. Woroníchin nach dem Vorbild des Peters-Doms in Rom erbaut.	9	2	148
Býwschaja Golländskaja zérkow' (ehem. Holländische Kirche) 1836 von P. Jaquot erbaut.	9	4	150
★ Býwschaja Ljuteránskaja zérkow' (ehem. Lutheranische Peter-und-Pauls-Kirche) Heute Sitz eines Sportklubs. 1838 von A. Brüllow erbaut.	9	6	151
Spása na krówi zérkow' (Kirche des vergossenen Blutes) Am Gribojédow-Kanal. 1892–1897 von A. Parland erbaut nach dem Modell der Moskauer Basilius-Kathedrale, zur Erinnerung an die Ermordung Alexanders II.	9	8	151
Plan 10 (S. 153)			
Býwschij kostél' Sw. Jekateríny (ehem. Katherinen-Dom) 1763–1783 von Vallin de la Motte erbaut.	10	1	152
Býwschaja arm'ánskaja zérkow' (ehem. Armenische Kirche) Ende des 18. Jh.s von Júri Félten erbaut.	10	11	158

	Plan	Ziffer	Seite
Plan 12 (S. 168/169)			
★ Tróizkij sobór (Dreifaltigkeits-Kathedrale) *Abb. S. 167* Im Néwski-Kloster. – Unter Peter I. begonnen, 1790 von I. Stárow beendet. *Dem Kult geöffnet.*	12	❽	171
Blagowéschtschenskij sobór (Verkündigungs-Kathedrale) Beim Lazarus-Friedhof im Néwski-Kloster. 1720 von Trezzini erbaut.	12	❼	170
Friedhofskirche von Wólkowo Rastannaja úl. 30 *Dem Kult geöffnet.*	12	–	171
Plan 13 (S. 173)			
★ Nikól'skij morskój sobór (Nikoláj-Marine-Kathedrale) *Abb. S. 175* Südlich vom Theater-Platz. 1762 von Savva Chowakínsky erbaut. *Dem Kult geöffnet.*	13	❹	174
Außerhalb der Planzeichnungen			
Nikólskaja zérkow' (Nikoláj-Kirche) s. auch Museen S. 305 Nähe Metrostation Wladímirskaja – Autobus 14, 15, Tram 26. 1820–1838 als Kuppelbau auf kreuzförmigem Grundriß erbaut. 1934 zum »Arktischen Museum« umgewandelt, wobei leider die Decken eingezogen wurden.	–	–	–
Wladímirskaja zérkow' (Wladimir-Kirche) In der Nähe der obigen gelegen, am Ende des Liteinyj-Prospektes. 1761–1769 errichteter zweistöckiger Fünfkuppelbau. Der danebenstehende Glockenturm ist ein Werk Quarenghis aus dem Jahre 1783. *Die Kirche ist dem Kult geöffnet.*	–	–	–
Troítzkaja zérkow' (Dreifaltigkeits-Kirche)* Jenseits des Fontánka-Kanales, ganz in der Nähe des Hotels »Sowjétskaja« gelegen, Majórow-Prospekt. 1828–1835 von Stássow erbaut auf kreuzförmigem Grundriß mit fünf blauen Kuppeln. *Sie ist dem Kult geöffnet.*	–	–	–

* Wird meistens zu den Kathedralen gezählt (Tróitzkij sobór).

	Plan	Ziffer	Seite
Römisch-katholische Kirche, dem Kult g e ö f f n e t. **Kowénskij peréulok 7, nördlich vom Platz des Aufstandes.**	–	–	76
Baptisten-Kirche, dem Kult g e ö f f n e t. **Bol'schaja Ósjernaja 29**	–	–	76
Klöster/Monastyrí (Kloster/Monastýr')			
Aleksándro Néwskaja láwra (Alexander-Newski-Kloster) siehe auch Museen S. 304 *(Abb. S. 167)* **Aleksándro Néwskowo pl. (Plan S. 168)** ***Heute Museum der städtischen Skulpturen.***	12	❸	167 ff.
Býwschij Smólnyj Woskresénskij monastýr' (ehem. Smolny-Auferstehungs-Kloster) *Abb. S. 18* **Am Ende der Woinówa úl. (Plan S. 180). 1760 von Rastrelli erbaut. Heute nur außen restauriert, noch nicht zu besichtigen.**	14	❸	181

Konservatorium siehe **Theater** und **Konzertsäle** S. 85/86 und S. 312

	Plan	Ziffer	Seite
Krankenhäuser/Bolnízy (Krankenhaus/Bolníza)	–	–	–
Rufnummer für **Erste Hilfe** (Tag und Nacht) ☎ **03**	–	–	–
Augenklinik **Móchowaja úl. 38, ☎ 73-16-21**	–	–	–
Hals-, Nasen-, Ohrenklinik **Brónnizkaja úl. 9, ☎ 92-28-41**	–	–	–
Homöopathisches Hospital **Néwski-Prospekt 82**	–	–	–
Poliklinik **Bol'schój Prospekt (*4* ④ – Plan S. 114)**	–	–	–
Unfallinstitut von Prof. Wreden **Park Lénina 5 (*1* ③ – Plan S. 99–101)**	–	–	–
Zentralapotheke (Tag und Nacht) **Néwski-Prospekt 63, ☎ 12-89-78**	–	–	–
M Moschee *(Abb. S. 103)* **Auf der Petersburger Seite (Plan S. 99–101) auf dem Kírow-Prospekt. 1912 erbaut, ist sie die einzige *dem Kult geöffnete* Moschee Leningrads.**	1	⓳	102 f.

	Plan	Ziffer	Seite
★ Literaturmuseum – Púschkin-Haus – (Literatúrnyj muśéj) Admirála Makárowa náb. (*3* ②) Geöffnet: montags, mittwochs, donnerstags, freitags, sonntags von 11.00 bis 18.00 Uhr, samstags von 11.00 bis 16.00 Uhr. Geschlossen: dienstags und jeden ersten Montag des Monats.	3	❸	111
Zoologisches Museum (Śoologítscheskij muśéj) Uniwersitétskaja náb. 1 (*3* ③) Geöffnet: dienstags, mittwochs, freitags, samstags und sonntags von 11.00 bis 17.00 Uhr. Geschlossen: montags und donnerstags.	3	❹	112
Plan 4 S. 114			
★ Museum für Anthropologie und Ethnographie, ehem. Kunstkammer Peters des Großen) (Muśéj antropológii i etnográfii Petrá Welíkowo) Uniwersitétskaja náb. 3 (*4* ①) Geöffnet: sonntags und donnerstags von 11.00 bis 17.00 Uhr. Geschlossen: an allen anderen Tagen. Eintritt: frei.	4	❶	113
Museum der Mendeléjew-Wohnung (Muśéj-kwartíra Mendeléjewa) Eingang Uniwersitétskaja náb. 7/9 (*4* ①) Geöffnet: montags, mittwochs, freitags von 10.00 bis 17.00 Uhr. Geschlossen: an den übrigen Tagen. Eintritt: frei.	4	–	116
★ Museum der Akademie der Künste (Śdánije akadémii muśéj) Uniwersitétskaja náb. 17 Geöffnet: mittwochs–sonntags von 11.00 bis 19.00 Uhr, montags von 11.00 bis 18.30 Uhr. Geschlossen: dienstags.	4	–	117
APOTHEKER-INSEL			
★ Botanisches Museum (Botanítscheskij muśéj) Popówa prof. úl. 2 Geöffnet: montags–freitags von 11.00 bis 18.00 Uhr. Geschlossen: samstags und sonntags.	–	–	192

	Plan	Ziffer	Seite
Plan 8 S. 140			
Leningrader Filiale des Zentralen Lenin-Museums, ehem. Marmorpalais (Filiál Zentrál'nowo Muśéja Lénina, Mármornyj dworjéz) Chaltúrina úl. 5/1 Geöffnet: donnerstags–dienstags von 10.30 bis 18.00 Uhr. Geschlossen: mittwochs.	8	❸	142
Sommerschloß Peters I. (Létnyj dworjéz Petrá I.) Létnyj sad (Sommergarten ⑤), Eingang ❾ vom Newa-Kai. Geöffnet: Mai–November von mittwochs bis montags von 12.00 bis 19.00 Uhr. Geschlossen: dienstags.	8	❽	146
Plan 9 S. 149			
Museum für die Geschichte der Religionen und des Atheismus (Muśéj istórij relígii i ateísma) in der Kathedrale der Muttergottes von Kasán. *Abb. S. 150* Kasánskaja pl. 2 Geöffnet: montags, donnerstags, freitags, sonntags von 11.00 bis 18.00 Uhr; dienstags und samstags von 11.00 bis 14.00 Uhr. Geschlossen: mittwochs.	9	❷	148
Plan 10 S. 153			
★ Staatliches Russisches Museum (Gosudárstwennyj Rússkij muśéj) siehe **Galerien** S. 295 und die Seiten 154–157 *(Abb. S. 154)*	10	❹	154
Ethnografisches Museum der Völker der UdSSR (Muśéj etnográfii naródow SSSR) Inshenérnaja úl. 4/1 (*10* ④) Geöffnet: täglich außer montags von 11.00 bis 18.00 Uhr. Geschlossen: montags.	10	❺	157
Museum der Bródski-Wohnung (Muśéj-kwartíra I. Bródskowo) Iskússtw pl. 3 (Platz der Künste *10* ③) Geöffnet: mittwochs und freitags von 13.00 bis 17.00 Uhr, sonntags von 12.00 bis 18.00 Uhr. Geschlossen: montags, dienstags und donnerstags.	10	❼	158

	Plan	Ziffer	Seite
Plan 11 S. 160			
Theater-Museum (Muśéj teátra) Ostrówskowo pl. 6 (*11* ②) Geöffnet: täglich außer dienstags von 12.00 bis 19.00 Uhr (montags nur bis 18.00 Uhr). Geschlossen: dienstags.	11	–	162
Plan 12 S. 168			
Museum der städtischen Skulpturen (Muśéj gorodskój skul'ptúry) Im Alexander-Newski-Kloster (Aleksándr Néwskaja láwra) *12* ❸ Geöffnet: täglich außer donnerstags von 11.00 bis 18.00 Uhr. Geschlossen: donnerstags.	12	–	171
Porzellan-Museum (Muśéj fárfora) Obúchowskoj oboróny pr. 151/2 Besuch: Nur in Gruppenführung, mit dem Intourist abzusprechen.	12	⓬	172
Plan 14 S. 180			
Alexánder-Suwórow-Museum (Muśéj A. Suwórowa) Saltykówa Schtschédrina úl. 41 b (*14* ①) Geöffnet: freitags bis dienstags von 11.00 bis 18.00 Uhr; mittwochs von 13.00 bis 19.00 Uhr. Geschlossen: donnerstags.	14	❽	183
Plan 15 S. 185			
Mendeléjew-Museum im Mendeléjew-Institut (Institút i Muśéj Mendeléjewa) Moskówskij pr. 19 Interessenten wenden sich an Intourist.	15	❸	186
Außerhalb der Pläne			
Arktis- und Antarktis-Museum (Muśéj Árktiki i Antárktiki) Márata úl. 24 a (Nähe *Metro*station Wladímirskaja – *Autobus* 14 und 25 – *Tram* 27).	–	–	–

	Plan	Ziffer	Seite
(Fortsetzung) Arktis- und Antarktis-Museum G e ö f f n e t : montags von 12.00 bis 16.00 Uhr, mittwochs bis samstags von 12.00 bis 18.00 Uhr, sonntags von 11.00 bis 17.00 Uhr. G e s c h l o s s e n : dienstags. Das Museum wurde 1934 in der ehemaligen Nikólskaja-Kirche eingerichtet. Sie war 1820–1838 als Kuppelbau auf kreuzförmigem Grundriß erbaut worden.			
N Newa-Fahrten	–	–	189
P Palais/Dwórzy (Palast/Dwor) innerhalb der Stadt (siehe auch **Schlösser** S. 307)			
Anítschkow-Palais, jetzt Pionierpalast (Dworjéz pionérow) Ecke Fontánka-Kai/Néwski-Prospekt (Plan S. 160)	11	⓫	165
Jeljágin-Palais (Jeljágina dworjéz) Auf der Jeljágin-Insel	–	–	189 ff.
Menschikow-Palais (Ménschikowa dworjéz) Gehört zum Universitätskomplex (Plan S. 114)	4	❹	116
Palais Stroganow (Stróganowskij dworjéz) Alexander-Néwski-Prospekt (Plan S. 149)	9	❶	148
Taurisches Palais (Tawrítscheskij dworjéz) Eingang an der Woinówa úl. 47 ② (Plan S. 180)	14	❶	179
Winterpalais (Símnij dworjéz) *Abb. S. 138* Am Schloß-Platz (Plan S. 132)	7	❼	136 ff.
Sommerschloß Peters I. siehe Museen S. 303	8	❽	146
Parkanlagen und Gärten/Sady (Garten/Sad)			
Park Lénina (Lenin-Park) Auf der »Petersburger Seite« hinter der Peter-und-Pauls-Festung (Plan S. 101)	1	③	102
Sad im. Maksíma Górkowo (Gorki-Park) Auf der »Großen Seite« vor der Admiralität (Plan S. 120)	5	④	123

Plätze/Plóschtschad'i (Platz/Plóschtschad')

Hier, wie auch bei den Straßen, bringen wir außerdem die kyrillischen Schriftzeichen, damit sich der Reisende nach den Straßenschildern zurechtfinden kann.
Eine Übersetzung geben wir nur, wo sie sinnvoll ist, bzw. als Beispiel bei den ersten beiden Plätzen.

	Plan	Ziffer	Seite
Moskauer Triumphbogen (Moskówskije triumfál'nyje woróta) **Plan S. 185**	15	❽	187

Sportanlagen/Sportíwnyje Soorushénija

Kirow-Stadion (Stadión im. Kírowa) *Plan S. 190* Auf der Kreuz-Insel	16	❶	189
Lenin-Stadion Auf der Petrówski-Insel	–	–	–
Winterstadion (Símnij stadión) Reitschul-Platz 6 (Manéshnaja pl.)	–	–	165

Leningrad besitzt mehrere Schwimmhallen, Ruderklubs, eine Sommer- und eine Winter-Eisbahn (Park für Kultur und Erholung, siehe S. 189 bis 191), eine Radrennbahn und mehrere Frei- und Strandbäder (siehe S. 189–191 und Plan *1* ⓭, S. 99 bis 101) – Auskünfte über Intourist.

St Straßen (Avenue/Prospékt; Boulevard/Bulwár; Linie/Línija; Kai/Nábereshnaja; Straße/Úliza)

Hier, wie auch bei den Plätzen, bringen wir außerdem die kyrillischen Schriftzeichen, damit sich der Reisende nach den Straßenschildern zurechtfinden kann.
Eine Übersetzung geben wir nur, wenn es sich nicht um gleichgeschriebene Eigennamen handelt.

Адмирала Макарова набережная Admirála Makárowa nábereshnaja (náb.) / Admiral-Makarow-Kai (Plan S. 110)	3	②	111
Адмиралтейский проспект Admiraltéjskij prospékt (pr.) / Admiralitäts-Prospekt (Plan S. 120)	5	①	120
Арсенальная наб. Arsenál'naja náb. (Plan S. 106)	2	⑤	106
Большой пр. Bol'schój pr. / Großer Prospekt (Plan S. 114)	4	③	119

	Plan	Ziffer	Seite
Синопская наб. Sínopskaja náb. (Plan S. 168)	12	⑦	168 f.
Смольный пр. Smól'nyj pr. (Plan S. 180)	14	⑦	180
Союза связи ул. Sojúśa sw'áśi úl. / Straße des Fernmeldeverbandes (Plan S. 128)	6	⑤	130
Суворовский пр. Suwórowskij pr. (Pläne S. 168, 180)	12 14	④ ⑥	168 f. 184
Таврическая ул. Tawrítscheskaja úl. / Taurische Straße (Plan S. 180)	14	⑤	183
Тверскаяа ул. Twérskaja úl. (Plan S. 180)	14	④	183
Университетская наб. Uniwersitétskaja náb. (Pläne S. 110, 114) *Abb. S. 112/113*	3 4	③ ①	112 ff. 112 ff.
Халтурина ул. Chaltúrina úl. (Pläne S. 132, 140)	7 8	④ ⑩	133 139
Шмидта лейтенанта наб. Schmídta lejtenánta náb. / Leutnant-Schmidt-Kai (Plan S. 114)	4	⑤	118
Synagoge Dekabristów úl. (Plan S. 173) Einzige in Leningrad *dem Kult geöffnete* Synagoge.	13	❼	178

T Theater und Konzertsäle / Teátry i Konzértnyje Sály (Theater/Teátr)

Da die Theater teils unter der deutschen, teils unter der russischen Bezeichnung bekannt sind, haben wir von einer alphabetischen Reihenfolge abgesehen und *nach den Plan-Nummern geordnet*. Der Leser kann die nicht umfangreiche Liste leicht überblicken. Für den Kartenvorverkauf gilt das auf Seite 85 Gesagte: ☎ A 4-02-59, Néwski-Prospekt 42.

	Plan	Ziffer	Seite
Petersburger Seite			
Teátr Léninskowo komsomóla (Theater des Leninschen Komsomol) Park Lénina 4 (*1* ③ – Plan S. 99–101)	1	22	104
Wyborger Seite			
Konzértnyj Sal (Konzerthalle) Lénina pl. 1 (Plan 2 S. 106)	2	–	85
Grosse Seite			
Leningrádskaja Gosudárstwennaja akademítscheskaja kapélla im. M. Glínki (Staatlicher Glinka-Chor) Náb. rekí Móiki 20 (Plan S. 132)	7	4	136
Leningrádskij teátr estrády (Leningrader Estraden-Theater/Varieté) Sheljábowa úl. 27 (*9* ③ – Plan S. 149)	9	5	150 f.
Akademítscheskij Málуj teátr ópery i baléta (Kleines Opern- und Ballett-Theater) Iskússtw pl. 1 – Platz der Künste – (Plan S. 153)	10	6	157
Leningrádskaja Gosudárstwennaja Filarmónija (Leningrader Staatliche Philharmonie)			
Großer Saal Bródskowo úl. 2 (*10* ② – Plan S. 153)	10	8	158
Kleiner Glínka-Saal Néwski-Prospekt 30	10	–	85
Teátr musikál'noj komédii (Musikalische Komödie / Operetten-Theater) Rákowa úl. 13 (*10* ⑤ – Plan S. 153)	10	9	158
Dramatítscheskij teátr Komissárshewskoj (Komissarshewskaja-Schauspielhaus) Rákowa úl. 19 (*10* ⑤ – Plan S. 153)	10	10	158
Akademítscheskij teátr drámy im. A. Púschkina (Puschkin-Dramen-Theater) Ostrówskowo pl. 2 (*11* ② – Plan S. 160)	11	5	162 ff.

LITERATURHINWEISE

LENINGRAD

Allgemein

Bethke, H. und Jaspert, W. (Herausgeber): Moskau, Leningrad – heute. Berichte und Impressionen von einer Reise. 1965, Stimme-Verlag, Frankfurt/Main.

Merian: Leningrad. Monatshefte der Städte und Landschaften 10/XXIV. Hoffmann und Campe Verlag, Hamburg.

Bildbände

Gosling, Nigel/Jones, Colin: Leningrad – St. Petersburg. 1968, Wolfgang Weidlich Verlag, Frankfurt/Main.

Hürlimann, Martin: Leningrad. 1972, Atlantis Verlag, Freiburg/Breisgau.

Kaganowitsch, A. L.: Die Kunstschätze Leningrads und seiner Umgebung. 1969, Nagel, München/Genf/Paris.

Orlandi, Enzo (Herausgeber): Peter der Große und seine Zeit. 1967, Emil Vollmer Verlag, Wiesbaden.

Geschichte

Fülöp-Miller, René: Der heilige Teufel. Rasputin und die Frauen. 1927, Zsolnay Verlag, Berlin/Wien/Leipzig.

Jussupow: La fin de Raspoutine. 1927, Librairie Plon, Paris.

Ooldenbourg, Zoé: Katharina von Rußland. Deutsche Prinzessin auf dem Zarenthron. 1969, Piper Verlag, München.

Reed, John: Zehn Tage, die die Welt erschüttern. 1922, Verlag der Kommunistischen Internationale, Hamburg.

Salisbury, Harrison E.: 900 Tage – die Belagerung von Leningrad. 1970, S. Fischer, Frankfurt/Main.

Wittram, R.: Peter der Große, Eintritt Rußlands in die Neuzeit. 1954, Springer Verlag KG., Berlin.

Kunst

Behrens, Ewald: Kunst in Rußland, 1969 DuMont Dokumente, Verlag M. DuMont Schauberg, Köln.

Persianowa, O. M.: Eremitage, Führer durch Museumssäle. 1971, Aurora Kunstverlag, Leningrad.

Stadtpläne

Falk-Plan Leningrad Nr. 251, Euro-Serie, Falk-Verlag, Hamburg.
Besonders praktische Handhabung und Übersichtlichkeit durch patentierte Faltung.

Sowjetunion

Allgemein

Cropp, Albrecht und Birnbaum, Immanuel: Zwischen Newa und Kaukasus. 1970, Süddeutscher Verlag, München.

Deutsche Arbeitsgruppe für West-Ost-Beziehungen e. V. (Herausgeber): Sowjetischer Alltag im Bild. 1969, Ilmgau Verlag, Pfaffenhofen.

Fainsod, Merle: Wie Rußland regiert wird. Aus dem Amerikanischen von Gg. Brunner. 1965, Kiepenheuer und Witsch, Köln.

Kroll, Hans: Lebenserinnerungen eines Botschafters. 1968, Kiepenheuer und Witsch, Köln.

Leonhard, Wolfgang: Die Revolution entläßt ihre Kinder. 1961, Kiepenheuer und Witsch, Köln – Ullstein-Buch 337/338, Ullstein-Taschenbuch-Verlag, Darmstadt.

Mehnert, Klaus: Der Sowjetmensch. Versuch eines Porträts nach dreizehn Reisen in die Sowjetunion von 1929–1959. 1963, 10. A., Deutsche Verlagsanstalt, Stuttgart.

–: Peking und Moskau. 1963, Deutsche Verlagsanstalt, Stuttgart.

Parigi, Ingrid: Die Sowjetdeutschen zwischen Moskau und Workuta. 1965, Sigbert Mohn Verlag, Gütersloh.

Pörzgen, Hermann: Die sowjetische Windrose. Rheinische Verlagsanstalt, Wiesbaden.

–: 100mal Sowjetunion, 1973, Piper Verlag, München.

Salisbury, Harrison E. (Herausgeber): Die Sowjetunion. Experiment des Jahrhunderts. 21 Beschreibungen. Aus dem Amerikanischen. 1968, S. Fischer Verlag, Frankfurt/Main.

Schewe, Heinz: Borschtsch und wilde Brombeeren. Heinrich Scheffler Verlag, Frankfurt/Main.

Tarsis, Valerij: Rußland und die Russen. 1967, C. J. Bucher, Luzern und Frankfurt/Main.

Tschirky, Ivo und Schwitter-Hamilton, Norma: UdSSR, Land/Leben/Leute. 1973, Silva-Verlag, Zürich.

Bildbände

Michailow, Nikolai N.: Sowjetunion. 2 Bände und 1 Kartentasche. 1970, Deutsche Verlagsanstalt, Stuttgart.

UdSSR – Der Sowjetstaat und seine Menschen. 1970, Belser-Verlag, Stuttgart.

Geographie

Harms Handbuch der Erdkunde Band III. Sowjetunion. Neuauflage 1971, Paul List Verlag, München.

Wöhlke, W. (Herausgeber): Fischer Länderkunde Band 1, Europa und Sowjetunion. 1970, Fischer Bücherei 6120, Fischer Bücherei GmbH, Frankfurt/Main.

Geschichte

Paléologue, Maurice: Alexander I., der rätselhafte Zar. 1937, Neff Verlag, Berlin.

–: Tagebuch. Am Zarenhof während des ersten Weltkrieges. 1939, F. Bruckmann KG, München.

Rimscha, Hans v.: Geschichte Rußlands. 1972, Rheinische Verlagsanstalt, Wiesbaden.

Gesellschaft

Meißner, Boris (Herausgeber): Sowjetgesellschaft im Wandel. Rußlands Weg zur Industriegesellschaft. 1968, W. Kohlhammer Verlag, Stuttgart.

Wladimirow, Leon: Die Russen privat. So lebt man heute in der Sowjetunion. Aus dem Amerikanischen. 1968, Fritz Molden Verlag, Wien.

Literatur

Guenther, Joh. v. (Herausgeber): Russische Erzähler. Von 1800 bis zur Gegenwart. Eine Anthologie. Reclams Universal-Bibliothek 8515/22, 1967, Reclam Verlag Stuttgart.

Russische Erzähler 1917–1967. Sammlung Desch, Paperback, Kurt Desch Verlag, München.

Setschkareff, Vsevolod: Geschichte der russischen Literatur. Reclams Universal-Bibiliothek 8697/99, 1962. Reclam Verlag, Stuttgart.

Struve, Gleb: Geschichte der Sowjetliteratur. Übertragen aus dem Englischen und russische Lizenz-Ausgabe o. J., Goldmanns Taschenbücher 1395/97, W. Goldmann Verlag, München.

Musikgeschichte

Gibelli, Prof. Dr. Vincenzo: Storia della Musica Sovietica (Geschichte der Sowjetrussischen Musik), 2 Bände. 1965, Studienzentrum für Außereuropäische Völker der Universität von Pavia. – *In italienischer Sprache.*

Tscherepnin, Alexander: Russische Musikanthologie, 80 Beispiele vom Ursprung bis zum 19. Jahrhundert. Deutsch von Guido Waldmann, 1966, M. P. Belaieff Verlag, Bonn.

Wirtschaft und Wissenschaft

Raupach, Hans: Geschichte der Sowjetwirtschaft, rowohlts deutsche enzyklopädie 203/04. Rowohlt Verlag, Reinbek.

–: System der Sowjetwirtschaft. Theorie und Praxis. rowohlts deutsche enzyklopädie 290/97. Rowohlt Verlag, Reinbek.

Nesnejanow, Alexander (Herausgeber): Sowjetwissenschaft heute. Vom Metall zur Mikrowelt. 1970, Deutsche Verlagsanstalt, Stuttgart.

VERZEICHNIS DER ABBILDUNGEN UND PLÄNE*

Seite

DIE STADT

* Gebietskarten und Grundrisse sind mit einem Punkt (•) gekennzeichnet

STICHWORTVERZEICHNIS*

Orts- und Sachregister

* Siehe auch Inhaltsverzeichnis S. 11, Verzeichnis der Sehenswürdigkeiten S. 291 und Verzeichnis der Abbildungen und Pläne S. 319. Die Hauptsehenswürdigkeiten sind mit einem ★ gekennzeichnet.

R

S

T

U

V

W

Z

*Personenregister**

A

B

* *Siehe auch Kurzbiographien S. 281 ff. – Nicht aufgenommen wurden die zahlreichen Künstlernamen des Abschnittes »Eremitage«.*

H

I

J

K

L

M

S

T

U

V

W

Die Schlösser der Umgebung

Maßstab ca. 1 : 500 000

A Lomonóssow (Oranienbaum) S. 200
B Petrodworjéz (Peterhof) S. 193
C Púschkino (Zarendorf / Zárskoje Sélo) S. 201
D Páwlowsk S. 205
E Gátschina S. 205
F Púlkowo (Observatorium) S. 184

Straßen
Bahnlinien

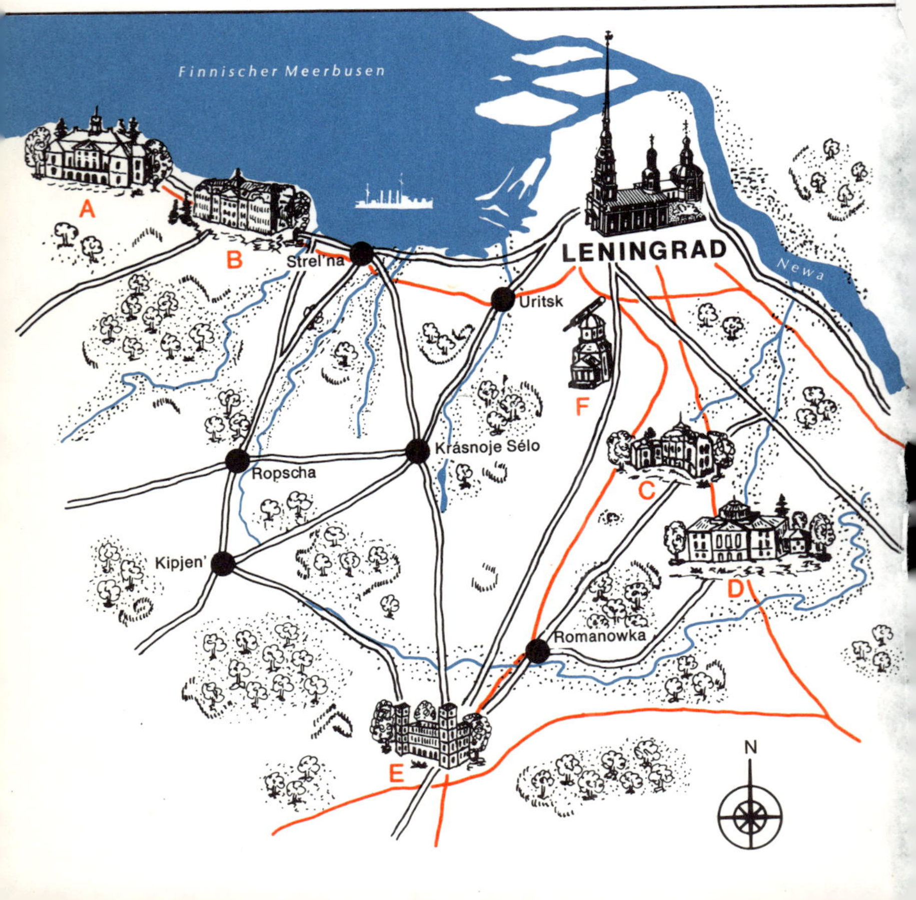